Una perspectiva cristiana

Antropología cultural

Stephen A. Grunlan
y
Marvin K. Mayers

Con prólogo de Eugene A. Nida

Vida

DEDICADOS A LA EXCELENCIA

La misión de Editorial Vida es proporcionar los recursos necesarios a fin de alcanzar a las personas para Jesucristo y ayudarlas a crecer en su fe.

ISBN 0-8297-0343-8
Categoría: Ministerio cristiano/Ministerio transcultural

Este libro fue publicado en inglés con el título
Cultural Anthropology: A Christian Perspective, 2a edición
por Zondervan Publishing House

© 1988 por Stephen A. Grunlan y Marvin K. Mayers

Edición en idioma español
© 1997 EDITORIAL VIDA
Deerfield, Florida 33442-8134

Cubierta diseñada por Gustavo Camacho

Printed in the United States of America
98 99 00 * 5 4 3 2

Índice

Ilustraciones	5
Prólogo	7
Prefacio a la segunda edición	9
Introducción para el profesor	11
Introducción para el estudiante	13
1. Antropología y misiones	15
2. Humanidad, cultura y sociedad	29
3. Campos y teóricos	51
4. Enculturación y aculturación	69
5. Comunicación verbal y no verbal	87
6. Economía y tecnología	109
7. Función, condición social y estratificación	131
8. Matrimonio y familia	149
9. Parentesco	169
10. Grupos y comunidades	189
11. Control social y gobierno	213
12. Religión	233
13. Investigación antropológica	247
14. Autoridad bíblica y relatividad cultural	267
15. Antropología y teología	281
Glosario	295
Bibliografía	301
Índice de autores	311
Índice temático	313
Índice de citas bíblicas	319

Ilustraciones

1-1 Dos reacciones a una nueva cultura 19

2-1 La división de las disciplinas académicas 30

2-2 La *secuencia vital permanente* de Malinowski 37

3-1 Desarrollo conceptual de la antropología 59

3-2 El modelo estructuralista 65

5-1 Clasificación léxica de color del espectro 96

7-1 Divisiones de clases en cinco sociedades 143

7-2 Estratificación religiosa en los Estados Unidos 145

8-1 Relativismo cultural y matrimonios bíblicos 164

9-1 La familia nuclear 173

9-2 El ego no especificado 173

9-3 Familias de orientación y de procreación 174

9-4 Diagrama de parentesco extendido 176

9-5 Modelo de linaje patrilineal 177

9-6 Modelo de linaje matrilineal 179

9-7 Matrimonio patrilateral de primo paralelo 185

10-1 Pirámide de relaciones entre personas 206

11-1 Modos de adaptación de Merton 224

Prólogo

Este volumen sobre antropología cultural por Stephen Grunland y Marvin Mayers presenta precisamente lo que su subtítulo indica, es decir, "una perspectiva cristiana". Stephen Grunland, quien enseñó anteriormente en el Instituto Bíblico Moody y en el Instituto Bíblico de Saint Paul, es ahora el pastor principal en la Iglesia Alianza Appleton, Appleton, Wisconsin. Él estudió antropología primero bajo la tutela del doctor Marvin Mayers en la Universidad de Wheaton, y más tarde participó en una obra entre chicanos en California y en la zona de Chicago. El doctor Mayers participó en una obra de campo entre los pocomchíes de Guatemala, bajo el auspicio del Instituto Lingüístico de Verano, antes de enseñar durante nueve años en la Universidad de Wheaton, en cuyo tiempo tuvo también alguna experiencia de campo en las Filipinas. Fue director del programa para el Instituto Lingüístico de Verano en Dallas, Tejas, y profesor de lingüística en la Universidad de Tejas en Arlington durante muchos años. Es en la actualidad decano de la Escuela de Estudios Interculturales en la Universidad Biola.

Antropología cultural: Una perspectiva cristiana está dirigido sobre todo a los estudiantes de instituto bíblico de origen evangélico conservador, con la esperanza de que un enfoque favorable a los problemas de diversidad cultural a través del mundo ayude a los jóvenes a superar los típicos prejuicios culturales, y puedan entender y apreciar la diversidad de conducta y pensamiento que hay en un mundo culturalmente heterogéneo.

Grunlan y Mayers toman la posición de "creacionismo funcional"; y aunque consideran algunos de los problemas derivados de las interpretaciones tradicionales de la edad del mundo, y sobre todo de la creación de la raza humana, no intentan ocuparse ya sea de la antropología física o los orígenes del hombre. Sin embargo, sí examinan significativamente los problemas planteados por el absolutismo bíblico y el relativismo cultural. Además su práctica de concluir los capítulos con una serie de preguntas que estimulan a pensar, seguro serán de innegable ayuda al profesor no profesional de antropología, en quien pensaron específicamente los autores al preparar este texto.

Algunos lectores pudieran sentirse defraudados al no encontrar análisis completos de algunos de los asuntos fundamentales en la antropología contemporánea, pero confío en que la mayoría de aquellos para quienes se escribió este volumen estarán complacidos por la manera sincera y respetuosa en que los autores han tratado de servir, en forma constructiva y útil, a los que buscan relacionar su fe con los problemas de diversidad y cambio cultural.

Eugene A. Nida

Prefacio a la segunda edición

Ambos autores enseñamos antropología cultural en programas de preparación misionera, y esta obra nació de nuestra necesidad de un libro de texto. El proyecto concreto comenzó cuando uno de nosotros estaba enseñando antropología cultural en el Instituto Bíblico Moody, y el otro estaba enseñando antropología en la Universidad de Wheaton. Cuando ninguno pudo encontrar un texto satisfactorio para nuestros propósitos, decidimos escribir uno propio.

Debido a que hay tantas posiciones teológicas expuestas hoy, y que personas diferentes están usando los mismos términos para querer decir cosas distintas, es muy importante conocer la posición teológica de los escritores. Nosotros consideramos estar en la rama teológica del cristianismo evangélico conservador. Creemos que la Biblia es la Palabra de Dios inspirada y autorizada (2 Timoteo 3:16). Creemos que Dios es el Creador del universo y que los seres humanos llegaron a existir como resultado de un acto creativo especial de Dios (Gn 1:1,27).

La antropología es el estudio de la humanidad, y consideramos a los seres humanos como el punto culminante de la obra creadora de Dios. Por lo tanto, vemos la antropología como una disciplina que nos ayuda a comprender mejor el ser principal de la creación de Dios. Una mejor comprensión de las personas conducirá a un ministerio más eficiente entre ellos.

En los círculos evangélicos hoy, todavía persiste una sospecha de las ciencias de la conducta. Esto es comprensible, ya que muchos científicos de la conducta no han sido cristianos o ni siquiera anticristianos. Algunas de las posiciones que han tomado han sido contrarias a las enseñanzas del cristianismo bíblico. Sin embargo, estas posiciones se han basado en interpretaciones de datos. Los datos en sí no contradicen la Biblia.

A la luz de la Conferencia sobre Evangelización Mundial de Lausana, los evangélicos están más conscientes del mundo multicultural en el que sirven a Cristo. El consenso de muchos misionólogos evangélicos es que el único enfoque eficaz a este mundo multicultural es el de relativismo cultural. También vemos el relativismo cultural como un elemento importante para formular una estrategia misionera eficaz. *Relativismo* es una de las palabras que incomodan a los evangélicos conservadores. El problema es que muchos evangélicos no distinguen entre los diferentes tipos de relativismo. Es cierto que el relativismo ético deduce los principios para la conducta de la situación social, pero nosotros abogamos por un relativismo cultural unido con absolutismo bíblico. Por lo tanto, la cultura define la situación, pero los principios para la conducta se encuentran en la Palabra de Dios. En realidad la Biblia es la autoridad absoluta para todas las culturas, pero esta debe aplicarse a específicas formas culturales que son relativas.

Es nuestro propósito presentar al lector la disciplina de la antropología cultural, no sólo como asignatura académica, sino también como herramienta eficaz para el misionero, pastor y laico en su tarea de presentar el evangelio de Jesucristo.

Los principios que nos guiaron a trabajar en este proyecto fueron nuestro amor por el Señor Jesucristo, nuestra convicción que la Biblia es la Palabra inspirada de Dios, y nuestro compromiso con la tarea de evangelización mundial. Nos propusimos preparar un texto que ayudara a misioneros activos y en perspectiva a entender mejor, tanto su propia cultura como la cultura en que ministrarán, y por lo tanto facilitar la comunicación intercultural del evangelio.

Articular un libro de texto implica los esfuerzos de muchas personas. Apreciamos especialmente las contribuciones hechas por nuestros colegas y estudiantes. John Snarey, que fue auxiliar de enseñanza para graduados del doctor Mayers en la Universidad de Wheaton, contribuyó en muchas de las ideas del capítulo 10.

También queremos reconocer a nuestras esposas, Sandra Grunlan y Marilyn Mayers, que nos han ayudado con la bibliografía y los índices. Su apoyo y cooperación hizo este proyecto posible.

Algunas porciones de los capítulos 1, 6 y 14 están tomadas de material escrito por el doctor Grunlan en *Christian Perspectives on Sociology* [Perspectivas cristianas en sociología] (Zondervan, 1982), un libro que está ahora fuera de impresión.

Es nuestra oración que este libro contribuya al avance del evangelio de Jesucristo.

Introducción para el profesor

Nos damos cuenta de que, aunque muchos de los que usan este texto en el aula son antropólogos profesionales o tienen preparación avanzada en antropología, hay otros que no son antropólogos o no han realizado mucho trabajo especializado en antropología.

También nos damos cuenta de que este texto se usa en universidades e institutos bíblicos, así como en seminarios, donde la antropología se enseña como ciencia aplicada y no como disciplina académica.

Se escribió este texto de tal modo que pudiera usarlo un profesor que tenga conocimientos mínimos en antropología así como el profesional. Se escribió también teniendo en cuenta los objetivos del programa de estudios de una universidad bíblica, un instituto bíblico o un seminario. Por lo tanto, hemos procurado mantener los asuntos técnicos y teóricos al mínimo, y enfatizar los aspectos prácticos de la disciplina (véase Introducción para el estudiante). También hemos ajustado nuestras aplicaciones e ilustraciones a una amplia gama de ministerios cristianos.

Para quienes enseñan un curso de antropología cultural con un conocimiento limitado en el amplio tema de antropología, las lecturas sugeridas, anotadas al final de cada capítulo, pudieran proporcionar ayuda para una mayor investigación en las esferas débiles. Estos listados también debieran proveer ayuda a sus estudiantes para una mayor investigación.

Hemos incluidos preguntas de estudio al final de cada capítulo. Se han escrito para permitirle al estudiante aplicar o relacionar el material del capítulo con su experiencia más general. Esas son preguntas de ensayo o de reflexión antes que respuestas cortas u objetivas. Pudieran usarse como tareas asignadas, en debates de clase, en debates de grupos pequeños o en cualquier otra forma que esté relacionada con las necesidades de enseñanza.

Por último, recomendamos un libro que usted pudiera considerar para usarlo en conjunto con este texto o en un curso subsecuente, *Christianity Confronts Culture* [El cristianismo confronta la cultura] (Mayers: 1987, 2ª ed.). Esta obra aplica la perspectiva antropológica a una estrategia de evangelismo intercultural.

Es nuestra esperanza y oración que este texto lo capacitará mejor para enseñar antropología a sus estudiantes.

Introducción para el estudiante

Nos damos cuenta de que la mayoría de ustedes que usan este texto no recibirán un título en antropología; en realidad, para muchos de ustedes este será su único curso de antropología. Teniendo en cuenta eso, hemos escrito este texto.

Hemos conservado intencionalmente el vocabulario técnico al mínimo y hemos destacado lo práctico antes que lo teórico. Sin embargo, como con todas las disciplinas, hay una cierta cantidad de vocabulario técnico que usted debe dominar. Usted descubrirá que este vocabulario frecuentemente consta de palabras cotidianas a las que se les ha dado significados muy precisos y específicos. Eso es importante para que dos individuos en la misma disciplina puedan comunicar información técnica entre sí con significado preciso. Idealmente, este vocabulario no tiene el propósito de ser memorizado, sino que usted debiera trabajar con él hasta conocerlo bien a fin de que pueda usarlo diversos contextos.

Aunque enfatizamos el aspecto práctico de este estudio, también presentamos alguna teoría. El valor de lo teórico es que de ello podemos desarrollar principios que pudiéramos aplicar en una variedad de situaciones.

Reconocemos que muchos de ustedes que emplean este texto ya participan o piensan participar en la obra misionera u otras formas de ministerio cristiano. Teniendo en cuenta eso, hemos incluido muchas ilustraciones y aplicaciones en esas esferas.

Hemos añadido una lista de lecturas sugeridas al final de cada capítulo. Estas listas incluyen obras que están habitualmente disponibles en la biblioteca promedio. Nosotros sugerimos estas lecturas específicas, porque creemos que son las mejores fuentes que puede usar para comenzar una investigación mayor en esta materia, si tiene la ocasión de hacerlo. Estas listas no son exhaustivas sino sólo puntos de partida.

Es nuestra esperanza y oración que este texto contribuya a su comprensión de la cultura y que le permita comunicar el evangelio con mayor eficiencia.

1

Antropología y misiones

Una joven misionera acababa de llegar al interior de Kalimantan, Indonesia, después de haber estudiado el idioma. Estaba feliz de trabajar entre el pueblo dayak. Había oído acerca del explosivo crecimiento de la iglesia en esa región. Estaba emocionada por formar parte de este dinámico ministerio de fundación de iglesias.

Sin embargo, al pasar el tiempo y observar cómo estaba creciendo la iglesia, comenzó a sentirse molesta. Los dayak no estaban viniendo a Cristo como individuos, sino como familias. Le pareció que esta era una decisión colectiva antes que una decisión individual. Eso la intranquilizó porque se le había enseñado siempre que la conversión era una decisión individual. Una persona tenía que responder individualmente al evangelio.

Esta joven misionera comenzó a cuestionar si los cristianos de Dayak eran verdaderamente renacidos. Comenzó a preguntarse si los misioneros que habían trabajado con los dayak por años estaban más interesados en el "crecimiento de la iglesia" que en conversiones genuinas.

¿Cuál es el papel de la antropología cultural en las misiones cristianas? ¿Es la respuesta a todo lo que aflige a las misiones o una herramienta secular que algunos misioneros usan, en vez de depender del Espíritu Santo? Estos son dos extremos. El papel de la antropología cultural en misiones no es ninguno de estos.

La antropología cultural no es una panacea para las misiones. Es sólo una herramienta más de un misionero bien preparado. Tampoco la antropología cultural reemplaza al Espíritu Santo. Ninguna obra misionera verdadera ocurre sin el Espíritu Santo. Sin embargo, muchos cristianos entienden mal el papel y lugar que la antropología cultural puede tener en un ministerio eficaz.

Imagínese una pareja de misioneros que trabajan entre un grupo de tribus ubicadas a lo largo de un río en la selva. Para alcanzar esas tribus dispersas necesitan un bote para viajar por el río. Ellos han encontrado algunos pedazos de hierro y otros materiales abandonados por un equipo explorador de petróleo. Usando estos materiales, comienzan a construir un bote, pero saben muy poco acerca de física y construcción de botes. Al final, el bote resulta más pesado que el agua en la que se desplaza.

Cualquiera que haya estudiado física elemental sabe que un objeto que es más pesado que el agua que desplaza se hundirá. Alguno pudiera decir: "Oh, pero en este caso el Espíritu Santo predominará y el bote flotará. Después de todo, fue construido para la obra de Dios." No. Los misioneros fueron necios. Ellos debieron haber construido el bote en armonía con las leyes de la naturaleza.

Ese mismo principio se aplica al presentar el evangelio a personas de otra cultura. Ya que no esperamos que Dios predomine cuando vamos en contra de las leyes naturales, ¿por qué esperamos que Él lo haga cuando vamos en contra de las leyes culturales o de la conducta?

Así como hay un orden subyacente en la naturaleza, también hay un orden subyacente en la conducta humana. Las ciencias de la conducta se interesan en descubrir el orden subyacente en la conducta humana tal como las ciencias naturales se interesan en descubrir el orden en la naturaleza.[1] La verdadera ciencia, natural y de conducta, se interesa en descubrir el orden en la creación de Dios.

El misionero que usa la antropología cultural como una herramienta para desarrollar una estrategia misionera no trata de trabajar sin el Espíritu Santo sino en armonía con él. Peter Wagner de la Escuela de Misiones Mundiales del Seminario Teológico Fuller señala la necesidad de una estrategia:

El Espíritu Santo es el factor controlador en la obra misionera, y la gloria por los resultados le pertenece a Él. Pero por

---

1 La antropología cultural es una de las ciencias de la conducta. Las ciencias de la conducta se analizan más ampliamente en el capítulo 2.

razones que no se nos han comunicado, Dios ha escogido usar seres humanos para llevar a cabo sus propósitos evangelísticos en el mundo. Esos seres humanos, misioneros en este caso particular, bien pudieran llegar a ser obstáculos a la obra del Espíritu Santo, como pudieran también ser instrumentos eficaces en las manos de Dios...

La estrategia misionera nunca intenta ser un substituto del Espíritu Santo. La estrategia apropiada es inspirada por el Espíritu y dirigida por él. Antes que competir con el Espíritu, la estrategia ha de usarse por el Espíritu Santo (1971:15).

James F. Engel y H. Wilbert Norton, de la Escuela de Posgrado de la Universidad de Wheaton, al analizar el modelo bíblico de evangelización dicen:

Un tema que permanentemente aparece en todo el Nuevo Testamento es que el Espíritu Santo obra al renovar nuestra *mente* (véase Efesios 4:23; 1 Pedro 1:13; Romanos 12:2). Se espera que nosotros analicemos, recolectemos información, midamos eficacia; en suma, seamos administradores eficaces de los recursos que Dios nos ha dado. ¡A menos que nos comprometamos con esta disciplina ... en realidad impedimos que el Espíritu Santo nos guíe! El peligro permanente es que "un hombre pudiera arruinar sus oportunidades por su propia necedad y luego culpar al Señor" (Proverbios 19:3, *Living Bible*) (1975:40).

Como hemos dicho, la antropología cultural no es una panacea para las misiones, ni un simple esfuerzo humano obrando sin el Espíritu Santo. ¿Cuál es, entonces, el papel de la antropología cultural en las misiones? La antropología cultural pudiera contribuir por lo menos en cuatro formas a una estrategia misionera eficaz:

1. Da al misionero una comprensión de otra cultura.
2. Ayuda al misionero a entrar en otra cultura.
3. Facilita la comunicación del evangelio en otra cultura.
4. Ayuda en el proceso de establecer la iglesia en otra cultura.

Comprendiendo otra cultura

Según el erudito de misiones George Peters (1972) se debe distinguir entre *misión* y *misiones*. La misión es el mandato bíblico total de la Iglesia de Jesucristo. Las misiones tienen lugar cuando las asambleas locales o grupos de asambleas que envían personas autorizadas a otras culturas para evangelizar y plantar asambleas autóctonas. Misiones es un aspecto de la misión. Básicamente, misiones es la iglesia en una cultura que envía obreros a otra cultura para evangelizar y discipular.

La definición anterior enfatiza moverse de una cultura a otra, no de una nación a otra.[1] Las fronteras nacionales son líneas artificiales dibujadas sobre mapas por los políticos; las culturas son realidades en localidades geográficas. Alguien en Nueva York que ministra a los indios pimas del sudoeste de los Estados Unidos está tan involucrado en un ministerio intercultural como el neoyorquino que ministra a los indios mapuches en Chile.

El que intenta ministrar a otra cultura necesita conocer bien esa cultura. Aunque las leyes esenciales de la conducta, o "universales", sustentan toda conducta humana, esta conducta toma diversas formas en diferentes culturas. Para desempeñarse en otra cultura, una persona debe entender esa cultura. La antropología cultural provee las herramientas conceptuales necesarias para comenzar ese proceso. [2]

Entrando en otra cultura

Para ministrar en otra cultura, uno debe entrar en la cultura. Cuando un individuo abandona su propia cultura con sus costumbres, tradiciones, modelos sociales y estilo de vida conocidos, el individuo comienza rápidamente a sentirse como un pez fuera del agua y debe, ya sea comenzar a adaptarse a la nueva cultura, o ser zarandeado y abofeteado por ella hasta que finalmente sucumba al agotamiento y sofocación.

Una persona responderá a la nueva cultura en una de estas dos formas: con empatía, aceptación e identificación, lo cual resultará en ajuste y éxito, o con choque cultural y finalmente fracaso. Frecuentemente el choque cultural es

> provocado por la ansiedad que resulta de perder todos nuestros signos y símbolos conocidos de relación social. Esos signos o señales incluyen las mil y una formas en que nos orientamos en las situaciones de la vida diaria: cuándo dar la mano y qué decir cuando conocemos personas, cuándo y cómo dar propinas, cómo dar órdenes a los sirvientes, cómo hacer compras, cuándo

---

1 La Gran Comisión, como se encuentra en Mateo 28:19-20, exhorta a los cristianos: "Haced discípulos a todas las naciones." La palabra traducida *naciones* en español es la palabra griega *ethnē* de la que se derivan palabras tales como *étnico*, *etnia* y *etnología*. La Gran Comisión se ocupa no sólo de unidades políticas sino también de unidades culturales.

2 Este proceso se analiza con más detalles en el capítulo 13.

aceptar o rechazar invitaciones, cuándo tomar declaraciones seriamente y cuándo no. Ahora esas señales, que pudieran ser palabras, gestos, expresiones faciales, costumbres, o normas, se adquieren en el curso del crecimiento y son parte de nuestra cultura como el idioma que hablamos o las creencias que aceptamos.

Ahora cuando un individuo entra en una cultura extranjera, se quitan todos o la mayoría de esos indicios conocidos . . . Por muy inteligente que usted sea o por muy buena voluntad que tenga, ya no cuenta con una serie de apoyos, y además tiene un sentimiento de frustración y ansiedad (Overg 1960:177).

El choque cultural viene en tres etapas. En primer lugar, es la fascinación, o etapa de turista, que se produce cuando la persona entra por primera vez en la nueva cultura. Hay vistas y sonidos nuevos y fascinantes. Hay cosas emocionantes que ver y experimentar. Hay por lo regular personas amigables que hablan su idioma para ayudarle y encargarse que uno esté cómodo. El turista, o visitante a corto plazo, por lo general nunca va más allá de esta etapa antes de abandonar la cultura anfitriona.

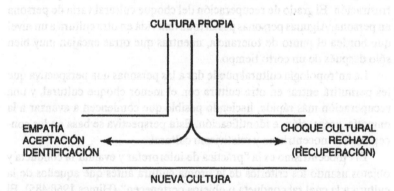

Ilustración 1-1. DOS REACCIONES A UNA NUEVA CULTURA. Cuando las personas dejan su propia cultura y se mudan a una cultura nueva, ellas pueden moverse en una de dos direcciones; ya sea hacia empatía, aceptación, e identificación o hacia el choque cultural y rechazo (y posible recuperación).

La segunda etapa es la etapa de rechazo. La diversión y fascinación de la nueva cultura comienza a desvanecerse, y el recién llegado se enfrenta con las dificultades que implican el vivir en la nueva cultura. Ahora las "reglas" de vida son diferentes, y el recién llegado no está "dentro" de la mayoría de ellas. La forma de hacer las cosas en la propia cultura de la persona pudieran haber sido pulcras y lógicas, pero las formas de hacer las cosas en la nueva cultura pudieran parecer caprichosas, sin sentido o propósito. El recién llegado se siente frustrado al intentar funcionar en la nueva cultura aplicando "reglas" de su propia cultura. Cuando estas "reglas" no logran los resultados deseados, la persona culpa a la nueva cultura; y comienza a rechazarla.

Este rechazo pudiera tomar varias formas, tal como el estereotipar a los miembros de·la nueva cultura, hacer comentarios despreciativos y jocosos acerca de la gente, desasociándose lo más posible de los miembros de la nueva cultura, y asociándose lo más posible con miembros de la propia cultura. La mayoría de las personas tienen al menos una recuperación parcial del choque cultural. Las que no pueden acomodarse a la nueva cultura finalmente se alejan de ella por completo.

La tercera etapa, recuperación, comienza a medida que la persona empieza a aprender el idioma o dialecto de la nueva cultura y algunas de sus reglas. Al comenzar a adaptarse a la nueva cultura, se apacigua la frustración. El grado de recuperación del choque cultural varía de persona en persona. Algunas personas pasan toda una vida en otra cultura a un nivel que bordea el punto de tolerancia, mientras que otras encajan muy bien sólo después de un corto tiempo.

La antropología cultural puede dar a las personas una perspectiva que les permitirá entrar en otra cultura con el menor choque cultural, y una recuperación más rápida, haciendo posible que comiencen a avanzar a la empatía, aceptación, e identificación. Esta perspectiva se basa en los conceptos de etnocentrismo y relativismo cultural.

El etnocentrismo es la "práctica de interpretar y evaluar la conducta y objetos usando los criterios de la propia cultura antes que aquellos de la cultura a la cual tal conducta u objetos pertenecen" (Himes 1968:485). El relativismo cultural es la "práctica de interpretar y evaluar la conducta y los objetos, usando los criterios valorativos y normativos de la cultura a la que tal conducta u objetos pertenecen" (484).

Esas definiciones muestran que el etnocentrismo es una forma de ver el mundo en términos de la propia cultura. Un conducta es correcta o incorrecta según la define la propia cultura. Otras formas de hacer las cosas en diferentes culturas tienen o no tienen sentido, dependiendo de cómo estas formas son vistas en la propia cultura. El relativismo cultural es una forma de ver el mundo en términos de la cultura relevante, es decir, en términos de la cultura en que uno se encuentra. Una conducta es correcta o incorrecta según la define la cultura relevante.[1]

Las personas que entran en otra cultura debieran reconocer sus propias tendencias etnocéntricas y convertirse en relativistas culturales. Peter Wagner da el siguiente excelente consejo a quien está entrando en una nueva cultura:

> Haga un esfuerzo consciente de desvincularse de la antigua cultura. Para hacer esto, debe darse cuenta de que todas las culturas son relativas y que en ningún sentido su cultura anterior es más correcta que la nueva. Acéptela como diferente no como mejor (1971:94).

El siguiente extracto de *Christianity Today* ilustra el problema del etnocentrismo y la necesidad del relativismo cultural:

> "Señor — comenzó Jojo —, te agradecemos tanto por enviarnos a Ron y Linda . . ."
>
> Mientras las cañas de bambú rechinaban como puertas sobre goznes oxidados, diecinueve filipinos y tres extranjeros oraban, sentados alrededor de un cobertizo grande y abierto. Esa noche estábamos concentrados en las necesidades de los otros. ". . . Por su cuidadosa enseñanza bíblica. Sus hermosas vidas. Su acogedor hogar. Su entusiasmo y energía para servirte." Ron Linda y yo éramos los únicos extranjeros en el personal. "Y ahora, Señor — continuó Jojo —, te rogamos que los libres de tensiones . . ."
>
> Yo estaba un poco sorprendida. ¿Tensión? ¿En su ministerio capaz y eficiente? Bien, sí, supongo, yo les había notado tensos, cuando estaban débiles por la hepatitis, cansados de pasar entre las ratas muertas del mercado inundado, cargados al límite de adrenalina por una docena de reuniones que les esperaban la semana entrante, y desencantados cuando la gente olvidó presentarse en una reunión importante de planificación. Si pudieran, se relajarían un poquito más.
>
> Una salamandra bajó desde una viga. Los que oraban siguieron murmurando su oración. Entonces, escuché a Arturo orar por *mí*.

---

1 El relativismo cultural no debiera confundirse con relativismo moral o ético. Las culturas son relativas, no así la moralidad bíblica. Véase el capítulo 14 para un análisis más profundo de este asunto.

". . . y, Padre nuestro, te pedimos que la libres de tensión . . ."

Tensión, otra vez! ¿De qué se trataba todo esto? ¿Estábamos nosotros los extranjeros mucho más tensos que todos los demás? En realidad, sí. Nos gustaba la eficiencia. Así que a veces nos poníamos nerviosos por retrasos en nuestras agendas, mientras que los filipinos se ajustaban con calma a una tierra donde los tifones naturales o políticos pudieran demoler cualquier sistema. Como resultado, la paz caracterizaba a los paganos filipinos más que a muchos de nosotros los misioneros.

Por otro lado, algunas culturas con poca herencia cristiana sí parecen sobresalir en algunos campos. Cuando observé alrededor en mi vecindario filipino, por ejemplo, vi familias fuertes. Hospitalidad calurosa. Mucho tiempo prodigado a los niños. Lealtades duraderas. La habilidad de vivir satisfactoriamente con poco dinero. Una herencia de libertad económica para las mujeres. Creatividad en la música. Salsas que deliciosamente extienden un poquito de carne para muchas personas. Un deleite en compartir. Habilidad en el arte de la relajación. Cuerpos elásticos y flexibles. La habilidad de disfrutar del estar con un numeroso grupo de personas continuamente (Adeney 1975: 11-12).

La actitud mostrada por la misionera en el relato anterior es un excelente ejemplo de una persona practicando relativismo cultural. La misionera pudo ver los valores en otra cultura y no trató de juzgar esa cultura por los patrones de su propia cultura.

Evangelismo intercultural

La tarea principal de las misiones es presentar el evangelio de Jesucristo, el acto redentor de Cristo, gracias al cual se puede entrar en una relación personal con Dios. El mensaje del evangelio es exclusivo. No hay otro camino, de acuerdo con la Palabra de Dios:

> Jesús le dijo: Yo soy el camino, y la verdad, y la vida; nadie viene al Padre, sino por mí (Juan 14:6).
>
> Porque hay un solo Dios y un solo mediador entre Dios y los hombres, Jesucristo hombre, el cual se dio a sí mismo en rescate por todos (1 Timoteo 2:5-6).

Tenemos el imperativo de presentar el evangelio de Jesucristo a toda persona. No tenemos como imperativo el presentar nuestra cultura a nadie. Debido a que hemos aprendido el evangelio dentro de las envolturas de nuestra propia cultura, tendemos a suponer que nuestra cultura es la cultura bíblica.

Cuando una persona crece en una cultura como cristiano y entra en otra cultura para llevar el evangelio, la persona trae más que solamente el evangelio. La persona está trayendo su comprensión cultural del evangelio y una manifestación cultural de él. En otras palabras se ha contextualizado el evangelio en la cultura del cristiano. Buswell define *contextualización* como

> la teología hecha desde el interior de un sistema, traduciendo los absolutos cristianos supraculturales, no sólo en el idioma lingüístico, sino también dentro de las formas particulares que ese "sistema" toma dentro del sistema: concepto de prioridad, secuencia, tiempo, espacio, elementos de orden, costumbres de validación y aserción, estilos de énfasis y expresión (1978:90).

Al introducir el evangelio en otra cultura debemos procurar dejar de lado nuestra propia comprensión y manifestación cultural del evangelio, y permitir que comprensiones y manifestaciones del evangelio se desarrollen a la luz de la cultura anfitriona, es decir, se llegue a contextualizar.

La antropología cultural es una herramienta útil para separar nuestra cultura del evangelio y ponerlo en términos de la nueva cultura. Hablando del papel de la antropología cultural en el evangelismo intercultural, el doctor Eugene Nida dice:

> Por supuesto que un estudio de la antropología cultural no garantizará que un mensaje comunicado a cualquier grupo de personas será aceptado. ¡Por el contrario! La antropología cultural sólo ayuda a garantizar que cuando el mensaje se comunique, aumente la posibilidad de que la gente lo entienda. (Smalley 1967:310-11).

En este punto pudiéramos preguntar, ¿No hay sólo un evangelio y no es el mismo para todas las culturas? Esta pregunta fue considerada por los contribuyentes al *Informe Willowbank:*

> . . . es importante identificar cuál es el meollo del evangelio. Reconocemos como principales los temas de Dios como creador, la universalidad del pecado, Jesucristo como Hijo de Dios, Señor de todo, y Salvador mediante su muerte expiatoria y resurrección, la necesidad de la conversión, la venida del Espíritu Santo y su poder transformador, la confraternidad y misión de la iglesia cristiana, y la esperanza del retorno de Cristo. Aunque esos son elementos fundamentales del evangelio, hay

que añadir que ninguna declaración teológica está libre de influencia cultural. Por lo tanto, todas las formulaciones teológicas deben juzgarse a la luz de la Biblia, que permanece sobre todas ellas. Debe juzgarse su valor por su fidelidad a ella, así como por la relevancia con que tales formulaciones aplican el mensaje bíblico a su propia cultura (1978:12-13).

Para ser eficaz al ministrar interculturalmente, debemos ser relativistas culturales así como defensores de la autoridad bíblica. Es importante darse cuenta de que los miembros de cualquier cultura van a enfatizar algunas facetas del evangelio, mientras los miembros de otra cultura tenderán a enfatizar otras facetas de las Escrituras. Tal como el *Informe Willowbank* bien lo enfatiza:

> La Biblia proclama la historia del evangelio en muchas formas. El evangelio es como un diamante multifacético, con diferentes aspectos que apelan a diferentes personas en diferentes culturas. Tiene profundidades que no hemos comprendido a fondo. Desafía cada intento de reducirlo a una sola formulación (1978:12).

Volviendo al caso de la joven misionera en Kalimantan que cuestionó las conversiones colectivas, encontramos que al desarrollar una teología de la conversión, nuestra cultura occidental, con su énfasis en el individualismo, ha tendido a enfatizar la naturaleza individual de la experiencia de la conversión, como consecuencia de los pasajes que apoyan esa posición (por ejemplo, Hechos 8:26-40). Sin embargo, los que vienen de una cultura donde se enfatiza la toma de decisiones en grupo y colectivas tenderán a enfatizar la naturaleza colectiva de la conversión, producto de los pasajes que registran conversiones colectivas (por ejemplo Hechos 10:44-48; 16:33; 1 Corintios 1:16). Una vez más citamos del *Informe Willowbank*:

> La conversión no debiera ser concebida como invariable y sólo una experiencia individual, aunque ese ha sido el patrón de expectativa occidental por muchos años. Por el contrario, el tema del pacto en el Antiguo Testamento y los bautismos de familias en el Nuevo debiera conducirnos a desear, esperar, y trabajar tanto por conversiones familiares como en grupo. Teológicamente reconocemos el énfasis bíblico sobre la unidad de cada *ethnos*, i.e., nación o pueblo. Sociológicamente, reconocemos que cada sociedad está compuesta de una variedad de subgrupos, subculturas, o unidades homogéneas. Es evidente que la gente recibe el evangelio más fácilmente cuando se le

presenta de una manera que es apropiada — y no extraña — a su propia cultura, y cuando pueden responder a él con su gente y entre su propio pueblo. Reconocemos la validez de la dimensión colectiva de la conversión como parte del proceso total, así como la necesidad de que cada miembro del grupo finalmente participe en ella (1978:22).

Es importante que separemos nuestra cultura del evangelio. Es sólo cuando separamos nuestra cultura del evangelio y lo ponemos en términos de la otra cultura que podemos comunicarlo. La antropología cultural nos da las herramientas conceptuales con las cuales extraer los principios bíblicos de sus formas culturales, y comenzar a hacerlos aplicables en cualquier cultura. Como Leighton Ford ha dicho: "Jesucristo no es cautivo de ninguna cultura y es el amo de todas las culturas" (*Hour of Decisión* [Hora de decisión], 9 de marzo de 1975).

Cuando comunicamos nuestro mensaje para que lo entiendan las personas de otra cultura, el Espíritu Santo puede obrar en su corazón para provocar una experiencia de conversión. Como el apóstol Pablo dice: "¿Cómo, pues, invocarán a aquel en el cual no han creído? ¿Y cómo creerán en aquel de quien no han oído?" (Romanos 10:14).

Fundación de Iglesias

Cuando los miembros de otra cultura responden al evangelio, debieran reunirse a esos creyentes en una asamblea local. Pero ¿cuál debiera ser el modelo para esta asamblea? ¿Qué tipo de política debieran tener? ¿Dónde debieran reunirse? ¿Cuál debiera ser el horario de la reunión? ¿Qué forma debieran tomar estas reuniones? ¿Qué expresiones de adoración debieran emplearse? ¿Cuáles debieran ser los problemas de separación? ¿Qué forma debiera tomar el matrimonio cristiano? ¿Qué acerca de la poligamia?

Estas y muchas otras preguntas aparecen cuando se inicia una nueva iglesia. El misionero etnocéntrico naturalmente deseará hacer las cosas en la forma que ellas se hacen en su suelo natal. Pero ¿qué del misionero que se da cuenta de la necesidad de practicar relativismo cultural?

Además de la instrucción teológica, los métodos de educación cristiana y el conocimiento bíblico, el misionero bien instruido también necesita algun conocimiento de antropología cultural. La antropología cultural puede capacitar a un misionero para comprender su nueva cultura en perspectiva, entrar en la nueva cultura con el mínimo de choque cultural y un máximo ajuste, asegurar que el mensaje sea entendido, y fundar una iglesia bíblica autóctona y no transplantar la iglesia de su propia cultura.

Marvin Mayers, en un ensayo leído ante la Asociación de Profesores Evangélicos de Misiones, contó el siguiente relato:

Como un adolescente, experimenté salvación del pecado por medio de Jesucristo. Yo estaba mental, emocional y espiritualmente confundido, y encontré en Cristo, por medio de su Espíritu, respuestas a los problemas más profundos de la vida. Creo que el Espíritu, como resultado de esa conversión y gracias a la madurez y al crecimiento cristiano, me condujo a estudiar antropología social, después de un período de servicio misionero en América Central. Había sido educado en una universidad como un historiador y en un seminario como un teólogo. Luego de esa instrucción y preparación, fui al campo misionero y encontré problemas para los que no tuve soluciones, ni la preparación para descubrir soluciones. Tenía respuestas teológicas a problemas teológicos, pero muchos de los desafíos que enfrenté no fueron teológicos.

Estudiando en mis diversas clases en antropología, en las ciencias de la conducta, en comunicación, en relaciones sociales, y estructura social, comencé a ver como podía enfrentar muchos de los problemas que encontré en el campo. Ahora tenía posibilidades alternativas para tratar con ellos. Retorné ansiosamente al campo y encontré que lo que tenía que comunicar, es decir el evangelio de Jesucristo, era mucho más fiel y significativo que nunca, y que los medios que tenía para comunicar esta tremenda verdad eran mucho más eficaces que previamente (1976).

Misiones es la comunicación del evangelio. El papel de la antropología cultural es asegurar que el mensaje se comunique en una forma culturalmente comprensible.

Preguntas para debate

1. ¿Hay tal cosa como una "cultura cristiana"? Explique su respuesta.
2. ¿Sufrió usted algún tipo de choque cultural cuando llegó a su escuela actual? ¿De qué forma?
3. ¿Es la cultura la que determina si una conducta es correcta o incorrecta? Explique.
4. ¿Cuánto de la política, agenda, programación, y ministerio de su iglesia es bíblico y cuánto de ello es cultural?
5. En su opinión, ¿cuál es la mayor contribución de la antropología a las misiones?

Lecturas sugeridas

Engel, J. F. y Norton, H. W. 1975. *What's Gone Wrong With the Harvest?* [¿Qué ha ido mal con la cosecha?] El profesor Engel trae una experiencia de mercado a esa obra, mientras que Norton trae una rica experiencia de misiones. Juntos desarrollan una fascinante estrategia para evangelismo basada en una comprensión del mensaje y del público. Esta obra es altamente recomendable.

Goodenough, W. H. 1963. *Cooperation in Change* [Cooperación en el cambio]. Esta obra es esencialmente un manual para quienes planean trabajar en países subdesarrollados. Aunque escrito para quienes estarán participando en campos seculares, tales como economía, agricultura, etc., gran parte del libro puede aplicarse también a las misiones. Aunque la obra completa debiera ser una lectura necesaria para todos los misioneros, los capítulos 17 y 18 son especialmente importantes para las misiones.

Luzbetak, L. J. 1963. *The Church and Cultures* [La iglesia y las culturas]. El autor, un erudito católico romano, ha escrito una obra excelente sobre la relación entre iglesia y cultura. Aunque algo técnica, esta obra es altamente recomendable para el misionero erudito serio.

Mayers, M. K. 1987. (2ª ed.) *Christianity Confronts Culture* [El cristianismo confronta la cultura]. En esta obra Mayers desarrolla plenamente su estrategia de ministerio intercultural. Una excelente característica de esta obra son los ejemplos que Mayers ha recogido de misioneros a través de los años. También se incluyen ejercicios prácticos y actividades en clase para cada capítulo. El libro de Mayers es un buen complemento para este texto.

Nida, E. 1960. *Message and Mission* [Mensaje y Misión]

———. 1968. *Religion Across Cultures* [Religión a través de las culturas]. Esas dos obras las escribió un antropólogo lingüista que ha estado activo en la obra de traducción de la Biblia con la Sociedad Bíblica Americana. Ambas son altamente recomendables para aquellos interesados en las contribuciones antropológicas a un ministerio de traducción.

Oberg, K. 1963. "Cultural Shock: Adjustment to New Cultural Environments [Choque cultural: Ajuste a ambientes culturales nuevos]." *Practical Anthropology*. Artículo vanguardista sobre el concepto del choque cultural. Una buena explicación del problema con aplicaciones prácticas.

Olson, B. 1973. *Bruchko* (anteriormente *For This Cross I'll Kill You* [Por esta cruz te mataré]). Una excelente ilustración de un misionero culturalmente sensible quie ministró trabajando con la cultura antes que contra ella.

Richardson, D. 1974. *Peace Child* [Hijo de paz]. Este es una excelente monografía por un misionero que recibió instrucción antropológica y lingüística y la usó para comprender las culturas y alcanzarlas para Cristo.

Smalley, W. 1967. *Readings in Missionary Anthropology*. [Lecturas en antropología misionera]. Es una colección de artículos de la ahora discontinuada revista misionera *Practical Anthropology*. Esta es una excelente lectura sobre antropología y misiones.

2

Humanidad,
cultura y sociedad

Una noche una pareja estaba agasajando a un grupo de amigos. En la cena, los invitados habían terminado de comer lo que se les sirvió. La esposa, que era búlgara, les ofreció servirles por segunda vez, porque es una deshonra para una anfitriona búlgara dejar a un invitado con hambre. Uno de los invitados, un estudiante asiático aceptó. Cuando se le ofreció al estudiante servirle aún por tercera vez, también aceptó, y la anfitriona búlgara corrió a la cocina a preparar más comida. Por la mitad de la cuarta vez que le servían, el estudiante asiático cayó al piso. Mientras estaba tendido, pensaba, *es mejor enfermarse que rechazar la comida, porque es un insulto rechazar el alimento que se ofrece* (Keesing y Keesing 1971).

Cuando las personas saben que fui profesor de una universidad, habitualmente me preguntan qué enseñaba. Cuando respondo "antropología", muchos muestran perplejidad en el rostro y dicen: "Oh, ¡qué bien!", u "¡Oh! ¿Es usted uno de esos tipos que desentierra huesos viejos?", o "¿Qué es eso?"

Las disciplinas académicas pueden dividirse en dos grupos fundamentales: las humanidades y las ciencias. Las ciencias pudieran ser aún divididas en ciencias naturales y ciencias sociales. Dentro de las ciencias sociales hay también dos divisiones, los estudios sociales y las ciencias de la conducta. Los estudios sociales incluyen disciplinas tales como historia, economía, y ciencia política. Aunque hay algún desacuerdo entre los eruditos sobre cuáles disciplinas componen propiamente las ciencias de la conducta, la mayoría concuerdan que el núcleo de la ciencia de la conducta está compuesto de sociología, psicología y antropología.

Ilustración 2-1. LA DIVISIÓN DE LAS DISCIPLINAS ACADÉMICAS

Así que ahora sabemos que la antropología es una de las ciencias de la conducta, pero ¿qué es exactamente antropología? La palabra se deriva del griego *anthropos*, que significa "hombre"[1] y *logia* que significa "el estudio de". Literalmente, antropología es el estudio de los seres humanos. La antropología se ocupa de cada aspecto de los seres humanos: su origen, su pasado, su presente, y su futuro. La antropología estudia a los seres humanos como individuos biológicos, psicológicos y sociológicos. La antropología se ocupa de los seres humanos dondequiera que se encuentren.

¿Cómo difiere la antropología de la sociología y la psicología? La sociología se ocupa fundamentalmente de los seres humanos como individuos sociales y sus relaciones sociales organizadas. La psicología se interesa primordialmente en las personas como seres psicológicos. Se ocupa de aspectos tales como la personalidad, las actitudes y la conducta. La antropología tiene en común varios asuntos con la sociología y la psicología.

---

1 Hombre como humano, no sólo varón.

Aunque en todas las ciencias de la conducta el objeto de estudio son los seres humanos, una de las principales diferencias entre la antropología y las otras ciencias de la conducta es la de enfoque. La antropología usa un enfoque comparativo. Estudia a los seres humanos a través del tiempo y de las culturas.

La premisa fundamental de la antropología es que hay principios o "leyes" que son la base de toda conducta humana. La metá de la antropología es el descubrimiento de estas "leyes".[1] El enfoque metodológico de la antropología para descubrir estas "leyes" universales es comparativo o intercultural. Mientras que la sociología pudiera estudiar el efecto de la urbanización sobre negros norteamericanos que emigran a las ciudades, la antropología estudiaría el efecto de la urbanización en varias culturas, o las minorías raciales rurales que emigran a los centros urbanos. Los antropólogos pudieran comparar la migración de los negros norteamericanos rurales a las ciudades con la de los indios rurales latinoamericanos, o la de los miembros de tribus rurales del Sudoeste de Asia.

Antropología como una ciencia

Algunas personas cuestionan el concepto total de "ciencia de la conducta" y no ven la antropología como una ciencia. Ellas señalan como tales la física, la biología y otras ciencias naturales con sus herramientas precisas de medición, experimentos de laboratorio, y un alto grado de previsión. Debido a que el campo de estudio de la antropología es el ser humano en el mundo real, la antropología no tiene las herramientas precisas de medición que las ciencias naturales tienen, ni puede participar en experimentaciones de laboratorio. Sin embargo, la antropología califica de una ciencia debido a su metodología:

1. Los procedimientos son públicos.
2. Las definiciones son precisas.
3. Los datos recolectados son objetivos.
4. Los hallazgos deben ser repetibles.
5. El enfoque es sistemático y acumulativo.
6. Los propósitos son explicación, comprensión y previsión. (Berelson y Steiner 1964: 16-17).

---

1 Las leyes en la ciencia difieren de las leyes en el sentido jurídico. Las leyes en la esfera jurídica son preceptivas: dicen lo que hay que hacer. Las leyes en el sentido científico son descriptivas. Describen lo que pasa, pero no provocan lo que pasa. Las manzanas caían antes que Newton "descubriera" la ley de la gravedad.

Básicamente, la ciencia se ocupa de definir, describir y prever. Estas son también las metas de la antropología. La antropología se ocupa de definir y describir la conducta humana. Sin embargo, definición y descripción no son el fin en ciencia sino el proceso; previsión es el fin. Aun así la antropología está moviéndose desde las etapas de definición y descripción a la esfera de previsión. Aunque las previsiones de las ciencias naturales parecen llanas y precisas, las previsiones de la antropología son habitualmente en términos generales.

Por ejemplo, en regiones poligenistas[1] que han tenido una economía marginal, los antropólogos han podido prever correctamente que la introducción de trabajo asalariado reduce el índice de poliginia. Sin embargo, los antropólogos no pueden prever que personas en la sociedad contraerán o no una unión poligenista. Debido a que los antropólogos tratan con seres humanos y hay demasiadas variables, sus previsiones son a menudo en términos generales, o en términos de la persona "promedio". La antropología está procurando depurar su metodología para perfeccionar sus previsiones. Sin embargo, la meta real en la antropología es no sólo poder prever la conducta humana sino también comprenderla.

Si vamos a utilizar los talentos que podemos obtener de la ciencia de la conducta, es importante que entendamos lo que las ciencias de la conducta *no* son, así como lo que son. Este entendimiento nos permitirá utilizar estos talentos con mayor confianza. Las ciencias de la conducta

1. no son una nueva enseñanza. No están allí para cambiar la verdad. Ellas nos posibilitan el desarrollar una disposición mental diferente, no una fe diferente.

2. no están en competencia con la doctrina o la teología. Ayudan en el desarrollo, aplicación y comunicación de la doctrina y teología.

3. no son del dominio exclusivo de eruditos. Se usan, con creciente frecuencia, en las organizaciones cristianas evangélicas, en consejería, como tarea de asignatura en universidades cristianas y seminarios, en la instrucción y preparación de nuevos misioneros, así como en la actualización de la instrucción de misioneros experimentados.

4. no es "conductismo" o las enseñanzas de B. F. Skinner o J. B. Watson. Las teorías de hombres como Skinner y Watson se derivan de estudios hechos con animales y se tienen que ver con determinismo. Aunque algo de su trabajo cae bajo la cobertura de las ciencias de la conducta, no es lo mismo.

---

1 La poliginia es la forma de matrimonio en la que participa un hombre con varias esposas. Se analizan poligamia, poliginia y poliandria con más detalle en el capítulo 8.

5. no es un "sistema secular" bajo el control de Satanás. Aunque hay científicos de la conducta ateos, hay también científicos de la conducta que utilizan la disciplina para comprender mejor a Dios y su creación.

Por otro lado, las ciencias de la conducta

1. son un campo académico de estudio igual que las humanidades o las ciencias físicas.
2. están influyendo en gran parte de lo que se hace hoy en administración, educación, ministerio y muchas otras esferas de la vida.
3. son estudios, mediante de buenas técnicas de investigación, de la conducta humana dondequiera que se encuentre. Estos estudios no tienen el objetivo de reemplazar la verdad de Dios, pero pueden usarse para ayudarnos a lograr una mejor comprensión de ella.
4. son herramientas que se pueden usar para ayudarnos a obtener una mejor comprensión y aplicación de la Palabra de Dios.[1]
5. mantienen un enfoque a la conducta social que puede ayudarnos a ministrar, comprender y relacionarnos con personas en diversas culturas.

El origen de la humanidad

Ya que la antropología es el estudio de los seres humanos, una pregunta de gran interés para los antropólogos es el origen de la humanidad. Muchos antropólogos — pero de ningún modo todos — consideran a los seres humanos como un producto de un proceso evolucionario. Aunque no concibió la idea de la evolución, Carlos Darwin anticipó el concepto en su intento por comprender los matices de cambio en las formas de vida, a medida que él viajó alrededor del mundo.

La teoría de Darwin se estableció lentamente en los círculos científicos; pero cuando lo hizo, dominó la escena científica. Muchos han considerado la evolución como sinónimo de antropología debido al trabajo hecho en ese campo por varios destacados antropólogos.

Aunque el esquema evolucionista específico de Darwin fue reemplazado hace mucho por nuevos esquemas, todos los esquemas sostienen los siguientes principios fundamentales:

1. Las cosas vivas cambian de generación en generación, produciendo descendientes con nuevas características.
2. El proceso ha continuado durante un período de tiempo tan largo, que ha producido todas las especies existentes o extintas.

---

1 Se explora este punto con mayor profundidad en el capítulo 15.

3. Todas las cosas vivientes, plantas, animales y seres humanos están relacionados entre sí y tienen un origen común.

La teoría de la evolución se basa en varios tipos de evidencia que incluye (1) variación y cambio en plantas y vida animal, (2) fósiles, (3) embriología, (4) anatomía comparativa, y (5) distribución geográfica. Uno de los mayores problemas para comprender la teoría de la evolución es distinguir entre la evidencia o hallazgos de la antropología y las interpretaciones de estos hallazgos por algunos antropólogos. Por ejemplo, cuando el doctor Leaky descubre un cráneo en África, no podemos argumentar que el cráneo no existe, pero podemos debatir su interpretación de lo que el cráneo representa.

Para la persona que no cree en un Dios capaz de crear el universo y la vida, hay sólo una posible explicación o interpretación por la similitud de las formas vivientes: ellas evolucionaron de una fuente común. Sin embargo, para la persona que cree en un Dios creador, hay una explicación o interpretación alterna: similitud indica un creador común.

Hay antropólogos reconocidos que sostienen una teoría bíblica de la creación. Esta teoría se basa en tres convicciones principales:

1. Dios existe, y es el creador, sustentador y fin último de todas las cosas.
2. El relato de Génesis que trata de la creación del mundo es un hecho histórico. Dios no sólo hizo el universo, que incluye la tierra, por actos creativos, sino que también creó plantas, animales y seres humanos de tal forma que ellos se reproducen sólo "según su género".
3. La realidad del pecado y la redención del pecado es esencial para la fe cristiana. Sin embargo, si los seres humanos están en un proceso de evolución de un estado inferior, el pecado tiende a ser simple imperfección, y el evangelio de redención del pecado tiende a perder significado.

Junto a aquellos antropólogos que sostienen ya sea la teoría de la evolución o la teoría de la creación, hay otro grupo de antropólogos que han intentado sintetizar estas dos teorías. Ellos sostienen una teoría de evolución teísta. Ellos ven a Dios como la fuente de vida. Él comenzó el proceso evolucionario y luego permitió que continuara desarrollándose por sí mismo. Algunos evolucionistas teístas aplicarían esta teoría sólo a las formas más bajas de vida y ven a la humanidad como el producto de un acto creador especial de Dios. Otros evolucionistas teístas ven a la humanidad como resultado final del proceso evolucionario.[1]

---

1 Véase el capítulo 7 sobre biología en el libro de Ramm *Christian View of Science and Scripture* (1954) para un excelente debate sobre la evolución teísta.

Nuestro enfoque a la pregunta del origen de los seres humanos es lo que nosotros llamamos la teoría de creación funcional. La teoría de creación funcional se basa en las tres convicciones principales de los creacionistas, pero va un poco más allá de eso. La teoría de la creación funcional sugiere que el relato de Génesis trata de la creación de tres sistemas principales:

1. El sistema natural que consiste del universo, la tierra, las plantas y la vida animal: la relación de las personas con el ambiente.
2. El sistema social: la relación de las personas entre sí.
3. El sistema espiritual: la relación de las personas con Dios.

El relato de Génesis no tiene el propósito primordial de decirnos cuándo y cómo estos sistemas fueron creados, sino quién los creó y por qué.

La teoría de la creación funcional ve toda la creación de Dios como funcional o intencional. También ve la creación de Dios ordenada por principios fundamentales o "leyes". Mientras que las ciencias naturales buscan descubrir el orden de Dios en la esfera natural, las ciencias de la conducta buscan descubrir el orden de Dios en la esfera de la conducta humana.

Cultura y sociedad

Dentro de la antropología hay varios campos de estudio, entre ellos la arqueología, la antropología física y la antropología cultural.[1] Dentro de cada campo hay muchos otros campos de especialización. Este libro trata primordialmente sobre la antropología cultural.

El concepto clave en el estudio de la antropología es la *cultura*. La cultura es una de las características que separa a los seres humanos de los animales inferiores. De todas las criaturas de Dios, sólo los seres humanos son productores de cultura. Podemos definir la cultura como actitudes, valores y formas de conducta aprendidas y compartidas. La cultura también incluye los artefactos materiales creados por los miembros de un grupo cultural. Sir Edward Tylor, el antropólogo británico pionero, ha combinado estos elementos en una definición típica de cultura. Él dice que cultura es "ese todo complejo que incluye conocimiento, creencia, arte, moral, ley, costumbre y cualesquier otras capacidades y hábitos adquiridos por el hombre como miembro de una sociedad" (1871:1).

La cultura está compuesta de características culturales y complejos culturales. Los *rasgos culturales* son las unidades más pequeñas de la

---

1 Algunos antropólogos prefieren el término *antropología social*, mientras que otros aseveran que la antropología social es un subcampo distinto de la antropología.

cultura, actos individuales tales como un saludo, una sonrisa, o decir "hola". Los *complejos culturales* son grupos de rasgos relacionados, vistos como una sola unidad. Por ejemplo, si yo saludo, sonrío y digo "hola", estos tres rasgos culturales componen un complejo cultural que llamamos un "saludo". Los rasgos culturales pudieran estar mezclados y combinados para formar cualquier número de complejos culturales.

Frecuentemente unidades sociales más pequeñas, llamadas subculturas, se encuentran dentro de culturas más grandes. Una *subcultura* es un grupo de patrones de conducta relacionados con la cultura general y no obstante, al mismo tiempo, distinto de ella. El pueblo amish de Pensilvania es una ilustración de una subcultura. En muchas formas su conducta es similar a aquella de la cultura estadounidense general. Sus hombres llevan pantalones y sus mujeres llevan vestidos. Hablan, leen y escriben inglés. Viven en casas de forma rectangular y techos inclinados. Se sientan en sillas, comen en mesas y duermen en camas. La cultura del pueblo amish tiene mucho más en común con la cultural estadounidense general que la que tiene con la cultura de los indios kalapalo de Brasil; pero ni los amish ni los kalapalo conducen automóviles, usan electricidad, o tractores en la agricultura. Sin embargo, los indios kalapalo hablan kalapalo. Ellos no leen ni escriben. Van desnudos o vistiendo un taparrabo. Practican poliginia. Comen mandioca y carne de mono. En otras palabras, la cultura kalapalo no está realmente relacionada con la cultura amish.

Contracultura es un término no técnico. Entendemos que esto significa una persona o grupo cuya conducta es contraria a la de la cultura general. Podemos decir que los Ángeles del Infierno [grupo motociclista] son una contracultura. Sin embargo, desde el punto de vista antropológico no hay tal cosa como una "contracultura". Los Ángeles del Infierno constituyen una cultura, o más correctamente, una subcultura. Los miembros de los Ángeles del Infierno no son contrarios o están en contra de la cultura. Han aprendido y compartido una conducta. Aún una observación superficial revela la extensión en que ellos se conforman a su cultura. Muchos de sus patrones de conducta están relacionados con la cultura general. Ellos llevan pantalones, hablan inglés, usan dinero estadounidense, se sientan en sillas, etc.

La definición de cultura de Tylor introduce otro término: *sociedad*. ¿Qué es sociedad y como difiere de cultura? La sociedad es una organización social compuesta de un grupo de personas que comparten una región geográfica y una cultura. Sociedad y cultura son conceptos interdependientes. Una no puede existir sin la otra. Sin embargo, no es lo mismo. Sociedad se refiere a las personas y su organización social, mientras que cultura se refiere a su forma de vida aprendida y compartida. Ya que por su propia definición la cultura es aprendida y compartida, eso incluye a más de una persona. Cuando tenemos dos o más personas relacionándose entre sí, tenemos la base de una sociedad.

Los seres humanos, dondequiera que se encuentren sobre este planeta son similares y diferentes a la vez. El concepto de cultura nos ayuda a ver las similitudes y comprender las diferencias. Bronislaw Malinowski (1944), el conocido antropólogo británico, ve siete necesidades básicas biológicas y psicológicas de todos los seres humanos. Esas siete necesidades se ven como impulsos para actuar. El acto es una respuesta cultural conducente a una satisfacción biológica y psicológica. Este proceso se conoce como la *secuencia vital permanente*.

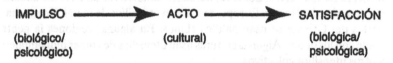

IMPULSO   ➤   ACTO   ➤   SATISFACCIÓN

(biológico/   (cultural)   (biológica/
psicológico)   psicológica)

Ilustración 2-2. SECUENCIA VITAL PERMANENTE DE MALINOWSKI. Aunque Malinowski ha usado el término impulso para describir su esquema, pudiera ser sustituido también por incitación o necesidad.

La *secuencia vital permanente* de Malinowski es una útil herramienta conceptual para la comprensión del concepto de cultura. Es también un enfoque conceptual muy conveniente para el análisis de otra cultura. Para quien no es antropólogo y desea comenzar a comprender otra cultura, el esquema de Malinowski puede ser un buen punto de partida. Debido a que todas las personas tienen las mismas necesidades, nosotros a menudo suponemos que todas las personas satisfacen esas necesidades de la misma forma. El enfoque de Malinowski nos ayuda a estar conscientes de que diversas culturas satisfacen las mismas necesidades en formas diferentes. Este nos abre la puerta para comenzar a entender a otra cultura. Esto es muy importante para la tarea de evangelismo global.

De las siete necesidades básicas de Malinowski, la primera necesidad es el *metabolismo*: la necesidad de oxígeno, líquido y alimento. Se satisface la necesidad de metabolismo en cada sociedad mediante un sistema de conducta organizado para la producción, distribución y consumo de alimento y líquido. Todos los seres humanos tienen un impulso biológico de hambre y necesidad de comer para sustentar la vida, pero las formas en que se satisface el impulso de hambre varían mucho entre sociedades. La gente come cosas muy diferentes para satisfacer su impulso de hambre. El esquimal de Alaska come carne de ballena; el japonés, pescado crudo; el francés, piernas de rana; el aborigen australiano raíces secas; los bosquimanos de Kalahari, langostas, hormigas, lagartos y avestruces; y los semang de Malasia ratas del bambú y monos.

Los seres humanos varían no sólo en lo que comen, sino también en cuándo comen y la frecuencia con que lo hacen. Hay culturas de dos comidas diarias tales como los kalingas del norte de Luzón en las Filipinas, culturas de tres comidas diarias tales como la sociedad norteamericana, y culturas de cuatro comidas diarias tales como algunas partes de la sociedad escandinava. Los semai de Malaya no tienen horas de comida sino meriendas durante todo el día. Los seres humanos también varían en cómo comen. En América del Norte y Europa, se utilizan utensilios de metal. En muchas partes del Oriente se usan palillos chinos. En algunas regiones la gente come con los dedos. Algunas culturas usan utensilios de comer individuales; y otros utensilios colectivos.

También varían las costumbres en cuanto a con quienes comen las personas. En Norteamérica los miembros inmediatos de la familia habitualmente comen todos juntos. Entre los palauanos del Pacífico Sur, los hombres comen separados de las mujeres, como ocurre en muchas sociedades africanas. Entre los yoruba de Nigeria, las personas, a la hora de comer no sólo se segregan por sexo sino también por edad; los hombres mayores comen separados de los más jóvenes.

Las formas en que las sociedades producen y distribuyen su alimento y líquido también varían. La producción de alimentos depende de tres factores: el ambiente, la población y la cultura. Los nuer de África son pastores, la mayoría de los indonesios son agricultores, y los aborígenes de Australia son cazadores y recolectores. La satisfacción de las necesidades de metabolismo en casi todas las sociedades implica tecnología, economía y organización social. Aunque la necesidad es biológica, el satisfacerla implica varios sistema culturales.

La segunda necesidad es *reproducción*. Ese es el reabastecimiento de la sociedad. Incluye el impulso sexual, pero va más allá de eso. Hace posible la supervivencia de la sociedad. Es psicológica así como biológica. En cada sociedad estudiada por antropólogos, el sexo y la reproducción están controlados por sistemas culturales de matrimonio y parentesco. El matrimonio es un mecanismo social usado para señalar compañeros sexuales legítimos, y el parentesco en un sistema para ubicar e instruir a una persona en la sociedad.

En el pueblo de Benbarre, España, el tío de una muchacha es el responsable de encontrarle un esposo, pero su búsqueda está limitada a varones de la misma clase social. Entre los indios kalapalo de Brasil un hombre puede tener más de una esposa, y una mujer puede tener más de un marido. Aunque los tipos y costumbres matrimoniales difieren, la función de la familia en la reproducción permanece igual de sociedad en sociedad.

José, un indio surui del interior de Brasil, ilustra el principio de reproducción de Malinowski:

> El cultivo de la tierra es una lucha contra la continua invasión de la selva. Careciendo de una tecnología compleja, él puede practicar sólo una agricultura muy limitada. Aunque la selva proporciona alimento para cazar y recolectar, lo obliga a una existencia seminómada. Ese grupo debe permanecer pequeño para que sus exigencias no excedan la provisión de la selva.
>
> Una de las necesidades básicas de José es una esposa para cumplir las funciones y desempeñar las tareas que la naturaleza y la cultura surui han definido para la mujer surui. ¿Dónde encontrará José una esposa dentro del contexto de esa banda seminómada? A través de siglos de adaptación de la vida en la selva, los surui han provisto a José una respuesta para esta pregunta: la elección ideal para su esposa es la hija de su propia hermana, su sobrina.
>
> In la dura selva, una relación estrecha entre hermano y hermana es muy importante. Si alguno de los dos no tiene cónyuge, el otro puede prestar algunos de los servicios que normalmente prestaría un cónyuge. Ella puede cocinar para él; él puede cazar para alimentarla. Un hombre soltero pudiera proveer alimento para su hermana aun cuando ella tenga un esposo, ayudando así a su cuñado en la búsqueda de alimento, el que no tiene necesariamente éxito en cada casería. Cuando su hermana tiene una hija, él es la elección lógica para ser esposo de la joven. Él ya está en el hogar y ella puede tomar los cometidos de una esposa cuando su edad y experiencia lo permitan.
>
> El casarse con la hija de la hermana tiene algunos resultados interesantes para la forma en que los suruí clasifican un pariente. En particular, no hay un término para "tía". A la hermana de un padre se le llama "abuela". En realidad, ella *es* la abuela del hijo de su hermano. Así es como esto funciona:
> La Ilustración 1 es un diagrama modelo que muestra esos dos

individuos — en este caso José y María — son hermano y hermana.

La Ilustración 2 indica que José se ha casado con Gloria, la hija de María, y que José y Gloria tienen un hijo, Roberto.

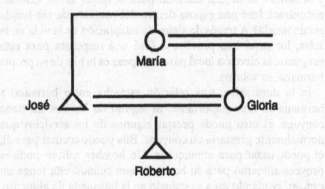

Note que para Roberto, María no es solamente la hermana de su padre, sino también la madre de su madre, su abuela. Por lo tanto, él se refiere a ella con el término surtí para abuela; no hay necesidad de un término separado para tía (Merrifield 1976:8).

La tercera necesidad es *comodidad corporal*. Eso tiene que ver con mantener un margen de temperatura y de humedad, lo que permitirá que continúen los procesos fisiológicos tales como la circulación y digestión. Tanto la vivienda como el vestuario se usan para mantener la comodidad corporal. Sin embargo, en casi todas las sociedades tienen una función dual. No sólo funcionan como protectores del cuerpo sino también como símbolos de condición social. Un abrigo de lana o un abrigo de piel mantendrán a una mujer estadounidense abrigada, pero el abrigo de piel tiene un símbolo de condición social superior. Entre los yoruba de Nigeria, la condición social está indicada por cuentas en la ropa.

La vivienda implica tecnología y economía. Mientras que los norteamericanos construyen una casa rectangular, los dinka de Sudán en África construyen una redonda. Los norteamericanos duermen en una cama, pero los indios kalapalos de Brasil duermen en una hamaca. Mientras los norteamericanos construyen su casa en un fundamento rocoso bajo, los sawi de Irian Jaya y los semai de Malaya construyen su casa sobre postes, a muchos pies del suelo. Todos los miembros de una familia norteamericana viven en la misma casa; pero los papuas kapauku del oeste de Nueva Guinea tienen casas divididas en dos partes, una sección para varones y una para mujeres.

La cultura juega un gran papel en la forma en que la gente se protege el cuerpo, como se evidencia entre el pueblo yagua de Perú:

> Suponga que es su responsabilidad comunicar el evangelio a un grupo de personas que visten muy diferente de la forma en que usted lo hace. ¿Importa lo que visten? ¿Importa si tratan de adoptar su forma de vestir? Pablo y Ester Powlison, traductores entre el pueblo yagua de Perú, descubrieron que sí importa.
>
> Cuando dos hombres yagua comenzaron a vestir pantalones y camisas en lugar de sus tradicionales faldas de fibra estilo Hawaiano, la transformación en su apariencia física fue extraña. ¡Pero el cambio en su conformación psicológica fue nada menos que deprimente!
>
> Para ellos, una persona que vestía pantalones y camisa pertenecía a una clase económica y social diferente, con una conducta que realmente no entendían. No sabían las formas socialmente apropiadas de sentarse, permanecer de pie y caminar en sus nuevas ropas. Un hombre que vestía una falda de fibra diestramente plegaba las fibras alrededor de su cuerpo con un movimiento rápido al sentarse. ¿Qué va a hacer él con pantalones? Con una falda, camina a través del lodo o arroyos poco profundos sin pausa, pero no puede hacer lo mismo con pantalones y permanecer limpio y seco.
>
> Acostumbrado a un turbante de fibra que le cubre la nuca, se siente muy expuesto cuando viste la ropa sustituta: una gorra. Ante el temor de una conducta inapropiada para su ropa recientemente adoptada, estos dos hombres yagua se "paralizaron".

Restringiendo cada forma de expresión — facial, verbal y de movimiento corporal — ellos actuaban como robots.

Los Powlison los vieron más tarde en una fiesta yagua. Habían vuelto a su vestimenta tradicional y ¡fueron como hombres resucitados de los muertos! Una vez más manifestaban su manera jovial, moviéndose libre y naturalmente en el más íntimo de los ambientes, sus propias ropas.

Con otros yaguas, mujeres así como hombres, ocurrió lo mismo. En vestimentas de tela, sus espíritus así como sus cuerpos fueron prisioneros de una cultura extraña, en la que no sabían operar.

El traductor debe tener cuidado de no alentar cambios en la vestimenta junto con la comunicación del evangelio. Al hacer eso pudiera aprisionar psicológicamente a los que desea liberar espiritualmente (Merrifield 1976:8).

La cuarta necesidad es *seguridad*, la prevención de daños corporales por accidente mecánico, ataques de animales, o ataque de otros seres humanos. La necesidad de seguridad se satisface planeando la prevención de daño, eliminando los peligros y organizándose contra el ataque de animales u hombres.

En la guerra, los tipos de armas usadas, los métodos de organización y las estrategias militares son todas culturales. En las sociedades occidentales tenemos organizaciones militares extremadamente estructuradas. Hay uniformes, rangos, códigos de conducta, regulaciones y funciones y deberes específicos. Se emplean modernas máquinas de guerra. Hay aviones ultramodernos, misiles, radar, láseres y armas nucleares. Computadoras, mapas, redes de inteligencia y juegos de guerra, todos entran en el desarrollo de la estrategia militar.

Los mossi de África están organizados para la defensa en grupos de parentesco informalmente entrelazados, y pelean con arcos y flechas. Los palauanos del Pacífico Sur estaban organizados en clubes de guerra. Los hombres jóvenes se ocupaban la mayor parte del tiempo de la guerra o en discusiones sobre ella. Cuando participaban en una guerra, esos clubes actuaban independientes unos de otros, tanto en el ataque como en la defensa (Barnet 1960).

La competencia entre esos clubes era grande en la captura de cabezas y obtención de otros honores de guerra. Aunque todos los clubes estaban bajo la autoridad de los jefes, una vez que ellos recibían una orden eran libres de obedecerla de tal forma que les diera la máxima ganancia, así como para el resto de la comunidad.

Gran parte de la lucha comprendía el obligar al pago de dinero por un crimen que se había cometido, o cómo indemnización por daños o pérdidas, o aún como canje por favores prestados. Aunque tanto la venganza personal como la reputación de luchador eran incentivos para pelear, el dinero estaba siempre implicado en la guerra.

A veces los jefes de dos territorios conspiraban secretamente contra un tercero. Mientras un territorio atacaba el territorio contra el que se conspiraba, el otro territorio conspirador ofrecía refugio a las mujeres y niños del territorio atacado. Mas tarde los dos territorios conspiradores dividían el dinero pagado por la protección ofrecida a las mujeres y los niños. El dinero era para los jefes, no para los hombres que luchaban, porque la guerra era consideraba un servicio patriótico. El dinero se usaba para aumentar el prestigio del territorio.

Aunque varias culturas encuentran diferentes amenazas a su seguridad y emplean diferentes métodos y tecnologías para enfrentar estas amenazas, todos deben desarrollar sistemas para encarar las amenazas y sobrevivir. Estos sistemas no existen separados del resto de la cultura sino son una parte integral de ella. Están habitualmente muy relacionados con el sistema económico y el sistema de valores, así como con otros aspectos del sistema social.

La quinta necesidad es *movimiento*. La actividad es necesaria para todos los organismos. Aunque todos los seres humanos necesitan actividad, los tipos de actividad están determinados culturalmente. Los niños estadounidenses juegan béisbol, los niños canadienses juegan hockey, los niños mexicanos juegan fútbol, y los niños de los indios kalapalos de Brasil tienen competencias de lanzamientos de lanzas. Toda la actividad humana parece ser instrumental, es decir, dirigida hacia la satisfacción de otras necesidades.

La instrumentalidad del juego de los niños se puede ver por el hecho de que muchas experiencias de aprendizaje son atribuidas a deportes organizados en nuestra cultura. Decimos que éste enseña deportividad, actividad de equipo, movimiento por turno y otros valores importantes en nuestra sociedad. F. M. Deng (1972), un dinka de Sudán, en África, explica que igual a niños en todas partes del mundo, los niños dinka juegan una variedad de juegos cuyo propósito principal es entretenimiento, pero que también están sutilmente orientados para desarrollar una conciencia y sensibilidad por los valores y normas dinkas. Estos valores y normas incluyen la importancia del ganado, del matrimonio y de las funciones sexuales diferentes para hombres y mujeres.

Por ejemplo, la fuerza física y el valor son características muy valorizadas en un hombre. El contenido educativo de los juegos practicados por los niños dinkas se pueden entender sólo en el contexto total de su cultura. Las disposiciones emocionales que se desarrollan en estos juegos preparan a los niños para las funciones que asumirán en la cultura dinka.

Uno de los juegos practicados por los niños dinka es un juego de natación llevado a cabo en un río. Los niños permanecen de pie con el agua hasta sus axilas en un círculo. Uno de los niños se sumerge en el agua en el medio del círculo. El resto de los niños golpean la superficie del agua cantando:

> El adivino de ese día
> ¿De dónde vino?
> El adivino de la madre de Nyandeeng
> ¿Por eso mi madre debe morir?
> Mi pequeño búfalo, descansa en paz,
> Que la humanidad está falleciendo.

En su significado literal, la canción no parece decir mucho. Pudiera estar acusando al adivino de traer la muerte a la madre del niño; o por otro lado, pudiera ser que el adivino está sólo revelando la fuente del mal y la muerte inevitable que resultará. El sumergirse bajo el agua, así como el golpear la superficie del agua, simboliza muerte. La interpretación del juego y la canción no son tan importantes como el efecto de la melodía, el ritmo y el misterio del niño bajo el agua.

El niño es confrontado mediante el juego, con la posibilidad de que su madre pudiera morir. El lazo entre un niño dinka y su madre es muy estrecho. Debido a este lazo y dependencia estrecha, el pensamiento de su madre muriendo es una perspectiva aterradora para un dinka. El propósito de este juego chocante es preparar al niño para lo inevitable.

Los niños dinkas también desempeñan funciones de adulto tal como los niños en nuestra sociedad lo hacen. Uno de sus favoritos es jugar al matrimonio o familia. Tal como en nuestra cultura, el juego no implica ninguna relación física sino trata de las funciones públicas de los cónyuges. El hombre toma parte en asuntos públicos, mientras la mujer hace las tareas del hogar y cría a los hijos. Esos juegos pueden representarse muy realísticamente ya que preparan a los niños para sus funciones futuras.

La sexta necesidad es *crecimiento*. Debido a que los seres humanos son dependientes durante la infancia, la maduración entre los seres humanos es lenta y gradual, y una edad avanzada deja al individuo indefenso. Los hechos acerca del crecimiento, madurez y decadencia imponen ciertas condiciones generales, pero definitivas, sobre las culturas humanas. Esta necesidad se satisface por el sistema de parentesco (Capítulos 8 y 9) y enculturación (Capítulo 5).

Los kaguru de África oriental ven la creación de un niño como un proceso largo y complejo (Beidelman 1971). Ese proceso debe regularse cuidadosamente a fin de garantizar la seguridad y estabilidad del nuevo niño. Esa regulación también protege a los que están asociados con el nuevo niño. El embarazo y nacimiento hace a los padres del niño, y a otros parientes cercanos, especialmente vulnerables a fuerzas que amenazan su condición y relaciones sociales.

Los kaguru asocian menstruación con fertilidad femenina y asocian el cese temporal de menstruación con embarazo. Algunos kaguru creen que una pareja debiera tener frecuentes relaciones durante los primeros meses de embarazo para "alimentar" la matriz. Ellos también creen que la pareja debiera abstenerse de relaciones durante las últimas semanas de embarazo para no dañar al niño.

Cuando una mujer tiene problemas para concebir o retener un embarazo, su esposo pudiera consultar un adivino para determinar la causa del problema. El problema es comúnmente diagnosticado como fuerzas destructivas asociadas con los espíritus de los antepasados, quienes no quieren que el nonato abandone la tierra de los espíritus y vaya a la tierra de los vivientes. El adivino frecuentemente prescribirá medicinas por las cuales el esposo pagará. A menudo las mujeres bajo el cuidado de un adivino se dejarán el cabello desusadamente largo, y un niño con un extraño moño alto indica que el adivino está cuidando este niño, hasta que esté firmemente establecido en la tierra de los vivientes.

Al llegar los niños kaguru a la edad adulta, pasan por una iniciación planeada para convertir jóvenes irresponsables e inmaduros en adultos responsables. Mientras ellos no experimenten la iniciación, no son capaces de ejercer control legal sobre otros o aplacar espíritus acertadamente. Los procesos de iniciación implican aspectos físicos y morales. El iniciado aprende la conducta que se espera de él en el futuro. El sufrimiento físico experimentado durante la iniciación, prepara al individuo para aceptar y asimilar los valores y normas que se le están inculcando durante la iniciación. Los varones iniciados son circuncidados como parte de su iniciación. Muchos kaguru informan que su iniciación fue una de las experiencias más importantes e impresionantes de su vida. La mayoría muestra un tono y estilo diferente en su conducta luego de su iniciación.

El ritual de matrimonio difiere de los ritos de iniciación para los kaguru. El matrimonio implica la creación de nuevas relaciones sociales que pudieran crear problemas potenciales, que deben tratarse como parte del rito matrimonial. El rito matrimonial kaguru enfatiza los vínculos continuos del matrimonio, que permanecerán más allá del tiempo de vida de la pareja.

Una muerte presenta dos problemas fundamentales para los kaguru. El primero es cómo llevar la persona muerta de la tierra de los vivientes a la tierra de los espíritus. Sus ritos fúnebres comprenden rituales para apresurar a los muertos en su camino a la tierra de los espíritus y controlarlos hasta su arribo.

Esta descripción del ciclo de la vida de los kaguru ilustra el papel que la cultura juega en el crecimiento.

La séptima necesidad es *salud*. Es el mantenimiento y rehabilitación del organismo viviente. Se satisface esa necesidad con la higiene, que consiste en medidas preventivas y curas.

Medicina y sanidad implican conocimiento y creencia acerca del cuerpo humano y las causas de la enfermedad. En algunas regiones del mundo se practica la sangría. Esta no ha probado curar enfermedades, pero porque hace sentir diferente y mejor al paciente, la sangría a veces conduce a la recuperación.

En América Latina, las creencias acerca de la cura están relacionadas con una teoría de medicina caliente y fría, que se basa más en un análisis psicológico que en la temperatura en sí. Si se provee un remedio caliente para una enfermedad percibida como fría, la persona no espera que el remedio funcione. Más allá de tales procesos fisiológicos y psicológicos, el sanador frecuentemente usa remedios elementales como la aspirina y la quinina.

Por lo tanto, la acción médica implica un *diagnóstico*, la determinación del tipo de enfermedad que el individuo está sufriendo, y *terapia*, un plan de acción para curar la enfermedad. La terapia o tratamiento se basa en la comprensión, por parte del sanador, del agente y causa de la enfermedad diagnosticada: un virus, un parásito, un veneno, una maldición o una hechicería. Las actividades sanadoras intentan quitar o anular la influencia de lo que se crea responsable de la enfermedad.

El antropólogo John Spindler y algunos de sus estudiantes hicieron investigación de campo en el sur de Alemania Occidental en la zona del pueblo de Burgbach. En su informe se analizan algunos aspectos de *volksheilkunde*, o "curación campesina", demostrando que la enfermedad está culturalmente definida, y que su detección y cura son también culturales en naturaleza (Spindler 1960).

De entrevistas con mujeres de diversas clases y grupos sociales, se clasificaron los siguientes remedios caseros:

> *Dolor de muelas*: poner un saco tibio lleno de greda sobre el lugar afectado; morder un diente de ajo; mascar pan negro duro; usar compresas calientes; usar bolitas de algodón saturadas de

aguardiente; poner aceite de ajo sobre el lugar inflamado; poner aceite de ajo en una motita de algodón rellenando la cavidad.

Infección y fiebre: beber mucha agua y otros líquidos; beber té de manzanilla y menta; beber té Lindenblüten; envolver las pantorrillas, o la parte superior del cuerpo, completamente, con compresas remojadas en una solución de agua y vinagre; envolver el lugar infectado con compresas de leche agria o manteca de cerdo.

Dolores de cabeza: envolver la cabeza con una compresa remojada con agua, vinagre y leche; beber diversos tipos de té; remojar los pies en agua fría.

Estornudos y tos: beber miel y coñac mezclado con agua caliente y limón; ponerse una ropa de franela con alcanfor en el pecho; usar un vaporizador al que se le ha añadido vinagre; inhalar vapor de té de manzanilla y beber té de manzanilla caliente; frotar compresas de aceite y grasa sobre el pecho; beber jugo de cebolla con azúcar moreno, o beber jugo de rábano con azúcar moreno; tomar un baño de vapor añadiendo té de manzanilla o aceite de eucalipto; beber vino caliente malteado; beber jugo de limón; usar una cura de sudor.

Insomnio: beber té Baldrian; comer cebollas hervidas en leche inmediatamente antes de acostarse; beber una mezcla de leche fría y miel; ubicar la cama con los pies hacia el sur y la cabeza hacia el norte; dormir con la cabeza más alta que los pies.

Dolores de estómago, calambres y acidez: beber varios coñacs y aguardientes; comer bizcocho retostado; beber té Baldrian y sanguinaria del Canadá; beber té de menta y ponerse ropa abrigada en el estómago.

Estreñimiento: comer leche agria o requesón; comer manzanas y beber jugo de manzanas; masticar tabaco y tragar el jugo; sentarse en una bañera con agua tibia; usar supositorios, particularmente en la forma de un pequeña astilla de jabón; beber miel y agua con el estómago vacío; coma chucruta; usar algunas hierbas medicinales (*Krauterteen*).

Quemaduras: usar aceite de ensaladas como una envoltura; usar mantequilla o aceite de hígado de bacalao y vendar con muselina; hacer una pasta de aceite vegetal y harina de papa;

cubrir con la clara de un huevo fresco; usar una compresa remojada en uno de varios tipos de té.

Diarrea: comer bizcocho retostado y beber vino tinto caliente; ayunar y luego beber té negro con bizcocho retostado; mascar y tragar carboncillo; comer avena; beber chocolate caliente cocinado con agua en lugar de leche; beber un huevo crudo mezclado con coñac; beber diversas hierbas mezcladas y medidas, entre ellas el Kamillenbluten y el anís.

Lombrices: comer ajos y cebollas, o zanahorias crudas; tomar miel, usar un enema de sal y agua jabonosa; beber agua mineral con calabaza o semillas de calabaza; beber leche caliente; usar uno de los varios tipos de té recomendados para lombrices (1973:61-62).

Parece que algunos remedios manifiestan ser eficaces fisiológica y psicológicamente, pero no hay forma de medir su eficacia, debido a que la mayoría de las personas parecen recuperarse de sus dolencias con o sin los remedios. Lo que debemos tener en cuenta es que los sistemas de salud son una parte intrincada en cualquier cultura.

Podemos ver de la *Secuencia vital permanente* de Malinowski que aunque los impulsos son psicobiológicos, la conducta es cultural. Aunque los antropólogos culturales no pasan por alto los impulsos psicobiológicos del hombre, sus actos culturales son la primera preocupación.

En resumen, entonces, la antropología es el estudio del acto especial de creación de Dios: el hombre. Los seres humanos han violado los principios del sistema espiritual de Dios y han roto su relación con Dios. En Jesucristo, Dios ha provisto un medio para restaurar esa relación. Nuestra tarea como cristianos, es llevar a nuestros prójimos el mensaje de redención. La antropología nos ayuda a entender mejor a Dios y a las personas y a desempeñar una función en el proceso de reconciliación.

Preguntas para debate

1. ¿Qué tiene en común la antropología con la psicología y la sociología? ¿En qué se diferencia de ellas?
2. ¿Cuál es el alcance de la antropología como una disciplina académica?
3. ¿De qué subcultura o subculturas es usted miembro? ¿Cómo difiere una de estas subculturas de la cultura general?
4. ¿Cuáles son algunos complejos culturales comunes en el aula? ¿Qué combinaciones de rasgos culturales componen esos complejos?
5. ¿Hay un conflicto entre la Biblia y la ciencia de la conducta? Explique.

6. Describa algunas formas en que se satisfacen cada una de las siete necesidades básicas de Malinowski en su cultura.

Lecturas sugeridas

Beals, A.R.; Spindler, G; y Spindler, L. 1973. *Culture in Process.* 2ª ed. [Cultura en Proceso]. Una introducción buena, corta, clara y accesible a la antropología cultural. Este libro contiene muchas ilustraciones útiles.

Buswell, J. O. III: 1975. "Creationist Views on Human Origin." *Christianity Today.* Vol 19, Nº 22:4-6. ["Puntos de vistas creacionistas sobre el origen humano"]. Un excelente artículo que trata sobre la controversia de una fecha temprana o tardía de la creación.

Harris, R. L. 1971. *Man: God's Eternal Creation.* [Hombre: La creación eterna de Dios]. Un buen tratamiento conservador de la creación y la cultura del Antiguo Testamento.

Howard, M.C. 1986. *Contemporary Cultural Anthropology.* [Antropología cultural contemporánea] Una introducción bien escrita a la antropología cultural desde una perspectiva secular.

Hughes, C. C., ed. 1976. *Custom-Made.* 2ª ed. [Hecho a la medida]. Una de muchas buenas antologías de la antropología introductoria. Un buen surtido de artículos que ayudan a dar al lector "un sentimiento" de lo que trata la antropología.

Morrisk, H. M., ed. 1974 *Scientific Creationism.* [Creacionismo científico]. Un tratamiento útil de la perspectiva creacionista desde un punto de vista científico.

Ramm, B. 1954. *The Christian View of Science and Scripture.* [El punto de vista cristiano de la ciencia y la Biblia]. Los capítulos sobre biología y antropología presentan un buen análisis de la evolución teísta. Se recomienda la obra completa. Su enfoque es imparcial.

3

Campos y teóricos

Cuando Bronislaw Malinowski nació en Cracovia, Polonia, en 1884, esa ciudad era parte del Imperio Austrohúngaro. En 1908, Malinowski recibió un doctorado en Física y Matemática de la Universidad de Cracovia. Él iba a comenzar una prometedora carrera en las ciencias físicas cuando leyó el libro de Sir James Frazer, *The Golden Bough* [La rama dorada]. Se impresionó tanto con la obra de Frazer que fue a Inglaterra para estudiar antropología con él.

Después de cuatro años de estudio antropológico bajo la dirección del antropólogo británico del momento, Malinowski viajó a Australia para hacer trabajo de campo. En el camino, estalló la Primera Guerra Mundial. Cuando arribó a Australia, fue recluido como prisionero de guerra, debido a su ciudadanía austríaca. En lugar de permanecer detenido durante su reclusión, Malinowski persuadió al gobierno australiano de permitirle hacer un trabajo de campo en sus territorios. Fue tan persuasivo que el gobierno hasta le proveyó fondos para su tarea. Malinowski permaneció en Australia seis años e hizo viajes de campo a Mailu y las Islas Trobriand, donde vivió como un nativo y experimentó la cultura de primera mano. Malinowski fue el primero en establecer la tradición de "observador participante" en el trabajo antropológico de campo.

Los antropólogos frecuentemente se encuentran atrapados entre dos líneas de fuego: la de los científicos naturales que creen que la antropología, como una ciencia de la conducta, no es lo bastante científica, y la de las personas de humanidades que creen que hay poca validez en los aspectos comportables del estudio. El científico natural cuestionaría los estudios hechos por antropólogos debido a la falta de datos cuantitativos. Alguien que estudie humanidades reclamaría que los "hechos" derivados del estudio de las personas no son totalmente correctos, ni merecedores del tiempo que se consume en buscarlos o usarlos.

No hay un estudio de la humanidad más abarcador que la antropología. Solamente los que no estudian en ese campo, o quienes no hayan estudiado el ámbito del campo, encuentran la disciplina limitada para estudiar y comprender la humanidad. Cuando los investigadores antropológicos entran al campo y comienzan un estudio serio, descubren que las culturas pasadas y presentes de la humanidad abren un vasto panorama. Los antropólogos ganan comprensión del pasado y también ven el presente desde una nueva perspectiva. Ellos no sólo se vuelven conscientes de la dinámica de otras culturas, sino que aprenden también cosas significativas acerca de su propia cultura. Logran conocer otro pueblo. Sin embargo, lo que es más importante, logran conocerse a sí mismos. Ellos también logran una mejor comprensión de Dios, a cuya imagen los seres humanos fueron creados.

Campos de la antropología

La cultura es el sistema integrado de conducta aprendida, característica de los miembros de una sociedad. La *antropología cultural* se ocupa del sistema como un todo, cómo las partes encajan y funcionan dentro del todo, y cómo sistemas completos se relacionan y comparan. La *etnografía*, el estudio descriptivo de las sociedades humanas, se ocupa más de las partes que del todo; se ocupa de la descripción fundamental. La etnografía se ocupa en primer lugar de los patrones en sí y secundariamente en cómo estos patrones se relacionan con el todo. La *etnología* es etnografía comparativa. La antropología cultural se relaciona más con los asuntos de contacto y comunicación intercultural.

Una forma de estudiar la estructura subyacente de una sociedad es mediante modelos conceptuales en la disciplina hoy llamada *antropología cognoscitiva* o *estudios en cognición*, de aquí esta definición:

> La antropología cognoscitiva constituye una nueva orientación teórica. Se concentra en *descubrir* cómo personas diferentes se organizan y usan sus culturas. Esta no es tanto una búsqueda de alguna unidad generalizada de análisis de conducta como un intento por entender los *principios organizadores que fundamentan* la conducta. Se da por sentado que cada pueblo

tiene un sistema único de percibir y organizar fenómenos materiales: cosas, acontecimientos, conducta y emociones. El objeto de estudio no son esos fenómenos materiales en sí, sino la
forma en que están organizados en la mentes de los hombres.
Las culturas no son fenómenos materiales; ellas son organizaciones cognoscitivas de fenómenos materiales.

En esencia, la antropología cognoscitiva busca responder dos
preguntas: ¿Qué fenómenos materiales son importantes para
las personas de alguna cultura? y ¿Cómo ellas organizan estos
fenómenos? (Tyler 1969:3).

El interés en la ciencia lingüística y sus resultados creció durante la
década de los 50. En los 60 se desarrolló una rama de la antropología
llamada *etnociencia*. Este estudio aplicó los principios de la lingüística a la
cultura no verbal más amplia, y resultó en estudios sistemáticos muy
detallados de los sistemas de parentesco. Los resultados se reunieron en
primer lugar mediante el estudio de la terminología de parentesco. A su
tiempo, estos y otros principios se agruparon en una incipiente disciplina
que se ocupa de la forma en que la gente ve su propia cultura, percibe su
universo, y desarrolla estrategias para hacer frente a ese universo.

Debido a que el idioma es parte esencial de la cultura, mediante el cual
una sociedad se expresa supremamente en detalle, el estudio del idioma
llegó a ser significativo para los antropólogos. Las estructuras del idioma
desarrollaron una disciplina separada dentro de la antropología. Recientemente los antropólogos y lingüistas se unieron, primero en el campo de la
etnociencia y en los asuntos más vastos de idioma y cultura, y más tarde en
estudios conjuntos de sociolingüística. El producto general de tales estudios, que incluyen estudios gramáticos, semánticos y sociolingüísticos, es la
formación de los fundamentos para los avances recientes en las ciencias de
traducción. Este campo de la antropología es muy importante para la tarea
de traducción de la Biblia.

Los individuos dentro de una sociedad son importantes en numerosas
formas. Son representantes de la sociedad y por tanto una expresión
característica de esa sociedad. La cultura de una sociedad se expresa por
medio de ellos, dándoles tanto a ellos como a la sociedad su identidad.
Además, son la fuente primaria de cambio dentro de una sociedad, al ser
tanto innovadores como receptores de cambio. Pueden tener expresiones
individuales de la cultura con su propio idiolecto, mientras combinan y
recombinan formas nuevas y antiguas en nuevas configuraciones y patrones.
Su reacción tanto hacia sí mismos como hacia su cultura es por lo tanto de
interés significativo para los campos de la psicolingüística y la antropología
psicológica.

Asuntos teóricos son el enfoque primario de las disciplinas mencionadas. Este enfoque tomó el desarrollo de teorías sincrónicas y de función
estructural en la antropología para establecer el fundamento de la aplicación incipiente de la antropología a los problemas sociales.[1] El campo más
amplio de la antropología aplicada está cediendo asuntos más específicos
a: la *antropología urbana*, como los desarrollos industriales y urbanos
influyen interculturalmente; *la antropología educativa*, el estudio comparativo de los procesos de socialización y enculturación; y la *antropología
médica*, la aplicación de criterios culturales a la práctica de la medicina y la
respuesta a prácticas médicas, clínicas y educativas.

Las dimensiones diacrónicas, o históricas, fueron siempre parte esencial de los estudios antropológicos, mayormente debido al interés de las
humanidades por el pasado y los datos verdaderos del pasado. El estudio
de la historia en sí ha tenido dos esferas significativas de estudio: *etnohistoria*, la historia cultural de un pueblo, e *historia de la antropología*, los
antecedentes de la teoría y práctica dentro del campo en sí. La historia de
la cultura expresada a través de los artefactos de esa cultura es la *arqueología*. Cuando está correlacionada con las etapas de desarrollo en la cultura
se llama *prehistoria*. Los asuntos sociales, políticos, religiosos y económicos
se estudian como divisiones separadas de la disciplina.

En estos últimos años se ha desarrollado un interés particular por
asuntos legales y éticos dentro de la antropología, especialmente respecto
a la investigación antropológica. La Asociación Antropológica Americana
tiene un comité permanente que se ocupa de la ética.

Se está desarrollando un nuevo campo de estudio, la *etnoteología*, que
se ocupa de la teología desculturizadora,[2] separando teología y cultura.[3]
Cada cristiano aprende su teología dentro de un ambiente cultural y pronto
comienza a ver su conducta cultural como una conducta "cristiana". La
etnoteología está también interesada en presentar el evangelio en patrones
culturales relevantes a la cultura receptora.

La filosofía y la antropología tienen asuntos en común. Cada sociedad
se expresa en forma única con su propio estilo de vida, pensamiento y

---

1 Estas teorías ven la sociedad como una estructura en la cual las partes son funcionales.
  Es decir, una estructura social existirá sólo mientras sea funcional.

2 El término *desculturizar* es ampliamente usado en literatura misionológica; sin embargo,
  reconocemos las limitaciones del término. Algunos han argumentado que la
  desculturización es una tarea imposible y que es mejor el término acuñado y positivo
  enculturar.

3 Véase Charles Kraft, 1973. "Toward a Christian Ethnotheology". En *God, Man and
  Church Growth*, ed. Alan R. Tippett. Grand Rapids: Eerdmans.

creencia. Estos son asuntos importantes para el filósofo. Pero el estudio de sistemas éticos comparativos presenta exigencias a ambas. El estudio comparativo del arte, o música, o etnomusicología y otras expresiones "culturales" también ha aumentado.

Además de las esferas culturales y filosóficas, ha habido un permanente interés en lo físico, tal como asuntos comparativos de estructura ósea, tipos de sangre, genética y otros campos. Estos están expresados en la disciplina *antropología física* y los campos relacionados de biología, química y fisiología. Nuevos e incipientes campos se han desarrollado en las formas de etnobotánica y etnoecología con el creciente interés en estudios de la tierra.

Poco a poco nuevos asuntos están atrayendo a los antropólogos y recientemente se han fortalecido asuntos antiguos. La metodología de investigación es uno de los aspectos importantes en el trabajo de campo dentro de la antropología, especialmente debido al realce del trabajo de campo en los estudios antropológicos. El trabajo de campo es el equivalente funcional de los estudios clínicos dentro de la psicología. Es imposible traer una sociedad al laboratorio; por lo tanto, los antropólogos van a la sociedad.

Debido a que es difícil traer el campo al laboratorio o llevar un número significativo de alumnos al campo, se han desarrollado juegos teóricos y simulaciones dentro de los campos de la antropología y la lingüística. El juego teórico se usa para previsión y modelado de relaciones. Estas podrían desarrollarse en disciplinas independientes.

El interés por la comunicación intercultural está también llegando a la vanguardia. Se está reconociendo que todos los encuentros en realidad son interculturales. Uno nunca encuentra otra persona que comparta el mismo sistema integrado de patrones de conducta aprendidos. Ellos deben adaptarse el uno al otro. La adaptación es más fácil si las distinciones interculturales son mínimas o máximas, y más difícil si hay diferencias sutiles, pero profundamente arraigadas, entre ellos. El campo de la comunicación intercultural tiene un lugar importante en misiones.

Es importante reconocer como intercultural todo encuentro que plantea la pregunta intercultural: "¿Está creando confianza lo que estoy haciendo o está minándola?"[1] antes que la pregunta monocultural: "¿Cuál es mi derecho, deber y responsabilidad?" Una vez que se plantea la pregunta intercultural, otras preguntas caen en lugar apropiado, permitiendo que individuos de dos diferentes culturas sean personas completas, manteniendo sus principios y dignidad. Sin esta conciencia, por ejemplo, el testimonio

---

1 Véase Marvin K. Mayers, 1987, *Christianity Confronts Culture*, Zondervan, Grand Rapids. Capítulos 1-2.

cristiano llega a ser un proceso de convencer a la otra persona que el propio patrón de conducta es el correcto. Este enfoque monocultural desarrolla un alto grado de conformidad con la cultura del testigo.

De la misma forma, todos los ministerios son étnicos. Aunque los miembros de la cultura dominante no se consideran a sí mismo étnicos, ellos sí consideran étnicos a los de una nacionalidad, idioma y estilo de vida diferente. Sin embargo, todos los ministerios están radicados en prácticas culturales, no importa cuánto estas prácticas culturales hayan sido elevadas al nivel de un absoluto bíblico. Ya que todos los ministerios incluyen prácticas culturales, todos son étnicos.

No le toma mucho a una persona con discernimiento reconocer prácticas culturales dentro del contexto de una iglesia. El volumen del habla, el tema en consideración, el desarrollo del tema, la participación del público y el tiempo de la participación, son todos componentes de un ambiente de adoración para una persona. Si la persona es de la misma expresión subcultural de la iglesia congregada, puede adorar significativamente. Si no es así, se distrae. La voz que se levanta diciendo "amén", o un volumen alto del piano o de una voz en el culto, distrae a aquellos cuya formación refleja un cuadro de adoración más formal.

Las personas tienen una notable dinámica para relacionarse con diferentes pueblos. Por lo tanto, hay la posibilidad para una variedad infinita de extensiones de su estilo de vida, sin tener que abandonar los principios sobre los cuales se basan su vida o violar absolutos bíblicos. A manera de ejemplo, es posible aprender un segundo o aun un tercer idioma, y poder hablarlo fluidamente, sin usar ese idioma para maldecir a Dios. De la misma forma uno se puede adaptar completamente a otra cultura sin abandonar la perspectiva ética o moral, y un estilo de vida bíblico. Esa dinámica es esencial para las misiones. El clamor del apóstol Pablo "A todos me he hecho de todo" es el lema del ministerio intercultural.

La meta de la antropología es la comprensión total de los seres humanos. Es el estudio de todo lo que tiene que ver con las personas. No supone un conocimiento total, ya que el conocimiento total no puede obtenerse por medio de una persona ni mediante una disciplina. Hay la necesidad de cooperación entre disciplinas y la conciencia que hay un límite en el conocimiento. Los límites del conocimiento serán expandidos sólo en la transición a la vida más allá, cuando todas las ataduras y limitaciones del conocimiento serán eliminadas.

Desarrollo histórico de la antropología

La mayoría de las personas se ven a sí mismas como normales y a otras como diferentes. Cuando las personas han sido criadas en el contexto de su propia cultura, todo lo que hacen les parece natural y lógico. Cuando se relacionan con una nueva cultura, a menudo la ven como extraña, incoherente, ilógica y aun mala. Cuanto más se trasladan a través de una variedad de culturas y se relacionan con una variedad de estilos de vida, tanto más se acostumbran a las diferencias y están más dispuestas a aceptarlas.

Tal vez el erudito más antiguo que hizo contribuciones significativas a la disciplina que iba a surgir siglos más tarde fue Heródoto (484-425 a.C.) y Tácito (55-120 d.C.). Heródoto tiene el mérito de ser el primero en escribir sobre otras culturas y en estudiarlas, comentando sobre las costumbres de otros pueblos fuera de los griegos. Sus observaciones, sin embargo, no fueron sistemáticas ni de primera mano. Por lo visto, iban a ser las únicas durante quinientos años hasta que Tácito escribió un tratado sobre el origen y emplazamiento de los germanos, considerado como una etnografía primitiva. Por muchos siglos, pocos compartieron el interés de estos escritores antiguos. Otras culturas fuera de la propia se pasaron simplemente por alto.

Un jesuita francés, Joseph-François Lafitau, trabajó en Sault, Saint Louis en el siglo XVIII entre los iroqueses y los hurones del oeste de Nueva York. Su obra fue un estudio de los indios americanos, comparando sus costumbres con aquellas de los tiempos primitivos. Así como Grecia y Roma representaban una etapa más primitiva de la civilización que la Europa del siglo XVIII; así también, él razonó, las culturas de los hurones y los iroqueses representaban una condición más primitiva de la humanidad. Él expresó tres principios que llegaron a ser fundamentales en la antropología. En primer lugar, las culturas iletradas contemporáneas nos ayudan a entender las culturas antiguas y viceversa. En segundo lugar, la relación histórica entre culturas no puede suponerse sino debe demostrarse. En tercer lugar, la cultura no occidental debe evaluarse desde una perspectiva de relatividad cultural antes que etnocéntricamente desde una perspectiva occidental.

William Robertson, un ministro presbiteriano, escribiendo en 1777, en *History of America* [Historia de América], propuso la primera presentación sistemática de evolución cultural y determinismo cultural. Empleó tres etapas de tipología evolutiva: salvajismo, barbarismo y civilización. Él sugirió que estilos de vida similares en una región geográfica pueden venir de un desarrollo paralelo, así como por afinidad cultural. Analizó sus hallazgos acerca de la gente bajo el término *carácter nacional,* un concepto que volvieron a introducir Ruth Benedict y Margaret Mead casi dos siglos más tarde.

Entre 1860 y 1871 un cambio sutil ocurrió cuando algo distinto de otras filosofías de la historia comenzó a salir de las páginas de obras nuevas sobre la sociedad y los seres humanos. Durante el Renacimiento hubo en Europa una creciente conciencia que, juntos a los europeos, existían otros en el universo. No fue hasta los siglos XVII y XVIII sin embargo que algo surgió de esta conciencia.

Los filósofos políticos comenzaron a desarrollar teorías sociales en un intento de integrar los extraños informes que exploradores y viajeros daban de sus recorridos. Esos informes estaban llenos de sucesos exóticos entre pueblos de estilos de vida extraños y distintos. Tales intereses teóricos limitaron el estudio de los pueblos a los campos de la historia y la filosofía. Hechos exóticos acerca de pueblos extraños encajaban en filosofías de la historia orientadas culturalmente.

Tres hombres son dignos de mencionar en este período. Un misionero católico, Fray Bernardino de Sahagún, trabajó en México entre 1529 y 1549 luego de la destrucción de Tenochtitlán, la capital de los aztecas. Su misión original fue convertir a los indios, pero pronto fue absorbido en un esfuerzo en gran escala por escribir su idioma y cultura.

Comenzó enseñando a los jóvenes de la nobleza azteca a escribir su propio idioma, náhuatl, en letras hispanas. Luego, con la ayuda de pinturas hieroglíficas hechas a la antigua manera azteca, planteó preguntas a la gente y registró sus respuestas en lo que ahora se conoce como el "Códice Florentino". Los temas principales fueron desde "Los dioses" y "Las ceremonias" hasta "Los mercaderes" y "La gente".

En 1860 apareció el primer libro de Adolf Bastian. Al año siguiente le siguió *Ancient Law* [Ley antigua] de Sir Henry Maine y *Mutterrecht* de J. J. Bachofen. En 1864 apareció *Ancient City* [Ciudad antigua] por Fustel de Coulanges. El siguiente año McLennan publicó *Primitive Marriage* [Matrimonio primitivo]. *Primitive Culture* [Cultura primitiva] por Sir Edward B. Taylor vino en 1871. Cada una de estas obras clásicas tomó el enfoque de teorías de la historia y la filosofía que representaban los patrones de pensamiento de la cultura del teórico y los relacionaba con los pueblos acerca de los que escribía el teórico. Fue el cambio, de la cultura que teorizaba a las culturas acerca de las cuales trataban las teorías, que señaló el surgimiento de una disciplina nueva y en desarrollo: la antropología.

A principios del siglo XX, se habían puesto colecciones antropológicas importantes en los principales museos de historia natural. Se consolidaron periódicos que informaban sobre estas colecciones y desarrollos teóricos. Comenzaron a establecerse cátedras de antropología en varias universidades importantes. Emergieron sociedades antropológicas en los Estados Unidos, Inglaterra y Europa. Se llevó a cabo trabajo de campo sistemático en etnografía, antropología cultural y arqueología. Todos fueron fundamentos necesarios para los notables logros en la joven disciplina durante el siglo siguiente. La antropología llegaba a la mayoría de edad, y a ser una contribución importante para la comprensión de la humanidad.

Desarrollo teórico

Evolución clásica

Aunque la obra de Carlos Darwin no era antropológica en alcance, sus dos libros, *On the Origin of the Species* [Sobre el origen de las especies] escrito en 1859 y *The Descent of Man* [La descendencia del hombre] en 1871, tuvo un profundo efecto en el desarrollo de la antropología.

En el primero, Darwin postuló la continuidad de toda vida. Él intentó demostrar cómo la selección natural, trabajando sobre variaciones hereditarias, resultó en modificaciones adaptadas de las formas de vida; lo cual a su vez condujo, a través de la variabilidad, a la evolución radiada. En el segundo, Darwin trató de explicar claramente que los seres humanos son el producto de una evolución biológica, tal como la tecnología, las artes y la sociedad fueron los productos de una evolución cultural.

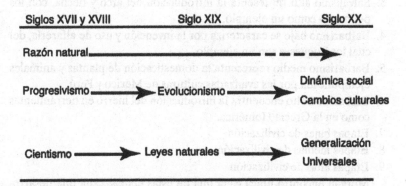

Ilustración 3-1. DESARROLLO CONCEPTUAL DE LA ANTROPOLOGÍA. Este diagrama muestra el desarrollo de la antropología a lo largo de tres líneas conceptuales. El desarrollo teórico de la antropología progresa hacia una explicación más plena de la persona humana, como un ser sociológico y biológico. El antropólogo cristiano ve también a los seres humanos como seres espirituales y añade esta dimensión a su marco teórico.

Aunque no se puede acreditar a Darwin el concepto de evolución cultural, ya que esta estaba bien desarrollada en los escritos de la década previa, su obra sin duda fortalece los esfuerzos de los primeros antropólogos al proponer sus puntos de vista. Lo que sí hizo él por la antropología fue situar a los seres humanos como un tema de estudio digno de las ciencias naturales y hacer avanzar a los estudios antropológicos hacia una ciencia empírica.

Lewis Henry Morgan, basado en la obra más temprana de Robertson, tomó sus tres etapas de desarrollo evolucionario de la cultura y las mostró en un esquema de evolución de nueve puntos. Expandió las tres etapas originales al asignarle una etapa baja, media y alta a cada una. Él explicó su esquema en *Ancient Society* [Sociedad antigua] (1877) como se resume más abajo:

1. Salvajismo bajo representa el estado de transición de simio a hombre antes que se usasen el fuego y el habla.
2. Salvajismo medio representa el desarrollo del habla, el control del fuego y subsistencia por caza y pesca. Algunos antropólogos consideran a los aborígenes australianos como una representación contemporánea de esta etapa.
3. Salvajismo alto representa la introducción del arco y flecha, con los polinesios como un ejemplo.
4. Barbarismo bajo se caracteriza por la invención y uso de alfarería, del cual los iroqueses son un ejemplo.
5. Barbarismo medio representa la domesticación de plantas y animales ejemplificada por las avanzadas culturas de México y Perú.
6. Barbarismo alto encuentra la introducción del hierro en herramientas como en la Grecia Homérica.
7. Etapas bajas de civilización.
8. Etapas medias de civilización.
9. Etapas altas de civilización.

Morgan encontró única cada una de estas etapas, cada una desarrollando su propia cultura, y cada una permitiendo a la sociedad moverse hacia una etapa más alta de desarrollo, aunque cualquier cultura pudo permanecer en una etapa dada a través de su historia.

Aunque Morgan concentró su estudio principal en el parentesco y su desarrollo a través del tiempo, E. D. Tylor y J. G. Frazer fijaron su atención en la religión. Tylor afirmó que la religión progresó desde la invención del animismo y el concepto de alma a la adoración de espíritu y antepasado, pasando por la adoración de la naturaleza y el politeísmo, hasta llegar al monoteísmo. Frazer se concentró en los orígenes de la magia y la religión.

Él sugirió que el hombre inventó primero la magia y luego se volvió a la creencia religiosa cuando la magia le falló.

Frazer intentó reflexionar sobre cómo el hombre primitivo debe haber pensado. Él produjo una obra fascinante titulada *The Golden Bough* [La rama dorada]. Esta se caracteriza por su estilo literario y contenido, y su teoría de magia y religión, aunque los eruditos modernos ya no sostienen tal teoría. Es un libro digno de leer, una pieza maestra de etnografía y aprendizaje clásico.

Historia

Cuando el geógrafo alemán Franz Boas entró en la escena de la historia, la antropología había sido dominada por casi trescientos años por una filosofía basada en un enfoque histórico a la cultura del hombre, un enfoque al que Radcliffe-Brown se refirió como una antropología de "sillón". Boas llegó a los Estados Unidos como profesor de la Universidad de Columbia (1896-1937).

A medida que su enfoque no evolucionario de la geografía se fusionó con su trabajo de campo, comenzó a formular varios enfoques metodológicos que se convirtieron en métodos de campo estándar durante las siguientes décadas.

1. Desarrollar métodos de observación y registro confiables y objetivos.
2. Registrar las declaraciones de informadores primitivos en su propio idioma.
3. Utilizar el sistema de registro fonético. (Esto estableció el patrón para la instrucción lingüística intensiva de los estudiantes graduados de antropología.)
4. Enfatizar el uso de conversación en la lengua vernácula, antes que la memorización de listas de palabras y reglas gramaticales en el aprendizaje del idioma.
5. Informar en detalle las observaciones etnográficas hechas en el campo.

Boas enseñó estos principios a antropólogos tan destacados como Kroeber, Lowie, Sapir, Linton, Benedict, Mead, Spier, Wissler y otros, quienes han hecho contribuciones significativas al campo. La combinación de teoría expresada a través de sus estudiantes iba a dominar la antropología estadounidense por medio siglo. Ellos iban a tener influencia significativa en etnografía, antropología física, arqueología y lingüística. A Boas se le reconoce como el padre de la antropología estadounidense.

Tal vez la mayor contribución de Boas radica en un conjunto de premisas conocido como *determinismo cultural*. Este enfatizó la plasticidad de los seres humanos, su capacidad de ser lo que su cultura hizo de ellos. Aunque una cultura representaba una confluencia histórica sin trascendencia de múltiples influencias y préstamos, ese era un sistema coherente que formaba y moldeaba al individuo nacido en él. (Boas atacó cualquier forma de determinismo racial, biológico o geográfico.) Las premisas del determinismo cultural más bien enfatizaron el relativismo. Uno tenía que tomar cada cultura como un universo de experiencias, valores y significados separados, y examinarlos en sus propios términos. Finalmente Boas enfatizó la gran diversidad y unicidad de las culturas (Keesing y Keesing. 1971:382.)

Difusión

El pensamiento altamente específico que se revela en las partículas fonéticas, como base para el estudio de idioma, sería aplicado a la cultura mayor en la forma de "rasgos", y la propagación de estos rasgos de una cultura a otra llegó a ser conocido como difusión.

Clark Wissler propuso un modelo para una esfera cultural representada por un círculo. Este tiene un centro cultural que se esperaría que tuviera la mayor frecuencia de los rasgos típicos. Este también tiene un margen cultural donde los rasgos se debilitan y se entrelazan con rasgos de otra esfera cultural. Uno de los numerosos estudios clásicos de distribución de rasgos es el de Leslie Spier (1921) sobre "la danza del sol" de los indios de las grandes llanuras. Aproximadamente ochenta rasgos de este "complejo" son trazados por las tribus que la practican.

Se desarrolló una teoría región-edad, sugiriendo que, cuanto más antiguo era el rasgo, tanto mayor su distribución. Los rasgos más nuevos no habrían tenido tiempo para ser distribuidos tan ampliamente como los rasgos más antiguos. Edward Sapir anticipó la advertencia que algún fenómeno social o geográfico pudiera disminuir la distribución de ciertos rasgos, y tergiversar los resultados de los hallazgos región-edad en el campo.

El enfoque de difusión se desarrolló bien en Europa e Inglaterra. Algunos esquemas altamente especializados fueron establecidos por alemanes tales como Fritz Graebner y Wilhelm Schmidt y británicos tales como G. E. Smith y W. J. Perry. Graebner fue uno de los principales elaboradores del método histórico cultural, o teoría de complejo cultural, llamada en alemán *kulturkreislehre*. Él procuró trazar, histórica y geográficamente, combinaciones de elementos fundamentales, llamados *kulturkreise*. Un solo *kulturkreis*, o círculo cultural, es un grupo de rasgos asociados significativamente, que pueden ser aislados e identificados en la historia de la cultura. Los complejos más antiguos se buscaron en culturas primitivas.

Un sacerdote alemán católico y erudito, el padre Wilhelm Schmidt, sugirió que la escena cultural moderna pudiera haber resultado de la difusión compleja de elementos de nueve "complejos culturales" primitivos principales. Tres culturas primitivas o arcaicas están representadas hoy entre los pigmeos de África y Asia, los primitivos árticos y algunos aborígenes australianos. Tres complejos culturales primarios están representados por recolectores de alimento avanzados o "más elevados", pastores nómadas, y ciertos grupos hortícolas con determinados grupos de descendencia matrilineal. De los tres complejos culturales secundarios, todos labradores, dos practican descendencia matrilineal y uno descendencia patrilineal. Schmidt es tal vez más conocido por trazar el origen de toda expresión religiosa a un monoteísmo como está expresado en la Biblia.

Smith y Perry en Inglaterra se interesaron en Egipto. Se impresionaron por los hallazgos arqueológicos de Petrie y otros. Ellos concluyeron, después de estudiar datos culturales por doquiera, que los Egipcios deben haber comerciado extensamente, en oro, perlas y otros valores, y al mismo tiempo llevaron sus invenciones a través de Asia y aun más allá vía las Islas del Pacífico hasta América Central.

Una escuela heliocéntrica ("centrada en el sol") se desarrolló a partir de los estudios de Smith y Perry, sugiriendo que las costumbres egipcias, tales como culto al sol, reinado, momificación y construcciones megalíticas, y aun elementos más primitivos tales como la agricultura y el trabajo mejorado del pedernal, se distribuyeron ampliamente en todo el mundo por estos "Hijos del sol". De modo que el nombre dado a ese enfoque fue "origen egipcio", indicando que todos los rasgos se originaron en Egipto. No hubo una invención independiente de tales rasgos y complejos de rasgos en todas partes del mundo.

Función y estructura

Los sociólogos franceses, bajo la influencia de Emile Durkheim, iban a proveer una corrección de curso única en el tratamiento de la cultura. Como Boas, Durkheim enfatizó la importancia del método riguroso y empirismo al establecer una base científica para la comprensión de la cultura. Sin embargo, él mismo no participó en estudios de campo. Tal vez su mayor contribución al campo de la antropología fue el concepto de conciencia colectiva. De modo que su interés cambió del artefacto a las propiedades de las creencias, los sentimientos y los símbolos, cuando los comparte un grupo. Por lo tanto, aparece el marco conceptual del individuo y adquiere significado del marco conceptual compartido del grupo. La conciencia colectiva tiene propiedades que trascienden y no pueden explicarse plenamente en términos de la mente de los individuos.

Malinowski fue la personificación viviente de tal enfoque. (Véase la anécdota al comienzo de este capítulo.) Él es típico entre los antropólogos teóricos. Cuando pensamos en un teórico, habitualmente pensamos en alguien encerrado en un laboratorio o biblioteca. Mientras esta imagen pudiera ser correcta en algunas ciencias, no es correcta en cuanto a la antropología. Los grandes teóricos en antropología desarrollaron sus teorías sobre los seres humanos en el campo, entre la gente.

Radcliffe-Brown, un antropólogo social británico, asoció el concepto de función con el concepto de estructura. La estructura social es una cadena de relaciones sociales, cada punto en la cadena se relacionan entre sí y con el todo. Función es la expresión de esta relación. Esta distinción entre estructura y función se convirtió en un aspecto implícito de casi toda la antropología social británica y francesa, y de la antropología cultural estadounidense.

El enfoque primario de la antropología social británica cambió a la estructura de grupos corporativos — linajes, clanes, grupos de trabajo, clases por edad y organizaciones territoriales — que tienen una existencia permanente dentro de una sociedad. El erudito históricamente orientado vio a Radcliffe-Brown como no histórico en su metodología. Mas bien, Radcliffe-Brown puso simplemente lo sincrónico primero y lo diacrónico después. Eso está en oposición con el historiador que pone lo diacrónico primero, y en esencia nunca trabaja con lo sincrónico hasta que la perspectiva histórica llega a ser clara, por lo tanto sólo parece ser diacrónico.

La sociología francesa iba a producir a Claude Levi-Strauss, quien también trabajó en antropología y lingüística. Él propuso una teoría de estructuralismo. Esta tiene un modelo matemático abstracto y comparte muchas características con el enfoque gramático transformacional de la teoría lingüística. Teóricamente concibe que las imágenes o modelos de las sociedades son "generadas" y luego comparadas para determinar qué reglas subyacentes profundas pudieran haber que gobiernen las formas reales que las sociedades toman. Mientras que la antropología social británica tiende a ser mayormente inductiva, el estructuralismo francés tiende a ser deductivo. Este enfatiza los principios generales que gobiernan la organización completa de las sociedades independiente de las formas específicas que ellas puedan tomar (véase Ilustración 3-2).

Otros enfoques

Otros enfoques dignos de mencionar por este tiempo son la cultura y la personalidad, o escuela configurativa, contribuida por Ruth Benedict, con su clásico estudio *Patterns of Culture* [Patrones de cultura] (1934), así como por personas tales como Margaret Mead, Abram Kardiner, Anthony F. C. Wallace, Ralph Linton, Francis Hsu y otros quienes fundaron el enfoque llamado ahora antropología psicológica. Este enfoque ha desarrollado conceptos tales como aquellos de la personalidad modal o carácter nacional, y patrones culturales en la conducta humana. Raymond Firth sintetizó los enfoques de Malinowski y Radcliffe-Brown. Esta obra fue refinada aun más por Walter Goldschmidt, quien añadió el análisis estadístico a los estudios comparativos.

Ilustración 3-2. Una forma que el modelo estructuralista pudiera tomar. El investigador hace hipótesis basadas en su modelo y las prueba. Se hacencomparaciones entre lo real y las acciones basadas en sus hallazgos. Esta comparación modifica el modelo. El modelo no es estático sino constantemente cambiante.

Robert Redfield sobresalió por su estudio de campesinado y su continua tradicional-urbana, que se ha aplicado en numerosas formas.[1]

Antropólogos misioneros

Numerosos antropólogos han servido a la iglesia cristiana. Louis Luzbetak es tal vez el antropólogo católico más sobresaliente y Eugene Nida es el antropólogo protestante más notable.

Nida ha servido con los Traductores de la Biblia Wycliffe y la Sociedad Bíblica Americana. Él ha escrito profusamente en la esfera de aplicaciones misioneras de la antropología. Jacob Loewen, un colega de Nida en la Sociedad Bíblica Americana, ha escrito también extensamente en la revista misionera *Practical Antropology* [Antropología práctica], como lo han hecho también Robert B. Taylor, William D. Reyburn, William Smalley, James

---

1   Véase Harvey Cox, 1965, *The Secular City.*

Bushwell, Alan Tippet, Paul Hiebert y Charles Taber. Smalley junto con Donald Larson de la Universidad Bethel, Charles Kraft del Seminario Teológico Fuller, Marvin K. Mayers de la Universidad Biola y William Merrifield de Wycliffe han entrado en la antropología gracias a su interés en el idioma y la lingüística. Hombres tales como Dean Arnold en arqueología del nuevo mundo y James Buswell y Donald Wilson en antropología física están contribuyendo con una perspectiva cristiana en el campo de la antropología. Esos hombres están haciendo contribuciones significativas a las misiones cristianas mediante la aplicación de buenos principios antropológicos a la traducción bíblica y la antropología misionera. Kraft, Mayers, Taber, Hiebert, y Sherwood y Judy Lingenfelter están entre los que van a la vanguardia en la antropología misionera hoy.

Preguntas para debate

1. ¿Qué implicaciones tiene la teoría antropológica para las misiones?
2. ¿Qué campos de la antropología cree usted que son más aplicables a las misiones? ¿Por qué?
3. ¿Cuál cree usted que es la función de los antropólogos cristianos?
4. Al estudiar la historia de la antropología, ¿en qué campos hay una controversia legítima entre las enseñanzas de los antropólogos y la de la iglesia, y en cuáles esta se desarrolló artificialmente?

Lecturas sugeridas

Beattie, J. 1965. *Understanding an African Kingdom: Bunyoro* [Entendiendo un reino africano: Bunyoro]. Un ejemplo de un antropólogo en su trabajo. Se recomienda para quienes quieren obtener una mejor idea de lo que un antropólogo hace y cómo lo hace.

Casagrande, J. B. 1960. *In the Company of Man* [En la compañía del hombre]. El compilador, mediante una colección de recuerdos personales de varios antropólogos, intenta compartir algunas de las experiencias del trabajo de campo antropológico. Este volumen nos permite ver la antropología como una ciencia humana.

Garbarino, M. S. 1977. *Sociocultural Theory in Anthropology: A Short History* [Teoría Sociocultural en Antropología: Una historia corta] Una obra reciente con un panorama histórico de la teoría sociocultural.

Golde, P. 1970. *Women in the Field* [Mujeres en el campo]. Mientras muchas ocupaciones y campos han estado tradicionalmente cerrados a las mujeres, la antropología ha estado siempre bien abierta. Esta obra es una colección de relatos del trabajo de doce antropólogas.

Hammael. E. A. y Simmons, W. A. 1970. *Man Makes Sense* [El hombre tiene sentido]. Una colección de lecturas que tratan acerca del estudio de los seres humanos.

Harris, M. 1968. *The Rise of Anthropological Theory* [El surgimiento de la teoría antropológica]. Una historia bien completa de la teoría antropológica. Este es un buen lugar donde comenzar para que una persona consiga un panorama histórico del campo de la antropología. El autor enfoca la teoría e investigación antropológica desde una perspectiva cultural determinista.

Hegeman, E., y Kooperman, L. 1974. *Anthropology and Community Action* [Antropología y acción comunitaria]. Una colección de artículos que tratan acerca de la antropología aplicada. Es muy recomendable para misioneros en perspectiva. La sección sobre problemas en comunicación cultural es especialmente aplicable a misiones.

Kluckhohn, C. 1944. *Mirror for Man* [Espejo para el hombre]. Una obra clásica que observa a la antropología y al antropólogo. Le da al lector una buena comprensión elemental de lo que trata la antropología.

Manner, R. A. y Kaplan, D. 1969. *Theory in Anthropology* [Teoría en antropología]. Una colección de lecturas que cubren los principales enfoques teóricos en la antropología cultural. La sección sobre "Explicaciones en ciencia social" contiene algunas selecciones interesantes.

Mead, M. 1964, *Anthropology, A Human Science* [Antropología, una ciencia humana]. Una colección de artículos por uno de los antropólogos más conocido. Sus capítulos sobre antropología como una ciencia y sobre la función del científico en la sociedad son especialmente recomendables.

4

Enculturación
y Aculturación

La observadora acaba de entrar en el aula de quinto grado para el período de observación. El profesor dice: "¿A quién de ustedes, buenos y gentiles niños, le gustaría tomar el abrigo de la observadora y colgarlo?" Por las manos que se levantan, parece que a todos les gustaría apropiarse del título. El profesor elige a un niño, que toma el abrigo de la observadora. El profesor dice: "Ahora, niños, ¿quién le dirá a la observadora lo que estamos haciendo?" El usual bosque de manos aparece, y se elige a una niña...

El profesor condujo las lecciones de aritmética preguntando: "¿A quién le gustaría decir la respuesta del próximo problema?" Esa pregunta era seguida a menudo por la aparición de un grande y agitado bosque de manos, con, al parecer, mucha *competición* por responder [cursivas del autor] (Henry 1963:293).

Estaba nevando y hacía mucho frío cuando el hombre salió de su calzada de acceso hacia la calle cubierta de nieve. Su mente estaba en su trabajo al pensar sobre la reunión departamental con la que iniciaría su día de trabajo. Súbitamente la parte de atrás de su auto comenzó a patinar hacia la izquierda sobre la nieve compactada. Al parecer sin pensar, dobló a la izquierda. La parte de atrás comenzó a patinar hacia la derecha. De inmediato dobló a la derecha. La parte de atrás del automóvil siguió patinando de izquierda a derecha, y el hombre siguió guiando en la dirección del patinaje hasta que tuvo el auto bajo control. Una vez que lo logró, continuó hacia el trabajo a baja velocidad y concentrado en la conducción. Cuando llegó allí, comenzó a contar la terrible experiencia a sus compañeros empleados. Él dijo: "Chispas, aquello pasó tan súbitamente que no tuve tiempo de pensar; sólo reaccioné instintivamente."

Instinto es una palabra que comúnmente usamos para hablar acerca de ciertos tipos de conducta tanto en animales como en seres humanos. Como sucede con muchos términos, *instinto* tiene tanto un uso científico como uno popular. Los científicos de la conducta definen *instinto* como un patrón de conducta que es heredado en contraste con lo aprendido (Morgan y King 1966). Toda conducta puede clasificarse ya sea como reflexiva, instintiva, o aprendida. Morgan y King señalan:

> Cuando nos referimos a los seres humanos, con la posible excepción de algunas conductas que maduran sin práctica, no podemos decir con certeza que haya algún patrón de conducta instintivo. El hombre parece haberse vuelto tan experimentado al aprender a adaptarse a este mundo, y al enseñar a sus jóvenes como adaptarse, que no se considera la conducta instintiva una característica humana sobresaliente (1966:41).

Ellos continúan explicando que para que una conducta clasifique como instintiva, se deben cumplir tres condiciones:

1. Debe ser por lo general característica de una especie.
2. Debe aparecer desarrollada en la primera oportunidad apropiada sin ninguna instrucción previa o práctica.
3. Debe continuar por algún tiempo en ausencia de las condiciones que la despiertan [con un reflejo no ocurre así]; esto significa que pudiera ser liberada por algún estímulo, pero no está controlada por el estímulo.(1966:40).

El animal confía en el instinto, o "patrón innato de acción fija" (Rogers 1965:22). Por ejemplo, una vez nosotros tuvimos un nogal negro en nuestro patio. Yo había recolectado algunas nueces, planeando procesarlas; pero ellas ya habían comenzado a podrirse. Entonces, las tiré en el traspatio. Algún tiempo más tarde, me llamó la atención una ardilla. Ella estaba enterrando frenéticamente aquellas nueces dondequiera que pudo; sobre la pila de troncos, bajo el cobertizo de almacenamiento, en un hueco en la nieve, en una repisa de ventana, porque el suelo estaba congelado.

El patrón mostrado por la ardilla es más complejo que un reflejo muscular ya que abarca más que músculos. Por otro lado, no es tan flexible como una conducta intencional, ya que los elementos motores funcionan en un orden mecánico rígido. No es lo mismo que un reflejo en cadena, porque no está motivado de la misma forma.

Los animales parecen tener una señal que provoca determinada reacción. Para el petirrojo es el pecho rojo. Para la polilla y avispa es un hedor especial. Para la gallina es un llamado de peligro. En los seres humanos, sin embargo, la reacción se presenta ante cualquiera de una considerable serie de estímulos, y la reacción es a propósito de algún objeto o situación de la que todos esos estímulos son señales. La reacción está regida por la situación tal como un "niño en peligro", antes que por cualquier estímulo particular.

Algunos científicos de la conducta dicen que los seres humanos tienen pocos instintos, y otros dicen que no tienen ninguno. Sin instinto para dirigir la generalidad de su conducta ¿cómo funcionan los seres humanos? Ellos tienen que aprender su conducta. Los antropólogos llaman enculturación a este proceso de aprendizaje.

Noam Chomsky (1957) sugiere, sin embargo, que los seres humanos pudieran tener habilidad innata de idioma, algo que provee una buen disposición al idioma, por ejemplo:

1. Todos los niños en todas las culturas aprenden su idioma al mismo tiempo; por ejemplo, entre las edades de dieciocho meses y cuatro años.
2. Todos los niños en todas las culturas aprenden su idioma a la misma velocidad.
3. No hay idioma primitivo conocido; todos son adecuados para la tarea de comunicación.[1]

Por lo tanto es posible para el cristiano decir lo siguiente:

1. Los seres humanos son distintos de los animales en que los patrones innatos de acción fija no los dominan.
2. Los seres humanos tienen ciertas habilidades que les permiten aprender idioma y cultura, aunque no están limitados a aprender un específico idioma o cultura.
3. El proceso de enculturación permite que estas actividades sean puestas en uso con relación al idioma y cultura.
4. El control eficaz de tal uso está dentro de la cultura misma así como en influencias supraculturales (sobrenaturales) sobre las personas dentro de su cultura.

---

1   Estas observaciones se analizarán con más detalles en el Capítulo 5.

Enculturación

El sociólogo norteamericano Talcott Parsons habla del nacimiento de nuevas generaciones de niños como una bárbara invasión periódica (Brown 1965:193). Los seres humanos no tienen cultura al nacer. Los niños no tienen concepción del mundo, del idioma ni de la moralidad.[1] Es en ese sentido que Parsons emplea la palabra *bárbaro* en referencia a los niños. Son individuos incultos y no socializados. Todo lo que un niño necesita para vivir y enfrentarse al contexto cultural que lo espera se adquiere mediante el proceso llamado *enculturación* por el antropólogo, y *socialización* por el sociólogo . . . el proceso por el cual los individuos adquieren el conocimiento, habilidades, actitudes y valores que les permiten llegar a ser miembros funcionales de sus sociedades.

A los niños les espera una sociedad que posee una cultura, una forma de vida ordenada. Los niños poseen ciertas posibilidades para procesar información y desarrollar deseos, haciendo posible que influya en ellos esa forma ordenada de vida. Esas permanentes competencias y criterios de juicio, junto con actitudes y motivos, forman la *personalidad*. La personalidad, a su vez, influye en la cultura.

La enculturación es "tanto un proceso condicionador inconsciente como uno consciente mediante el cual el hombre, como niño y adulto, alcanza competencia en su cultura, asimila su cultura y llega a enculturarse por completo" (Hoebel 1972:40). Uno interioriza los sueños y expectaciones, las reglas y exigencias no sólo para la sociedad vista como un todo, sino también para cada exigencia específica dentro del todo. La sociedad hace lo que sea necesario para ayudar a cualquiera de sus miembros, para que aprenda una conducta adecuada y apropiada para cualquier ambiente social, y para satisfacer las exigencias de cualquier tarea. La enculturación comienza antes de nacer y continúa hasta la muerte. Así los niños aprenden el respeto por los símbolos de la nación recitando el Voto de Lealtad y cantando el Himno Nacional. Aprenden la apropiada conducta de acuerdo con su sexo, clase social y grupo par. Llegan a ser conscientes de sus derechos y privilegios recíprocos, así como de las responsabilidades respecto a otras personas (por ejemplo, padres, profesores, amigos, empleados de tienda y extraños). La anécdota al comienzo de este capítulo ilustra ese proceso.

Algunos santos y revolucionarios asimilan bien las normas de su sociedad; pero han hecho un sistema original de ellas, y a veces los sistemas

---

1 Es decir, un niño recién nacido no puede distinguir entre lo bueno y lo malo.

originales desplazan a los establecidos. Jesucristo introdujo un nuevo estilo de vida, y lo nuevo procedió a reemplazar lo antiguo. La revolución norteamericana permitió que un sistema original progresara a través del tiempo sin el estorbo impropio del viejo mundo. Sin embargo, no hay duda en los estudiantes de historia o sociología comparativa de que lo nuevo en cada uno de esos casos fue claramente resultado de lo antiguo.

El resultado del proceso de enculturación es identidad: la identidad de la persona dentro del grupo. La sociedad busca hacer a cada miembro un individuo plenamente responsable dentro del todo. Aunque el proceso de enculturación pudiera a veces alejar a algunas personas, la intención de la sociedad es la participación responsable.

Dios estaba subrayando eso cuando les presentó a los hebreos los diez mandamientos. Él dijo en efecto: "No permitan que se abuse del sistema de familia, de economía, de relaciones personales y de religión. Dejen que cada uno trabaje y haga su parte por el bien del grupo y de cada miembro del grupo. Así seré ensalzado." No es sorprendente, por lo tanto, que Jesús y Pablo, viviendo en tiempos neotestamentarios, buscasen exaltar el ideal de la responsabilidad individual dentro del marco corporativo o grupal. "Sométanse a Cesar" y "obedezcan al gobierno, porque Dios es quien lo a puesto allí". Son mandamientos o instrucciones muy específicos hechos para que sus seguidores edificaran sobre tales fundamentos.

El proceso de enculturación tiene dos aspectos principales: 1) el informal, que algunos llaman "instrucción del niño" y en algunos sentidos precede y en otros sentidos se produce simultáneamente con 2) el formal, más comúnmente llamado "educación". Es más posible que el primero se lleve a cabo dentro del contexto conocido y entre amigos. El último se lleva a cabo en instituciones de aprendizaje, religiosas o seculares.

Instrucción del niño

Como hemos dicho, el niño entra en una cultura que está ya formada. Algunos psicólogos sugieren que los forcejeos y tensiones dentro de la matriz inician la formación de la personalidad del niño. Desde el momento del nacimiento, sin embargo, no hay duda en cuanto a que la personalidad social influye en el niño. El proceso de aumentar la conciencia, llamado por algunos "canalización", se efectúa en tres etapas: (1) la conciencia incipiente del ambiente del niño, (2) la diferenciación del ambiente del niño del de otros, (3) la estabilización de la comprensión del ambiente, y (4) control creciente sobre el ambiente del niño (Bock 1969).

Jean Piaget, un psicólogo suizo, pasó mucho tiempo observando y conduciendo experimentos con niños. Él llegó a la conclusión de que los niños pasan por una serie de etapas en su desarrollo de la infancia a la edad adulta. Esas etapas, con sus correspondientes edades, son:

1. Inteligencia motora sensorial (de 0 a 18 meses). Durante esta etapa el niño al principio no distingue entre sí mismo y su ambiente. El niño es egocéntrico y reacciona ante los objetos basándose en sus características físicas antes que a su significado simbólico.

2. Inteligencia preoperacional (18 meses a 7 años). Durante esa etapa el niño adquiere el idioma, sigue siendo egocéntrico y trata los objetos basándose en su significado simbólico.

3. Inteligencia concreta-operacional (7 años a 11 años). Durante esta etapa el niño comienza a ser menos egocéntrico, y empieza a ver las cosas desde la perspectiva de la otra persona; el niño desarrolla patrones de pensamiento más complejos pero todavía se basan en objetos concretos.

4. Inteligencia formal operacional (11 años hacia arriba). En esta etapa el individuo empieza a adoptar procesos de pensamiento adulto, que incluyen el razonamiento abstracto.

Estas edades no son absolutas pero proveen una guía para la maduración del niño. Piaget sí cree, sin embargo, que el niño irá a través de esas etapas en orden, aunque la rapidez de movimiento variará de niño en niño. El niño no se deshace de los logros de períodos tempranos sino que retiene formas tempranas de inteligencia, integrándolas con formas más avanzadas.

Las sociedades difieren en el asunto del cuidado de los jóvenes (Bock 1969:56). Una forma de clasificación es el cuidado del niño por un individuo, un grupo, o ambos. Los padres estadounidenses tienden a dar atención individual al niño, con la madre como la responsable principal por el cuidado del niño. Sin embargo, cuando ambos padres trabajan, es posible que los niños sean puestos en una guardería, donde ellos son cuidados por un pequeño equipo de profesionales. Uno de los sellos distintivos de los kibbutzim israelíes es que los niños son cuidados por ayudantes de profesionales, ninguno de los cuales es necesariamente uno de los padres del niño.

Otra forma de clasificación es el cuidado del niño por parientes, extraños, o ambos. En casi todas las sociedades el niño es cuidado por el padre natural o un pariente cercano, tal como un hermano mayor o un abuelo, si es que el padre no puede cuidarlo. Sin embargo, en culturas o subculturas donde domina la riqueza o la influencia, el niño es cuidado por un extraño tal como un tutor, niñera o doncella. La princesa egipcia en la Biblia, que descubrió al bebé Moisés en el río, envió a la hermana de Moisés para que encontrarse una nodriza y sirvienta. Ella trajo a la madre natural de Moisés. La princesa no esperaba que la niña consiguiera a la madre natural, ya que cualquiera habría servido para lo que ella necesitaba.

Un tercer tipo de clasificación es el cuidado del niño por los padres, otro pariente, o ambos. En sociedades relacionadas con los mayas de América Central, como también Samoa, al hijo o a la hija mayor en la familia se le da la responsabilidad primordial por el cuidado de los menores. En sociedades latinas, es posible que esto sea hecho por la niña mayor. Las responsabilidades por el bebé pudieran comenzar aun antes que el niño sea destetado. Tal cuidado se extiende hasta la edad de diez a doce años. Por ese tiempo el padre comienza a prestar mayor atención a la preparación del niño para la edad adulta y la madre lleva a la niña a los trabajos complejos del hogar.

El cuidado del niño puede también clasificarse por el padre y la madre, o ambos. Hay varias razones biológicas obvias para asignar el cuidado del niño a la madre. Entre los negros caribeños de América Central, eso se acentúa por la práctica de *couvade*. La madre lleva su vida normal después del nacimiento del niño y el padre simbólicamente se va a la cama. La madre entre los mayas cuida al niño hasta que es destetado, hasta dos años y medio después del nacimiento; y luego participan otros miembros de la familia, especialmente la abuela del niño.

Habituación

En la habituación los seres humanos aprenden aquellos aspectos de la cultura que no son considerados por la cultura como técnicas específicamente educativas. Los bebés al ser dependientes, otros les satisfacen sus necesidades. En el transcurso de la satisfacción de estas necesidades, la forma en que la necesidad es satisfecha, llega a ser casi tan importante como la satisfaccióní.

Cuando los niños pueden cumplir algunos de sus propios requisitos de alimento y sueño, sus hábitos están bien establecidos. Esos hábitos pueden cambiar varias veces durante el curso de la maduración, pero aun la necesidad de cambio y la capacidad para cambiar se convierten en hábitos. En cierto sentido, los hábitos son la cultura. Cuando los hábitos de la gente cambian, la cultura cambia.

Educación

A cada individuo en una sociedad dada se le provee de los medios de enriquecimiento individual. Ninguna sociedad está privada de un programa educativo, aunque pocas tienen un programa tan extenso y abarcador como el encontrado en las naciones occidentales. La educación formal provista en las naciones occidentales, mediante una sistema escolar graduado, es provisto en otras sociedades mediante mecanismos sociales, religiosos, políticos o económicos.

Los pocomchí de América Central tienen una organización socioreligiosa llamada la *cofradía*. Esta provee a todos los miembros de la sociedad, entre la edad de veinte y cuarenta años, con una educación formal acorde con las necesidades de la sociedad. Cada miembro que se aproxima a la edad de veinte años es integrado a una de las ocho *cofradías* en la comunidad y sirve por un período de dos años. Después de este período de tiempo descansa por lo menos un año antes de integrarse a una *cofradía* por otro período de servicio de dos años.

Mientras está participando de las actividades de la *cofradía*, el nuevo miembro hace todo lo que hacen los miembros antiguos. Por lo tanto, es instruido en todos los procesos sociales necesarios para mantener la sociedad. A la edad de cuarenta años la persona está plenamente calificada para resolver cualquier problema que la sociedad enfrenta y para mantener el buen desempeño de la sociedad tan eficientemente como los líderes más antiguos. La educación brindada no satisface los criterios de nuestro sistema educativo, pero prepara al nuevo miembro para desempeñarse en esa sociedad como la nuestra nos prepara a fin de que nos desempeñemos en nuestra sociedad. La instrucción es equivalente a un título universitario. Un hombre de cuarenta años de edad que entra a los niveles altos de liderazgo de la sociedad está preparado para atender responsabilidades tan grandes como las de un ejecutivo de una corporación o un funcionario importante del gobierno en nuestra sociedad.

Extensiones de la educación

En toda sociedad cada miembro tiene otros con quienes forma relaciones especiales. Esta persona pudiera ser parte de una familia nuclear, una familia extendida, un grupo por edad o interés, o un equipo político o económico. En sociedades organizadas en torno al parentesco, esta otra persona es posiblemente un miembro de la familia nuclear o extendida. En sociedades que tienen equipos económicos de comercio, como entre algunos grupos aborígenes australianos, se desarrolla una estrecha relación de apoyo entre compañeros comerciantes. En sociedades donde hay organizaciones por nivel de edad, como en ciertas regiones de África, los miembros de tal organización crecen en una relación profunda y perdurable con sus pares en edad.

En sociedades matrilineales donde el linaje y heredad son trazados a través de la línea de la madre antes que la del padre, el padre biológico es un miembro relativamente insignificante del equipo familiar. Él es reemplazado por un padre sociológico, el hermano de la madre en la mayoría de los casos. El tío materno del niño, por lo tanto, desempeña la función de cuidado paternal, siendo responsable del bienestar y la conducta madura gradual del niño. En las sociedades donde una *relación jocosa* permite a dos miembros de la sociedad — por ejemplo, suegra y yerno — el bromear y criticarse se desarrolla una confianza que no es posible dentro de una sociedad donde esas funciones están casi del todo separadas. Esas relaciones se emplean para educar a los miembros más jóvenes en los modales de la sociedad.

Estilos de educación

En casi todas las sociedades donde las prácticas informales de educación comprenden la relación entre maestro y aprendiz, se desarrolla un tipo diferente de instrucción que el encontrado en el sistema de conferencia en un aula. El profesor-maestro no está simplemente instruyendo al aprendiz para desempeñar una tarea, sino que está también enseñándole para ser un profesor algún día. La conducta correcta maestro-profesor es transmitida junto con las habilidades.

En nuestra sociedad, donde la relación de profesor y alumno es mucho más común que la relación de maestro y aprendiz, el conocimiento e información son de importancia principal. El estudiante gana contenido y habilidades para una tarea, pero no las habilidades para enseñar.

En las sociedades mayas, que usan la relación de maestro y aprendiz, los misioneros establecieron institutos bíblicos basados en una relación de profesor y estudiante. Cuando los estudiantes volvieron a su pueblo después de estudiar en el instituto bíblico, ellos presentaron las mismas conferencias a su propio pueblo, debido a los modelos, porque el estudiante (aprendiz) recibe el modelo del profesor (maestro). Los estudiantes aún usaron las ilustraciones que ellos oyeron en el instituto bíblico. Sin embargo, pocas fueron relevantes para este pueblo agrícola rural, porque la mayoría de las ilustraciones fueron tomadas del origen industrial urbano de los profesores misioneros.

En sociedades donde la educación formal se basa en la relación de profesor y alumno, la conferencia es el medio principal de enseñanza. La asociación personal entre el profesor y el estudiante es mínima y normalmente limitada al aula. La influencia del profesor en el estudiante está por lo general limitada al contenido de la materia principal. En este modelo educativo la mayor parte de la sabiduría, sagacidad y experiencia del profesor no es aprovechada por el estudiante. La relación entre profesor y estudiante gira alrededor del conocimiento e información. El proceso está orientado hacia el resultado final: evaluación. Por lo tanto, la pregunta conocida de un aula es: "¿Saldrá eso en el examen?" La implicación es que si eso no estará en el examen, no es importante. El interés está en notas y créditos, no en llegar a ser un miembro funcional de la sociedad.

En sociedades donde la educación formal se basa en la relación de maestro y aprendiz, está primero el modelar la conducta correcta. La conducta adecuada en la habilidad o negocio se comunica junto con la conducta adecuada del maestro al aprendiz. Allí tiende a haber un vínculo máximo entre ambos, ya que pasan mucho tiempo juntos. Eso resulta en una mayor posibilidad de influencia en toda esfera de la vida del aprendiz. La evaluación es en términos de vida y no sólo de contenido. El aprendiz de alfarería no sólo aprende a hacer vasijas, sino que también aprende el estilo de vida de un alfarero.

Jesucristo tuvo una relación de maestro con sus aprendices, o sea, sus discípulos. Él no solamente les dijo cómo evangelizar. Los tomó consigo. Ellos lo vieron en acción. Frecuentemente, en el relato de los evangelios, encontramos a Jesús apartándose con sus discípulos para explicarles lo que Él estaba haciendo. Los discípulos no sólo aprendieron un mensaje, sino que aprendieron un estilo de vida. Y la tradición continuó. Pablo discipuló a Timoteo y Tito junto con otros. Bernabé y Pedro discipularon a Juan Marcos. El apóstol Juan discipuló a Policarpo.

En nuestra sociedad, las escuelas de medicina usan una relación de maestro y aprendiz; los estudiantes hacen visitas con médicos. Por otro lado, los seminarios han seguido tradicionalmente un modelo académico en cuanto a la relación entre profesor y estudiante. Sin embargo, en estos últimos años muchos seminarios están requiriendo un año de internado en el cual se puede desarrollar la relación de maestro y aprendiz.

El ciclo de vida

A medida que los seres humanos cumplen su destino biológico, pasan por cuatro períodos principales o "crisis" en el ciclo de vida: nacimiento; pubertad o madurez; matrimonio o reproducción; y muerte. Cada cultura reconoce esos períodos principales de alguna manera, aunque algunos son hechos más sobresalientes que otros. Algunas culturas enfrentan estas experiencias calmada y sosegadamente; otras muestran mucha ansiedad. En el caso último, el énfasis cultural está en la situación de crisis. Dentro de cada sociedad, por lo tanto, estos rituales o *ritos de transición* permiten a un miembro moverse apropiada y eficazmente de una etapa de la vida a la próxima.

Hay rituales anteriores al nacimiento, tales como lluvia de regalos (*baby shower*), que preparan a la sociedad para el arribo del nuevo niño. El recién nacido es "bautizado" dentro de un período de once días en las Filipinas y algo más tarde en otras culturas con influencia católica y protestante. La lluvia y el bautismo o dedicación del niño son los rituales, o medios eficaces, de transición del estado no nato al estado de nacido. Algunas sociedades toman esta crisis tan seriamente que requieren que el esposo se acueste en lugar de la mujer, para que ningún daño le acontezca a ella y pueda proveer sustento para el bebé. Los caribes, ainos y chinos del tiempo de Marco Polo, todos practicaron *couvade*.

Ha sido sólo dentro de los últimos cien años que los seres humanos han tenido una explicación científica de la concepción y los procesos biológicos y genéticos. Algunos pueblos primitivos no entiende la conexión entre el acto de relación sexual y el embarazo resultante. Entre los aborígenes australianos se sostiene la creencia que el niño es la reencarnación de un espíritu ancestral. Esa creencia niega cualquier relación entre el acto sexual y la concepción, aunque se admite que debe abrirse el cuerpo de la mujer en alguna forma para permitir la entrada de los espíritus ancestrales.

El fracaso en conectar la concepción y el acto sexual es considerado por algunos como ingenuidad o ignorancia. Sin embargo, hay una creciente conciencia que pudiera simplemente ser la supresión cultural de la realidad física. En tales casos la forma cultural está diseñada para apoyar el sistema social. Por ejemplo, la adoración a los antepasados y el totemismo son temas muy importantes en la vida australiana. La continuidad del grupo totémico es sostenida por medio de la doctrina de la reencarnación espiritual. El enfocarse en la paternidad física minaría la institución sagrada.

Los trobriandeses matrilineales creen que el varón no cumple ninguna función en la concepción. Para ellos el espíritu de un antepasado muerto del clan entra en la matriz cuando la mujer está vadeando la laguna. Este crece y llega a ser un niño. Sus vecinos, los dobu, creen que el semen es leche de palma coagulada la que causa que la sangre menstrual se coagule y forme un feto. Muchos pueblos del mundo reconocen la cesación del flujo menstrual como una señal de embarazo. Otros consideran los cambios en los senos, pérdida de apetito, "nausea matinal", o una tendencia a la laxitud de parte de la mujer como señales de embarazo.

Numerosas ansiedades acompañan el proceso de nacimiento tales como que (1) el niño no se desarrollará idealmente, (2) el feto abortará, (3) el nacimiento será difícil, o (4) algún espíritu malo afectará adversamente al feto y mas tarde al niño recién nacido. Por lo tanto, se da especial atención a los que acuden al nacimiento (los padres pudieran o no pudieran estar presentes) y a los que ven al niño después de nacer (para los hispanos, los extraños pudieran transmitir enfermedad y muerte por medio del mal de ojo). Lo que adorna al bebé después del nacimiento es también importante (los pocomchíes atan una cinta alrededor de la muñeca del recién nacido para proteger al niño del mal de ojo).

Mientras que sociedades nominalmente cristianas usan el bautismo o la dedicación como indicaciones de la aceptación social del niño, otras sociedades usan presentaciones especiales y ceremonias de otorgamiento de nombre. Entre los ashanti de Gana, un niño no es considerado un ser humano hasta ocho días después de nacer. En ese momento, ceremonialmente, se le pone nombre al niño y se le presenta públicamente. Si muere antes que hayan pasado ocho días sería simplemente arrojado; ya que los ashanti creerían que fue sencillamente la cáscara de un niño fantasma cuya madre lo dejó ir en un viaje y luego volvió para reclamarlo. Entre los swazi de África Oriental, por tres meses un bebé es sólo una cosa. No se le pone nombre y no se permite que los hombres lo carguen. Si muere, no puede haber duelo ceremonial.[1]

Por lo tanto, la pregunta sobre cuándo comienza la vida es tratada en forma diferente entre los diversos pueblos del mundo. Las culturas basadas en el Catolicismo sostienen que la vida comienza en la concepción. Las subculturas protestantes difieren en lo relativo a cuando la vida comienza. Las etapas de desarrollo en que la gente cree que la vida comienza van desde la concepción hasta tan tardío como el nacimiento. La profesión médica en los Estados Unidos ha aceptado una posición que implica que la vida comienza, en algún momento, entre el tercer y quinto mes fetal. Por lo tanto, muchos profesionales médicos apoyarán abortos hasta esta fecha. Los ashanti y swazi, juntos con numerosas otras sociedades del mundo, dicen que la vida no comienza hasta algún momento después del nacimiento, tal vez tan tardío como tres meses después.[2]

Creatividad

Hay grandes variaciones en la calidad y cantidad de producciones creativas entre las culturas y aun dentro de la misma cultura en diferentes períodos. En realidad pudieran haber ciertas características de una cultura que alienta o al menos permite una mayor producción creativa.

La primera de estas características es un nivel de tecnología y economía que genere suficiente riqueza material para hacer posible el momento y oportunidad para una actividad creativa. Las personas que viven en una sociedad donde toda persona está comprometida, a tiempo completo, en actividad de subsistencia, es menos probable que se involucren en actividad creativa.

---

1 Estas prácticas probablemente se desarrollaron como mecanismos sicológicos de defensa contra el desconsuelo, debido a los altos índices de mortalidad infantil en estas sociedades.

2 Nosotros creemos que la vida comienza en la concepción.

La segunda característica en una sociedad creativa es la presencia de un sistema de comunicación que permita el máximo intercambio de ideas e información. Las sociedades que restringen la comunicación también restringen el canje de ideas e información, cosas sobre las cuales se alimenta la creatividad.

La tercera característica sugerida es un sistema de valores sociales que recompensan social y económicamente actos creativos. La cuarta característica está relacionada con la tercera. Las sociedades con un clima de aceptación experimentarán niveles más altos de creatividad que sociedades que castigan la creatividad económica, social o criminalmente.

La quinta característica es tener oportunidades para la privacidad. La privacidad es a menudo necesaria para producción creativa. Aunque algunas sociedades proporcionan o permiten cotos, otras sociedades no tienen un concepto real de privacidad. Junto con la privacidad, la sexta característica es la existencia de mecanismos sociales, dentro del sistema social, que permitan o alienten la formación de discípulos o grupos pares, tal como colonias de arte, asociación de profesionales y otras formas de organización social que alienten la creatividad.

La última característica es un sistema educativo que aliente la libre consulta y recompense la investigación y creatividad individual. Las sociedades con sistemas educativos orientados a transmitir conocimiento tradicional y lo que ya se ha descubierto, tienen menos probabilidad de producir creatividad que las sociedades cuyo sistema educativo alienta el hacer preguntas y poner en tela de juicio el conocimiento tradicional, y la exploración de nuevos campos de conocimiento.

Aculturación

Mientras que la enculturación es el aprendizaje de la conducta adecuada dentro de la propia cultura, la *aculturación* es el aprendizaje de la conducta adecuada en una cultura anfitriona. Uno entra, en efecto, como un niño y es enculturado en la nueva sociedad mediante el proceso de adaptación. Mientras no dejemos que las estructuras y relaciones de nuestra sociedad anterior restrinjan innecesariamente nuestra adaptación, podemos llegar a ser efectivamente aculturados en la nueva. La aculturación efectiva nos permite mantener nuestros principios, y por lo tanto nuestra dignidad, y aún emprender todos los desafíos y oportunidades que la nueva cultura nos presenta.

Sin embargo, tal vez nunca lleguemos a ser reconocidos plenamente como miembros de la nueva cultura por un sinnúmero de razones. Al antropólogo William Reyburn se le consideró un extraño, simplemente debido a la manera en que se inclinaba con los varones indios a quienes ministraba. Pero su fluidez en el idioma y su estilo de vida le permitió ser aceptado en la nueva sociedad con un mínimo de esfuerzo.

Es acertado a estas alturas distinguir entre lo que se conoce como choque cultural (la respuesta emocional negativa a la asociación incorrecta de señales de la nueva cultura con señales de la antigua), y la tensión cultural (la conciencia que uno nunca se integrará a la nueva cultura y nunca desarrollará la habilidad de enfrentar sus diversas exigencias). La mayoría de las personas que entran en una nueva cultura o subcultura experimentan choque cultural en algún grado. Una vez que han pasado por tal choque, se imaginan que no tendrán más problemas es esa esfera. Sin embargo, hay la posibilidad de estar en constante tensión debido a la conciencia de diferencia cultural. Tal tensión no deja un trauma emocional, sino que se tiene simplemente un sentimiento de ineptitud al vivir en la nueva cultura.

Aculturación y asimilación difieren en el grado de adaptación a la nueva cultura. Dentro del contexto de aculturación, las personas se adaptan al grado que ellas pueden funcionar eficazmente dentro del contexto de la nueva cultura. Ellas dan por sentado que dejarán la nueva cultura en algún momento y volverán a casa. Son miembros plenamente aceptados y respetados de la nueva cultura, aunque en esencia tienen una identidad dual.

Asimilación es el proceso más extremo. Este viene del darse cuenta de que uno nunca volverá a su sociedad de origen. Por lo cual uno adopta completamente la forma de vida de la nueva sociedad. El proceso es más completo, comprende todo, y posiblemente es más largo. Alguien que visita desde fuera la cultura no pudiera decir si uno ha nacido allí o no. Los inmigrantes de primera generación pudieran alcanzar un alto grado de adaptación, pero posiblemente las personas de la segunda generación alcancen un alto grado de asimilación. (Algunos antropólogos no distinguen entre aculturación y asimilación. Ellos hablan de esta diferencia en intensidad de respuesta usando alguna otra forma.)

Una vez que las personas toman conciencia de los principios subyacentes en la respuesta de aculturación, reconocen gradualmente que todos los encuentros son en realidad interculturales. Nadie tiene una experiencia sociocultural idéntica a la de otro. Aun los mellizos siempre juntos en su cochecito de paseo tienen distintas experiencias. Uno mirará más la calle y el otro más los jardines que están pasando. Aún esta diferencia sutil producirá experiencias culturales distintas.

El matrimonio junta representantes de dos subculturas separadas. La escuela reúne representantes de distintos vecindarios locales. La iglesia congrega gente de diversas experiencias religiosas. Tales diferencias despertadas por la movilidad social o geográfica causan pocos problemas dentro de la congregación mientras haya un acuerdo de pasarlas por alto.

Pero llegan a ser muy significativas, hasta el punto de provocar rompimientos, si se hace un problema de ellas. Por ejemplo, el uso de fondo musical durante la oración en el culto de una iglesia no es problema hasta que alguien, cuya formación cultural no incorporó esta práctica, lo objeta como algo que distrae.

Así como el fundamento para la enculturación es el refuerzo positivo, el fundamento para el proceso de aculturación es el equivalente funcional.[1] La equivalencia directa enfoca en una forma de expresión y produce esta respuesta. "Parece lo mismo; por lo tanto, debe ser lo mismo." La equivalencia funcional, por otro lado, se encauza en el significado o importancia y produce esta respuesta: "Pudiera no parecer lo mismo, pero cumple lo mismo que se propone."

Para los mayas del norte central de Guatemala, el zorro habla con un falsete mientras que el gato montés es astuto, hábil y rapaz. Por lo tanto, Herodes, mencionado en Lucas 13:32, no puede describirse como un zorro sino como un gato montés. Un zorro daría una falsa impresión; no para el forastero, ya que él puede hacer el ajuste de equivalencia, sino para el miembro del grupo. Ellos no tienen otro conocimiento que la idea o concepto comunicado en su cultura.

Un principio clave para adaptarse a otra cultura es la pregunta de confianza: "¿Está lo que estoy haciendo, pensando, o diciendo, creando o minando la confianza?" La pregunta sobre consideraciones de derechos, privilegios y condición social debe seguir a tal pregunta en el contexto intercultural, aunque ellas pudieran estar primeras en el contexto de la propia cultura. Si la confianza no está establecida dentro del contexto de relaciones personales y entre grupos, en el encuentro intercultural habrá siempre un desafío a las consideraciones de derechos, privilegios y condición social. Eso producirá tensión y enajenación que afectará adversamente todo lo que se hace individual y colectivamente (Mayers 1987, 2ª ed.).

Toda sociedad tiene una forma de proteger a cada miembro, "de nacimiento" y "adoptivo", del riesgo de violar normas y perder la dignidad. Este dispositivo es una señal cultural, la provisión social para una conducta correcta y una respuesta adecuada. En realidad, es la señal que el niño aprende mediante el proceso enculturador.

La suma total de todas las señales aprendidas es la cultura en sí. Los forasteros simplemente necesitan sintonizarse en la señal correcta para su

---

1 Un equivalente funcional es algo de una cultura que desempeña la misma función que algo diferente en otra cultura. Las dos cosas son equivalentes en significado antes que en forma.

propósito, y pueden hacer lo que sea que tengan que hacer. Una abstemia en una comunidad bebedora simplemente necesita aprender la señal para transmitir la idea de "yo no bebo, pero usted puede". Entonces, ella puede mantener su propia dignidad permitiendo a los otros mantener también su dignidad, y dejar todavía los canales de comunicación abiertos para un mayor contacto e influencia mutua.

Muchos cristianos en los primeros tiempos de la televisión se negaron a tener un televisor en la casa. Pero lentamente se adaptaron a la nueva subcultura. Se dieron cuenta de que podían controlar lo que veían y hacer un buen uso del televisor, así como el que hacían del radio, al cual sus padres habían reaccionado adversamente al principio. En *Future Shock* [El choque del futuro] Alvin Toffler nos alerta acerca de las muchas formas en que somos desafiados a adaptarnos. Nos damos cuenta del proceso de adaptación que está ocurriendo porque hoy podemos manejar lo que ayer supusimos era demasiado para nosotros.

La obstrucción para la adaptación y la asimilación viene por una actitud de mente llamada *etnocentrismo*. En su expresión positiva el etnocentrismo le permite a uno estar satisfecho y completo como persona dentro del contexto de su propia cultura. En su efecto negativo comunica sutilmente la superioridad de la propia cultura sobre todas las otras. El resultado final del etnocentrismo es el reforzamiento del estilo de vida propio, la inhabilidad o renuencia para cambiar, y la exigencia sutil que los otros deben cambiar haciéndose como uno mismo para ser plenamente aceptados.

Tal actitud cerrada al cambio que está ocurriendo a nuestro alrededor resulta en un fenómeno llamada deriva. La sociedad cambia en forma inconsecuente antes que consecuente; cambia por capricho antes que por planeamiento. Sus miembros deben aceptar lo que viene antes que planear lo que les ayudará.

El guardarse precavidamente contra un cambio, por adherencia a forma y expresión antes que a significado, preocupándose por el refuerzo de la propia cultura y la exclusión de la otra, a menudo tiene el efecto opuesto de lo que se propuso. En lugar del refuerzo de lo bueno deseado dentro del propio contexto, se liberan fuerzas malignas. En lugar de respeto viene pérdida de respeto. En lugar de refuerzo del principio hay abandono de este. En lugar de crecimiento, hay inmadurez. En lugar de verdad, hay falsedad.

El fin de la adaptación y la asimilación es bilingüismo y biculturismo. Bilingüismo se refiere a la fluidez de una persona en el contexto intercultural. Una persona puede hablar dos o más idiomas con fluidez y lo pueden reconocer como un hablante que domina bien ambos. Biculturismo se refiere a la capacidad de enfrentar todas las exigencias de la conducta verbal y no verbal, con tanta eficiencia, que se le reconoce como miembro de una cultura antes que un forastero.

Después de todo, ¿cuál es nuestra misión en la vida . . . hacer nuestra cultura conocida, hacer nuestros problemas los problemas de otros, forzar a otros a cambiar sus estilos de vida, crear grandes vacíos en la comunicación . . . o presentar al Señor Jesucristo a hombres y mujeres, y dejar que Él por medio de su Espíritu haga su obra en su vida como Él desea?[1]

Preguntas para debate

1. En la anécdota introductoria ocurrieron dos niveles de educación. ¿Cuáles son? Explíquelos.

2. ¿Tienen los seres humanos alguna conducta instintiva? ¿Puede usted pensar en alguna?

3. ¿Qué aculturación ocurrió en su propio estilo de vida cuando llegó a esta escuela?

4. ¿Qué papel desempeña la aculturación en misiones?

5. ¿Es deseable que un misionero llegue a estar totalmente asimilado en la cultura en la que está ministrando? ¿Por qué?

Lecturas sugeridas

Barnow, V. 1963. *Culture and Personality* [Cultura y personalidad]. Una buena introducción al campo de antropología psicológica. Contiene una excelente sección de métodos usados en cultura y personalidad.

Benedict, R. 1934. *Patterns of Culture* [Patrones de cultura]. Un clásico en el campo de la antropología psicológica. Benedict compara tres culturas y su efecto en las personalidades de sus miembros. Ella demuestra como la personalidad se forma a medida que el individuo adopta el sistema de valores de la cultura.

Chapple, E. D. 1970. *Culture and Biological Man* [Cultura y el hombre biológico]. Esta obra trata de la relación entre herencia, biología y cultura en la formación de la personalidad. Contiene una interesante sección sobre los fundamentos biológicos de la conducta emocional

Clausen, J. A. 1968. *Socialization and Society* [Socialización y sociedad]. Una colección de lecturas que tratan acerca del proceso de socialización. Aunque la mayoría de los artículos tratan acerca de la socialización infantil, hay un artículo sobre socialización adulta. También contiene un artículo sobre el desarrollo moral en la infancia.

---

1 Los conceptos de absolutismo bíblico y relatividad cultural serán explicados en detalle en el capítulo 14.

Henry, J. 1963. *Culture against Man* [La cultura contra el hombre]. Una crítica de la cultura estadounidense y sus valores, muy bien escrita y fácil de leer. Trata de la socialización abierta y cubierta. Demuestra el poder de la cultura sobre el individuo.

Levine, R. 1973. *Culture, Behavior and Personality* [Cultura, conducta y personalidad]. Un texto de nivel introductorio que trata de la relación entre cultura, conducta y personalidad. Un buen lugar para comenzar en este campo.

Levine R. A. y Campbell, D. T. 1972. *Ethnocentrism: Theories of Conflict and Group Behavior* [Etnocentrismo: Teorías sobre conflicto y conducta grupal]. Un antropólogo y un equipo de psicólogos sociales escribieron la obra. Es algo técnico, pero es recomendable para el estudiante serio quien desea una comprensión más profunda del etnocentrismo.

Lingenfelter, S., y Mayers, M. 1986. *Ministering Crossculturally* [Ministrando interculturalmente]. Esta obra trata del proceso de aculturación y adaptación a una nueva cultura. Se analizan los valores fundamentales y cómo influyen en la conducta en diversas culturas.

Rogers, E., y Shoemaker, F. 1971. *Communication of Innovations; A cross-cultural Approach* [Comunicación de innovaciones: Un enfoque intercultural]. Una introducción bien escrita al campo de la comunicación intercultural de innovaciones. Los conceptos están bien ilustrados con los ejemplos. Debieran leer esta obra todos los que aspiran a ser misioneros.

5

Comunicación verbal
y no verbal

Un popular político estadounidense viajó a un país de América Latina hace varios años. Cuando arribó al aeropuerto del país anfitrión, emergió del avión agitando la mano y saludando a la multitud congregada, que incluía dignatarios y reporteros de la prensa local. Alguien le preguntó al político estadounidense como había sido su vuelo. En respuesta él lanzó el común gesto "¡Muy bien!" a medida que las cámaras diligentemente tomaban imágenes. Al abandonar el aeropuerto el político visitante tuvo una breve recepción con oficiales de gobierno local. Luego fue a la principal universidad de la zona para presentar una alocución, acompañado por su traductor oficial, un militar vestido de uniforme. El discurso del político estadounidense trató sobre el deseo de los Estados Unidos de ayudar a sus vecinos latinoamericanos, por medio de asistencia económica que ayudaría a desarrollar sus economías y mejorar las condiciones económicas de los pobres.

El viaje fue un completo desastre. ¿Por qué? Porque, aunque la comunicación del político en el nivel verbal fue satisfactorio, él comunicó, no verbalmente, un mensaje totalmente diferente.

Cuando se le consultó como había estado su vuelo el estadounidense había lanzado el común gesto "muy bien". Ese acto había sido fotografiado por los medios de comunicación, y fue impreso en la portada del diario local. El mismo gesto que significa "muy bien" en los Estados Unidos es un gesto muy obsceno en esa parte de América Latina.

La universidad donde el político optó por pronunciar su alocución política había sido, recientemente, sitio de violentas demostraciones contra las políticas del gobierno. El gobierno vio la elección del sitio para su discurso como una indicación de simpatía hacia los estudiantes y su posición. Sin embargo, los estudiantes vieron al político como un amigo del gobierno local quien estaba invadiendo su universidad con un traductor militar. La presencia del traductor militar convenció a los estudiantes que este político apoyaba la política del gobierno local.

El político había comunicado dos mensajes: uno verbal y uno no verbal. ¿Cuál de ellos cree usted que llegó con más fuerza? (McCrosky 1972: 109-10).

¿En que es lo primero que se fija cuando conoce a una persona? ¿Su ropa? ¿Su rostro? ¿Su acicaladura? Cualquiera que sea, probablemente no es el idioma que hablan. Aun así, aunque el idioma pudiera no ser la característica más sobresaliente de una persona, es indudablemente una de las más reveladoras. Hasta que se establece la comunicación verbal, el conocimiento de otras personas es limitado y unilateral. El idioma muestra su otro aspecto — sus pensamientos, sus intereses, sus perspectivas de la vida — en realidad, ellos mismos.

El idioma se habla. El idioma se oye. La forma oral y audible del idioma es la más obvia. Consta de símbolos audibles expresados por la persona que habla. Nuestras reacciones a esos símbolos varían de acuerdo con nuestra comprensión y conocimiento del idioma específico. La comunicación también ocurre en un contexto inaudible, no verbal. Ciertos movimientos corporales corresponden con mensajes audibles. En algunos casos, el movimiento corporal asociado pudiera reemplazar completamente el habla. Una ceja levantada pudiera indicar "sí" o un movimiento de mano pudiera indicar "adiós".

El idioma pudiera también estar en forma escrita, ya no audible. Varios alfabetos, tales como ortografías jeroglíficas, pictóricas, o fonéticas, han sido usados a través de la historia. No toda sociedad tiene una forma escrita de su idioma hablado. No obstante, ese posible escribir cualquier idioma, y cada persona que habla ese idioma es un posible escritor.

El idioma comunica lo que los miembros de una sociedad necesitan conocer. Es una de las principales herramientas del grupo social, logrando lealtades basadas en acontecimientos pasados, presentes o futuros y en relaciones. El idioma también puede dividir una sociedad. Puede destruir relaciones y lealtades. La descripción de Santiago sobre la lengua como fuego es correcta, ya que él dice "He aquí, ¡cuán grande bosque enciende un pequeño fuego!" (3:5).

Esto nos lleva a definir idioma como comunicación verbal, sistemática y simbólica. El idioma es siempre verbal. El idioma hablado es la base para toda otra forma de idioma: idioma escrito, idioma de señas y gestos. Los símbolos escritos representan sonidos.

El estudio de los sonidos del idioma se llama *fonología*. Aunque los seres humanos son capaces de emitir una variedad infinita de sonidos, cada idioma está compuesto de un número limitado de sonidos. Uno de los primeros pasos al analizar un idioma es determinar los sonidos básicos que emplea. Algunos idiomas usan más sonidos que otros. En el idioma inglés hay cuarenta y cinco sonidos distintos, mientras que se emplean menos de veinte en la mayoría de los idiomas polinesios. Los distintos sonidos se llaman *fonemas*. Por ejemplo en español distinguimos entre [r][1] y [l] como en las palabras *risa* y *lisa*. Sin embargo, algunos idiomas no distinguen entre [r] y [l], las que son acústicamente similares. Las personas que hablan tales idiomas tienen problemas con estos sonidos cuando están aprendiendo español.

El idioma no sólo se habla sino también se sistematiza. Todo idioma está estructurado. Esta estructura se llama *gramática*. Hay dos niveles de gramática: morfología y sintaxis. *Morfología* es la organización de los sonidos básicos de un idioma o fonemas, en unidades significativas. Estas unidades significativas se llaman *morfemas*. Un morfema pudiera ser una palabra o simplemente un prefijo o sufijo. *Sintaxis* es la forma en que un idioma combina las palabras para hacer una frase. Por ejemplo, tanto en español como en inglés usamos el mismo orden de palabras para hacer una declaración: sujeto, verbo, objeto. Sin embargo, en inglés, los modificadores (adjetivos y adverbios) van antes de la palabra que ellos modifican, en español por lo general van después. En inglés se dice "the big house" (literalmente, *la gran casa*). En español decimos "la casa grande". *Discurso* es el proceso de estructurar frases, cláusulas y declaraciones en unidades significativas llamadas *discursos*.

A los cinco años de edad el nativo que habla cualquier idioma ha dominado su gramática. El niño no puede explicar que la palabra en acción es un verbo y la persona que lleva a cabo la acción es un sustantivo. Pero el niño sabe el orden de las palabras para hacer una declaración, y qué orden

---

1 Se encierra una letra con corchetes, o paréntesis cuadrados, para indicar un sonido básico.

siguen al hacer una pregunta. Todos conocemos la gramática de nuestro idioma nativo aunque no podamos explicar las reglas.

Además de ser verbal y sistemático, el idioma es también simbólico. Nosotros usamos símbolos para representar índoles de cosas. Estos símbolos son arbitrarios y no están relacionados directamente con la clase de objetos que ellos representan. Por ejemplo, no hay nada acerca de un animal cuadrúpedo y peludo que sugiera "perro" o *"dog"* o *"chien"*. Estos son sonidos que el español, inglés y francés han acordado para llamar aquella bestia en particular en su cultura. Los símbolos son abstractos; es decir, podemos hablar acerca de un perro que no está presente o uno que nunca ha existido. Nosotros podemos manipular el símbolo. El idioma es posible porque el hombre es capaz de actividad simbólica.

Aunque el idioma es verbal, sistemático y simbólico, su función es la comunicación. Básicamente, el idioma es comunicación. Es un medio empleado para llevar lo que está en la mente de una persona a la mente de otra persona. Es un medio de conceptos abstractos.

El fenómeno del idioma

El idioma sirve como un puente entre los aspectos biológicos y culturales de la vida. Malinowski presenta siete bases biológicas de la vida humana: metabolismo, comodidad corporal, seguridad, crecimiento, reproducción, movimiento y salud (véase Capítulo 2). Los seres humanos, en respuesta a estas necesidades biológicas, forman y perpetúan estructuras sociales e instituciones diseñadas para satisfacer tales necesidades.

El idioma sirve al grupo social al proveer un medio esencial de comunicación entre los miembros, estableciendo y perpetuando tales instituciones. La comunicación es mucho más que el simple uso del idioma. Incluye la suma total del mensaje enviado dentro del contexto social: mensajes de organización, mensajes de posición y relación, y mensajes cuya fuente es verbal e idiomática. Al conectar el pasado con el presente, la comunicación asegura al grupo que se están satisfaciendo las necesidades, o indica que se necesita alguna reorganización de la sociedad.

El habla comienza en el cerebro. La capacidad y complejidad del cerebro humano permite el aprendizaje del idioma y la habilidad de producir el habla. Aunque solamente los seres humanos tienen el diseño único de labios, dientes, paladar, lengua y laringe para producir el habla, algunos investigadores han pensado que ciertos primates pudieran tener la capacidad de aprender un idioma. Estos investigadores han desarrollado un idioma de señales que han tratado de enseñar a los chimpancés. Estos experimentos han tenido un éxito limitado. Los chimpancés han adquirido "vocabularios" de hasta 240 palabras y han usado combinaciones de dos palabras. Sin embargo, en la misma cantidad de tiempo un niño adquiere un vocabulario de alrededor de cinco mil palabras y usa oraciones complejas. Informes recientes de algo de la investigación con chimpancés indica que ellos no producían la combinación de dos palabras por sí mismos, sino sólo estaban respondiendo a la incitación inconsciente de los investigadores (Terrance, 1979). Es aparente que solamente los seres humanos tienen capacidad para el idioma.

Los evolucionistas han tratado de explicar el idioma como un desarrollo de formas simples a formas más complejas, o de acuerdo con Otto Jesperson, de expresión compleja a más simple y por lo tanto más eficiente. Tal vez su mayor complicación fue que distinguieron entre idiomas "primitivos" e idiomas "verdaderos". Los idiomas primitivos no calificaban como idiomas plenamente desarrollados. Los "verdaderos" idiomas eran básicamente los idiomas europeos.

En realidad, todos los idiomas conocidos son capaces de expresar plenamente cualquier idea o concepto necesario para quienes los hablan. Todos los idiomas son gramaticalmente capaces de expresar cualquier concepto abstracto. Aunque algunos idiomas tienen un vocabulario técnico mayor porque quienes los hablan son industrializados, los idiomas de pueblos menos industrializados son plenamente capaces de incorporar vocabulario técnico. El inglés del siglo diecisiete no tenía ningún vocabulario relacionado con computadoras, aviones, automóviles y viajes espaciales. Sin embargo, cualquiera que lee una Biblia de aquella época no llamaría al inglés del siglo diecisiete "idioma primitivo". Cuando se desarrolló la tecnología, el idioma inglés desarrolló el vocabulario para expresarla dentro de su gramática. Los idiomas de los pueblos preindustrializados son capaces del mismo desarrollo. Todos los idiomas tienen la capacidad de expresar las mismas cosas. No hay ningún idioma "primitivo" conocido.

En realidad, todos los idiomas conocidos son expresiones adecuadas de las culturas en que funcionan. Todos los idiomas tienen una regularidad de estructura, una posibilidad de expresar conceptos abstractos y características generalmente asociadas con idiomas "verdaderos". *Es* significativo considerar que algunos idiomas son más avanzados, pero no superiores, que otros en los campos de expresión tecnológica y filosófica. A los idiomas menos avanzados pueden llamarse "locales" y los más avanzados, idiomas "mundiales". Aunque todos los idiomas tienen los recursos para expresar las mismas cosas, los idiomas asociados directamente con crecimiento urbano e industrial han desarrollado vocabulario adicional y flexibilidad sintáctica.

Intentos tempranos de explicar el idioma en una forma más científica trabajaron con la supuesta transición del idioma desde una forma poco sistemática de comunicación a un idioma propiamente tal. Los lingüistas se interesaron en la naturaleza de la situación en que esta transición ocurrió. Edward Sapir explica la transición del idioma desde la función expresiva a la referencial. Es decir, el idioma comienza como una reacción espontánea a la realidad; luego se desarrolla en un sistema altamente simbólico representando la realidad.

El célebre lingüista Noam Chomsky cree que los idiomas primitivos nunca han existido. El idioma, dondequiera se encuentre, está desarrollado y adecuado para el uso del grupo social.

La adquisición del idioma

Todas las sociedades humanas usan un idioma. Los medios por los cuales los miembros de las sociedades adquieren su idioma es de gran interés para los antropólogos y lingüistas, y las siguientes observaciones ayudan a entender este proceso (Chomsky, 1965).

En primer lugar, no hay evidencia de que haya algún idioma primitivo. Todos los idiomas conocidos tienen una estructura gramatical desarrollada y son capaces de expandirse para incorporar cualquier tecnología o conceptos nuevos que penetran sus respectivas sociedades. No sólo no existen idiomas primitivos conocidos hoy, sino que no hay evidencia de que siquiera hayan existido.

En segundo lugar, los niños en toda sociedad comienzan a aprender el idioma de su sociedad a la misma edad. Niños estadounidenses, mexicanos, chinos y sauditas, todos ellos comienzan a adquirir su idioma entre los dieciocho y veinticuatro meses de edad. No hay ninguna sociedad conocida donde la captación del idioma comienza tarde o temprano.

Por último, los niños en todas las sociedades aprenden su idioma con la misma rapidez. Los niños chinos aprenden chino a la misma velocidad que los niños estadounidenses aprenden inglés y los niños mexicanos aprenden español. Los niños en todas las sociedades han dominado normalmente la estructura gramatical de su idioma a la edad de cinco años.

Basado en esas tres observaciones, Chomsky ha llegado a la conclusión de que hay un factor de propensión implicado en la adquisición del idioma. Él postula que la gente tiene una habilidad innata para el idioma.

Los evolucionistas tienen un problema con el esquema de Chomsky porque él no ve evidencia de la evolución del idioma. En realidad, las observaciones de Chomsky señalan la aparición súbita del idioma ya desarrollado. Esto por supuesto está en armonía con la posición creacionista.

Idioma en cultura

El idioma cambia a través del tiempo. Eso inspira el estudio de la lingüística histórica y comparativa. El idioma también varía de lugar en lugar, requiriendo un estudio de dialectología. El resultado de tal cambio y variación de idioma es el *dialecto*, cuando un grupo pequeño tiene variedades de idioma no comunes con la mayoría de los que hablan el idioma, y el *idiolecto*, cuando una persona ha desarrollado su propio uso peculiar del idioma.

Los dialectos del idioma pueden variar en pronunciación. Por ejemplo, centroamericanos hispanohablantes pronuncian *c* y *z*, cuando aparece delante de una *e, e i*, como la *c* inglesa en *city*, mientras que en casi toda España la c y la z se pronuncian como la *th*, inglesa en *thin*. Una variación se puede desarrollar también en la gramática cuando se cambian estructuras por suma, reemplazo o sustracción de unidades gramaticales.

Los dialectos pueden también variar en vocabulario. Aquellas variaciones sirven como puntos de referencia en geografías de dialectos. Ciertos dialectos sociales del inglés incluyen el término "pancake" (panqueque). Otros llaman le llaman a lo mismo "flapjack", y aún otros, "griddlecake". La realidad es la misma. Los dialectos, simplemente, han desarrollado diferentes términos.

Distintos grupos socioculturales también atribuirán cualidades diferentes a objetos, animales, o personas. En los Estados Unidos el perro es considerado "el mejor amigo del hombre", mientras que en la cultura hebrea del Antiguo Testamento el perro era un animal despreciable.

Llega a ser necesario, por lo tanto, cambiar de un concepto de idioma como expresión de una cultura, a uno de comunicación a través del uso del idioma. El idioma es el siervo de la cultura que lo dio a luz. No hay sacralización del idioma separado del contexto vasto de significado establecido dentro de una cultura. Por lo tanto, los estudiantes en cursos de idioma extranjero más tradicionales frecuentemente no pueden hablar el idioma cuando entran en el ambiente cultural del idioma. Los estudiantes han aprendido el idioma en relación con sus propios valores y perspectivas socioculturales, no con aquellas del pueblo que habla el idioma como su lengua madre. La fluidez es estorbada por hábitos incorrectos aprendidos previamente. Lleva mucho tiempo volver a aprender lo necesario para hablar el idioma. Algunos nunca se deshacen de los malos hábitos, y por lo tanto nunca logran fluidez.

El idioma es conducta aprendida y por lo tanto es parte de la cultura. La adaptación de una persona a su ambiente cultural comienza aún antes del nacimiento. Los horarios, por ejemplo, son culturales. El feto está sujeto al horario de su madre antes de nacer. Después de nacer, el alimentarse, el dormir y otras actividades son algunas de las primeras experiencias vividas por el bebé. Cada cultura tiene su propio horario. Las personas en algunas culturas se levantan temprano; en otras se acuestan tarde. El poder de esa rutina se siente sólo cuando alguien deja su propia cultura o subcultura y se muda a otra que tiene una rutina chocante. El horario de alguien pudiera estar tan internalizado que el cambio forzado de horario, o el choque con otro horario, es emocionalmente inquietante e incómodo.

Las culturas varían en los valores, cualidades, o características que ellas asignan a las cosas, animales o seres humanos. Las culturas o grupos socioculturales, también dividen todo el universo en su patrón particular. La atribución de características y distinciones se hace para adaptarse a ese patrón. Cada sociedad tiene su propia división del color del espectro. Hay tres idiomas con sólo tres vocales, y otros con hasta doce o quince vocales. De la misma forma, algunas sociedades tienen un reducido registro de colores y otras tienen un registro extendido. La mujer estadounidense tiene, normalmente, la capacidad de reconocer y mencionar más colores que su esposo. Las mujeres que trabajan con telas pueden habitualmente distinguir y nombrar más colores que la mujer común. Pero cualquier estadounidense hombre o mujer, probablemente, reconoce muchos más colores que un indio maya de Centroamérica. Para los mayas el color del espectro está dividido en cinco partes, además de una sexta parte de "no color". Su idioma refleja esta división del color del espectro, asignando sólo seis palabras a los colores. La introducción de un tono de color no reconocido en uno de estos seis exige la creación de un nuevo término, el préstamo de un idioma que tiene más categorías de color, la modificación de la palabra del color con conceptos tales como muy claro u oscuro, o alguna reduplicación de la palabra radical para indicar intensidad de color.

Sapir y Whorf creen que los seres humanos son esclavos de sus propios procesos culturales de dividir el universo en categorías. Los patrones de pensamiento se basan en el idioma. Las distinciones lingüísticas no son el resultado de un proceso de pensamiento. Antes, el pensamiento depende de distinciones lingüísticas arbitrarias ya existentes.

Su hipótesis puede demostrarse por la forma en que varios idiomas dividen el color del espectro (Brown 1965). Todos los seres humanos que tienen una visión normal ven la misma gama de color. Todos ellos distinguen las mismas longitudes de onda de la luz. Si el idioma o distinciones lingüística fuesen resultado del pensamiento, esperaríamos que el color del espectro fuese dividido en bandas del mismo color en todos los idiomas. Sin embargo, esto no es así. En español el color del espectro está dividido en seis categorías fundamentales: *rojo, anaranjado, amarillo, verde, azul* y *violeta*. En shona un idioma de Zimbabwe, el color del espectro está dividido en tres categorías fundamentales: *sips uka* (rojos y violetas en los dos extremos), *citema* (desde el azul hasta el verde), y *cicena* (verdes y amarillos). En bassa un idioma de Liberia, el color del espectro está en dos categorías fundamentales: *hui* (el extremo verde azul del espectro) y *zíza* (el extremo amarillo-rojo del espectro). Los indios zuñi de Nuevo México ven amarillos y naranjas como una categoría fundamental, y los indios taos, también de Nuevo México, ven azules y verdes como una categoría fundamental. En Madagascar el que habla malgache distingue más de cien categorías fundamentales de color (Nida 1952). (Véase Ilustración 5-1.)

Etnociencia

Etnociencia es la rama de la antropología que se ocupa de los aspectos culturales de la estructura cognoscitiva.[1] Está interesada en el efecto de la cultura y el idioma sobre el proceso cognoscitivo; es decir, ¿Cómo afecta el idioma la forma en que pensamos acerca de las cosas y como las vemos? Los hanunoo tienen nombres para noventa y dos variedades de arroz, mientras que el anglohablante los llamaría a todos arroz. Los hanunoo ven noventa y dos cosas diferentes mientras que los estadounidenses ven una. El esquimal tiene seis nombres para nieve, todas las cuales nosotros llamaríamos nieve. Nosotros distinguimos entre un Ford , un Chevrolet, un Toyota, y muchas más marcas y modelos, mientras que los hanunoos y los esquimales les llaman autos. Roger Brown concluye:

> Los hallazgos de la etnociencia y la semántica comparativa sugieren que es algo raro encontrar una palabra en un idioma que sea un equivalente exacto respecto a otra palabra, en un idioma no relacionado. Si cada léxico es considerado como una plantilla impuesta en una realidad común, estas plantillas no coinciden. Al nivel de gramática, las diferencias de significado entre idiomas son más impresionantes y probablemente de mayor significación. Benjamín Whorf (1956) ha descrito algunas diferencias fascinantes y ha argumentado que ellas resultan en modos de pensamiento desiguales.
>
> Si fuera la realidad la que se impone directamente sobre la mente de un niño, alguien esperaría que ella se impusiera de la misma forma en los idiomas del mundo. La generalidad de la disparidad lingüística sugiere que la realidad se puede construir de diversas formas. Por lo tanto, las manipulaciones y observaciones del niño van sólo a producir, probablemente, el surtido de concepciones que prevalecen en su sociedad. Porque si cualquier concepto es cultural antes que natural, entonces el

---

1 Algunos antropólogos prefieren el término "antropología cognoscitiva" o "estudios en cognición".

problema producido por la necesidad de dominar su expresión lingüística es suficiente para hacer que el concepto sea aprendido (1965:317).

ESPAÑOL

violeta	azul	verde	amarillo	anaranjado	rojo

SHONA

cips uka	citema	cicena	cips uka

BASSA

hui	zîza

Ilustración 5-1. Clasificación léxica de color del espectro en tres idiomas (Brown 1965:316).

La identidad de una persona se manifiesta y define, en parte, por cómo responde al idioma dentro del contexto sociocultural. La identidad se expresa en tres formas primarias: por el idioma que ella habla, por el grado en que usa el habla o el silencio, y por el uso de señales de conducta no verbales.

El idioma o dialecto que un pueblo habla lo identifica con una región geográfica. Si no podemos identificar el dialecto de una persona, podemos al menos decir si la persona es nativa de la zona. Un anglohablante puede normalmente reconocer los diversos dialectos estadounidenses; de Nueva Inglaterra, de la zona de Nueva York, del sudeste, del sudoeste o del medio oeste. También identificamos las personas por el idioma que ellos hablan; por ejemplo, decimos que una persona es "hispanohablante".

La sociedad estadounidense es una cultura verbal. Encontramos el silencio incómodo. Es difícil para el estadounidense promedio pasar más de algunos minutos con alguien sin hablar. Aunque usamos comunicación no verbal, nosotros sentimos la necesidad de usar también comunicación verbal. Para nosotros, el mensaje no ha sido plenamente comunicado hasta que se haya verbalizado.

En los Estados Unidos se espera que un subordinado responda a un superior cuando se le está corrigiendo. El subordinado debe responder verbalmente indicando que las instrucciones fueron entendidas. Sin embargo, en las Filipinas se espera que un subordinado permanezca callado mientras se le está corrigiendo. Cualquier respuesta verbal indicaría falta de respeto por el superior. Antes, se espera y se entiende una respuesta no verbal.

En algunas culturas el idioma se toma más seriamente que en otras. Este es un asunto internacional susceptible en los encuentros entre Este y Oeste. Por lo general, los asiáticos toman el idioma más seriamente que los estadounidenses. Ellos tienden a reaccionar negativamente ante el uso aparentemente ligero del idioma por parte de estos últimos.

Comunicación no verbal

La *comunicación no verbal* se refiere al proceso por el cual, mediante cualquiera de los sentidos y sin uso del idioma, se envía o recibe un mensaje. Tales mensajes pueden ser intencionales o no intencionales y conscientes o inconscientes. Un predicador pudiera gesticular durante un sermón con movimientos calculados, planeados para enfatizar el punto que está presentando. Por otro lado, el mismo hombre pudiera estar gesticulando en una conversación privada y ni siquiera estar consciente de eso. El hecho es que siempre estamos enviando mensajes no verbales ya sea que nos demos cuenta o no.

Los patrones de conducta no verbal están definidos culturalmente. Mensajes de sí o no se transmiten con la cabeza, por movimientos de asentimiento o negativa. Esos patrones son parte de la selección arbitraria de símbolos por la cultura. Deben aprenderse, además del idioma y otros aspectos de la estructura de la sociedad, por los nuevos miembros que entran a esa cultura.

El aprendizaje de estas indicaciones no verbales puede presentar problemas. El mismo símbolo pudiera transmitir mensajes opuestos en dos culturas diferentes, o dos señales opuestas pudieran significar lo mismo en ambas culturas. El movimiento de la mano con los dedos extendidos hacia abajo de la palma y movidos en ritmo hacia el que habla significa "adiós" para algunos en los Estados Unidos, pero significa "ven aquí" para la mayoría de los latinoamericanos. Aun, el símbolo latinoamericano para "adiós" es casi idéntico al símbolo estadounidense que significa "ven aquí". Obviamente, eso puede ser confuso y frustrante. Cuando los miembros de una cultura visitan o viven dentro de otra cultura, deben dominar estas señales hasta que las perciban de acuerdo con la intención de la otra persona.

La comunicación no verbal se expresa y percibe a través de todos los sentidos — oído, tacto, olfato, vista y gusto — y también a través de la temperatura del cuerpo, el movimiento del cuerpo, y el tiempo y espacio. Por ejemplo, las personas que sudan copiosamente cuando están nerviosas están comunicando ese mensaje con sus ropas "húmedas" como si hubieran verbalizado su nerviosismo. El que los dos mensajes, verbal y no verbal, puedan no coincidir es un estudio fascinante en el campo de la psicología social. La persona que suda copiosamente, pero afirma que no está nerviosa, pudiera estar, ya sea, tratando de engañar a los otros conscientemente, o no darse cuenta de sus motivos al negar su nerviosismo.

Un joven indio maya, al ver un elefante por primera vez en un zoológico, se sintió cómodo en la reja hasta que el elefante se le acercó. En un movimiento inconsciente, él retrocedió gradualmente alejándose de la reja hasta que el elefante se alejó. Luego el joven se movió lentamente hacia la reja de nuevo. Él estaba totalmente inconsciente de sus acciones. Su descripción del encuentro fue efusiva, pero nunca mencionó ningún "temor" de la enorme bestia.

La *comunicación kinésica* implica movimiento corporal o muscular. Se transmiten mensajes específicos por el ondeo de manos, contacto de ojos, expresiones faciales, movimientos de cabeza, y otros movimientos. En una danza interpretativa los movimientos de todo el cuerpo tienen un alto contenido en mensaje. En realidad, en ciertas naciones del sudeste asiático la danza interpretativa es el principal medio no verbal de comunicación de un grupo. Los tailandeses leen fácilmente el mensaje simbólico de la danza formal sin necesidad de ser verbalizada.

A veces los símbolos kinésicos causan mucha frustración en los encuentros interculturales. El contacto de ojos estadounidenses es demasiado intenso para los filipinos, quienes tienden a desviar el contacto de ojos tempranamente. Ellos desvían el contacto de ojos (1) para mostrar subordinación a la autoridad; (2) para distinguir las funciones; por ejemplo, hombre y mujer, o adulto y niño; y (3) para indicar que mirar fijamente no es una conducta apropiada. Los estadounidenses, aunque no miran fijamente, alientan el contacto de ojos para mostrar que ellos son respetables y confiables. Una mujer filipina, en una clase estadounidense, al resistir el contacto de ojos, culturalmente determinado, del profesor, gritó: "¡Usted me hace sentir desnuda!" En otras palabras, ella estaba diciendo: "Usted me mira tan fijamente como si quisiera ver a través de mí." Los factores culturales gobiernan el movimiento del cuerpo — determinando lo que se mueve, cuando se mueve, y donde se mueve — y las restricciones del movimiento. Las caderas pudieran moverse en deporte o baile, pero no en un culto de la iglesia. Un niño pudiera mover su cuerpo libremente en gimnasia, pero no en el aula. Una mujer estadounidense que creció en América Latina pudiera volver a su patria con un movimiento mayor de cuerpo, como parte de sus patrones de flirteo, y encontrar que sus pares la clasifican como "ligera". La mujer hispana tiende a mover más su cuerpo, cuando los hombres están presentes, que una mujer estadounidense, aunque ninguna comunica ligereza moral dentro de su propia cultura. Cuando la mujer estadounidense se muda a la cultura latinoamericana, pudiera verse como "fría". A la inversa, cuando la mujer latinoamericana se muda a los Estados Unidos se le pudiera considerar "ligera".

La *comunicación proxémica* implica relaciones de espacio, duración, distancia, territorio y la percepción de estos por parte del participante.

Los patrones de posición han sido clasificados por Edward T. Hall (1969) como estrechos, personales y públicos. El espacio íntimo estadounidense se extiende a dos pies de la persona; el espacio íntimo latinoamericano se extiende sólo un pie o menos. Esta frontera de espacio personal íntimo define el espacio dentro del cual una persona se siente incómoda en una conversación personal, pero no íntima. Por lo tanto, los hispanos se sienten muy cómodos conversando a sólo un pie del rostro de otra persona. Cuando trasladan esa cercanía a un estadounidense, sin embargo, están invadiendo el espacio intimo de esa persona. Tal invasión causa al estadounidense reaccionar defensivamente con una tensión muscular visible, decoloración de la piel y aún con el movimiento corporal de "retirada". Las salas de estar a menudo están ordenadas considerando las relaciones de espacio personal de una cultura. Al sentarse próximas, las personas se sienten más cómodas cuando se sientan de lado que cuando se sientan frente a frente. El equivalente maya de una sala de estar está diseñado para permanecer de pie, o sentado, sólo en las extremidades sobre un tronco junto a las paredes. La sala de estar en los Estados Unidos está arreglada para que nadie esté a más de diez pies del otro. Si la sala es más grande que eso, se arreglará un lugar de conversación con los asientos más próximos que lo que el perímetro de la habitación indicaría.

La distancia pública incluye ese espacio en el cual una persona se siente cómoda en una zona pública o reunión. La definición de este espacio variará de acuerdo con la situación. Por ejemplo, cuando la gente está en un ascensor, ellos invadirán el espacio de otro; pero el movimiento reducido del cuerpo compensa esta intrusión. El límite externo de espacio público es la distancia que una persona siente que pudiera mantener y sentirse todavía parte de la reunión. Esto normalmente significa estar al alcance del sonido de la actividad, más cerca en una alocución pública y más lejos en una ejecución musical.

Los patrones de asiento están arreglados con un propósito. Frecuentemente el patrón incluye un punto focal, el ejecutante u orador. Con el público acomodado en filas o en un semicírculo enfrentando el punto focal. En el teatro el público rodea el escenario; pero la atención está todavía en los actores. El teatro participativo en los sesenta intentó involucrar a los espectadores en la obra. Esto fue resistido, sin embargo, por muchos en la sociedad estadounidense debido a las preferencias de espacio público.

Competición frente a cooperación está también señalado por los patrones de asiento. Cuando los pupitres del aula están separados, se señala competición. Nadie puede copiar el trabajo de otro. La sala de la mesa redonda, con personas sentadas lado a lado alrededor de una mesa, señala cooperación porque cada uno ve y comparte el trabajo de otro.

Patrones de caminata son también parte del espacio público comprendiendo horario, dirección y distancia. Ciertas leyes hebreas fueron planeadas de acuerdo con la distancia que una persona podía caminar desde su propiedad en un día. Se puso un límite sobre los viajes en sábado, y la distancia fue llamada, lógicamente, "camino de un sábado". El pueblo hebreo pronto aprendió a llevar algo de su propiedad con ellos y dejarla al final de un "camino de un sábado"; así ellos podían entonces caminar una distancia adicional de esa propiedad.

El horario de los patrones de caminata tiene que ver con la hora del día que alguien puede verse en público en una determinada sociedad. Entre los pocomchíes en Guatemala, los hombres pueden verse barriendo la casa y caminando antes de las seis de la mañana; pero nunca después de esa hora. De la misma forma, nadie estaría en negocios legítimos después de las nueve de la noche. En las Filipinas, el sábado por la noche es una noche larga. La gente pasea en los parques hasta las dos de la madrugada del domingo.

La siguiente selección de Helen Keller ilustra el proceso frustrante y estimulante por el cual una persona descubre la correlación entre las experiencias verbales y no verbales. Para casi todos nosotros ese proceso ocurre gradualmente, cuando éramos demasiado jóvenes para apreciarlo. Helen Keller tenía suficiente edad por ese tiempo para recordar la experiencia más tarde. Vamos mediante un proceso similar, aunque en una escala mucho más pequeña, cuando llegamos a tener fluidez en un segundo idioma.

La mañana después que mi profesora vino, me condujo a su habitación y me dio una muñeca. Los pequeños niños ciegos de la Institución Perkins la había enviado y Laura Bridgman la había vestido; pero no supe esto hasta más tarde.

Cuando había jugado con ella por poco tiempo, la señorita

Sullivan deletreó lentamente en mi mano la palabra "m-u-ñ-e-c-a". Yo me interesé de inmediato en este juego de dedos y traté de imitarlo. Cuando finalmente conseguí hacer las letras correctamente estaba alborozada con orgullo y placer infantil. Bajé corriendo las escaleras para encontrar a mi madre y levanté las manos e hice las letras para muñeca. No sabía que estaba deletreando una palabra o ni siquiera que las palabras existían; estaba simplemente imitando con mis dedos, como un mono. En los días que siguieron aprendí a deletrear, de esa forma incomprensible, gran número de palabras, entre ellas alfiler, sombrero, taza y algunos verbos, sentar, parar y caminar. Pero mi profesora estuvo conmigo varias semanas antes que entendiera que cada cosa tenía un nombre.

Un día, mientras estaba jugando con mi muñeca nueva, la señorita Sullivan puso mi gran muñeca de trapo en mi regazo, también deletreó "m-u-ñ-e-c-a" y trató de hacerme entender que "m-u-ñ-e-c-a" se aplicaba a ambas. Más temprano ese día habíamos tenido un problema por las palabras "b-a-r-r-o" y "a-g-u-a". La señorita Sullivan había tratado de imprimir en mí que "b-a-r-r-o" es *barro* y que "a-g-u-a" es *agua*, pero yo persistía en confundirlas. Aburrida, ella había dejado el asunto por un tiempo sólo para tomarlo de nuevo a la primera oportunidad. Yo me había puesto impaciente ante sus repetidos intentos y, agarrando la muñeca nueva, la estrellé contra el piso . . .

Caminamos hacia el cobertizo del pozo de agua, atraídas por la fragancia de la madreselva con la que estaba cubierto. Alguien estaba sacando agua y mi profesora puso mi mano bajo el chorro. A medida que el torrente frío chorreaba sobre una mano, ella deletreaba en la otra la palabra agua, primero lentamente, luego rápidamente. Yo permanecía quieta, toda mi atención estaba fija en el movimiento de sus dedos. Súbitamente sentí una vaga conciencia como de algo olvidado, un sentimiento de pensamiento devuelto; y algo del misterio del idioma se me reveló. Supe entonces que "a-g-u-a" significaba algo hermosamente frío que estaba fluyendo sobre mi mano. Aquella palabra viva despertó mi alma, le dio luz, esperanza, gozo, ¡la liberó! Todavía habían barreras, es cierto, pero barreras que podrían disolverse con el tiempo.

Dejé el pozo entusiasmada por aprender. Cada cosa tenía un nombre, y cada nombre daba nacimiento a un nuevo pensamiento. A medida que retornábamos a la casa cada objeto que toqué pareció estremecerse con vida. Eso fue porque miraba todo con la visión nueva y extraña que había venido a mí. Al entrar a la casa recordé la muñeca que había quebrado. Me sentí acongojada y recogí las piezas. Traté vanamente de unirlas. Entonces mis ojos se llenaron de lágrimas; porque me di cuenta de lo que había hecho, y por primera vez sentí arrepentimiento y pena.

Aprendí un gran número de palabras nuevas aquel día. No recuerdo cuales fueron; pero sí sé que madre, padre, hermana, profesora, fueron algunas; palabras que iban hacer el mundo florecer para mí, "como la vara de Aarón, con flores". Habría sido difícil encontrar, en ese momento, una niña más feliz que yo, mientras descansaba en mi cuna al término de ese día significativo y recordé los gozos que me había traído. Por primera vez deseé que comenzara un nuevo día . . .

Ahora tenía la clave para todo el idioma, y estaba entusiasmada por aprender a usarlo. Los niños oyen el idioma adquirido sin ningún esfuerzo particular. Captan las palabras que salen de los labios de otros en el aire, como fuera, con deleite, mientras que el pequeño niño sordo debe atraparlas por un proceso lento y a menudo doloroso. Pero cualquiera que sea el proceso, el resultado es maravilloso. Gradualmente, desde nombrar un objeto, avanzamos paso a paso hasta que hemos atravesado la vasta distancia entre nuestra primera sílaba tartamudeada y el recorrido de pensamiento en una línea de Shakespeare.

Al principio, cuando mi profesora me enseñaba una cosa nueva hacía muy pocas preguntas. Mis ideas fueron vagas y mi vocabulario era inadecuado; pero a medida que mi conocimiento de las cosas creció, y aprendí más y más palabras, mi campo de indagación se amplió, y volvía una y otra vez al mismo tema, entusiasmada por más información. A veces una palabra nueva revivía una imagen que alguna experiencia más temprana había grabado en mi cerebro.

Recuerdo la mañana que pregunté por primera vez el significado de la palabra "amor". Eso fue antes que conociera muchas palabras. Había encontrado algunas violetas tempranas en el jardín y las llevé a mi profesora. Ella trató de besarme; pero por aquel tiempo no me gustaba que nadie, salvo mi madre, me besara. La señorita Sullivan me puso el brazo encima y deletreó en mi mano:

— Te amo, Helen.

— ¿Qué es amor? — le pregunté.

Ella me acercó a sí y dijo:

— Está aquí — y señaló mi corazón, de cuyos latidos estuve consciente por primera vez. Sus palabras me intrigaron mucho porque no entendía nada a menos que lo tocase.

Olí las violetas en su mano e hice, mitad en palabras, mitad en señas, una pregunta que significaba:

— ¿Es el amor la dulzura de las flores?

— No — dijo mi profesora.

De nuevo pensé. El calor del sol estaba brillando sobre nosotras.

— ¿No es esto amor? — pregunté, señalando en la dirección de la cual venía el calor —. ¿No es esto amor?

Me parecía a mí que no habría nada más hermoso que el sol, cuyo calor hacía crecer todas las cosas. Pero la señorita negó con la cabeza, y yo estaba muy intrigada y decepcionada. Pensé: "Es extraño que mi profesora no pueda mostrarme el amor."

Uno o dos días después, yo estaba pasando, a través de una cuerda, cuentas de diferentes tamaños en grupos simétricos; dos cuentas grandes, tres más pequeñas, etc. Yo había hecho muchos errores y la señorita Sullivan los había señalado una y otra vez con gentil paciencia. Finalmente noté un error muy obvio en la secuencia y por un instante concentré mi atención en la lección y traté de pensar cómo debiera ordenar las cuentas. La señorita Sullivan tocó mi cabeza y deletreó con decidido énfasis: "Piensa."

En un instante supe que la palabra fue el nombre del proceso que estaba ocurriendo en mi cabeza. Esta fue mi primera concepción consciente de una idea abstracta (Laird y Gorrel 1971:55-57).

La interacción social comprende conducta verbal y no verbal. Estas habilidades se aprenden dentro del contexto social de una persona. Se expresan como conducta normal dentro de los marcos definidos por la sociedad. La comunicación se puede llevar a cabo sólo gracias a la adecuada comprensión del idioma y de los aspectos no verbales de la cultura.

Traducción

Los cristianos creemos que la Biblia es la Palabra inspirada de Dios. Creemos que es la revelación de Dios al hombre. Es el mensaje divino de salvación. Creemos que es importante hacer que la Palabra de Dios esté al alcance de todos en su propio idioma. La tarea del traductor de la Biblia es poner las Escrituras en el idioma de otro pueblo. La traducción de la Biblia es una parte importante de la empresa misionera. La etnociencia y la lingüística pueden ser herramientas muy valiosas en el trabajo de traducción.

A primera vista pudiera parecer a algunos que la traducción comprende poco más que aprender otro idioma y luego sustituir palabras del nuevo idioma en el texto. Tales personas creen que, aunque el traducir pudiera significar el cambiar el orden de algunas palabras para ajustarse a la nueva gramática, es básicamente un proceso mecánico. Eugene Nida, un traductor bíblico de la Sociedad Bíblica Americana, nos da algunas ilustraciones de los riesgos de una traducción mecánica:

El traductor debe preguntarse constantemente: "¿Qué significa esa expresión en el idioma nativo?" Sin una atención tal en el significado real de una traducción, se pudiera encontrar diciendo cosas que no pretende decir. Por ejemplo, en una investigación reciente de tres traducciones hechas en idiomas indios de América Latina, se halló que la traducción literal de Hechos 9:1 fue interpretada en un caso como afirmando que el espíritu de Saulo había muerto. En el segundo ejemplo, el hablante nativo dijo que significaba que el fantasma de Saulo salió a asustar a los discípulos. En el tercer caso, el informante, quien había sido en realidad uno de los traductores nativos, dijo que el pasaje significaba que Saulo tenía miedo de morir. Nosotros como anglohablante hemos llegado a estar tan acostumbrados al idioma "respirando amenazas y muerte contra" que suponemos ingenuamente que eso puede traducirse correctamente en cualquier idioma y el significado será obvio, pero eso no es así.

En uno de los idiomas bantú los traductores tradujeron literalmente Romanos 14:7: "Porque ninguno de nosotros vive para sí, y ninguno muere para sí." La traducción parecía completamente aceptable, pero un examen más cuidadoso de esta traducción a la luz de las creencias religiosas nativas reveló que la traducción era muy inapropiada. En su forma literal ese versículo habría constituido una confirmación directa de la creencia nativa que la gente no vive o muere debido a su propio poder, sino debido a la presencia o ausencia de magia negra empleada por otros. Esto es decir, ellos contendían, que ningún hombre "muere para sí", sino que su muerte es causada por las fuerzas del mal liberadas contra él por un enemigo. Si uno va a traducir Romanos 14:7 adecuadamente en el idioma particular bantú, uno debe decir: "No estamos solos en nuestro vivir y no estamos solos en nuestro morir." Esto no representa el texto literal de la Biblia, pero sí representa el equivalente más cercano en significado, mientras que la traducción literal daría una impresión totalmente equivocada . . .

Una traducción literal de "de cierto te bendeciré con abundancia" (Hebreos 6:14) en uno de los idiomas de África Central realmente significa "si te bendigo, yo seré bendecido". Esta traducción literal de un idioma semítico especializado se equivoca completamente. La expresión bíblica no significa reciprocidad de bendecir sino la abundancia y seguridad del acto. El paralelo nativo más cercano es "te bendigo y bendigo".

Un problema semejante se encuentra en la traducción "gracia sobre gracia" (Juan 1:16). En un idioma indio de América Latina la traducción literal de esta expresión realmente significa "favor en canje por un favor", pero con la definitiva indicación que Dios sólo otorga un favor en canje por algún favor que la gente le conceda a él. Eso es realmente una negación de la gracia . . .

La traducción literal de "no andamos conforme a la carne" (Romanos 8:4) realmente significa en una traducción: "No caminen como carne muerta." La palabra empleada para traducir "carne" sólo significa "carne muerta". Una palabra diferente se usa para identificar carne humana. Además, aún el uso del término para carne humana sería inapropiado y aún sin sentido. Habría sido mejor en este ejemplo traducir "cuerpo". Sin embargo, la frase "caminando como el cuerpo", no tiene el significado metafórico como pudiera tener en inglés. Por lo tanto, debe cambiarse la traducción a: "No hagan lo que el cuerpo hace." Este es el equivalente nativo y plenamente comprensible (1947:1-3).

Estas ilustraciones muestran la importancia de entender lo que el idioma significa para el que lo habla. Los traductores necesitan ver el mundo a través de los ojos sociolingüísticos de los que hablan el idioma en el que están traduciendo la Palabra de Dios. Algunos pudieran objetar algunos de los apartamientos de las traducciones literales sugeridas por Nida en las ilustraciones mencionadas. Ellos pudieran decir que debemos enseñar a la gente el correcto significado del idioma. Nida, anticipándose a esta objeción, dice:

Ciertos misioneros objetan cualquier apartamiento tal de la traducción literal de un pasaje, insistiendo que por medio de enseñanza apropiada ellos pueden instruir a la gente el correcto significado y al mismo tiempo repudiar prácticas nativas. Tales suposiciones son en gran parte sólo buenos deseos. Las personas pueden entender el material, y lo entenderán sólo en términos de la situación cultural en la que se emplean tales palabras. Se necesita bastante explicación para corregir falsos significados. En la mayoría de los casos ninguna medida de explicación puede cambiar un sentido incorrecto en uno correcto (1947:2).

Nida piensa que es muy importante que el traductor evite las trampas de traducción literal y de traducción parafraseada (1969). En un esfuerzo para evitar los problemas consecuentes tanto de literalidad como de paráfrasis, Nida ha propuesto un enfoque de traducción que él llama "equivalencia dinámica". Equivalencia dinámica es la traducción de un pasaje de tal forma que el mismo efecto que se produjo en el corazón y mente del lector en el idioma original, o uno equivalente, se produzca en el corazón y mente del lector en el segundo idioma. Como explica a continuación:

> La prueba definitiva de una traducción debe basarse en tres factores principales: (1) la exactitud con la que los receptores entienden el mensaje del original (esto significa, su "fidelidad al original") determinado por el grado en que la gente realmente comprende el significado, (2) la facilidad de comprensión, y (3) la participación que una persona experimenta como resultado de lo adecuado de la forma de traducción. Tal vez no haya mejor cumplido que pueda recibir un traductor que escuchar a alguien decir: "Nunca antes supe que Dios hablaba mi idioma" (1969: 173).

El enfoque de equivalencia dinámica tiene mucho que ofrecer y resuelve numerosos problemas inmanentes en literalidad y paráfrasis. Sin embargo, el enfoque de Nida sí tiene problemas correspondientes. El principal es cómo una persona determina qué efecto produjo el original en el corazón y la mente de los lectores originales. Además, el hebreo y el griego no son idiomas "sagrados". Uno de los principales problemas es que la mayoría de las palabras tienen más de un significado y, aunque el contexto indica a menudo el significado propuesto, eso no siempre es así. El enfoque de equivalencia dinámica sí presenta problemas, pero nos parece que tiene mayor posibilidad que las traducciones palabra por palabra o las paráfrasis.

El doctor Mayers, dirigiéndose a la Asociación de Profesores Evangélicos de Misiones, habló de su experiencia con el proceso de traducción de equivalencia dinámica:

> Yo tropecé con este principio tempranamente en el proceso de traducción para un pueblo relacionado con los mayas de

América Central. Estaba traduciendo en el libro de Lucas, capítulo 13, donde a Herodes se le llama "zorra". En Pocomchí la palabra para zorra es *bahlam*, pero al usar la palabra, recibí una reacción muy extraña. Averiguando un poco más descubrí que el zorro para los pocomchíes no se ve como malicioso y astuto; eso es lo que el gato montés es. Antes, el zorro habla en una voz de falsete. Una vez que había clarificado el punto utilizando la palabra para gato montés, su reacción hacia el capítulo completo me reveló que ellos habían captado la verdad propuesta en el pasaje. Si hubiera continuado con la palabra "zorra", habrían aprendido una falsedad.

El trabajo del traductor de la Biblia es llevar la Palabra de Dios a la gente en su propio idioma. Un buen dominio de principios antropológicos, vastas habilidades lingüísticas y un enorme conocimiento bíblico no aseguran una buena traducción. El Espíritu Santo es el autor de la Biblia. El traductor debe volverse a Él por sabiduría. El traductor es un instrumento por medio del cual el Espíritu Santo puede obrar. Sin embargo, el traductor debiera ser también un instrumento preparado, trabajando en armonía con la creación de Dios, la cual incluye diferentes idiomas y culturas.

Preguntas para debate

1. ¿Es posible el pensamiento abstracto separado del idioma? Explique. ¿Qué acerca de la experiencia de Helen Keller?
2. ¿De qué formas el idioma influye en el pensamiento? ¿Cómo pudiera eso afectar la comunicación del evangelio?
3. Cuando una persona ha aprendido el vocabulario, la gramática y la pronunciación de otro idioma, ¿ha aprendido ese idioma? Explique.
4. ¿Qué le dice el arreglo del aula donde esa clase se reúne acerca de los supuestos patrones de comunicación?
5. ¿Qué implicaciones tiene el concepto presentado por Roger Brown en el trabajo de traducción? Relacione esto con lo planteado por Eugene Nida.

Lecturas sugeridas

Birdwhistell, R. L. 1970. *Kinesics and Context* [Kinesia y contexto]. El autor considera que la comunicación ocurre a través de varios canales tales como lo verbal, el movimiento y el olfato. Esta obra se ocupa del canal de movimiento corporal. La primera parte de este libro es menos técnica y puede servir de buena introducción al estudio de kinesia.

Hall, E. T. 1969. *The Hidden Dimension* [La dimensión escondida]. El autor examina el uso por el hombre del espacio, público y privado. Analiza las relaciones entre espacio y cultura. Señala cómo usar el espacio en la comunicación.

Harms, L. S. 1973. *Intercultural Communication* [Comunicación intercultural]. Un texto introductorio que trata de la relación entre cultura y comunicación. Esta obra hace buen uso de ejemplos concretos de la vida. También incluye una sección sobre proyectos del estudiante.

Hymes, D. 1974. *Foundations in Sociolinguistic* [Fundamentos de sociolingüística]. Una buena introducción al campo de la sociolingüística. La sección sobre la lingüística como una ciencia debiera ser de interés para quienes están considerando una carrera en lingüística.

———. 1971. *Language in Culture and Society* [Idioma en cultura y sociedad]. Una colección de artículos que tratan acerca del idioma, la cultura y la sociedad. Contiene una excelente sección sobre la relación entre idioma y cosmovisión. También tiene una buena sección sobre la relación del idioma con la estructura social.

Nida, E. A. 1947. *A Translator's Commentary on Selected Passages* [Un comentario del traductor sobre pasajes selectos]; 1961. *Bible Translation* [Traducción bíblica]; 1952. *God's Word in Man's Language* [La Palabra de Dios en idioma de hombre]; 1969. *Toward a Science of Translation* [Hacia una ciencia de la traducción]. Estas obras por un experimentado lingüista y traductor son dignas de que las lea todo aquel que esté considerando involucrarse en el trabajo de traducción.

Samover, L. y Porter, R. 1972. *Intercultural Communication: A Reader* [Comunicación intercultural: una antología]. Una buena colección de artículos sobre comunicación intercultural. Los artículos tratan acerca de problemas prácticos. El libro también contiene una sección útil sobre investigación de comunicación intercultural.

Sitaram, K. S., y Cofdell, R. T. 1976. *Foundations of Intercultural Communication* [Fundamentos de comunicación intercultural]. Un excelente texto introductorio sobre comunicación intercultural. La fuerza de esa obra está en el uso extenso de ilustraciones apropiadas y un estilo claro.

Tyler, S. A. 1969. *Cognitive Anthrology* [Antropología cognoscitiva]. Una colección de artículos que tratan y definen el campo de la antropología cognoscitiva. Contiene una buena sección sobre la relación entre idioma y cultura.

6

Economía y tecnología

Un tractor se mueve hacia arriba y hacia abajo en un campo del sur de Illinois, revolviendo el suelo en surcos precisos. En el noroeste de Iowa una segadora se mueve eficientemente a través de un campo maduro para la cosechar. El mismo granjero está operando ambas máquinas, además de otras docenas en campos a través del medio oeste ¿Cómo es posible eso? Todas las máquinas son operadas por control remoto por el granjero, en una compañía de negocios de tres habitaciones, sentado ante la consola de una computadora en un gran edificio de oficinas construido en un suburbio de Chicago. ¿Imposible? ¿Ciencia ficción? No, esa tecnología ya está en proyecto (Cohen 1968).

¿Qué efecto tendrá esta tecnología en nuestra economía, en nuestra estructura social, y en las economías y estructuras sociales de otras sociedades? ¿Cómo serán afectadas las sociedades primitivas por la tecnología moderna?

Economía

Antropología económica es el estudio de economías primitivas y campesinas dondequiera que existan en el mundo. El estudio en su forma más amplia comprende sistemas económicos y tecnológicos. Los *sistemas económicos* comprenden las formas en que se organizan la gente, el tiempo y los materiales para producir, distribuir (y redistribuir) y consumir productos y servicios. Tales productos y servicios incluyen los siguiente:

1. Alimento para el sustento físico junto con productos y servicios para propósitos religiosos, de defensa y de justicia; ritos de transición; y otros aspectos de la vida social y comunitaria.
2. Recursos naturales tales como tierra, agua y minerales; cooperación humana implicada en la división del trabajo; y tecnología.
3. Plazas de mercado, comercio extranjero, objetos monetarios, dispositivos para medir y conservación de registros.

Sistemas tecnológicos son aquellas esferas de la cultura que hacen posible que el hombre produzca cambios objetivos en su ambiente físico y biológico. Esta parte del sistema más amplio de la sociedad consta de ordenaciones y planes de acción aprendidos, que se expresan en las herramientas, técnicas y habilidades empleadas por los miembros de la sociedad.

Niveles de tecnologías de subsistencia

Todos los seres humanos comparten las mismas necesidades básicas para el sustentamiento de la vida. Estas necesidades incluyen alimento, vivienda, protección y salud. Ya que todas las sociedades humanas comparten estas necesidades, cada sociedad debe desarrollar patrones y organizaciones sociales para explotar su ambiente y satisfacer estas necesidades. La institución económica está compuesta por las conductas comunes y habituales, y por las organizaciones sociales de una sociedad acostumbrada a la producción, distribución y consumo, de productos y servicios. Como otras instituciones sociales esenciales, la institución económica está integrada en el tejido social total de la sociedad. Tiene la influencia de muchos factores no económicos tales como valores sociales, tradiciones y costumbres (Babbie, 1977:249-50; Gordon y Harvey, 1978:84; Perucci, 1977:160).

Pudiéramos clasificar la economía en cinco tecnologías básicas de subsistencia. De la menos a la más avanzada, estas son (1) caza y recolección, (2) crianza de animales, (3) horticultura, (4) agricultura, e (5) industrialización (Otterbein, 1977:40-42). Las tecnologías más avanzadas incorporarán a menudo elementos de tecnologías menos avanzadas. Por ejemplo, sociedades industrializadas habitualmente utilizan agricultura y la crianza de animales.

Caza y recolección, la que incluye pesca, es una tecnología que explota su ambiente sin controlarlo o cambiarlo. En la zona se caza presa nativa, pero no hay intención de controlar la presa ni de introducir nuevas especies. Se recolecta vegetación, que incluye frutos, que crecen naturalmente en el ambiente, pero no hay intención de cultivar la vegetación ni de introducir nuevas variedades.

Crianza de animales implica la cría y el mantenimiento de animales. Los animales son domesticados y mantenidos para proveer alimento, pieles y transporte. Este nivel de tecnología permite a los seres humanos tener los animales a mano, en contraste con tener que ir a cazarlos.

Horticultura es una tecnología agraria que implica el cultivo de semillas con el uso de herramientas manuales tales como palas o azadones. Esta tecnología comprende el limpiar un campo de pasto, malezas y árboles. La tierra es entonces desmenuzada con una pala o un azadón. La semilla consiste habitualmente en granos tales como maíz, trigo y mijo, o raíces tales como: mandioca, batatas y patatas. El campo se riega a medida que el cultivo crece, y cuando el plantío está maduro, entonces se cosecha. Esos campos normalmente declinan en productividad en dos o tres años. Entonces se les deja volver a su vegetación natural y se limpian nuevos campos. En las sociedades donde se practican estas tres tecnologías de subsistencia la población completa está generalmente comprometida en la producción de alimento.

Agricultura es una tecnología agraria que utiliza el arado y animales de tiro o tractores. La agricultura también comprende un cultivo más intenso. Los granjeros usan fertilizantes — ya sea de origen animal o químico — y cultivos rotativos. Con el cultivo intenso, los mismos campos se pueden usar permanentemente y lograr cosechas con una producción mayor por acre. La agricultura es, por lo general, un medio tan eficiente de producir alimento, que una parte significativa de la población es liberada de la producción de alimento para dedicarse a la manufactura y al comercio. La agricultura permite la transición a la *industrialización*. La liberación de producción de alimentos de un segmento mayor de la población conduce a cinco cambios sociales principales relacionados con el surgimiento de la industrialización: (1) aumenta la especialización ocupacional y, en lugar de que cada familia provea todas sus necesidades, se especializa y produce excesivamente en algunas zonas; (2) aparece un mercado para el canje de productos y el desarrollo de una economía de trueque;(3) surge un liderazgo político y una estructura gubernamental; (4) surge una administración de labor y una distribución de recursos; y (5) hay distantes recompensas por diferentes tareas que llevan a un sistema de condición social y estratificación.

Aunque los cinco factores mencionados figuran en el desarrollo de la industrialización, tres factores adicionales fueron la causa del continuo crecimiento de la industrialización. El primero de estos fue el desarrollo del dinero. Al usar símbolos de valor fijo, las economías pudieron avanzar de economías de canje a economías de dinero en efectivo. Con el desarrollo de una economía de dinero en efectivo, se hizo posible la labor asalariada. En lugar de que una persona haga el zapato completo, para tener algo para canjear o comerciar, varios zapateros pudieran trabajar para un industrial, uno haciendo tacos, otro haciendo suelas, otro haciendo la cubierta y otro ensamblando los zapatos. El dueño del negocio pudiera vender los zapatos por dinero y pagar salarios que los obreros pudieran usar para comprar lo que necesitan.

El segundo factor responsable del crecimiento de la industrialización fue el desarrollo del alfabeto. Cuando las personas pudieron leer y escribir, fue posible un mayor desarrollo industrial. No había que dar personalmente los mensajes sino que podían escribirse para que los dieran otros. Esa facilitó el aumento del comercio e hizo posible que los gobiernos operaran con mayor eficiencia. El desarrollo de la escritura y la lectura también condujo al desarrollo de los servicios postales.

Aun con el desarrollo del dinero y el alfabeto, el crecimiento de la industrialización habría estado limitado si no hubiera sido por el tercer factor: tecnología mecánica. A medida que la tecnología mecánica avanzó, se desarrollaron implementos agrícolas más eficaces, que permitieron que cada granjero produjera más alimento y liberara más trabajadores de las tareas agrícolas. Estos últimos emigraron a las ciudades y entraron en el mercado laboral asalariado. Comenzaron a abrirse nuevas fábricas y disminuyó la necesidad de artesanos calificados, tales como herreros, mientras que aumentó la necesidad de jornaleros.

Sin embargo, el crecimiento real de la industrialización ocurrió durante la revolución industrial. Aunque no todos los historiadores concuerdan en la fecha de comienzo y término de la revolución industrial, 1760 a 1918 sería aceptado por la mayoría. Con la invención y desarrollo del vapor para el uso industrial, las fábricas comenzaron a brotar en las zonas urbanas donde había una provisión disponible de jornaleros.

Los antropólogos hacen mucha de su investigación entre cazadores y recolectores, pastores (los que practican la crianza de animales), y horticultores, mientras que los sociólogos están interesados en primer lugar en examinar las sociedades industriales contemporáneas.[1] Algunos aspectos en los que están interesados los antropólogos son la división del trabajo, la especialización, el sindicalismo, las relaciones entre obrero y patrón, los sistemas económicos y las funciones manifiestas y latentes de organizaciones y asociaciones.

---

1 La antropología está ampliando su interés en el estudio de las sociedades industrializadas. Por ejemplo, la antropología urbana es un campo creciente de estudio.

Economías primitivas

Las economías primitivas son aquellas en que las transacciones principales, comprendiendo tierra, labor, herramientas y producto, son de participación social obligatoria. Estas sociedades son sociedades sin conciencia de mercado o comercio, en las que casi todos los recursos y productos se negocian en contextos no mercantiles. Los tiv de África y los trobriandeses del Pacífico caen en esta categoría.

Uno de los sistemas más interesantes de canje recíproco de regalos es el de las islas Trobriand. Se intercambian conchas en un patrón específico para incluir las diversas islas. A medida que se canjean estas conchas se comercian varios alimentos y otros productos de isla en isla. El sistema completo, el cual se explica con detención más adelante en este capítulo, ilustra un sistema en el que es necesaria una economía de mercado.

En la sociedad tiv, una economía de mercado y una economía de canje de regalo existe lado a lado. El canje de regalos es un contacto estable

> entre personas o grupos en una relación más o menos permanente. El regalo pudiera ser un factor diseñado para fortalecer la relación, o aún para crearla. Hay varias palabras tiv para "regalo", cuyo examen requeriría otro capítulo de la extensión de este. Para nuestros propósitos, es fundamental que cualquiera de estas palabras para "regalo" implique una relación entre dos partes concernientes, la cual es de una permanencia y calidez no conocida en un "mercado" y por lo tanto — aunque los "regalos" debieran ser recíprocos por un período de tiempo largo — es una descortesía contar o calcular abiertamente, y regatear los regalos (Bohannan en LeClaire y Schneider 1968:300).

En la sociedad filipina un patrón de canje de regalos opera para consolidar relaciones sociales, aunque la economía está sostenida por el mercado y la actividad comercial.

Las economías primitivas se consideran de menor escala desde tres puntos de vista. Primero, en contraste con las economías de Europa y los Estados Unidos, la mayoría de los recursos, productos y transacciones de servicio ocurren dentro de una zona geográfica pequeña y dentro de una comunidad de personas de alrededor del ciento de miles en número. En segundo lugar, en muchos casos, uno o dos artículos principales, comúnmente producidos dentro del marco pequeño del pueblo, tribu o linaje, comprende el grueso del producto total. Por último, en términos de cantidad, se produce un número relativamente pequeño de productos y servicios, en contraste con los miles producidos en las sociedades industriales modernas.

El nivel simple de tecnología y el aislamiento geográfico o cultural son factores importantes que fortalecen correlativamente el tamaño, estructura y desempeño de las economías primitivas. En consecuencia, las personas involucradas están limitadas en sus actividades de producción por los recursos físicos, y por lo tanto, dependen fundamentalmente de la cooperación humana en los procesos de producción, así como en tiempos de catástrofes. Este ingrediente humano en las economías primitivas exige una asociación estrecha de las estructuras económicas con las estructuras sociales de relaciones familiares y condición social. La economía se basa en relaciones colectivas y no está separada en asociaciones definidas económicamente.

Debido al tamaño pequeño de las economías primitivas y los lazos estrechos con la organización social, la persona individual tiende a estar en marcado protagonismo, y ella, no el sistema, es la figura principal. Las herramientas, por ejemplo, son hechas ya sea por el mismo usuario, compradas a un artesano especializado, o adquiridas directamente de un grupo de construcción específicamente organizado para la tarea. Tales servicios son remunerados en primer lugar por el anfitrión, quien provee alimento, o alimento y especialidades, que no son asequibles para los obreros.

Economías campesinas

Las economías campesinas son generalmente subsociedades de una sociedad estratificada más grande que es, ya sea, preindustrial o industrializada en parte. Ellas pudieran caracterizarse por todas o algunas de las siguientes características: residencia rural, agricultura familiar en terrenos adquiridos u otras ocupaciones rurales simples, que proveen una vida modesta o de subsistencia; la familia, como la unidad social más importante; baja condición social; interdependencia económica en diversos grados de centros urbanos; apego a la comunidad y tradición local; y finalmente la tendencia a limitar la producción a productos que pueden utilizarse directamente por los productores. Transacciones comerciales de recursos y productos son cuantitativamente importantes; por lo que son comunes transacciones en dinero contante, cotizaciones de terrenos y herramientas, y labor asalariada.

Las sociedades campesinas generalmente tienen una plaza de mercado visible donde las personas negocian sus canjes. En una sociedad pluralista moderna, tal como los Estados Unidos, el mercado pudiera tener una ubicación central — por ejemplo, Wall Street — y aún tener varias extensiones de tal forma que un participante en el conjunto tal vez nunca se encuentre con más de uno o dos de sus copartícipes. Además, una forma de distribución de productos pudiera hacer un mercado central innecesario, como la leche y el pan enviado a la casa, o la venta puerta a puerta de productos diversos.

Existen al menos dos series de características que ayudan a distinguir entre una economía campesina primitiva y una campesina precapitalista (Dalton 1973:469). La mayoría de las personas dependen de la producción que venden en el mercado para la mayor parte de su subsistencia. Las transacciones de venta en efectivo son frecuentes y de proporciones importantes. Por lo general, se encuentran mercados de recursos, que incluyen cantidades significativas de labor, tierra, herramientas y equipos disponibles para comprar, alquilar, o arrendar, por dinero.

La importancia relativa de los mercados de recursos y productos, y transacciones en efectivo, es la característica principal que delinea las economías precapitalistas y primitivas. Esta característica da a las economías campesinas su parecido tosco con los sectores agrícolas menos productivos o más avanzados, y justifica la frase apropiada de Tax "capitalismo de centavo" (Tax 1963). Pero en todo lo demás relacionado con actividades productivas, las economías campesinas, especialmente campesinados tradicionales, se parecen mucho más a las primitivas que las modernas. Ellas se caracterizan por una tecnología simple y un nivel limitado de producción. Algunos artículos comprenden el grueso del producto, con una extraordinaria dependencia del caudal de recursos físicos. Esto se debe a la falta de ciencia aplicada y de tecnología de fabricación más variada. El resultado es frecuente pobreza e inseguridad material.

En las economías campesinas precapitalistas están presentes los rudimentos de la economía capitalista y son importantes, pero están incompletos y subdesarrollados en comparación con la organización de mercado en una economía nacional moderna. Por incompleto, queremos decir que dentro de una comunidad campesina dada, se pudiera con frecuencia comprar o alquilar terrenos pequeños, pero no se contrata mano de obra, o viceversa. En muchos hogares la producción de subsistencia pudiera todavía ser de proporción importante. El término *subdesarrollada* implica la ausencia de instituciones otorgadoras de facilidades y capital social — bancos, compañías aseguradoras y mercados de valores, además de la falta de tecnologías avanzadas — electricidad, caminos pavimentados y planteles educativos superiores a la escuela elemental. En las comunidades campesinas el grado de integración económica, cultural y tecnológica con la provincia y nación es mucho menor que el de las comunidades del interior en las naciones desarrolladas.

El espectro de campesinados es amplio y contiene diversas mezclas de instituciones primitivas y modernas. En un extremo están los de la Europa medieval y de la América Latina actual. Son campesinos en religión, idioma y subordinación política, aunque tienen economías primitivas debido a la falta de dependencia del mercado y de transacciones en efectivo. Hay también casos de economía campesina con una cultura primitiva, como en el período de transición temprano de grupos africanos. Ellos aumentaron la ganancia en dinero en efectivo de su producción aunque retuvieron su organización y cultura tribal (Dalton:1964).

Grimes y Hinton (1969) describen una sociedad india mexicana con características rudimentarias de una economía primitiva establecida dentro de lo que, en otras circunstancias, sería un grupo campesino. Ellos mencionan algunos de los valores que moldean las actitudes huicholes hacia la actividad económica, expresados en el concepto de "vida", aplacamiento de los dioses como una parte necesaria de la actividad económica, solidaridad entre parientes, propiedad privada y comunitaria, y un nivel de vida uniforme:

1. Una cierta forma lingüística connota deseo de vida, salud y buena fortuna.

2. El aplacamiento de los dioses por medio de sacrificios tiene motivaciones económicas.

3. Se espera que los parientes trabajen juntos solidariamente cuando se requiere una fuerza laboral mayor que la disponible en una casa.

4. La mayor parte de la tierra, salvo las zonas hortícolas, es propiedad común.

5. El nivel de vida huichol está asociado con ideas religiosas de no despertar la envidia de los dioses al hacerlo demasiado bien.

La mano de obra es el factor dominante de la economía huichol. Hay suficientes recursos naturales disponibles para mantener la comunidad en su presente nivel de vida, y el factor de capital es casi insignificante. Los recursos naturales comprenden bosques maderables locales, vegetación, vías fluviales y tierras más o menos fértiles. Se practica agricultura de tala y quema, y se mantiene ganado en las tierras agrícolas secundarias. Todos los recursos naturales comienzan a escasear a medida que la población sigue aumentando. Poco o nada se está haciendo para reponer los recursos en decadencia. Los animales domésticos se crían destinando parte para alimento, parte para uso ceremonial y parte para mostrar prestigio. A veces se crían pollos, pavos y patos por sus huevos así como por su carne. Caza y pesca suplen la provisión de alimento. Todos los animales y pescados pudieran usarse en prácticas ceremoniales.

Los huicholes ponen sus servicios a disposición mutua mediante el trabajo mancomunado y las capacidades rituales y gubernamentales. Cantores, pagados secretamente, cantan en eventos ceremoniales. El sacerdote católico provee ceremonias y bautismos, y da trabajo en su escuela de internados. Los servicios gubernamentales comprenden el resolver disputas y la representación ante el estado y gobierno nacional. La comunidad requiere servicios de mano de obra para construcción y mantenimiento de propiedad comunitaria.

En la economía huichol, la mayor parte de lo producido es reclamado por los productores. El hogar inmediato tiene la primacía, ya que es deber del jefe de hogar alimentar a los parientes que pudieran estar presentes a la hora de la comida. Requerimientos ceremoniales son parte del reclamo de un individuo sobre el producto. El gobierno reclama diferente cantidades de lo producido por diferentes personas. Hay fondos establecidos asociados con alguno de los cargos, cuyo fin es ser traspasados de titular a sucesor. Es posible que estos constituyan un capital en giro que el funcionario que lo controla debe dejar por cualquier medio dentro de su poder. A la mayoría de los artículos materiales se le atribuye un valor monetario, por lo que se analizan comúnmente las transacciones en términos de dinero. Eso no significa, sin embargo, que el dinero sea esencial en la economía huichol. Casi todos los artículos producidos para consumo personal todavía se pueden vender cuando hay excedente.

Los contactos interculturales con propósitos económicos permite la aculturación. Hay un canje de artículos materiales así como extensión de contactos sociales con el exterior. El pueblo huichol tiene generalmente relaciones favorables con empleadores de afuera, y con sacerdotes y monjas católicas de la zona. Por lo general, los que han sido educados fuera de la zona han estado en la escuela de internados, y los que han estado en el servicio militar son reticentes a aceptar cosas nuevas como válidas dentro del marco huichol. Aunque los valores económicos huicholes han estado bajo presión para cambiar, ha habido poca evidencia de cambio.

Las distinciones analíticas de una economía primitiva y campesina, tomadas de la tabla de distinciones conceptuales de Dalton y las preguntas relevantes en antropología económica, se resumen como sigue:

1. Organización
   a. Tamaño de la economía; dotación de recursos naturales.
   b. Modos de transacción (trueque, redistribución, mercado de trueque; modos dominantes integradores distintos de modos pequeños).
   c. Procesos de producción: (1) distribución de recursos (adquisición de tierra, uso y transferencia de herramientas y equipo); (2) organización del trabajo; (3) disposición del producto; (4) servicios de especialistas y sus remuneraciones.

d. Organización y funciones del comercio exterior (canje recíproco de regalos, comercio administrado políticamente, comercio de mercado).

e. Organización y funciones de mercados y plazas de mercado internas (economías sin mercado, plazas de mercado pequeñas, economías de mercado integradas a pequeña escala. Mercados de recursos y mercados de productos).

f. Organización del dinero y su uso (distinciones entre dineros para propósito general y para propósito especial, entre usos comerciales y no comerciales del dinero; relación de los usos del dinero con modos de transacción).

g. Mecanismo operacionales: mantenimiento de registros, contabilidad, e instrumentos de medición (quipos, cuenta de guijarros); mecanismos de contacto cultural (comercio mudo, mercados de frontera, puertos de comercio).

h. Economía de prestigio frente a economía de subsistencia (esferas de transacción y cambio, dote, transferencias ceremoniales, artículos valiosos y atesorables como dineros para un propósito especial).

i. La relación de la economía con la organización social (el lugar de la economía en la sociedad): control social de distribución de recursos, organización del trabajo, y disposición del producto; garantía social de medios de subsistencia mediante la distribución de recursos y la provisión de una subsistencia de emergencia.

2. Funcionamiento

a. Número de productos y servicios especializados producidos o adquiridos.

b. Nivel del producto, fluctuaciones en el producto, frecuencia o extensión de hambruna (mecanismos de emergencia en muerte causada por hambruna: uso de compañeros de comercio para donaciones de emergencia, uso de alimentos menos preferidos, conversiones de emergencia, por ejemplo, venta de tesoros y personas por alimentos).

c. Distribución del ingresos real: ¿igual o desigual?

d. La distribución de productos de subsistencia frente a la distribución de productos de prestigio (esferas de canje, conversión entre esferas).

e. Crecimiento en el producto total (1973:466).

Patrones de comercio

Los patrones de comercio más tempranos se establecieron basándose en relaciones sociales como está ilustrado por los siguientes ejemplos.

En el grupo yir yiront de Australia se comerciaban piedras de cantera para hachas, desde el norte, en canje por huesos de pescado para puntas de lanza, comerciados desde el sur. A lo largo de toda la ruta se establecieron socios comerciales de por vida. Ellos se reunían en tiempos determinados durante el año y comerciaban sus huesos y sus piedras. Por lo general, los juntaban algunas festividades. Cuanto más cerca se vivía de las piedras de cantera, tanto más se cambiaban piedras por menos huesos de pescado. Cuanto más cerca de la costa se vivía, tanto más se cambiaban huesos de pescado por menos piedras. Esos socios comerciales fueron la columna vertebral de la organización económica de los yir yiront.

Otro tipo de sociedad comercial practicada por los trobriandeses, quienes tenían socios comerciales en las islas vecinas, era el canje de brazaletes de concha blanca llamados *mwali*, y largos collares de conchas rojas llamados *soulava* (Malinowski 1922). El canje era entre tribus y entre islas. Soulava fue siempre comerciado en la dirección de las manecillas del reloj. Mwali era comerciado en el sentido contrario. Estos brazaletes y collares se encontraban entre sí y eran canjeados constantemente. Esta cadena de canje fue llamada el Anillo del Kula ya que los artículos, brazaletes y collares, eran conocidos como *kula*. El desplazamiento del kula alrededor de los Anillos del Kula era controlado por una serie de reglas y costumbres tradicionales. Algunos de los canjes eran acompañados por ceremonias públicas y elaborados rituales mágicos.

Realmente, un número relativamente pequeño de hombres en cada aldea y en cada isla tomaba parte en los canjes de *kula*. Ningún hombre en el Anillo del Kula conservaba alguno de los artículos por un período extenso de tiempo. Los artículos se canjeaban regularmente y se mantenían en circulación.

Aunque en la fachada el canje de artículos *kula* era el propósito mayor del Anillo del Kula, una investigación más cuidadosa reveló que se producían varias actividades secundarias importantes. El comercio y trueque de artículos cotidianos que eran esenciales para la vida tomaban lugar durante el canje del kula.

Estas actividades secundarias eran actividades comerciales económicas complementarias al canje principal. Sin embargo, el comercio posiblemente no se habría hecho si no hubiera sido por el equivalente trobriandés de las "joyas de la corona" británica. Las conchas no tenían valor en sí mismas; pero porque ellas tenían valor en el canje y uso, la producción de las islas era distribuida en patrones más justos y equitativos de lo que habría sido posible en otras circunstancias.

Otra forma de comercio es el *potlatch* practicado por los indios kwakiutl del noroeste de Canadá. Este es un esquema principal para la redistribución de productos excedentes. Los individuos y familias heredan su condición social y sus títulos honoríficos a través de sus linajes familiares y de clan. Sin embargo, su condición social y sus títulos tienen que ser validados al tener una fiesta en la que se muestre toda su riqueza. El anfitrión y sus parientes varones muestran su condición social entregando su riqueza a los invitados de otro linaje o clan. Cuanto más entregan, tanto más aumenta su prestigio.

Aunque el potlatch es un medio poco eficiente de distribuir productos, su propósito principal es ser un medio de asignar títulos honoríficos. Sin embargo, provee productos a lo que tienen necesidad, aunque mucho del excedente se pierde por la práctica de comerciantes que se hartan con alimentos o la quema de objetos, tales como frazadas. Es muy posible que cuando el potlatch fue instituido, fue un medio eficiente de distribución de productos del rico hacia al pobre. Más tarde se produjeron excesos por el abuso del sistema elemental. Es comprensible que la gente haya reclamado por un programa canadiense nacional de impuesto a la renta, ya que el potlatch es un impuestos "opresivo" ya asignado a la gente por su propia organización social.

La distribución de mercado es otro patrón de comercio. Este está ilustrado por los mayas de Guatemala. Los productos se producen en campos montañosos y se llevan al pueblo en días de mercado para venderse por dinero (centavos), y luego se les lleva al hogar del comprador. La venta al detalle de alimentos y objetos, en pequeñas cantidades, es responsabilidad de las mujeres. El mercadeo de artículos más grandes, tales como muebles, o cantidades mayores de un producto, como la lima, es prerrogativa de los hombres. El mercado está, por lo tanto, dividido funcionalmente en dos partes: las mujeres sentadas en el lugar principal y los hombres de pie en un extremo del mercado con sus muebles y ropas, o granos y limas. Comerciantes locales tienen casetas en el perímetro del mercado.

El canje redistributivo es la base del canje de producto para civilizaciones avanzadas y la comunidad urbana. Podemos ver eso en el lugar del mercado de América Central. Los productos comprados en un mercado se venden a menudo en otro, y se ha desarrollado así una clase de intermediarios. Tal mercado es económico en función, mientras que el mercado rural es social. Muchos mercados tienen ambas funciones, pues los intermediarios estarán en cualquier mercado grande comprando y vendiendo en cantidad. A medida que uno se acerca a la ciudad capital, sin embargo, el equilibrio cambia, ya que el mercado de la ciudad es ante todo un mercado de la zona. El producto vendido se distribuye en mercados locales, o se eleva su precio con el propósito expreso de hacer dinero.

Nosotros podemos ver también un canje redistributivo en el impuesto a la renta de los Estados Unidos. El impuesto es un medio básico de redistribución de fondos y por lo tanto de beneficios derivados de los fondos. Los más prósperos pagan los gastos de vida de los pobres y subsidian varias funciones gubernamentales. Salomón tuvo un sistema de impuestos tan cuantioso que finalmente causó la división del reino en dos partes. En los Estados Unidos la revisión de impuestos se hace periódicamente para dividir la carga de impuestos con más equidad. No obstante, la carga de impuestos aumenta incesantemente. Además de la distribución de la riqueza, los impuestos hacen posible que a los miembros de la sociedad, que pudieran estar desempleados, se les dé trabajo; por lo tanto, el gobierno es el empleador más grande de los Estados Unidos.

Las obligaciones sociales tradicionales en América Latina exigen que la familia extendida y el patrón o "jefe" lleve a cabo la mayoría de las funciones que cumple el programa de impuestos en los Estados Unidos. Además, es comprensible que los hispanos resistan un impuesto nacional a la renta.

Tecnología

Tecnología es la suma total de todas las costumbres sociales por las cuales la gente utiliza entes y sustancias de todo tipo. La tecnología permite que la gente se adapte a su ambiente no humano, es la manipulación del ambiente para fines culturales. "Si el idioma es el atributo humano que hace posible la cultura, la tecnología es la característica de la cultura que la hace ventajosa para el hombre" (Goldschmit 1971:86).

Hay cuatro características acerca de los seres humanos que les han permitido desarrollar una tecnología completa. La primera es movimiento bípedo. Ellos caminan en dos piernas, dejando sus brazos libres para otra actividad. La segunda es un pulgar opuesto. Los seres humanos pueden asir y manipular objetos. La tercera es una visión estereoscópica. Ellos pueden estimar distancias y enfocar objetos cercanos y distantes al mismo tiempo. La cuarta y mas importante, es el idioma. El idioma les permite pensar conceptualmente y comunicar ideas abstractas. El idioma también hace posible la acumulación de tecnología.

La tecnología se desarrolla dentro de lo que pudiera llamarse el marco ecológico, o ecosistema como Taylor lo llama (1972:199). Técnicas para dirigir y modificar el hábitat natural, y para hacer y usar herramientas, casas, ropa y otros artefactos están relacionados entre sí, con costumbres no técnicas, y con características extra culturales del ecosistema. Ya sea un techo tikopeano, construido para soportar el fuerte viento que sopla a través de las islas, o el arte maderero de los tongas, conectado con la expresión religiosa, en ambos casos la organización económica y social se unen para permitir una expresión personal dentro del contexto total del ambiente.

Los *artefactos* son cualquier porción del ambiente material usada o modificada a sabiendas para su uso por los seres humanos. Ellos son el resultado final del sistema tecnológico. Los pueblos hacen uso de su ambiente y de los objetos en su ambiente para ordenar, controlar y dirigir su universo. Los artefactos pudieran ser objetos físicos, tales como puntas de flechas, tiestos, o autos. Además, los artefactos pudieran ser herramientas, técnicas, o habilidades.

Las *herramientas* son mecanismos para transformar, transmitir, o almacenar energía. Son artefactos usados para complementar o aumentar la habilidad de una persona para actuar sobre el mundo físico. Las herramientas pueden ser *primarias*, al usarse directamente, tales como un simple arpón para pescar; o pueden ser secundarias, usadas para fabricar otras herramientas: un cuchillo puede usarse para modelar un mango de arpón. Las herramientas pueden ser también *simples,* un palo afilado usado como una lanza; o *complejas*, una punta de hueso atada a un palo.

En un nivel diferente de estas distinciones arbitrarias están las *taxonomías tradicionales*. Estas son las formas en que los miembros de la sociedad en sí clasifican sus herramientas. Estas clasificaciones se relacionan estrechamente con las formas en que se usan las herramientas. Asociado con cada categoría de una taxonomía tradicional existe un plan de acción en conexión con los artículos clasificados conexos. Un ejemplo conocido es el término español "machete". Este designa a una categoría particular de herramientas que tienen varios usos tradicionales, como cortar caña de azúcar o limpiar caminos a través de la maleza gruesa (Bock 1969:223.)

Basado en la *función tecnológica* la forma en que una herramienta dada actúa sobre la materia o la energía, o ambas, pudieran haber cuatro tipos básicos de herramientas, aunque la mayoría de las herramientas son una combinación de varios tipos básicos. Los tipos son (1) recipientes, (2) medios de difusión,(3) seleccionados,(4) convertidores (Bock 1969).

Los *recipientes* son herramientas usadas para almacenar materia o energía a través del tiempo mientras guarda su contenido de pérdida o contaminación. Ya que ningún recipiente es perfecto, siempre hay algún deterioro del contenido a través de un período de tiempo. De modo que los diversos recipientes pueden evaluarse como más o menos apropiados para diversos propósitos. Las herramientas que funcionan ante todo como recipientes incluyen canastos, vasijas, tarros, cajas de madera, tubos de ensayo y bóvedas de banco. Cuando se evalúa un recipiente en términos de lo que puede aislar, se podría denominar un escudo.

Medios de difusión son herramientas usadas para transmitir materia o energía a través del espacio, mientras preservan sus cualidades esenciales. Cañerías, acequias de irrigación, cables de cobre y rieles de ferrocarril están entre los medios de difusión que la gente ha ideado para la transmisión de materia o energía. Cuando un medio se combina con un recipiente apropiado, el resultado es un *vehículo*, una herramienta usada para transmitir objetos almacenados, energía, o información a través del espacio con un cambio mínimo a través del tiempo. Carretillas, canoas y cápsulas espaciales son vehículos.

El arreglo de los medios de transmisión diseñados para transmitir o modificar la aplicación de poder, fuerza o movimiento se denominan *mecanismos*. Rueda, palanca y polea están entre las dos docenas o más de máquinas simples que caen en esta categoría. En general, los mecanismos se componen de varias partes (medios de transmisión) arregladas para que ellas transmitan fuerzas las unas a las otras de una manera predeterminada. Por lo tanto, una cuerda usada para tirar un objeto pesado es simplemente un medio; pero usado en conjunto con una rueda en una polea, llega a ser parte de un mecanismo.

Los *seleccionados* son herramientas usadas para distinguir entre varias entradas. Al usarse en conjunto con un medio, un seleccionador se convierte en un filtro rechazando o absorbiendo ciertas entradas y dejando pasar otras. Un filtro pudiera perder su acción selectiva de dos formas. Si rechaza toda entrada, actúa como un escudo; si deja pasar todas las entradas, es simplemente un medio. Cuando un filtro se combina con un mecanismo que altera su acción selectiva, el resultado es una *válvula*, un mecanismo que pasa diferentes tipos o cantidades de entrada a diferentes intervalos. Desde este punto de vista, un *interruptor* es simplemente una válvula con un número finito de posiciones. La válvula ideal es la que actúa como un escudo cuando se cierra y permite el libre flujo a través de su medio cuando se abre. Un seleccionador combinado con un recipiente es una *trampa*, un mecanismo que selecciona ciertas entradas y luego almacena su contenido sin pérdida o descomposición. Los filtros de aceite del automóvil son trampas familiares para nuestra cultura. Ellos permiten que el aceite pase mientras atrapa o selecciona, partículas dañinas.

Un *convertidor* es una herramienta que cambia un tipo o forma de materia, o energía, en otra. El convertidor ideal pudiera cambiar cualquier cosa en otra. Por miles de años el único convertidor de energía conocido para el hombre fue el fuego. Los convertidores más importantes usados hoy son los motores y generadores. Un motor convierte varias formas de energía en movimiento mecánico, al convertir una fuente de energía en un mecanismo. Un generador revierte esto, convirtiendo energía mecánica en energía eléctrica para transmitirla a través de un medio de transmisión o para almacenarla en contenedores.

Técnicas

Una *técnica* es una serie de ordenaciones y planes usados para alcanzar un fin dado. Si quiero ir a pescar, necesito una cuerda, un anzuelo, carnada y un medio acuoso. Sin embargo, si no tengo la habilidad para pescar, me podría sentar todo el día y no pescar nada. Una *habilidad* es la capacidad adquirida para aplicar una técnica dada eficaz y fácilmente. Tal vez una persona conozca o no una técnica; pero varía mucho la capacidad individual en el uso del conocimiento técnico que poseen.

Tipos específicos de personas deben compartir y aplicar las técnicas y habilidades necesarias para la supervivencia de una sociedad humana. Las técnicas son por lo general atributos de funciones sociales. Como tal, se espera que ellas se manifiesten en situaciones culturalmente definidas. La habilidad tecnológica de una población también establece límites en el tamaño y formas de estructura social que la sociedad puede manifestar (Bock 1969:217). El sistema tecnológico estadounidense es artificial, pues consiste en la acumulación de una riqueza de técnicas compartidas y desarrollos de habilidad fundados en el pasado.

El estudio de sistemas tecnológicos primitivos nos da una perspectiva valiosa desde la cual podemos apreciar mejor nuestras ventajas, así como nuestra deuda con el pasado. Los primitivos tuvieron que adaptarse a condiciones medioambientales difíciles y riesgosas.

Los arunta tienen una tecnología más simple que la de muchas sociedades. Ellos no tejen canastos o ropas, y no hacen cacharros. Virtualmente no llevan ropa encima, a pesar del sufrimiento ocasionado a veces por el frío. Sus viviendas son simples cobijos de arbustos. La mayoría de sus artefactos son de piedra, madera y cordaje de piel. Algunos son de hueso y cuero. Ellos modifican piedras en herramientas rústicas, las que abandonan después de usar.

Aunque la mayoría de sus herramientas son desechables, hacen algunas herramientas permanentes a través de laminado. Ellos seleccionan un pedazo de piedra ahusado ligeramente de alrededor de ocho pulgadas de largo, seis pulgadas de diámetro, y relativamente aplastado en el extremo más grande. Sosteniendo el extremo ahusado en el suelo, el técnico aplica una serie de golpes fuertes en el extremo aplastado con un pequeño pedazo de cuarzo. El primer golpe, ubicado cerca del filo, rebana dos láminas, las cuales dejan dos superficies planas que se cruzan una con la otra a lo largo de la longitud de la piedra. Golpes adicionales sacan una larga lámina con tres o cuatro superficies. Eso sirve como la parte eficaz de un cuchillo, una lanza o una pica. Se pueden hacer numerosos intentos antes que se forme una herramienta apropiada, debido a la calidad variable de los materiales en bruto. Esas hojas tienen de cuatro a cinco pulgadas de largo y pudieran tener removidas algunas astillas adicionales, dejando un borde aserrado.

Los grupos esquimales centrales, tales como los netsilik, han desarrollado varias técnicas y habilidades relacionadas con el uso de piel debido a la excedencia de pieles de animales que habitan en su ambiente y las habilidades de caza que han desarrollado (Asen Baliki 1970). Las pieles de animales se usan mucho en climas tan intensamente fríos.

La piel de caribú se usa ampliamente para abrigo debido a su poco peso, cálido abrigo y suavidad. El que la viste se mantiene abrigado y aún tiene libertad de movimiento, a pesar de las numerosas capas de vestimenta. La piel de foca es más dura que la de caribú y más resistente al agua. Se usa más frecuentemente para kayacs que para vestidura, pero sí se usa en pantalones, abrigos, algunos tipos de mitones, tiendas, máscaras y cinturones de hechicero, y recipientes para agua.

Los hombres descueran el caribú; luego las mujeres, quienes hacen el mayor trabajo con la piel, extienden los cueros en el piso para que se sequen. Cuando se desea pieles especialmente suaves, estas se guardan en el interior por una noche para abrigarlas. Este proceso también estira las pieles, suavizándolas aún más. La piel es entonces humedecida y estirada en el frío para congelarla. Finalmente, las mujeres remueven el tejido subcutáneo con un raspador afilado, y los hombres completan el proceso con un raspado enérgico. El resultado es un artículo de vestir suave y abrigado.

Los nootka, como muchos otros indios de la Colombia Británica, producen una amplia variedad de artículos de fina artesanía, sobre todo de cedro rojo (Philip Drucker 1965). Se dividen los troncos de cedro en planchas usando cuñas con diferentes grados de ahusamiento para controlar la dirección del corte. Los tablones se usan en las grandes casas que se encuentran en las villas de invierno, cerca de las desembocaduras de los ríos. Es frecuente que los postes de las casas y las vigas del techo se tallen. Ellos también tallan recipientes de madera. Una caja de almacenaje se hace de una pieza de madera única. También hacen platos, cucharas, cucharones, tazones, bandejas, cunas, urinarios, cantimploras, cajas de chucherías, máscaras, aljabas, porras de guerra, varas mágicas, silbatos y palos totémicos.

Tal vez el artículo más sobresaliente de los nootka es la canoa hecha de mitades de tronco de cedro. La corteza es perforada por pequeños fuegos; los artesanos usan musgos húmedos para controlar la propagación del fuego. Los hombres completan la cavidad con hachas. Si se desea una artesanía más dispuesta para navegar, la manga se llena de agua y se hace hervir con piedras calientes. Cuando la madera está suave se ensancha el casco al encajar crucetas en el hueco, y se deja enfriar el agua y las piedras. Luego, se pueden añadir extensiones adicionales de proa y de popa para aumentar su cualidad para navegar. La juntura se hace con tal habilidad que es difícil de detectar. La cavidad se lija con piel de tollo o juncos en desuso.

La corteza de cedro tiene diversidad de usos. Las mujeres llevan delantales de fragmentos de corteza de cedro unidos en el extremo superior por varias hiladas de tejido trenzado. La parte superior del cuerpo se cubre con una capa, y a menudo un manto de cedro. Los hombres visten mantos de corteza de cedro amarillo y sombreros de corteza roja cuando llueve. A los niños recién nacidos se les seca con fragmentos de corteza de cedro, se forran con estos las cunas, y también se usan para achatarles la cabeza. El cuerpo de un nootka fallecido se envuelve en una esterilla vieja de corteza de cedro para su entierro.

Los pocomchíes de Guatemala utilizan el telar sujeto a la espalda. La urdimbre — las hebras base estiradas en forma paralela una a la otra en el marco del telar — se empapa en agua usada para hacer tortillas, el sustituto de pan de los pocomchíes. Estas hebras se estiran sobre el telar y dividen en dos series de hebras alternadas. Estas se suben y bajan, una con relación a la otra, para permitir la inserción de hebras entre ellas con un movimiento. Una vara, llamada urdidera, se sujeta por hilos cortos a cada urdimbre. Eso permite levantar una serie de hebras para que una lanzadera, un pequeño instrumento que contiene una hebra en una bobina, pueda pasar fácilmente entre las dos series de urdimbre de la misma forma. Al invertir la posición de las urdimbres asegura las hebras tejidas en su lugar y permite pasar la lanzadera en la dirección opuesta. Después que se ha insertado una hebra, se puede apretar fuertemente contra la previa mediante un listón o una vara a través del ancho del telar.

Si el diseño es complejo, pudiera haber varias lanzaderas, una para cada color de hebra. Con un cinturón, el cuerpo del tejedor controla la tensión. El telar está por tanto ubicado entre dos varas, la de arriba sujeta a algún objeto fijo y la baja a una correa o cinturón sujeto alrededor del cuerpo del tejedor. Los movimientos hacia adelante y hacia atrás controlan el telar.

Influencias sociales

Es probable que no haya aspecto de la vida económica que no reciba la influencia en alguna forma de los aspectos sociales, políticos y religiosos de la vida. Los siguientes son algunos ejemplos de estos.

1. Producción por causa del honor social: potlatch.
2. Bienestar económico por ventaja política: Filipinas.

3. Producción asalariada por causa de las búsquedas sociales y religiosas: los Estados Unidos.

4. Bienestar económico para la prolongación de la familia y su lugar en la sociedad: América Latina.

5. Producción económica para mantener una posición entre las naciones: Naciones Occidentales y Rusia; y para ganar una posición: las naciones subdesarrolladas tales como Zaire, y las naciones menos desarrolladas tecnológicamente tales como India y China.

6. Comercio económico para traer gente a festividades: Australia.

Hay injerencia constante de otros aspectos de la vida en la vida económica. Entre los quiché, parientes de los mayas en Guatemala, el complejo industrial incipiente lucha constantemente contra la invasión de lo antiguo y sus prácticas. El ciclo de festividades requiere tantos feriados religiosos que con frecuencia la industria se detiene. En la región pocomchí, parientes de los mayas, las artesanías e industrias, además de la agricultura, compiten constantemente por el tiempo de sus empleados. Un obrero trabaja sólo el tiempo suficiente, en un trabajo dado, para satisfacer sus necesidades básicas. Luego se retira a su granja. Él asocia su bienestar con la tierra; nunca quiere estar lejos de ella o impedido de verla producir.

Las cosmovisiones también influyen en la práctica de la vida económica. Los latinoamericanos consideran la tierra como la fuente de productos que pueden venderse para producir ingresos. Los mayas de América Central ven la tierra como una fuente de producción. Es mucho más importante para ellos que la tierra produzca que la utilidad que hagan de los ingresos económicos del producto. Por lo tanto, el indio es un poco "esclavo", no del jefe, sino de la tierra. La primera preocupación al mudarse es "¿Cómo se cuidará la tierra que estoy dejando?"

Para comprender la estructura económica como parte del estilo de vida total del pueblo indio maya, se deben considerar los siguientes principios:

1. *Cosecha de cultivo múltiple.* En realidad hay suficiente alimento en la región maya debido a las altitudes variables y los climas correspondientes, lo que permite una cosecha de cultivo múltiple. Sin embargo, debido a que el maíz y los frijoles son los principales productos básicos, una escasez de estos pudiera resultar en "hambruna".

2. *Capitalismo de centavo.* El centavo es la pieza monetaria principal usada en el comercio. La economía india funciona sobre la base del centavo. Los indios siempre tienen un centavo para una compra, pero rara vez un dólar. Su perspectiva se expande y contrae basándose en lo que comprará con un centavo. Hay un énfasis mínimo en compras de lujo. Es suficiente con satisfacer las necesidades básicas.

3. *Mercado rural*. El sistema de mercado regula el movimiento de personas dentro de la zona del grupo étnico. El horario de mercado domina la agenda de las personas. Es la actividad más importante de los indios; por lo que todas las otras actividades deben esperar hasta que la rutina de mercado se cumpla. Esta es en primer lugar una actividad social. Los indios en su camino al mercado se niegan a vender algunos de, o todos, sus productos hasta que llegan al mercado. De otra manera, no tendrían "razón" de ir.

4. *Festividad y la iglesia*. El calendario festivo estimula a la gente a gastar. La principal festividad del pueblo es el momento de mayor gasto del año, semejante a la Navidad en los Estados Unidos. La festividad hace legítimo el gasto, que incluye la compra de ciertas comidas y ropas nuevas, además de comprometerse en ciertas actividades pertinentes tales como beber y bailar.

5. *Cooperación en el trabajo*. Pocos servicios requieren remuneración monetaria. La mayor parte del trabajo se hace basándose en la cooperación. La cooperación principal viene de la familia; luego, la cooperación secundaria procede de agrupaciones de amigos llamadas *cofradías* o hermandades; por último, una tercera cooperación viene a nivel de la comunidad, supervisada por personas de origen hispano que hablan ese idioma.

6. *Especialización*. El indio es ante todo un granjero. Algunos, sin embargo, entran en diferentes tipos de trabajo y especialización; por lo habitual cortando sus lazos tanto con la comunidad india como con la tierra. Ellos pudieran convertirse en vendedores, transportando productos comprados en mercados locales a mercados de la zona.

7. *La relación entre patrón y cliente*. Esta es la clave de la producción económica en América Latina. Los hispanos se inclinan por el usufructo de los productos de la tierra; los indios se inclinan por la tierra. Por lo tanto, ambos grupos quieren verla producir. Esto crea una relación equilibrada para el bien de la economía, aunque a veces el indio llega a ser una minoría oprimida.

Tecnología, economía y misiones

Como hemos intentado demostrar, la tecnología y el sistema económico de una sociedad son una parte integral de la cultura. Hay al menos tres razones del por qué una comprensión de los sistemas tecnológicos y económicos de una sociedad es importante para una persona que ministra en esa sociedad.

En primer lugar, una comprensión de la tecnología y el sistema económico de una sociedad nos ayuda a entender mejor la sociedad y su gente.

Una persona no podría entender cabalmente nuestra sociedad, o las vidas de nuestro pueblo, sin una comprensión de cosas tales como salarios por hora, salarios, cuentas bancarias, tarjetas de crédito, impuesto a la renta, e hipotecas. Un conocimiento elemental de nuestro sistema bancario y financiero es esencial para sobrevivir en nuestra sociedad. Así también necesitamos aprender los sistemas tecnológicos y económicos que funcionan en la sociedad a la que esperamos servir.

En segundo lugar, una comprensión de la tecnología y el sistema económico de una sociedad nos ayuda a presentar el evangelio en formas relevantes a los receptores. En su enseñanza, Jesús se apoyó fuertemente en la tecnología y el sistema económico para sus ilustraciones. Él habló de agricultura y negocios en la parábola de los obreros de la viña (Mateo 20:1-16). Se refirió al sistema de impuestos, inversiones, pastoreo e incluso construcción de casas (Lucas 20:20-25; 19:11-27; 15:4-7; 6:47-49).

En tercer lugar, una comprensión de la tecnología y el sistema económico de una sociedad puede ayudar en la fundación de iglesias. ¿Dónde construirá usted una iglesia? ¿Cómo? ¿Con qué materiales? ¿De qué diseño? ¿Cómo se determinará el diezmo en una economía de trueque? ¿Qué hará en una sociedad donde el domingo es día de mercado? Estas y muchas otras situaciones enfrenta el misionero al entrar en otra cultura. Una comprensión de la tecnología y el sistema económico de esa sociedad será un real acierto.

Nosotros tendemos a pensar que los aspectos económicos y tecnológicos de una sociedad son seculares, pero debemos recordar que Dios creó la vegetación y la vida animal e instruyó al primer hombre para utilizar estas cosas (Génesis 2 y 3). Dios también lo instruyó para usar la tierra, no para abusar de ella. El cristiano tiene la responsabilidad de comprender la tecnología y los sistemas económicos para ministrar con mayor eficiencia.

Preguntas para debate

1. ¿Cuáles son las cuatro características acerca de los seres humanos que les permite desarrollar una tecnología compleja? ¿Cómo interactuan estas cuatro características?
2. ¿Puede una persona creer en la evolución de la tecnología cultural sin creer en la evolución de los seres humanos? Explique.
3. ¿Cuál es la relación entre tecnología, economía y cultura?
4. ¿Cuánta tecnología occidental debiera introducir un misionero cuando ministra entre un pueblo con una cultura primitiva? ¿Por qué?

Lecturas sugeridas

Bohannan, P., Bohannan, L. 1968. *Tiv Economy* [Economía tiv]. Una monografía sobre antropología económica basada en una sociedad tribal en África.

Chayanovk, A. V. 1966. *The Theory of Peasant Economy* [La teoría de economía campesina]. Esta obra trata de economías campesinas. Es recomendable para quienes planean trabajar en sociedades campesinas, o los que tienen un interés erudito en ese campo.

Dalton, G. 1967. *Tribal and Peasant Economies* [Economías tribales y campesinas]. Una colección de lecturas. Tiene una buena sección introductoria seguida por lecturas interesadas en esferas culturales mayores.

Forde, C. D. 1963. *Habitat, Economy, and Society* [Hábitat, economía y sociedad]. Una buena introducción fundamental a las diversas formas de sistemas económicos.

Hill, P. 1970. *Studies in Rural Capitalism in West África* [Estudios en capitalismo rural en África Occidental]. Estudio de un tipo de sistema económico encontrado entre varias sociedades rurales en África.

Malinowski, B. 1961. *Argonauts of the Western Pacific* [Argonautas del Pacífico Occidental]. En esta obra clásica, Malinowski describe el Anillo del Kula, un modelo de comercio entre aldeas de los nativos de las Islas Trobriand.

Sahlins, M. D. 1960. *Political Power and the Economy in Primitive Society* [El poder político y la economía en una sociedad primitiva]; 1972. *Stone-Age Economics* [Economías de la Edad de Piedra]. Una obra en dos volúmenes que trata de los sistemas económicos de sociedades menos desarrolladas.

Tax, S. 1953. *Penny Capitalism* [Capitalismo de centavo]. Una monografía sobre una economía india guatemalteca.

7

Función, condición social
y estratificación

Un hombre y su hijo sufrieron un serio accidente cuando
salieron a pasear en automóvil. El padre resultó muerto y el hijo
severamente herido. El niño fue llevado al hospital más cercano
y rápidamente a la sala de operaciones. Cuando el cirujano
entró a la sala y vio al niño, el cirujano exclamó: "¡No puedo
operar. ¡Éste es mi hijo!"

¡Espere un minuto! Pensé que el padre del niño estaba en el
auto con él y murió. El cirujano era la madre del niño.

En los Estados Unidos, cuando se habla de cirujano se piensa
de inmediato en un hombre. La del cirujano es por lo general
una función masculina en nuestra cultura. Sin embargo, en
Europa muchas mujeres son médicos y dentistas.

En realidad toda persona desempeña muchas funciones en una sociedad. En la anécdota introductoria la mujer cumplía tres funciones: cirujano,
madre y esposa. Las funciones que las personas desempeñan están asociadas con el sexo, la edad, la educación y muchos otros factores. Las funciones
están también asociadas con la *condición social*.

Una *condición social* es una posición o lugar en un sistema social y sus
correspondientes derechos y deberes. La condición social define un marco
en un sistema social con relación a otros marcos o condiciones sociales.
Frecuentemente una condición social tiene un valor asociado con ella. En

la sociedad estadounidense, por ejemplo, un abogado tiene una condición social más alta que la de un empleado de limpieza.

Habitualmente la condición social es pública, es decir, hay símbolos que expresan esa condición. Esos símbolos incluyen títulos y objetos que indican la condición social. Probablemente una de las ilustraciones más claras de títulos y objetos que indican la condición social es el ejército. Los militares tienen títulos tales como soldado, sargento, capitán y general. Además de esos títulos, hay insignias que indican el rango o jerarquía del militar.

Aunque los símbolos de jerarquía de los militares son muy obvios y claros, los símbolos de condición social en otras esferas de la sociedad son comprensibles para el iniciado culturalmente. En la sociedad estadounidense, una alianza de oro en el cuarto dedo de la mano izquierda de una persona, indica su estado civil. A un ministro se le llama "reverendo" y pudiera usar un cuello clerical. A un juez se le llama "su señoría" y viste una toga. En muchas ocupaciones la jerarquía está indicada por uniformes únicos, tales como los de policía, bombero, enfermera, piloto y otros. El uniforme juega una función importante cuando se requiere la inmediata identificación de la jerarquía de una persona, por ejemplo en el caso de un policía.

Sin embargo, la sociedad estadounidense no es la única sociedad que utiliza símbolos de condición social. Entre los sudaneses de África Occidental, el cabello está dividido en patrones de diamantes y cuadrados indicando la afiliación social de una persona. Entre los pueblos indígenas de Nueva Guinea, solamente los líderes políticos llevan sombreros. Se les llama "hombres de sombrero". El cicatrizarse el rostro es un símbolo de condición social entre los bantúes de Zaire. No se considera varón a un hombre hasta que su rostro haya sido marcado con una cicatriz. Los grupos por edad se diferencian entre los tiv por diseños de cicatrices faciales. Entre los asari de las altiplanicies occidentales de Nueva Guinea, la condición social del esposo puede determinarse por el collar que luce su esposa.

Es importante para una persona que trabaja en otra cultura estar consciente de los símbolos de condición social de esa sociedad. Los símbolos la guiarán para conocer la posición que varios individuos tienen en la sociedad donde viven.

La *función* es la conducta, las actitudes y los valores asociados con una condición social determinada. Cada condición social tiene una función, pero no es lo mismo. La función es una cianotipia de la conducta asociada con una condición social. La conducta de la función es normalmente previsible y los demás la prevén. Un profesor prevé que los estudiantes vendrán, a una hora determinada, a una sala determinada. Los estudiantes prevén que un profesor vendrá a la sala a esa hora y conducirá la clase. Cuando profesores y estudiantes se comportan como se prevé, la clase puede llevarse a cabo. Cuando vamos a un médico, prevemos que él tratará nuestra enfermedad. Cuando vamos al peluquero, prevemos que él nos hará un corte de pelo. Ninguna sociedad podría funcionar si la conducta de sus miembros no fuese previsible, al menos en alguna medida.

Sin duda, "el funcionamiento de las sociedades depende de la presencia de patrones de conducta recíproca entre los individuos" (Linton 1936:113). Para desempeñarse adecuadamente en una nueva cultura las personas necesitan conocer, no solamente los símbolos de una condición social sino también el patrón de conducta o función que la acompaña.

Por ejemplo, una enfermera misionera instruida en los Estados Unidos ha aprendido su función con relación al médico y a los pacientes. También la enfermera ha aprendido que la función de una enfermera tiene ciertas limitaciones médicas. Cuando ella comienza a trabajar en otra cultura encuentra que las expectativas de la función son muy diferentes. Se pudiera esperar que la enfermera desempeñase prácticas que no serían permitidas en los Estados Unidos. También la enfermera pudiera encontrar que debe relacionarse con los médicos de formas más, o menos, formales.

El sociólogo Robert K. Merton (1957) ha propuesto el concepto de serie de funciones. Por serie de funciones Merton quiere decir un conjunto de funciones que se acumulan en una condición social determinada. Por ejemplo, un médico tiene una función, o un patrón de conducta, con pacientes, otro con enfermeras, y aún otro con otros médicos. Cada una de estas relaciones requiere una conducta diferente.

Las condiciones sociales y las funciones son los principales componentes de la estructura social. Si imaginamos la sociedad como una red de relaciones, entonces las condiciones sociales son los puntos de conexión y las funciones son los conectadores. Es mediante la conducta recíproca o las funciones que una condición social se relaciona con otra. Un comprador espera que un vendedor le ofrezca un artículo y el vendedor espera que el comprador le pague.

Una condición social y la función que la acompaña existen independiente del individuo que las posee. Es decir, la relación médico y paciente es más o menos la misma, sin tener en cuenta quién es el doctor y quién el paciente.

Como ilustración de este concepto considere las instrucciones dadas a los soldados principiantes respecto a cómo saludar a los oficiales: "Usted está saludando el uniforme (condición social) y no al hombre (individuo)." Uno de los derechos de un oficial (condición social) es ser saludado (deber) por los hombres alistados (condición social). Eso no significa que las condiciones sociales existan independiente de los individuos, sino que una condición tiene sus derechos, sus deberes y su función sin tener en cuenta al individuo que cumple esa condición.

Tipos de condición social

Los antropólogos distinguen entre dos tipos de condición social: atribuida y lograda (Linton 1936).

Condición social atribuida

Una *condición social atribuida* es una que la sociedad asigna a un individuo normalmente sobre la base de características de nacimiento tales como sexo, edad, raza o grupo étnico y clase social. Un individuo por lo general nace con, o hereda, su condición social atribuida y tiene poca o ninguna posibilidad de cambiarla. Sin embargo, la condición social atribuida pudiera facilitar la enculturación para posiciones en la división del trabajo.

Algunas condiciones sociales atribuidas se basan en el sexo. Todas las sociedades dividen las funciones masculinas y femeninas. Aunque la biología limita ciertas funciones a las mujeres, tales como el dar a luz y amamantar bebés, y otros a los hombres, tales como engendrar hijos, es la sociedad la que asigna la mayoría de las funciones a un sexo o al otro. Lo que pudiera ser una función masculina en una sociedad pudiera ser una función femenina en otra.

El tejido de frazadas es una función masculina en la sociedad hopi, pero en una sociedad navaja es una función femenina. Aunque cazar y pescar son predominantemente funciones masculinas en casi todas las sociedades, la tarea agrícola es una función femenina en casi el mismo número de sociedades como las en que es una función masculina. En algunas sociedades la agricultura la practican ambos sexos. La presidencia de los Estados Unidos es tradicionalmente una función masculina. En algunas iglesias sólo un varón puede llegar a ser ministro ordenado.

En muchas sociedades los puestos políticos son atribuidos, y un descendiente específico de la persona presente en el puesto tiene derechos exclusivos a la sucesión. En Inglaterra, el hijo mayor del monarca reinante, llamado príncipe heredero, tiene el derecho exclusivo de sucesión al trono de Inglaterra. La monarquía de Inglaterra se hereda (atribuye), no se gana o se consigue.

La edad es atribuida porque se basa en la fecha de nacimiento. Algunas condiciones sociales se atribuyen basándose en la edad. Entre los nuer de África, la edad es un factor importante de condición social. En esa sociedad cada individuo está clasificado o estratificado en términos de un sistema establecido por la edad. Todo varón es más joven que, igual a, o más anciano que los demás varones en la sociedad. Una conducta o función de un varón hacia otro se basa en su relación de edad, o relación de condición social, con él. Él actúa como superior hacia un varón más joven, se comporta informal con un varón de igual edad, y muestra deferencia hacia un varón más anciano. Las mujeres están también conectadas en el sistema por edad, pero se basa en su relación con un varón. Una mujer es la hija, la esposa, o la madre de alguien.

El orden de nacimiento, como la edad, es atribuido. En algunas sociedades el orden de nacimiento determina derechos de heredad. La *primogenitura* indica un sistema de heredad en el que la riqueza y la posición familiar pasan al hijo primogénito. Los hebreos del Antiguo Testamento practicaban la primogenitura. El hijo mayor heredaba el derecho de nacimiento, una doble porción, y una bendición especial. La primogenitura se practica hoy entre muchas sociedades primitivas y tradicionales.

Además de la edad y del sexo, también la clase social determina la condición social. Un sistema de clase social que no permite movilidad vertical se llama *sistema de casta*. Una persona nacida en una sociedad de casta se encuentra a sí misma atribuida a una condición social por razón de nacimiento. La India es un típico ejemplo de una sociedad de casta. La sociedad hindú tiene cuatro castas, de mayor a menor: Brahmanes, Kshatriya, Vaishyas y Sudras. Los que no pertenecen a una de estas castas son considerados "descastados". Cada una de las cuatro castas está compuesta por muchas subcastas llamada *jati*. El nacimiento de un hindú determina su lugar en el sistema social y es inalterable a lo largo de la vida de esa persona.

Raza y grupos étnicos son también determinantes de condición social. En los Estados Unidos muchos negros tienen una posición social inferior que se refleja en su condición ocupacional y económica. Aunque la constitución y las leyes estadounidenses garantizan igualdad racial, los Estados Unidos no ha alcanzado tal igualdad. Tanto en Canadá como en México los nativos americanos son discriminados y se les da una condición social más baja. La segregación racial creó en Sudáfrica un sistema de casta racial.

El racismo es un pecado y debe verse como tal por todos los cristianos.[1] Esto es especialmente importante para quienes planean ministrar en otra cultura. La Biblia enseña que todas las personas son parte de la creación de Dios y tienen un origen común (Génesis 1:27-28). La Biblia también enseña que Dios no hace acepción de personas y acepta a todos los pueblos

---

1 El racismo es la presunción de la superioridad racial de una persona, y la arrogancia y patrones de conducta que acompañan esa presunción.

de igual forma (Hechos 10:34; Santiago 2:8-10). Una de las contribuciones reales de la antropología ha sido la demostración que muchas diferencias en la conducta humana son culturales no biológicas. Una persona que desea ministrar verdaderamente a otra, debe estar dispuesto a aceptar al otro como igual.

Condición social lograda

Mientras la condición social atribuida se le asigna a una persona, la condición social lograda se obtiene mediante elección y logro. En la sociedad estadounidense muchas condiciones sociales son logradas. Los puestos políticos se logran a través de una elección antes que atribuirse por nacimiento, como ocurre entre los mossi de África. Las ocupaciones se logran a través de la educación, instrucción, habilidad y elección antes que por atribución como ocurre en la sociedad de casta hindú tradicional.

Algunas condiciones sociales son tanto atribuidas como logradas. Sólo una mujer (atribución) puede llegar a ser madre, pero no toda mujer llega a ser madre (logro). De la misma manera sólo un hombre (atribución) puede llegar a ser un esposo, pero no todos los hombres son esposos (logro). En el Estado de Illinois solamente las personas mayores de dieciséis años de edad (atribución) pueden llegar a obtener licencia para conducir, pero no todas las personas de más de dieciséis años tienen licencia para conducir (logro). Aunque condiciones sociales como las mencionadas anteriormente pueden considerarse tanto atribuidas como logradas, para propósitos prácticos se consideran condiciones sociales logradas.

Condición social vertical

Aunque una condición social es un lugar o posición en una red social, ese lugar o posición comúnmente tiene asociado un rango o valor. Al orden jerárquico de condición social se le llama *condición social vertical*. Esta puede apreciarse en la sociedad de casta hindú y el sistema de rango militar, así como en nuestra propia sociedad en general. Nosotros vemos una diferencia vertical entre un empleado de limpieza y un abogado.

En sociedades donde hay movilidad vertical, es decir, donde los individuos pueden subir y bajar la jerarquía de condición social, la gente habitualmente procura subir. La cultura provee los medios y modos de movilidad ascendente.

Hay tres vías principales de movilidad ascendente en la sociedad hispana tradicional. La primera vía es el matrimonio. En la sociedad hispana la condición social la transmiten las familias extendidas y los individuos. Si una persona puede casarse con alguien de una familia de mayor condición social, ella tiene la posibilidad de ascender en condición social al nivel de la familia. La segunda vía es la educación. Una persona educada tiene una mayor oportunidad de alcanzar un trabajo de mayor jerarquía y moverse a círculos de condición social más altos que el de una persona no educada. La riqueza es la tercera vía de movilidad ascendente. Sin embargo, la riqueza sin un nombre conocido y educación es la vía menos deseable de ascender porque es más difícil que una persona, con riqueza solamente, sea aceptada por las familias de condición social más elevada.

Al movimiento ascendente o descendente en la jerarquía de condición social se le llama *movilidad social*. En un sistema de castas, hay muy poca movilidad, ya sea vertical u horizontal. En una sociedad como la de Estados Unidos hay mayor oportunidad para movilidad social, como los siguientes casos de movilidad ascendente ilustran:

En 1976 James Kong y su esposa llegaron a América desde Corea. Cada uno de ellos se empleó en dos trabajos, ahorrando cada centavo posible. Con el tiempo ellos compraron la pequeña sastrería donde la señora Kong había trabajado como costurera.

Los Kong son ahora los dueños de cinco lavanderías de limpiado en seco y una planta de venta al por mayor. Su negocio recauda por sobre el millón de dólares al año.

En 1962, Joe Nkash llegó a Nueva York procedente de Israel a la edad de diecinueve años. Tenía sólo unos veinticinco dólares. Pasó sus primeras noches en Nueva York durmiendo en estaciones del ferrocarril metropolitano. Comenzó a hacer tareas domésticas en el barrio de tiendas de ropa.

Él llegó a fundar las empresas Jordache. Su salario anual supera el millón de dólares al año. (*U.S. News and World Report*, Abril 12, 1982:50)

Una persona también puede descender en la jerarquía de condición social. He aquí un ejemplo:

Durante veinte años el señor Weaver trabajó como conductor de camiones y mecánico en Oklahoma. En 1982 fue despedido de su trabajo, que le había pagado dieciséis mil dólares al año. Menos de un año después sus beneficios de desempleo se agotaron. Cuando no pudo hacer los pagos de la hipoteca, perdió su casa. Él y su esposa embarazada vivieron en su auto durante cuatro meses. Se mudaron a una casa rodante sin servicio sanitario precisamente antes del nacimiento de su hijo. (*The Wall Street Journal*, Marzo 7, 1983:1)

Condición social horizontal

La condición social horizontal se refiere a la jerarquía al mismo nivel o del mismo rango. La movilidad horizontal es por lo general más fácil de lograr que la movilidad vertical. Es más fácil para el operador de una máquina cambiar de compañías que ascender a la posición de supervisor. Mucha de la movilidad en la sociedad estadounidense es horizontal antes que vertical. Cuando un ministro cambia de iglesia, es habitualmente un movimiento horizontal.

Conflictos de función

Se ha definido la función como la conducta que acompaña a una condición social. Cuando hay conflicto entre las funciones, se le llama *conflicto de función*. Un conflicto de función pudiera derivarse de dificultades dentro de una función, como las expectativas de otros para un pastor, por ejemplo, como la siguiente descripción humorística ilustra:

El es joven, aunque tiene muchos años de experiencia. Tiene sentido del humor, aún siendo serio. Visita regularmente a los miembros de la iglesia, aunque está siempre en la oficina. Disfruta trabajando con los jóvenes y nunca descuida a los miembros más ancianos. Se viste a la moda, aunque es modesto en apariencia. Predica contra el pecado, pero nunca ofende a nadie. Sus sermones son profundos, aunque entretenidos. Enfoca los temas en profundidad en sus mensajes, pero nunca predica más de veinte minutos. (Fuente desconocida.)

Además de los conflictos dentro de una función, pudiera también haber conflictos entre algunas de las funciones que una persona pudiera tener. Un hombre pudiera ser esposo, padre, hijo, profesor, amigo, y tener muchos otras condiciones sociales al mismo tiempo. Muchas veces el cambio de condición social de una persona provoca que la función de la nueva condición entre en conflicto con la función de una de sus antiguas condiciones. Por ejemplo, dos hombres pudieran ser amigos y colegas. Si uno es ascendido al cargo de capataz, su función como capataz pudiera entrar en conflicto con su función como amigo cuando tenga que supervisar a su antiguo colega.

El conflicto de función también puede resultar de un cambio de estructura social. Un ejemplo de este tipo de conflicto se puede encontrar entre los soga de Uganda, África. Los soga son un pueblo patrilineal, es decir, la herencia se transmite sólo a través de la línea del padre, que incluye herencia de posiciones políticas. Al linaje del que vinieron los gobernantes se le consideraba linaje real y a los demás se les consideraba linajes plebeyos.

Cuando los británicos colonizaron Uganda, al principio trabajaron mediante el sistema político existente. Sin embargo, con el paso del tiempo, cuando los británicos comenzaron a consolidar sus posiciones, comenzaron a desarrollar su propia organización administrativa. Cuando necesitaron un administrador, escogieron la persona que pensaron estaba mejor calificada, independiente de su linaje. Cuando se le asignó a una persona de linaje plebeyo una posición administrativa, se enfrentó a un conflicto de función entre su nueva condición social en la administración y su condición plebeya. Eso también creó conflicto de función para el resto de las personas que estaban acostumbradas a ser dirigidas sólo por miembros de linajes reales.

Este ejemplo ilustra los problemas que pudieran producirse cuando un extranjero interfiere en una estructura social existente sin entender primero la estructura. Cuando los británicos pensaron tener un sistema más eficiente, este fue realmente menos eficiente y creó nuevos problemas. En la mayoría de los casos, la mejor forma de trabajar en otra sociedad es trabajar con el sistema no contra él.

Dos formas de resolver conflictos de función son (1) cambiar una o más de las condiciones sociales con las cuales las funciones entran en conflicto y (2) cambiar la conducta de la función que va con una o más de las condiciones sociales. En la ilustración de los dos amigos y colegas, cuando uno fue ascendido a capataz sobre el otro, el conflicto de función resultante de la ascensión pudo haber sido manejado en cualquiera de las dos formas. El capataz pudiera haber terminado su amistad con su antiguo colega y comenzar nuevas amistades entre sus compañeros capataces, o pudiera haber cambiado algunos aspectos de su función como capataz y de su función como amigo para hacerlos más compatibles.

Tres procesos adicionales para resolver el conflicto de función son *la racionalización, la compartimentación y la adjudicación* (Horton Hunt 1972). Los dos primeros son procesos subconscientes. Si ellos llegan a ser conscientes, dejarán de funcionar. Es el hecho de que son subconscientes lo que los hace funcionales.

Racionalización es un mecanismo de defensa psicológico en el cual un individuo reorienta una situación difícil en una que es aceptable. El estudiante rechazado por una cierta escuela de graduados racionaliza diciéndose que la escuela realmente no tiene nada que ofrecerle. La gente racionaliza el racismo al ver los miembros de otras razas como menos que humanos o genéticamente inferiores.

Compartimentación es el mecanismo de disociar entre sí las funciones que se tienen, y aceptar las obligaciones y responsabilidades de cada función separadamente. Así es como el jefe de una mafia puede en su oficina ordenar fríamente el asesinato de una persona, y ser un esposo y padre dulce, compasivo y afectuoso en su hogar. Es así también cómo un hombre de negocios cristiano puede cantar en el coro el domingo y participar en prácticas dudosas de negocios el lunes.

Mientras que la racionalización y la compartimentación son procesos subconscientes, la *adjudicación* es un proceso consciente que comprende el delegar a una tercera parte las decisiones que pudieran conducir a un conflicto de función. Esto alivia al individuo de responsabilidad y culpa. Si un hombre de negocios cristiano no ha logrado coordinar su función como cristiano con su función como hombre de negocios, pudiera dejar que su compañero, su superior, o su subordinado lleve a cabo el trato de negocios sospechoso.

El cristiano: condición social y función

Cuando una persona llega a ser cristiana ella adquiere una nueva condición social, con sus derechos y obligaciones, y una función o conducta esperada. El cristianismo es una condición social lograda antes que una atribuida. Es decir, un individuo no nace como cristiano. El tener padres cristianos no hace a nadie cristiano. Una persona escoge ser un cristiano y logra esa condición social por un acto de fe en Jesucristo.

La condición de cristiano es también vertical. En la India la mayoría de los cristianos convertidos vienen de las castas bajas y descastados. El cristianismo tiene una condición social relativamente baja en la India. Sin embargo, en Japón muchos convertidos han venido de la clase alta y de entre los más educados. En Japón, el cristianismo tiene una condición social relativamente alta.

El cristianismo como condición social tiene también una función. Aunque la función de un cristiano tiene similitudes a través de las culturas, también tiene diferencias. Por ejemplo, muchos cristianos del norte de los Estados Unidos ven el uso del tabaco como una conducta no cristiana. Para algunos cristianos del sur de los Estados Unidos, esto no es un asunto importante. En los Estados Unidos, la mayoría de los cristianos conservadores consideran no cristiano el ingerir bebidas alcohólicas. Sin embargo, en Europa, el uso de bebidas alcohólicas no es por lo general un problema entre cristianos evangélicos, al menos entre los que no tienen la influencia de misioneros estadounidenses.

En todas las culturas los cristianos encuentran a menudo que su condición cristiana los lleva a un conflicto de función con alguna de sus demás condiciones sociales. Pueden superarse esos conflictos al cambiar algunas condiciones o al modificar la conducta de la función.

Estratificación

En casi todos los sistemas sociales, las condiciones están distribuidas en una escala vertical. La *estratificación* se refiere a esa jerarquía de condición social. La estratificación es una jerarquía de desigualdad. Esa diferenciación pudiera basarse en descendencia, riqueza, habilidad, apariencia física, raza, y muchos otros atributos o combinación de atributos.

Una *clase social* está compuesta de las personas en la escala social que se ven a sí mismas como iguales, y son vistas como iguales por otros en la escala. Esa igualdad es por lo general relativa y no absoluta. La clase social puede basarse en cualquier factor, o combinación de factores, que una sociedad ve como determinantes de clase social. En la sociedad americana, la clase social se basa en varios factores. Tres de los principales factores son riqueza, poder y prestigio, los cuales están interrelacionados. Cada uno tiende a reforzar los otros.

El ejercicio de estratificación y clase social puede ilustrarse por la comunidad agrícola de Alcalá de la Sierra en las montañas del sur de España. Hay alrededor de cuatrocientas familias en Alcalá. En esta comunidad, las parcelas agrícolas varían en tamaño, desde un par de acres a miles de acres. La clase social se basa en primer lugar en la posesión de tierra. Alrededor de veinte familias poseen dos tercios de la tierra agrícola en Alcalá. Gran parte de la tierra es labrada por inquilinos.

La clase más baja en Alcalá es la de los mendigos sin propiedad. Justo por sobre ellos están los que hacen tareas domésticas y jornaleros, y luego están los inquilinos. Aunque esos granjeros no poseen la tierra, ellos pueden trabajarla como propia dando un porcentaje de la cosecha al dueño. Por sobre los inquilinos están los dueños de propiedades pequeñas.

La clase media de Alcalá está constituida por agricultores, que poseen tierra de tamaño moderado, y por dueños de tiendas, funcionarios gubernamentales y profesionales, tales como profesores. La clase alta está compuesta de los que poseen grandes extensiones de tierras. La tierra es tan importante para el reconocimiento de la condición social y clase social en Alcalá que quienes han hecho su riqueza en manufactura, o alguna otra empresa, usan el dinero para comprar tierra.

Las clases baja y media de Alcalá están casi completamente encerradas en sus posiciones. La clase media guarda su posición contra la clase baja, mientras la clase alta guarda su posición contra la clase media. Los miembros de la clase alta cosechan ingresos de sus extensas posesiones de tierra, permitiéndoles comprar aún más tierra. Son también los únicos que pueden costear el envío de sus niños a la escuela. Además, tienen los principales puestos políticos. Ellos no permiten que sus hijos se casen con miembros de otra clase. A los miembros masculinos y femeninos de la clase alta se les llama *Don* y *Doña,* términos de respeto reservados para superiores.

El sistema de estratificación de diferentes sociedades varía desde una sociedad sin clases, tal como la de los indios pocomchíes de Guatemala, a una sociedad donde cada familia extendida es un estrato separado, tal como en sociedades latinoamericanas tradicionales (véase Ilustración 7-1).

Los indios pocomchí se ven entre sí como iguales y miembros de la misma clase. Nadie se ve como de mayor o menor condición social que otro, o como más rico o más pobre que otro. No se ven a sí mismos como poseyendo diversos grados de influencia. Algunas personas tienen casas más grandes y algunos más pequeñas; algunos cultivan más tierra, algunos menos. Sin embargo, esto no llega a ser la base para distinciones sociales y no está asociado con autoridad o privilegio. A los pocomchíes pueden considerárseles una sociedad sin clases. Los intentos por algunos investigadores de obtener una clasificación de los miembros de esta sociedad ha fracasado. Pueden ver las diferencias de clases entre los hispanos en la sociedad mayor, pero no ven distinciones entre ellos.

La sociedad estadounidense es básicamente una sociedad de tres clases: baja, media y alta, con cada clase dividida en dos subclases, alta y baja.[1] Aunque se presenta a la sociedad estadounidense como una sociedad de condición social lograda y de movilidad social vertical, en realidad es esencialmente una sociedad de clase atribuida y horizontalmente móvil. "La mayoría de la gente muere como miembros de la misma clase en la que nacieron" (Hammond 1971:209). Aunque la mayoría de los jóvenes estadounidenses pueden entrar y entran en una ocupación diferente de la de sus padres, es normalmente dentro de la misma clase social. El sistema de estratificación estadounidense tiende a ser dominado por la economía.

La sociedad en la India está compuesta de cuatro castas y un quinto grupo llamado descastados. La clase en la India es atribuida. Una persona permanece de por vida como miembro de la clase en que nació. No hay movilidad vertical y muy poca movilidad horizontal. El sistema de casta, o estratificación, hindú se basa en el prestigio o la casta antes que en la economía. Muchos hombres de negocio de castas bajas son mucho más ricos que algunos individuos de casta alta, pero todavía están más bajo que ellos en el sistema de estratificación.

---

1 La clase media, sin embargo, está dividida en alta, media y baja.

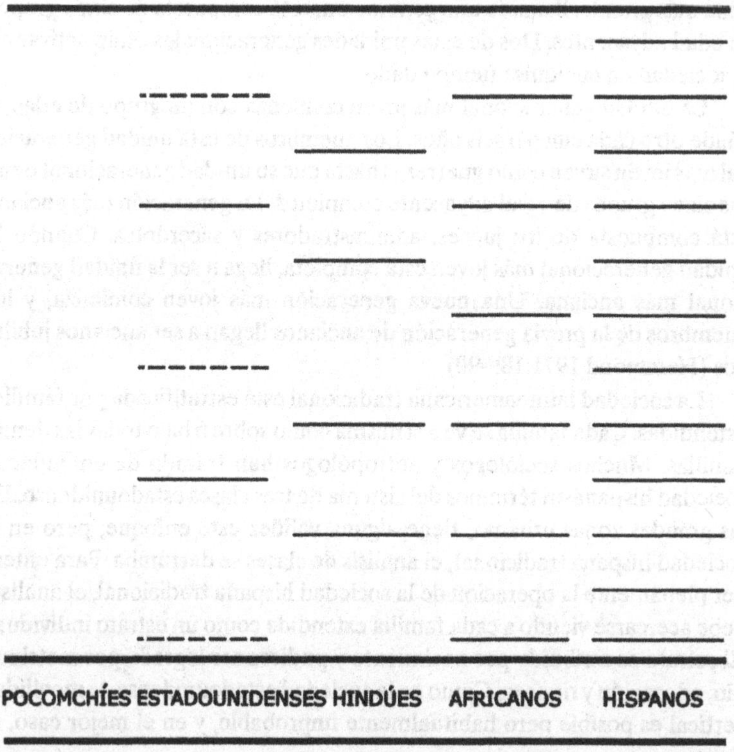

POCOMCHÍES ESTADOUNIDENSES HINDÚES AFRICANOS HISPANOS

Ilustración 7-1. LAS DIVISIONES DE CLASES EN CINCO SOCIEDADES. Los pocomchies son una sociedad sin clases. La sociedad estadounidense está dividida en tres clases con cada clase subdividida en alta y baja. La sociedad hindú tiene cuatro castas además de los descastados, haciendo cinco clases distintas. La sociedad africana está dividida en grupos por edad, mientras que la sociedad hispana tradicional está estratificada por familias extendidas.

Muchas sociedades africanas están estratificadas por edad. La estratificación es atribuida, ya que la edad de una persona depende de la fecha de nacimiento. La movilidad es vertical. Una persona asciende en la escala social al avanzar en edad. El prestigio y el poder están asociados con la edad.

Un ejemplo de una sociedad estratificada por edad es los karimojonges de Uganda. Todos los varones que son iniciados en la madurez, dentro de un período de cinco a seis años, forman un grupo de edad. Una unidad de edad más grande, llamada una generación, está compuesta de cinco grupos de edad adyacentes. Dos de estas unidades generacionales están activas en la sociedad en cualquier tiempo dado.

La unidad generacional más joven comienza con un grupo de edad, y añade otro cada cinco o seis años. Los miembros de esta unidad generacional más joven sirven como guerreros hasta que su unidad generacional tiene sus cinco grupos de edad adyacente completos. La generación más anciana está compuesta de los jueces, administradores y sacerdotes. Cuando la unidad generacional más joven está completa, llega a ser la unidad generacional más anciana. Una nueva generación más joven comienza, y los miembros de la previa generación de ancianos llegan a ser ancianos jubilados (Hammond 1971:189-90).

La sociedad latinoamericana tradicional está estratificada por familias extendidas. Cada familia se ve a sí misma como sobre o bajo todas las demás familias. Muchos sociólogos y antropólogos han tratado de entender la sociedad hispana en términos del sistema de tres clases estadounidense. En las grandes zonas urbanas, tiene alguna validez este enfoque; pero en la sociedad hispana tradicional, el análisis de clases se derrumba. Para entender plenamente la operación de la sociedad hispana tradicional, el analista debe acercarse viendo a cada familia extendida como un estrato individual. El estrato es atribuido por nacimiento y pudiera ser logrado por matrimonio, educación y riqueza. Como en la sociedad estadounidense, la movilidad vertical es posible pero habitualmente improbable, y en el mejor caso, es lenta.

Estratificación de la iglesia en la sociedad estadounidense

Así como las sociedades están estratificadas, también lo están sus instituciones sociales. La religión, como una institución representada por la iglesia institucional, está estratificada en los Estados Unidos junto con las clases. Esto vale para la Iglesia Católica Romana, las principales denominaciones protestantes y las sectas (véase Ilustración 7-2).

En los Estados Unidos, aunque la Iglesia Católica Romana atraviesa toda la sociedad, su fuerza está en la clase media y baja. Entre las denominaciones protestantes, la iglesia Episcopal es la iglesia de la clase alta, los presbiterianos la siguen y la iglesia Pentecostal es básicamente de la clase baja. Entre las sectas, la Ciencia cristiana es la secta de la clase alta, el mormonismo de la clase media, y los testigos de Jehová de la clase baja.

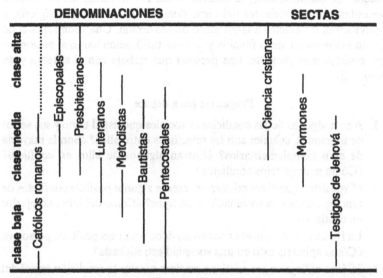

Ilustración 7-2. ESTRATIFICACIÓN RELIGIOSA EN LOS ESTADOS UNIDOS

Obviamente, todos los grupos religiosos congregan personas de todas las clases. Lo que se está esquematizando es la procedencia de la mayoría de sus miembros. El profesor T. Edwin Boling señala:

> Aunque las organizaciones religiosas no son homogéneas respecto a su clase social, sus miembros tienden a proceder predominantemente de una sola clase social, proveyendo un patrón lógico de socialización religiosa dentro de las denominaciones y subculturas. (1975:74).

Esta estratificación de grupos religiosos es culturalmente lógica. La gente tiende a asociarse con otros de su clase social en la mayoría de las actividades, entre ellas las actividades religiosas.

Aunque reconocemos que Dios no hace acepción de personas, y que hay sólo dos clases de personas según la Biblia, los salvos y lo no salvos, debemos también reconocer que la gente es parte de su cultura. Si vamos a ministrar a la gente eficazmente, tenemos que tratar con ellos como seres culturales, miembros de su sociedad y sus sistema de estratificación. Esto también significa que cuando misioneros fundan una iglesia en otra sociedad, necesitan estar conscientes que están conectando esa iglesia en el sistema de estratificación, lo quieran o no. Por lo tanto, los misioneros necesitan estar conscientes del lugar donde están formando la iglesia, y cuales serán los efectos a largo plazo de esa acción. Una comprensión de la condición social, de la función y de la estratificación harán al misionero un ministro más eficiente, una persona que trabaja con el sistema y no contra él.

Preguntas para debate

1. Anote algunas de las condiciones sociales que usted tiene y sus series de funciones. ¿Cuáles son las relaciones entre ellos? ¿Son la mayoría de ellos complementarios? ¿Entran algunos de ellos en conflicto? ¿Cómo maneja estos conflictos?

2. ¿Cree usted que el ser cristiano presenta algunos posibles conflictos de función en nuestra sociedad? ¿Qué tipos? ¿Cómo debiera manejarlos un cristiano?

3. La Biblia enseña que el cristiano no debe hacer acepción de personas. ¿Cómo aplicaría esto en una sociedad estratificada?

4. ¿Cómo el llegar a ser cristiano pudiera afectar la condición social del miembro de otra cultura?

5. Piense en algunas formas en que el estar consciente de los conceptos de condición social y función pudiera ayudar a un misionero a adaptarse a una nueva cultura.

Lecturas sugeridas

Bendix, R. y Lipset, M. 1966. *Class, Status, and Power* [Clase, condición social y poder]. Una colección amplia de lecturas que tratan acerca de clase, condición social y poder. Estas lecturas sobre las teorías de la estructura de clases son altamente recomendables.

Bottomore, T. B. 1966. *Classes in Modern Society* [Clases en la sociedad moderna]. Una buena introducción al campo de clase y estructura social. Este es un volumen corto y fácil de leer.

Linton, R. 1936. *The Study of Man* [El estudio del hombre]. Un texto antiguo de introducción a la antropología. El capítulo sobre condición social y función es una obra clásica. La mayoría de las obras en el campo de condición social y función se desarrollan sobre el fundamento establecido por Linton.

Mayer, K., y Buckley, W. 1970. *Class and Society* [Clase y sociedad]. Esta obra trata de la estratificación, la clase y el poder. Contiene una buena sección sobre los tipos principales de sistemas de estratificación en sociedades complejas. También trata la movilidad social.

Mead, M. 1950. *Male and Female* [Varón y mujer]. Una obra clásica de la reconocida antropóloga. Este libro trata de las funciones sexuales en varias culturas. La última parte del libro trata de las funciones sexuales en los Estados Unidos. Aunque esta obra tiene más de veinticinco años y está lamentablemente fuera de moda, muchos de los principios y observaciones son todavía aplicables hoy.

Sahlins, M. 1958. *Social Stratification in Polynesia* [Estratificación social en Polinesia]. Describe la interrelación entre parentesco y estratificación en estas sociedades. El primer capítulo es una buena introducción a las estratificaciones sociales en sociedades basadas en relaciones entre parientes.

8

Matrimonio y familia

Un joven indio fue a una universidad cristiana del medio oeste para matricularse en estudios avanzados. Llevó con él a su esposa. Ella se hizo amiga de la esposa de un estudiante estadounidense. Ellas se juntaban frecuentemente para conversar.

Un día conversaron sobre cómo conocieron a sus esposos. La joven india explicó que sus padres habían elegido al joven con quien se casó. Debido a que ella provenía de una familia cristiana, sus padres primero comprobaron si él era cristiano. Luego verificaron su familia, su educación y otros asuntos importantes. Cuando los padres estuvieron satisfechos, se lo presentaron para su aprobación. Una semana después de conocerse, se casaron.

La esposa estadounidense pensó que era algo desagradable. Luego le explicó a la esposa hindú que ella tuvo citas con varios compañeros hasta que encontró el que quería para casarse. La joven india pensó que era algo desagradable. Luego le preguntó: "¿Quieres decir que tuviste que probar varios hombres diferentes y luego hacer la elección por ti misma? En la India nuestros padres hacen la elección; por lo que sabemos que es la correcta."

Aunque hay diversos esquemas para formar matrimonios, la entidad familiar se encuentra en todas las sociedades. Específicamente, la entidad está compuesta por el esposo, su esposa y sus hijos menores. Después de tomar muestras de 250 sociedades, George Murdock (1949) concluyó que sin importar el tipo de entidad familiar existente en una sociedad dada, toda sociedad reconoce un esposo, una esposa y sus hijos menores como un entidad social distinta.

Bases biológicas de la familia

Casi todos los animales llegan a ser criaturas sexuales durante períodos limitados de tiempo, cuando la hembra está en el estado de *estro* o "celo". La hembra animal no está animada por estímulos externos, tales como las insinuaciones de un macho atractivo, sino más bien por la actividad de su sistema hormonal. Casi todas las hembras mamíferas tienen un ciclo de celo marcado por el comienzo del período de estro. Es sólo durante el corto período de estro que la hembra puede concebir. Durante ese período, el sistema hormonal de la hembra animal la estimula a buscar actividad sexual. Casi todos los animales participan en la actividad sexual sólo durante el período de estro de la hembra.

A diferencia de las formas inferiores de animales, la hembra humana no está limitada a períodos específicos de actividad sexual, sino que puede participar en actividad sexual en cualquier tiempo. Mientras las formas inferiores de animales se estimulan internamente por sus sistemas hormonales, la hembra humana se estimula externamente. Mientras que entre las formas inferiores de animales el sexo es ante todo un acto físico, entre seres humanos es a menudo psicológico, así como físico. El acto sexual está comúnmente asociado con estados emocionales.

Debido a que las necesidades sexuales humanas son más o menos continuas, y habitualmente asociadas con estados emocionales, los seres humanos necesitan compañeros sexuales más o menos permanentes. El matrimonio es el mecanismo social usado por las sociedades humanas para designar o reconocer compañeros sexuales legítimos. Aunque este mecanismo varía de cultura en cultura está presente en alguna forma en todas ellas.

El sexo es más que un instinto biológico y psicológico. Es el don de Dios de vida y amor. Para conservar la visión funcional de la creación, Dios ordenó el sexo para cumplir dos funciones. La primera es propagar la raza (Génesis 1:27-28).

Aunque el sexo cumple una función reproductora en todo el reino animal, cumple una segunda función entre seres humanos. Fortalece la relación entre un hombre y una mujer (Génesis 2:24; Proverbios 5:18-19; Efesios 5:22-31). Sexo es el compartir entre sí de dos personas, una intimidad física que expresa la intimidad espiritual entre ellos. El sexo está ordenado por Dios. No es sólo para reproducción sino también para expresar amor entre un esposo y esposa. El sexo es una cosa hermosa. Sólo el mal uso del sexo es feo y sórdido.

Otra base biológica para la familia es el largo período de maduración del niño humano. Esto alienta la continuación del compañerismo sexual que concibió el bebé.

Los monos jóvenes nacen con huesos y músculos bien desarrollados. Ellos pueden valerse por sí mismo y recoger su propio alimento luego que son destetados, uno o dos meses después de nacer. El bebé humano está totalmente indefenso sin el cuidado y protección de sus padres u otros seres humanos adultos. El bebé humano tiene un período de maduración más largo que cualquier animal. El niño depende de los adultos al menos hasta la madurez sexual (pubertad) y hasta que el niño haya adquirido un mínimo de habilidades técnicas y sociales.

Bases sociales de la familia

Los seres humanos son más que criaturas biológicas. Ellos son también criaturas sociales y engendradoras de cultura. Los niños no sólo tienen un período largo de dependencia biológica de sus padres, también dependen de sus padres para aprender de ellos lo que necesitan saber para sobrevivir en su cultura. El proceso por el cual los niños asimilan la cultura para que esta sea parte de ellos se llama *enculturación*.

Debido a que los seres humanos parecen tener pocos instintos, deben aprender casi toda su conducta. En todas las culturas gran parte de este trabajo de enseñanza es responsabilidad de la familia. Aún en países industrializados de occidente, con sistemas escolares desarrollados, el aprendizaje más importante del niño todavía ocurre en el ambiente familiar. Es en el ambiente familiar que un niño aprende a caminar, hablar y relacionarse con otros seres humanos.

Una segunda función sociológica de la familia comprende condición social y función. ¿Dónde encaja un recién nacido en la red social? La familia les da condición social a sus hijos, conectándolos en la red social. Todas las condiciones del recién nacido son atribuidas. A medida que los niños crecen y llegan a ser participantes activos en su sociedad, cada vez más sus condiciones llegan a ser condiciones sociales logradas. Sin embargo, llevarán siempre muchas de sus condiciones sociales atribuidas iniciales.

Malinowski (1955) ha desarrollado el concepto conocido como el *principio de legitimidad*, que declara que todas las culturas tienen reglas de legitimidad bajo las cuales, idealmente, debe nacer un niño. Dicho de otra forma, todas las culturas tienen una clase de nacimientos señalados como ilegítimos.

Desde el punto de vista social, según Malinowski, el propósito del matrimonio no es legitimar el sexo sino legitimar la paternidad. En todas las sociedades — incluso sociedades matrilineales, donde el hermano de la madre parece jugar una función tan importante — tanto la madre como el padre tienen una función en el proceso de enculturación, aunque pudiera variar de cultura en cultura.

William J. Goode (1961) cita una sociedad caribeña que, en la fachada, parece refutar el principio de Malinowski. Allí alrededor de la mitad de los nacimientos son ilegítimos. Sin embargo, las normas de legitimidad aún existen y el matrimonio es el ideal. (El hecho de que la mitad de los nacimientos son llamados ilegítimos demuestra que funciona un principio de legitimidad.) Además, un niño legítimo disfruta de una condición social más alta y tiene ventajas sociales sobre el niño ilegítimo.

En todas las sociedades la familia también prepara al niño para sus funciones sociales. La preparación más temprana habitualmente se da en el campo de las funciones sexuales. Se le enseña al niño una conducta apropiada a su sexo, se le dan juguetes apropiados a su sexo, y se le señalan modelos adultos apropiados a su sexo. También se lleva al niño a reaccionar y a relacionarse según su sexo. En la cultura norteamericana si una niña se enreda en una pelea, se dice que "no se comporta como señorita". Sin embargo, si un niño varón pelea, la respuesta es: "Los varones tienen que aprender a defenderse."

Además del cuidado biológico, la familia le proporciona al niño un lugar en la sociedad y le enseña a desempeñarse en esa sociedad. Es fácil ver por qué la familia es tan importante para el mantenimiento de la sociedad.

Mecanismos sociales para el mantenimiento de la familia

La necesidad de los compañeros sexuales de permanecer juntos y criar su prole es tan importante para la existencia de la sociedad humana que la familia se encuentra en todas las sociedades; debido a que la familia es la clave para el mantenimiento de la sociedad, todas las sociedades han desarrollado mecanismos para alentar el mantenimiento de la familia.

Entre los karimojonges de África Oriental, el mecanismo social para el mantenimiento de la familia es el *precio de novia*. Si un hombre joven quiere casarse con una joven debe pagar un precio de novia al padre de ella. Si la esposa de un hombre lo abandona, debe devolverse el precio de novia. A menudo se ha consumido el precio de novia, ya que por lo general se paga en ganado. Por lo tanto, el padre de la esposa la hará volver con su esposo porque él no puede devolver el precio de novia. Normalmente un hombre no abandonará a su mujer por la que ha pagado un alto precio.

Otro medio de pagar por una esposa es trabajando para el padre de la esposa. Eso se llama *servicio de novia*. Entre los kekchíes de la región montañosa de Guatemala se espera que el novio trabaje para su pariente político por varios años para pagar por su novia. En el Antiguo Testamento encontramos que Jacob trabajó siete años por su esposa Lea y siete años por su esposa Raquel (Génesis 29:18-30).

Entre los africanos occidentales se usa un mecanismo social parecido. Pero en este caso, el padre de la novia paga al novio una dote. Además, si el matrimonio se disuelve, debe devolverse la dote. Ambos mecanismos sociales son económicos en naturaleza.

Además de los mecanismos económicos, se usan mecanismos legales, tales como las leyes estrictas de divorcio en Rusia, para mantener las familias. Después de la Revolución Comunista y la toma del poder, los nuevos líderes comunistas, pensando que las reglas pertinentes al sexo y la fidelidad eran solo parte de una ética cristiana, alentaron el sexo prematrimonial y promulgaron leyes que hacían la obtención del divorcio tan fácil como casarse. A medida que vieron desintegrarse su sociedad, se dieron cuenta de que las reglas para el mantenimiento de la familia eran sociológicamente buenas. Hoy es muy difícil obtener el divorcio en Rusia y se desalienta oficialmente la promiscuidad.

Además del uso de la economía y la ley, se usa también la religión como un mecanismo social para el mantenimiento de la familia. Esto está ilustrado por las reglas estrictas de la Iglesia Católica Romana contra el divorcio. La salvación de una persona se usa para mantener la familia, ya que el divorcio está clasificado como un pecado mortal.

Cualquiera que sea la forma que adopten esos mecanismos sociales, su propósito es el mismo: mantener la familia y en definitiva la sociedad.

Matrimonio

¿Qué es el matrimonio? A veces, es más fácil describir el matrimonio que definirlo. Una imagen bíblica del matrimonio se encuentra en Génesis 24:67: "Y la trajo Isaac a la tienda de su madre, y tomó a Rebeca por mujer." Mi esposa y yo estuvimos ante un ministro ordenado en una iglesia en Maryland y repetimos algunas expresiones rituales, después de lo cual él nos declaró marido y mujer. El matrimonio es una institución social, es decir, un patrón de normas y costumbres que definen y controlan la relación entre un hombre y una mujer, y las relaciones entre ellos y el resto de la sociedad.

Cónyuges posibles

¿Con quién pudiera casarse una persona? No todas las personas del sexo opuesto y de la misma edad son posibles compañeros de matrimonio.

Se usan dos reglas sociológicas generales al definir cónyuges posibles. La primera se conoce como *endogamia*. En una sociedad endogámica una persona escoge un cónyuge dentro de un grupo culturalmente definido del cual ambos son miembros. La endogamia fue practicada entre los hebreos en el Antiguo Testamento. Abraham envió un siervo de vuelta a Harán para obtener una esposa de entre su propia familia para su hijo Isaac. Entre los árabes se practica hoy una forma de endogamia conocida como *matrimonio de primo paralelo*. Un hombre tiene el primer derecho a la hija del hermano de su padre. Este es el matrimonio ideal. Ella no se casará con nadie, a menos que el hijo del hermano de su padre se case con otra o la exima.

La segunda regla sociológica general para definir al cónyuge posible es *exogamia*. Esto requiere que los cónyuges posibles vengan de diferentes grupos, definidos por la cultura. *Exogamia simple* prohíbe casarse con un pariente genéticamente relacionado. *Exogamia restringida* prohíbe casarse con ciertos parientes genéticamente relacionados, pero prescribe como ideal el casarse con otra persona genéticamente relacionada, que no es considerada pariente por la cultura. Una de las formas más comunes de exogamia restringida es matrimonio *de primo cruzado*, el matrimonio de un hombre con la hija del hermano de su madre.

La exogamia restringida es un mecanismo funcional, usado en primer lugar para reforzar alianzas. Esta se usa especialmente para vincular grupos que pudieran ya estar vinculados genéticamente, pero cuya cultura no los ve así. En muchas de las sociedades donde se practica el matrimonio *de primo cruzado*, no se entiende la función genética del varón en la reproducción, aunque se tiene conciencia de que la relación sexual es necesaria para la concepción. Esas sociedades pudieran no reconocer los vínculos genéticos que son obvios a los occidentales que tienen conocimientos médicos.

Tabú del incesto

Todas las sociedades observan un aspecto especial de exogamia conocido como el *tabú del incesto*.[1] El tabú del incesto es la prohibición de cópula o casamiento con un pariente cercano. Aunque la definición cultural de un pariente cercano difiere de cultura en cultura, el tabú del incesto siempre incluye la prohibición de casamiento entre hermano y hermana, y entre padres e hijos.

En la historia se encuentran tres excepciones al tabú del incesto entre hermano y hermana. El matrimonio entre hermano y hermana se practicó

---

1 *Tabú* es una palabra polinesia usada por los antropólogos para denominar prohibiciones inspiradas religiosamente contra alguna forma de conducta.

entre las familias reales de Egipto, Hawai y los Incas. Sin embargo, en estos casos se aplicó solo a las familias reales, no al resto de la sociedad. En cada caso se consideraba divina a la familia real, por lo tanto incapaz de casarse con simples mortales. Para sostener la línea real, ellos tenían que comprometerse en matrimonio entre hermanos.

Los antropólogos han especulado sobre el origen del tabú del incesto, sobre todo porque parece ser un fenómeno universal. Dos antropólogos antiguos, Lewis Henry Morgan (1877) y Edward Westermarck (1894), discurrieron que el hombre primitivo tomó conciencia del deterioro genético resultante de la procreación en consanguinidad. Para preservar la raza, el hombre primitivo impuso una fuerte prohibición contra la procreación en consanguinidad. Aunque esta idea todavía se cree corrientemente hoy, el hecho es que la procreación en consanguinidad no produce necesariamente deterioro físico.

La procreación en consanguinidad no hace más que intensificar los rasgos fenotípicos que tal población poseía al principio. Los rasgos recesivos tienen mayor posibilidad de obtener realización somática donde la procreación en consanguinidad es marcada. Si existen recesivos indeseables en la estirpe, bien pudieran comenzar a destacarse, y el deterioro pudiera entonces resultar. Sin embargo, es igualmente cierto que la procreación en consanguinidad intensifica la influencia de rasgos dominantes. Un linaje con dominantes deseables llega a ser más fuerte. El resultado final pudiera ser bueno o malo; todo depende de la distribución de rasgos dominantes y deseables (Hoebel 1972:398-99).

Westermarck (1894) también postuló otra teoría para explicar el tabú del incesto. Él dijo que fue tan repulsiva a las personas la idea de tener relaciones sexuales con un miembro cercano de la familia, que ellos habrían iniciado esta regla. Sin embargo, los antropólogos que rechazan esto preguntan, si es tan repulsivo, ¿por qué se necesita una regla contra ello? Las reglas se crean solo para proteger a las personas de lo que harían si no hubiera reglas.

Malinowski (1927) ve el tabú del incesto como un mecanismo funcional para el mantenimiento de la familia. Vimos anteriormente la importancia de la familia en el mantenimiento de la sociedad. Él sostiene que las relaciones sexuales entre cualquiera de los miembros de la familia, menos la madre y el padre, dividiría la familia con rivalidad y celos. En Malinowski influyó mucho el concepto del complejo de Edipo de Freud, y vio el tabú del incesto como un mecanismo para eliminar la rivalidad en la familia.

Talcott Parsons (1954) también ve el tabú del incesto como funcional, aunque diferente de lo especulado por Malinowski. Aunque Malinowski ve el tabú del incesto como un mecanismo para el mantenimiento de la familia, Parsons ve el tabú del incesto como un mecanismo de educación para los jóvenes, al forzarles a dejar el hogar. Parsons propuso que todas las necesidades de una persona joven son satisfechas en el hogar: nutrición, vivienda, protección, compañerismo y afecto. Parsons ve el tabú del incesto como una negativa, a los jóvenes maduros sexualmente, de satisfacer en el hogar su nueva y fuerte necesidad sexual. Ya que los jóvenes no pueden satisfacer esa necesidad en el hogar, se les obliga a cultivar las destrezas necesarias para dejar el hogar y encontrar un cónyuge.

Primero Edward Tylor (1871) y más tarde Leslie White (1949) sugirieron que el tabú del incesto nació como un mecanismo para fomentar alianzas entre grupos. Tylor dijo que hubo "la simple alternativa práctica entre casarse fuera y ser asesinado fuera" (1888:267). Al casarse fuera, las personas tendrían una familia más grande y un círculo más amplio donde acudir por apoyo, ayuda y defensa. White sugiere que aquellos grupos que iniciaron el tabú del incesto sobrevivieron y los que no lo hicieron desaparecieron; por lo tanto, el tabú del incesto se desarrolló como un mecanismo de supervivencia.

La Biblia expone el tabú del incesto en Levítico 18:6-16. Está escrito desde el punto de vista masculino y prohíbe a un hombre tener relaciones sexuales con su madre, su madrastra, su hermana (o hermanastra), su nieta, ya sea por su hijo o hija, sus tías por ambos lados (consanguíneas y políticas), su nuera, o su cuñada. Las palabras en este pasaje indican que cuando una persona tiene relaciones sexuales con uno de esos compañeros prohibidos, la ofensa es contra el cónyuge de la compañera prohibida.

Por ejemplo, el versículo 16 dice: "La desnudez de la mujer de tu hermano no descubrirás; es la desnudez de tu hermano." El tabú del incesto parece ser funcional en naturaleza. Está interesado en evitar celos y mantener las relaciones familiares. La Biblia parece ver el incesto como una fuente de celo y discordia en la familia. Esto, por supuesto, tiene sentido, ya que los mandamientos de Dios no son arbitrarios sino para nuestro bien.

Matrimonio levirato

El matrimonio levirato es un mecanismo para continuar la familia. Bajo este sistema, si el esposo de una mujer muere y la deja sin hijos, ella debe casarse con su cuñado (*levir* en latín), el hermano de su esposo, para continuar la familia. Este tipo de matrimonio se encuentra por lo general en sociedades patrilineales con el objeto de perpetuar la línea del varón.[1] El matrimonio levirato fue practicado entre los hebreos. Fue ordenado en Deuteronomio 25:5: "Cuando hermanos habitaren juntos, y muriere alguno de ellos, y no tuviere hijos, la mujer del muerto no se casará fuera con hombre extraño; su cuñado se llegará a ella, y la tomará por mujer, y hará con ella parentesco." Al parecer el matrimonio levirato todavía se practicaba en la época de Cristo, ya que los Saduceos le preguntaron a Jesús acerca de esto en Mateo 22:23-33.

Matrimonio sororal

El matrimonio sororal es otro mecanismo para la continuación de la familia. Bajo este sistema, si la esposa de un hombre muere sin tener hijos, él debe casarse con la hermana de ella para continuar la familia. Ese tipo de matrimonio es común entre sociedades matrilineales. Se practica en casi todas las tribus norteamericanas con la excepción de los habitantes de la zona Pueblo (Hoebel 1972:409). No debe confundirse el matrimonio sororal con la poliginia sororal, que se analizará más adelante en este capítulo.

Obteniendo un cónyuge

El método de obtener un cónyuge llamado comúnmente "cortejo" se practica ampliamente en los Estados Unidos. Bajo este sistema, habitualmente, una persona encuentra su cónyuge por un proceso conocido como cita. Aunque se consulta a los padres sobre la elección del cónyuge, estos rara vez toman la decisión. Sin embargo, en muchas partes del mundo, se consulta a la persona que va a casarse sobre la elección, pero rara vez toma la decisión. Esta se deja a los padres o algún otro adulto designado. En algunas sociedades se usa un intermediario para arreglar matrimonios. En la India, el *gor*, un tipo de corredor de matrimonios, negocia por las familias de la novia y el novio. Cada familia quiere dar lo menos posible y ganar lo más posible en términos de rango y riqueza. Los padres, por supuesto, están también interesados en que el matrimonio sea bueno para su hijo(a).

Fuga

La fuga no sólo ocurre en los Estados Unidos, donde el matrimonio se basa en el romance, sino que se practica en casi todas las sociedades del mundo. Es un mecanismo para casarse con quien se quiere cuando tal cosa va en contra de las reglas matrimoniales de esa sociedad. Entre los kurnai de Australia, las reglas matrimoniales hacen casi imposible que un hombre

---

1 Una sociedad patrilineal es una sociedad en que la descendencia se traza a través del padre. Esto se explica con más detalles en el capítulo 9.

joven tome una esposa. Los ancianos dominan la sociedad y tienen la primera elección de las mujeres jóvenes. Un hombre y una mujer joven a menudo se fugan para casarse. Después de tener su primer hijo pudieran retornar a la aldea, donde recibirán una "golpiza" ceremonial y serían aceptados como legítimamente casados.

Captura de esposa

Todos hemos visto las caricaturas de un cavernícola arrastrando una aporreada mujer a su caverna para hacerla su esposa. Aunque estas caricaturas nos divierten, la *captura de esposa* se practica entre algunas sociedades hoy. Entre algunos de los aborígenes de Australia y los bahima de África, la captura de esposa es ceremonial. Todos los que participan saben lo que ocurrirá y representan su parte en la captura ceremonial de la esposa.

Los antropólogos especulan que, aunque ahora la captura de la esposa ha llegado a ser un ritual matrimonial, en un tiempo pudo haber sido practicada en realidad. Los indios de las grandes llanuras de los Estados Unidos practicaron la captura de esposa, tomando esposas tanto de otras tribus como de hombres blancos que invadían su tierra. Las mujeres frecuentemente han sido consideradas botines de guerra legítimos. En el Antiguo Testamento cuando los israelitas pelearon con los madianitas, toda mujer virgen fue considerada botín de guerra junto con el ganado y los metales preciosos capturados (Números 31:35).

La Biblia también registra un incidente de captura de esposa en el libro de los Jueces, capítulos 19-21. Un levita de Efraín viajó a Belén a traer a su concubina de vuelta a casa. En el viaje de regreso a Efraín con su concubina, él decidió pasar la noche en Gabaa de Benjamín. Varios hombres de Gabaa violaron y asesinaron a su concubina. Entonces las otras tribus de Israel se reunieron para castigar a los hombres de Gabaa. Cuando los benjamitas se negaron a entregar a los hombres responsables de la violación y asesinato de la concubina, las otras tribus de Israel se levantaron en guerra contra Benjamín. Sólo seiscientos hombres de Benjamín sobrevivieron a las batallas consecuentes. Mas tarde, el resto de las tribus de Israel sufrieron remordimiento por la destrucción casi total de Benjamín, y desearon ver la tribu restaurada. Sin embargo, todos los otros israelitas habían jurado no dar sus hijos a los benjamitas como esposas. Los israelitas pudieron obtener cuatrocientas mujeres de Jabes-galaad, pero se necesitaban doscientas más. A los hombres de Benjamín se les aconsejó que se escondieran fuera de la ciudad de Silo porque los habitantes de Silo iban a celebrar una fiesta y las mujeres jóvenes estarían danzando fuera de la ciudad. Cuando las mujeres danzaban fuera de la ciudad, cada uno de los doscientos hombres que no habían recibido una esposa de Jabes-galaad capturaron una de las mujeres jóvenes de Silo como esposa.

Disolución del matrimonio

"Cuando alguno tomare mujer y se casare con ella, si no le agradare . . . , le escribirá carta de divorcio y se la entregará en su mano y la despedirá de su casa" (Deuteronomio 24:1).

Aunque el ideal en casi toda sociedad es un compañerismo de por vida entre un hombre y una mujer, casi todas las sociedades se dan cuenta de que eso no es siempre posible y tienen un mecanismo para disolver un matrimonio fracasado. De las doscientas setenta y un tribus examinadas por Hobhouse, Wheeler y Ginsberg, solo un cuatro por ciento prohíbe el divorcio (1965). Aún en la iglesia Católica Romana, en la que se prohíbe el divorcio, hay un mecanismo para disolver matrimonios. Pueden anularse, lo cual es un mecanismo que supone que nunca se efectuó (al menos legalmente) el matrimonio.

Tipos de sistemas familiares

Los dos tipos principales de sistemas familiares son la monogamia y la poligamia. *Monogamia* se refiere a una familia en la que cada persona tiene solo un cónyuge, es decir, la entidad matrimonial consiste de un esposo y una esposa. *Poligamia* se refiere a una familia donde hay múltiples cónyuges.

La poligamia toma varias formas. *Poliginia* se refiere al matrimonio de un hombre con más de una esposa.[1] *Poliginia sororal* se refiere al matrimonio de un hombre con una mujer y sus hermanas. El patriarca Jacob del Antiguo Testamento practicó poliginia sororal cuando se casó con Lea y su hermana Raquel. Bajo la ley de Moisés la poliginia sororal fue prohibida para los hebreos (Levítico 18:18).

Poliandria se refiere al matrimonio de una mujer con más de un esposo. La poliandria es un raro arreglo matrimonial practicado en algunas zonas del Tíbet, Nepal, Sri Lanka y la India. Se han informado incidentes de poliandria entre los indios kalapalos de Brasil (Basso 1973). El tipo de poliandria generalmente practicado es la *poliandria fraternal*. En la poliandria fraternal todos los hermanos en una familia comparten una esposa. Los pahari de Jausar Bawar en el norte de la India practican poliandria fraternal. El hermano mayor habitualmente arregla la boda. Todos los hermanos se acuestan con la esposa, y cualquier niño llama a los hermanos padre, sin importar la paternidad biológica.

---

1 El asunto de poliginia y cristianismo se trata en el Capítulo 14.

Matrimonio en grupo

Esto se refiere a un hogar en el que varios hombres y mujeres tienen relación sexual legal el uno con el otro. Los nayar de la India pudieran practicar tal forma de matrimonio en grupo (Gough 1971:365-77). *Poligamia en serie* es un término irónico usado a veces para la práctica de tener varios cónyuges, uno a la vez. La poligamia en serie se practica a menudo en los Estados Unidos.

Bases para la poligamia

La forma más común de poligamia es poliginia. En realidad, poliginia es la forma más común de matrimonio en el mundo. Alrededor de la mitad de las sociedades del mundo practican poliginia como la forma preferida de matrimonio, otro tercio permiten poliginia, y solo poco más de un octavo practica monogamia exclusiva (Murdock 1949).

Aunque la mayoría de los occidentales ven la poliginia como una costumbre en las relaciones sexuales, el fundamento para la poliginia no es habitualmente sexual. Entre los kakas del este de Camerún en África, la base de la poliginia es económica. Los niños son una fuente de riqueza entre los kakas. Las hijas aportan el precio de novia, y los hijos son una fuente de mano de obra para el pastoreo y las tareas agrícolas. Es obvio que cuanto más esposas tiene un hombre, tanto mayor es la posibilidad de tener más hijos. La primera esposa de un hombre kaka frecuentemente le pedirá que tome una segunda esposa. Como cualquier esposa estadounidense, ella quiere salir adelante, ascender en la escala social, y tener una vida más fácil, como lo ilustra el relato siguiente:

Una mujer de la tribu kaka, madre de tres hijos, se sentaba en un taburete con un mortero entre las piernas descubiertas. Su mano izquierda golpeaba el mortero para revolver la comida de mandioca. Un niño se sentó silenciosamente a su lado en la tierra. Pronto el niño se levantó y trató de moverse hacia su seno flácido. La mujer se detuvo, tomó al niño y le puso el seno en la boca. Se secó el sudor de la frente y le dijo a su esposo: "Si tú tuvieras dos esposas, yo pudiera visitar a mi madre mañana." El hombre, que descansaba tendido en una colchoneta, parecía no prestar atención a su esposa. La mujer continuó en voz alta: "Mira en el patio a Abele. Se sienta y juega con sus hijos mientras Kana cocina esta noche." Volviéndose a su esposo, recogió un palo, le apuntó y con un airada expresión en el rostro gritó: "Hombre pobre, hombre pobre, ¿quién respeta a un hombre pobre?" (Reyburn 1959:1).

La poliginia también puede tener una base política. Las alianzas entre gobernantes se sellan con frecuencia mediante matrimonios, en los que un gobernante o su hijo se casa con la hija de otro gobernante. Un gobernante que hace varias alianzas pudiera tener varias esposas. Esto se practicó en la época del Antiguo Testamento. En 1 Reyes 3:1 leemos: "Salomón hizo parentesco con Faraón, rey de Egipto, pues tomó la hija de Faraón, y la trajo a la ciudad de David." Esta forma de alianza política se practica todavía entre muchas tribus africanas. Los jefes sudaneses adquieren muchas esposas a través de la instauración de alianzas políticas. Las alianzas matrimoniales son usadas no sólo por los jefes, sino también por familias regulares para hacer alianzas con otras familias para lograr de algún fin mutuo.

Arreglos para vivir

Se clasifican las familias por sus arreglos para vivir así como por sus arreglos matrimoniales. Hay dos formas de observar arreglos para vivir. El primero es ver quién vive con quién, y el segundo es ver dónde viven.

La *familia nuclear* se refiere al esposo, la esposa y sus niños menores como una unidad. Cuando la familia nuclear vive aparte de la familia extendida, su residencia se llama neolocal. *Neolocal* significa que los cónyuges están viviendo solos en una nueva ubicación, en contraste con vivir con cualesquiera de los padres u otros parientes.

La *familia extendida* se refiere a un arreglo para vivir por el que dos o más familias nucleares emparentadas comparten un hogar. Ese arreglo pudiera ser vertical, que incluye en el hogar a abuelos, padres y nietos. Pudiera también ser horizontal, que incluye hermanos casados, primos y otros parientes casados de la misma edad. La familia extendida pudiera extenderse ya sea vertical u horizontalmente al mismo tiempo.

La familia extendida está ilustrada por el grupo conglomerado, la unidad doméstica de producción entre los tiv de Nigeria. Como está descrito por los Keesing, el conglomerado consiste en una zona central abierta rodeada por chozas y graneros dispuestos en un círculo u óvalo. El grupo conglomerado está encabezado por un varón anciano, el varón más anciano del grupo, que funciona como líder del grupo. Por lo general, éste tiene varias esposas, cada una de las cuales tiene, comúnmente, una choza separada en el conglomerado. También el grupo conglomerado incluye los hijos menores e hijas solteras del líder, así como sus hijos casados junto con sus esposas e hijos. El grupo conglomerado pudiera también incluir un hermano más joven del líder con sus esposas e hijos (Keesing y Keesing 1971).

El patrón neolocal de residencia es el patrón ideal en los Estados Unidos. Aunque algunas parejas pudieran vivir con los padres de uno de los cónyuges, u otros parientes, la meta corriente es tener una residencia separada tan pronto como sea posible. Los Estados Unidos es uno de los pocos países del mundo que tiene villas para jubilados y hogares de ancianos. Estos se han desarrollado debido a la alta estima otorgada a la residencia neolocal. En casi todas las culturas, los miembros más ancianos de la sociedad serían parte de la residencia de una familia extendida que los cuidaría.

Entre los indios navajos de Norteamérica, la pareja de recién casados vive en la casa de la familia de la novia. Este patrón de residencia se llama *residencia matrilocal*. Entre los siane de Nueva Guinea, la pareja de recién casados reside en la aldea en la cual el novio nació y creció. Este patrón se llama *residencia patrilocal*. Entre los indios hopi de Norteamérica, la pareja de recién casados se agrega a la casa del tío de la novia, el hermano de su madre. Este patrón se conoce como *residencia avunculocal*.

Una cosa que debemos tener presente es que estos patrones de matrimonio y residencia son los ideales o metas de las diversas sociedades que los practican. No todos los miembros de estas sociedades practican las formas ideales. Es posible que los patrones de matrimonio y de residencia considerados ideales por una sociedad nunca sean logrados por algunos, ni siquiera por la mayoría de esa sociedad.

Aunque no disponemos de datos estadísticos precisos, los antropólogos han observado en el campo que en sociedades donde la poliginia es el ideal, menos de la mitad de los matrimonios son en realidad polígenos. En los Estados Unidos, el ideal es la residencia neolocal, primordialmente en una casa para una sola familia; pero muchas parejas viven gran parte o toda su vida de casados con sus padres u otros parientes. Lo que hemos analizado en este capítulo son patrones, no "leyes" inquebrantables. El estudiante de antropología debe siempre cuidarse de estereotipar.

Dios y la familia

La familia es la entidad básica de toda sociedad. Fue la primera institución sociológica. Dios estableció la familia antes de establecer la iglesia, el gobierno o cualquier otra institución. La Biblia nos da bases para el matrimonio, y establece las funciones y los requisitos del matrimonio y la familia. Toda cultura incluye valores, tradiciones y expectativas asociadas con el matrimonio y la familia. El asunto que nos confronta es cómo relacionar las enseñanzas bíblicas con las prácticas culturales.

Es muy fácil para un cristiano confundir lo que es bíblico con lo que es cultural. Muchas de las cosas que hacemos, que consideramos como buena conducta cristiana, realmente son una buena conducta americana. Demos otra mirada a la anécdota que aparece al principio de este capítulo, donde se muestran diferentes formas de obtener un esposo. ¿Cuál de ellas es bíblica?

Los únicos versículos que parecen aplicarse a esta situación son 2 Corintios 6:14: "No os unáis en yugo desigual con los incrédulos; porque ¿qué compañerismo tiene la justicia con la injusticia? ¿y que comunión la luz con las tinieblas?" y Colosenses 3:20: "Hijos, obedeced a vuestros padres en todo, porque esto agrada al Señor." Parece que ambas jóvenes se casaron con cristianos, por lo que ninguna fue "unida" con un incrédulo. La muchacha y el muchacho hindú fueron obedientes a sus padres. Supondremos que la muchacha y el muchacho estadounidenses no fueron en contra de los deseos de sus padres. Por lo tanto, parece que ambos matrimonios fueron bíblicos.

Al observar los patrones de matrimonio y residencia de otras culturas, necesitamos evaluarlos a la luz de la Biblia y no a la luz de nuestra propia cultura. El sistema de Dios permite la variación cultural dentro de las pautas bíblicas.[1] Es solo cuando el sistema cultural se aparta de las pautas bíblicas que tienen que ocurrir cambios. (Véase Ilustración 8-1).

La Biblia enseña que el matrimonio es básicamente un compromiso total, de por vida, entre un hombre y una mujer (Génesis 2:24; Mateo 9:4-6; 1 Corintios 7:39). El concepto bíblico de matrimonio no es básicamente un contrato legal ni uno social. Es un compromiso que se hace delante de Dios y la familia de creyentes. Ese compromiso no perdura debido a la fuerza de la ley o la amenaza de sanciones sociales sino porque se hace delante de Dios.

Aunque el concepto bíblico de matrimonio es básicamente un compromiso total entre un hombre y una mujer, la Biblia también nos enseña que los cristianos deben vivir en armonía con las leyes y costumbres de su sociedad (Romanos 13:1-4; 1 Corintios 9:19-23; 1 Pedro 2:13-17), a menos que ellas violen las leyes morales de Dios (Hechos 5:27-32). Por lo tanto, cuando las leyes matrimoniales, costumbres y rituales de una cultura no están en conflicto con las enseñanzas de la Biblia, el cristiano en esa sociedad debiera acatarlas. En sociedades donde las costumbres matrimoniales y rituales están asociadas con religiones paganas, el misionero no debiera intentar introducir costumbres y rituales de su propia cultura. Antes, el misionero debiera permitir que los nacionales desarrollen costumbres y rituales que sean consecuentes tanto con la cultura nacional como con la enseñanza de la Biblia.

---

1 El asunto de poligamia se trata en el Capítulo 15.

Ilustración 8-1. RELATIVISMO CULTURAL Y MATRIMONIOS BÍBLICOS. Como el diagrama lo indica, puede haber variación en la forma de matrimonio sin violar las pautas bíblicas. Sin embargo, cuando una cultura sí viola las pautas bíblicas, como las culturas C y E lo hacen, habitualmente no es toda la cultura la que está violando las pautas bíblicas, sino sólo ciertos aspectos de ella. Por ejemplo, en la sociedad tradicional samoana, se fomenta el sexo prematrimonial en violación de las pautas bíblicas, pero se fomenta la fidelidad en el matrimonio y, por supuesto, esto último está en armonía con las pautas bíblicas.

El propósito y plan de Dios para la familia se explica en Génesis 2:18-25. Grant Martin (1976) ve tres propósitos para el matrimonio en este pasaje. El primer propósito es compañerismo: "no es bueno que el hombre esté solo" (v. 18). Dios hizo a los seres humanos seres sociales y vio que el hombre necesitaba la compañía de otros de su clase. El matrimonio provee al hombre y a la mujer con un compañerismo de por vida.

El segundo propósito es complemento: "Le haré ayuda idónea para él" (v. 18). Los hombres y las mujeres fueron creados iguales pero diferentes; ellos se complementan entre sí. El reconocido erudito hebreo C. D. Ginsburg, al comentar este pasaje, dice: "Sus características diferentes... fueron diseñadas para ajustarse a fin de producir una feliz armonía, y *hacer de ambos uno*" (1970:14).

El tercer propósito es la procreación: "Por tanto, dejará el hombre a su padre y a su madre, y se unirá a su mujer, y serán una sola carne" (Génesis 2:24). En Génesis 1:28 tenemos el mandamiento específico de Dios a la primera pareja: "Fructificad y multiplicaos." En los versículos de Génesis 1 y 2, vemos el acto sexual en sus dos funciones, como una expresión de unidad y como un medio de procreación. Es interesante observar que Dios creó al hombre y a la mujer de tal manera que los hijos fueran concebidos durante un acto de amor y unidad. El compañerismo matrimonial es el plan de Dios para la concepción y formación de los niños.

Es interesante notar el énfasis que la ley de Moisés pone en la familia. Por ejemplo, en los diez mandamientos (Éxodo 20:2-17), los cuatro primeros mandamientos (vv. 2-11) tratan acerca de las relaciones de los seres humanos con Dios, mientras que los siguientes seis mandamientos (vv. 12-17) tratan acerca de las relaciones de los seres humanos con otras personas. El primero de estos seis mandamientos trata de las relaciones humanas, trata de las relaciones dentro de la familia. A menos que tengamos la debida relación con Dios, es difícil tener una debida relación con nuestro prójimo. También a menos que tengamos una relación correcta dentro del hogar, será difícil tener relaciones correctas fuera del hogar.

Además de los diez mandamientos, la ley de Moisés tiene muchas cosas que decir acerca de la familia. Levítico 18:1-30 y 20:10-21 trata del sexo dentro y fuera del matrimonio, e indica que cada tipo de actividad sexual fuera del matrimonio es pecado. Levítico 20:9 habla de castigar a un niño rebelde. Deuteronomio 6:4-9 habla de la responsabilidad de los padres de instruir a sus hijos en la enseñanza de la ley.

Los libros históricos del Antiguo Testamento están repletos tanto de ilustraciones positivas como negativas de la función de la familia.[1] 1 Corintios 10:11 nos dice que los relatos del Antiguo Testamento fueron registrados como un ejemplo para nosotros. La vida de David es un ejemplo interesante de los problemas que pudieran suscitarse cuando no se siguen las instrucciones de Dios en cuanto al matrimonio y la familia.

---

1 Los libros históricos comprenden los libros desde Josué a Ester inclusive.

Los libros poéticos del Antiguo Testamento también tienen cosas que decirnos acerca del matrimonio y la familia.[1] El libro de Job nos da una imagen de un padre bondadoso orando por sus hijos (Job 1:5). También nos da una imagen de una mujer que apreció a su esposo cuando le iba bien pero no cuando le iba mal (Job 2:9). Los Salmos hablan de las bendiciones de los hijos. (Salmo 127:3-5; 128:3). Los Proverbios hablan del valor y necesidad de instruir a los niños en el hogar (Proverbios 3:1; 4:1; 22:6; 23:13; 29:15.). Señalan que encontrar una esposa es encontrar una buena cosa (18:22) y que una esposa prudente es un don del Señor (19:14). Habla del disfrute del sexo en el matrimonio (5:18), el valor de una buena esposa (14:1; 31:10), y la desgracia de encontrar una esposa contenciosa (19:13-14; 29:9, 19).

El Nuevo Testamento tiene muchas cosas que decir acerca del matrimonio y la familia. Jesús habló de la responsabilidad familiar (Mateo 15:3-9), y enseñó sobre el divorcio y sobre la santificación del matrimonio (19:1-12). Pablo también considera la familia en sus Epístolas. El capítulo 7 de 1 de Corintios habla acerca de los aspectos sexuales del matrimonio, como lo hace Hebreos 13:4.[2] Pablo habló acerca de la relación entre esposo y esposa y la relación entre padres e hijos en Efesios (5:21-33; 6:1-4). Pablo muestra cómo estas dos relaciones son recíprocas. Pedro también menciona la relación entre esposo y esposa y su naturaleza recíproca (1 Pedro 3:1-7).

Al estudiar las Escrituras, descubrimos los propósitos y planes de Dios para el matrimonio y la familia. Estos propósitos y planes se llevan a cabo en culturas humanas. Es importante que reconozcamos que las pautas bíblicas para el matrimonio y la familia pudieran adoptar formas diferentes en diferentes culturas. Es sólo cuando llegamos a familiarizarnos tanto con las Escrituras como con la cultura que podemos aplicar las enseñanzas bíblicas de una manera compatible con ambas.

Preguntas para debate

1. ¿Cómo definiría un matrimonio cristiano? ¿Cuáles son los requisitos fundamentales?
2. ¿Es el precio de novia o dote una práctica no cristiana? Explique su respuesta.
3. ¿Qué haría usted, como misionero, si un africano con sus tres esposas aceptara al Señor y asistiera a la iglesia local?

---

1 Los libros poéticos comprenden los libros desde Job al Cantar de los Cantares inclusive.
2 Reconocemos que no hay un acuerdo general acerca del autor de Hebreos. Nosotros no estamos afirmando la autoría de Pablo.

4. ¿Cuánto debiera un misionero tratar de cambiar costumbres matrimoniales locales?

5. ¿Cuánto de nuestra sistema de elección de cónyuge y prácticas matrimoniales es bíblico y cuánto es solo cultural?

Lecturas sugeridas

Bohannan, P., y Middleton, J. 1968. *Marriage, Family, and Residence* [Matrimonio, Familia y residencia]. Una colección de artículos escritos por varios destacados antropólogos que tratan acerca de matrimonio, familia y residencia. La sección de artículos sobre formas matrimoniales contiene algún material interesante.

Cavan, R. S. 1969. *Marriage and Family in the Modern World* [Matrimonio y familia en el mundo moderno]. Un libro de lecturas sobre matrimonio y familia por antropólogos, sociólogos y psicólogos. Una buena sección sobre cortejo, matrimonio y la familia en culturas no estadounidenses.

Evans-Pritchard, E. E. 1951. *Kinship and Marriage Among the Nuer* [Parentesco y matrimonio entre los nuer]. Una buena monografía sobre matrimonio y parentesco en una sociedad tribal. El autor ha pasado muchos años estudiando los nuer, y su familiaridad con la tribu es evidente. Es interesante comparar las prácticas de los nuer con los hebreos del Antiguo Testamento.

Fortes, M. 1962. *Marriage in Tribal Societies* [Matrimonio en sociedades tribales]. Una colección de cuatro artículos que tratan acerca del matrimonio en las sociedades tribales. Esta es una buena lectura para los estudiantes interesados en prácticas matrimoniales en sociedades basadas en el parentesco.

Fox, R. 1967. *Kinship and Marriage* [Parentesco y matrimonio] Una obra fundamental e introductoria sobre el parentesco y el matrimonio. Escrito teniendo en cuenta al laico, este libro es bueno para comenzar un estudio sobre ese tema.

Grunlan, S. A. 1984. *Marriage and the Family: A Perspective* [Matrimonio y la familia: una perspectiva]. Una introducción a la sociología del matrimonio y la familia desde una perspectiva cristiana. Esta obra da ideas sobre el matrimonio y la familia en la cultura estadounidense.

Queen, S. A., y Haberstein, R. W. 1971. *The Family in Various Cultures* [La familia en varias culturas]. Un buen panorama de la variaciones en arreglos familiares de varias culturas en la actualidad, así como una perspectiva histórica. Contiene un interesante capítulo sobre la familia poliandria en la cultura de los toda.

2

Parentesco

¿Qué es un hombre? Un hombre no es nada. Sin su familia él es menos importante que un insecto que cruza el camino, o menos importante que el esputo o los restos dejados por una serpiente al cambiar la piel. Al menos estos se pueden usar para ayudar a envenenar un hombre. Un hombre debe estar con su familia si va a significar algo para nosotros. Si no tiene a nadie para ayudarle, al primer problema que encuentre sería muerto por sus enemigos, porque no habría parientes para ayudarle a luchar contra el veneno del otro grupo. Ninguna mujer se casaría con él ... Sería más pobre que un niño recién nacido, sería más pobre que un gusano ... La familia es importante. Si un hombre tiene una familia numerosa ... y fue criado por una familia que se sabe produce buenos hijos, entonces él es algo, y toda la familia de su grupo estaría dispuesta a darle una mujer con quien casarse. Según la manera blanca de hacer las cosas, la familia no es tan importante. La policía y los soldados se preocupan de protegerte, los tribunales te otorgan justicia y la escuela te enseña. Se preocupan de todo, aun de los hijos si uno muere; pero entre nosotros la familia debe hacer todo eso.

Sin la familia no somos nada, y en épocas pasadas, antes que vinieran los blancos, todo el que trató de hacer siquiera algo le daba a la familia la mayor importancia. Por eso nos llevábamos bien ...

Para nosotros la familia era todo. Ahora no es nada. Nos estamos volviendo como los blancos y es malo para los ancianos.

Nosotros no tenemos hogares para los ancianos como ustedes. Los ancianos eran importante. Ellos eran sabios. Vuestros ancianos deben ser necios (El soliloquio de un indio pomo anciano de California, Aginsky 1940:43-44).

La familia, en su significado más amplio, se extiende más allá de la familia nuclear de padres y sus hijos a una completa red de relaciones. Esta red familiar más grande está vinculada por parentesco. El *parentesco* es más que una red de relaciones biológicas; es también una red de relaciones sociales. Este establece vínculos sociales, patrones de conducta, obligaciones y responsabilidades, y patrones de autoridad. En suma, es una estructura de relaciones personales.

Entre los aborígenes de Australia, cuando dos extraños se encuentran no se saludan hasta que hayan determinado cómo están relacionados para usar el saludo apropiado. Si ellos determinan que no están relacionados tratan de matarse. Como era de esperarse, los aborígenes practican exogamia para expandir su cadena de parentesco.

Las relaciones de parentesco son la base de la mayoría de las sociedades no occidentales. Esto es cierto no sólo en pequeñas aldeas sino también entre tribus grandes. Los nuer de Sudán en África son más de cien mil. Todavía no tienen estructura de autoridad política o legal. No hay rey, jefe, o consejo de gobierno. Sin embargo, hay orden social, desarrollo económico y defensa organizada. La estructura social nuer se basa en un sistema de parentesco. La sociedad funciona a través de las obligaciones y responsabilidades del parentesco. ¿Cómo puede una sociedad de este tamaño mantener un orden social sin un sistema de autoridad político o legal? ¿Llama una madre estadounidense a la policía para hacer que su hijo se bañe? No; aun así él se baña. De la misma forma la familia nuer tiene el poder y responsabilidad de controlar a sus miembros.

Debido al importante papel que el parentesco desempeña, al comprender la estructura social de la mayoría de las sociedades no occidentales, los antropólogos culturales han dedicado gran parte de su trabajo al estudio del parentesco.

Nelson Graburn da seis razones de la importancia de los estudios del parentesco:

1. Los sistemas de parentesco son universales.
2. Los sistemas de parentesco son siempre importantes, aunque en diferentes grados, en la estructura de todas las sociedades humanas.
3. En casi todas las sociedades tradicionalmente estudiadas por antropólogos, el parentesco ha sido un principio organizador (tal vez el principal).

4. Los sistemas de parentesco son relativamente fáciles de identificar y se prestan bastante para análisis simples.

5. En la historia de la antropología, el descubrimiento de sociedades en que el parentesco era tan abrumadoramente importante, y tan diferente de nuestras propias estructuras, proveyó estímulos para mucha investigación.

6. Muchos otros aspectos de la naturaleza de la sociedad han sido examinados en algún grado por otros teóricos sociales antes que la antropología llegase a ser una ciencia social bien formulada. De modo que se puede decir que los antropólogos se han concentrado en una materia que otros científicos sociales han tendido a descuidar (1971:3-4).

El poder entender y analizar los sistemas de parentesco es muy importante para una empresa misionera. No puede establecerse una estrategia eficaz de evangelismo y fundación de iglesias sin una comprensión de la estructura social de la sociedad.

Además, respecto a los nuer, cuya estructura social se basa en el parentesco, E. E. Evans-Pritchard (1940), un antropólogo cristiano quien ha hecho mucho trabajo entre ellos, señala que si alguien desea trabajar entre este pueblo debe llegar a ser un pariente. Si una persona no es un pariente en realidad o por aceptación mutua, entonces es un enemigo en potencia, porque sin parentesco no se establece ninguna obligación. Los derechos, privilegios y obligaciones se basan en el sistema de parentesco nuer, y uno debe relacionarse con en ese sistema para trabajar entre los nuer.

Bases de parentesco

Debe haber formas de vincular los diversos elementos en cualquier red. En una red de parentesco, los lazos conectadores se llaman vínculos. Hay tres tipos de vínculos de parentesco.

El primero se llama *vínculos de afinidad,* refiriéndose a las relaciones de parentesco vinculadas por lazos maritales. Cuando un hombre se casa con una mujer, él está ligado a ella por un vínculo de afinidad. Sin embargo, ahora está emparentado no sólo con ella sino también con sus padres, sus hermanos y otros parientes. En los Estados Unidos nos referimos a aquellos con los cuales tenemos vínculos de afinidad como "parientes políticos" o como "emparentados por matrimonio".

El segundo tipo de vínculos de parentesco se llama vínculos consanguíneos. Los *vínculos consanguíneos* se refieren a relaciones de parentesco debido a relaciones biológicas, es decir, por "sangre". Un hijo está relacionado con sus padres por un vínculo consanguíneo: Los hermanos están vinculados entre sí por vínculos consanguíneos. Un vínculo de afinidad se hace por contrato y se puede romper. Un vínculo consanguíneo se produce por nacimiento y no se puede romper.[1] Los vínculos de afinidad son logrados, mientras que los vínculos consanguíneos son atribuidos. Usted escoge su esposa, pero no sus hijos, ¿No es así?

El tercer tipo de vínculo se llama convencional. Un *vínculo convencional* define una relación de parentesco "sociolegal", en la cual una persona es legal, ceremonial, o religiosamente vinculada con la cadena de parentesco. Los vínculos convencionales representan habitualmente un vínculo consanguíneo tal como el de hermano de sangre o madrina. Una forma muy familiar de vínculo de parentesco convencional en nuestra cultura es la adopción. Cuando una pareja adopta a un niño, es como si el niño hubiera nacido con ellos. Aunque un vínculo de parentesco pudiera ser convencional, no es menos fuerte. Un niño adoptado tiene todos los derechos, privilegios y responsabilidades de un hijo propio. Entre los indios de las grandes llanuras de Norteamérica así como en algunas tribus africanas se usa una relación conocida como hermano de sangre para vincular a una persona con el sistema de parentesco. En la sociedad tradicional latinoamericana las obligaciones de un padrino pudieran ser tan reales y estrechas como aquellas de un padre biológico. Los filipinos tienen un vínculo de parentesco convencional similar por el cual un varón es nombrado "padrino". Al nacimiento de un niño, en la pubertad, o en el matrimonio, se nombran padrinos. Se ha sabido que algunos niños tienen hasta siete padrinos al nacer. Los filipinos buscan como padrinos para sus niños a personas que sean de su condición social o de niveles sociales más altos. Esos padrinos otorgan "conexiones" al niño. El poder y la condición social están relacionados con la familia, por lo que la familia puede expandirse al tener muchos padrinos. El apadrinar es también una forma de integrar forasteros a la sociedad.

Esquematizando

Para ayudarse en el análisis del sistema de parentesco, los antropólogos han desarrollado un sistema taquigráfico para esquematizar los valiosos datos, y así observar y analizar parentesco. Aunque estos sistemas de taquigrafía y diagramación son similares, hay algunas diferencias de uso entre antropólogos. Nosotros usaremos el sistema de Shusky, ya que se usa y reconoce ampliamente (1965).

---

1 En algunas sociedades se pudiera romper legalmente; pero, por supuesto, nunca se puede romper biológicamente.

Cuando se esquematizan los sistemas de parentesco, se representa a los varones con un triángulo y a las mujeres con un círculo. Los vínculos de afinidad se muestran con líneas paralelas, y los vínculos consanguíneos se distinguen con una sola línea. Estos símbolos se pueden ordenar para esquematizar un sistema de parentesco. El diagrama para una familia nuclear se muestra en la Ilustración 9-1.

Al esquematizar un sistema de parentesco, se necesita un punto de referencia. Un diagrama habitualmente se prepara sobre el parentesco de una persona principal. Un hombre pudiera ser el esposo de una mujer, el hermano de otro y aún el padre de otro. Esa referencia se llama ego. El ego se muestra en un diagrama al ennegrecer su símbolo (Ilustraciones 9-2 y 9-3). Aunque algunos antropólogos usan el símbolo masculino para un ego neutral y no especificado, la mayoría usa un triángulo.

Ilustración 9-1. LA FAMILIA NUCLEAR. La familia nuclear ideal a la cual se refieren los antropólogos consiste del padre, madre, hermano y hermana. Este ideal se usa porque demuestra la mayor cantidad de relaciones posibles usando el menor número de personas.

Ilustración 9-2. EL EGO NO ESPECIFICADO. La mayoría de los antropólogos usan un triángulo sombreado para representar un ego no especificado.

Un ego adulto es comúnmente miembro de dos familias, de la familia en que nació y de la familia que forma al casarse. La familia en la que el ego nació es su *familia de orientación*. Es decir, la familia que lo ha orientado en su cultura y preparado para su función en la vida. La familia que ese ego forma al casarse se llama *familia de procreación*. Es decir, la familia donde él está involucrado en procreación. Las dos familias se muestran en la Ilustración 9.3.

Taquigrafía

En los Estados Unidos los niños identifican como "tío" al hermano de su padre, al hermano de su madre, al esposo de la hermana del padre, y al esposo de la hermana de la madre.

Para hablar acerca de la misma relación en diferentes culturas, los antropólogos distinguen entre tipos de parentesco y términos de parentesco. Un *tipo de parentesco* es un concepto abstracto que puede describirse en toda cultura. Una persona de cualquier cultura puede tener una hermana de su padre. Un *término de parentesco* es el término específico, en un idioma específico, que se refiere a uno o más tipos de parentesco. Aunque una persona en cualquier cultura puede tener una hermana de su padre, únicamente los anglohablantes tienen una *aunt*. Los hispanohablantes tienen una *tía* y los noruegos o daneses tienen una *tante*.

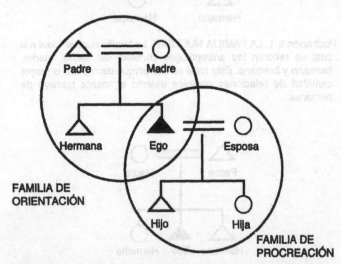

Ilustración 9-3. FAMILIAS DE ORIENTACIÓN Y DE PROCREACIÓN. Note que cada persona está señalada de acuerdo con la relación que tenga con el ego.

Hay dos tipos de términos de parentesco. Los *términos de referencia* se usan para hablar acerca de alguien. Los *términos de tratamiento* se usan para hablar a alguien. Cuando hablo acerca de mi padre, me refiero a él como "padre", pero me dirijo a él como "papá".

Como es de imaginar, los tipos de parentesco pueden ser embarazosos y muy difíciles de escribir en diagramas de parentesco. Imagine tratar de escribir "la madre del esposo de la hermana de mi padre" bajo un símbolo en un diagrama. Para superar este problema, los antropólogos han formulado una forma taquígrafa de referencia. Nueve símbolos fundamentales dan razón de todas las relaciones de parentesco. Antiguamente los antropólogos usaban las primeras dos letras de la palabra, (siguiendo la palabra inglesa) como sigue:

1. Fa - padre	5. So - hijo	9. Ch - niño
2. Mo - madre	6. Da - hija	
3. Br - hermano	7. Hu - esposo	
4. Si - hermana	8. Wi - esposa	

Pero en estos últimos años los siguientes símbolos de una letra han llegado a reemplazar los símbolos de dos letras:

1. F - padre	5. S - hijo	9. C - niño
2. M - madre	6. D - hija	
3. B - hermano	7. H - esposo	
4. Z - hermana	8. W - esposa	

En esta designación taquígrafa, la madre del esposo de una hermana del padre es reducida a FZHM; una forma que es mucho más fácil para trabajar. Véase la Ilustración 9-4 para un ejemplo de un diagrama de parentesco completado.

Reglas de descendencia

En los Estados Unidos, las personas llaman tanto a su MF como a su FF abuelo. No ven diferencia de parentesco entre ellos. Pudieran heredar de cualquiera de ellos, o de ambos. Pudieran nombrar a sus hijos con el nombre de cualquiera de ellos. Los estadounidenses no hacen distinción entre los hijos de sus hijos y los hijos de sus hijas; todos son nietos. La forma en que los estadounidenses reconocen sus descendientes se llama descendencia bilateral.

Ahora la *descendencia bilateral* se refiere a un sistema de parentesco en el cual se traza la descendencia de las personas a través de ambos padres. Es un sistema simétrico en el cual se asocia de igual forma a los individuos con ambas parejas de abuelos. Los individuos tienen los mismos derechos y obligaciones respecto a ambas familias. En suma, ellos no hacen distinción entre la línea de su padre y la línea de su madre.

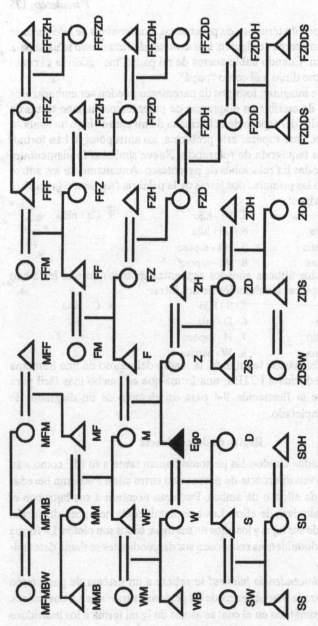

Ilustración 9-4. DIAGRAMA DE PARENTESCO EXTENDIDO. Note cuán conveniente es la taquigrafía dada en la página en este diagrama.

Cuando los individuos hacen distinción entre abuelos maternos y paternos, y se asocian primordialmente con un lado, esperando de ese lado su herencia, su descendencia se denomina *descendencia unilateral*. La descendencia unilateral se practica más profusamente que la descendencia bilateral. Hay dos tipos de descendencia unilateral: patrilineal y matrilineal.

Un sistema de parentesco es patrilineal cuando la descendencia se traza a través de la línea del padre. Por el contrario, es matrilineal cuando se traza a través de la línea de la madre. La descendencia patrilineal es más común que la descendencia matrilineal.

Los mossi de África Occidental tienen un sistema de parentesco patrilineal. Desde el tiempo en que nace un niño mossi, sus relaciones más estrechas son con sus hermanos, y los hijos del hermano de su padre. Los varones del linaje forman la base de los grupos caseros (Véase Ilustración 9-5).

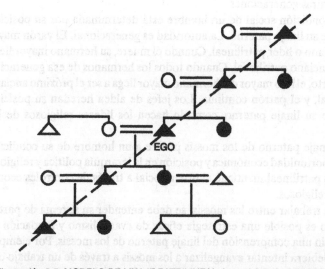

Ilustración 9-5. MODELO DE LINAJE PATRILINEAL. Los miembros del linaje paterno están sombreados, y estas son las únicas personas que el ego considera parientes. Note que el linaje paterno se basa sólo en vínculos consanguíneos, nunca en vínculos de afinidad.

Un vecindario pequeño entre los mossis está constituido por varias viviendas familiares de hombres cercanamente emparentados en forma patrilineal. La residencia es patrilocal, con las mujeres morando en los hogares de sus familias hasta que ellas se casan. Después de eso moran en los hogares de sus esposos. Aunque la mujer mora en el hogar de su esposo, ella todavía es miembro del linaje y clan de su padre. El matrimonio es exógamo. Es decir, los individuos se casan fuera del linaje de su padre. Se considera incesto la violación de la exogamia patrilineal. El matrimonio entre primos se estima deseable.

Cada grupo de residencia patrilineal de los mossi actúa como una entidad corporativa en sus relaciones con otros grupo patrilineales y con la comunidad total. El linaje paterno, como grupo, controla toda la tierra cultivable que el linaje posee y distribuye su uso de acuerdo con la necesidad individual. Esto también funciona como un mecanismo de control social. La propiedad se deja como herencia a través del linaje paterno de padre a hijo, o en algunos casos, del hermano mayor al hermano menor. Toda la propiedad permanece en el linaje paterno y afianza la seguridad económica de las futuras generaciones.

La condición social de un hombre está determinada por su posición dentro de su linaje paterno. La autoridad es generacional. El varón mayor es el anciano o líder patrilineal. Cuando él muere, su hermano mayor llega a ser el anciano patrilineal. Cuando todos los hermanos de esa generación han muerto, el hijo mayor del hermano mayor llega a ser el próximo anciano patrilineal, y el patrón continúa. Los jefes de aldea heredan su posición mediante su linaje paterno, como lo hacen los líderes religiosos de los mossis.

El linaje paterno de los mossis provee a un hombre de su condición social, oportunidad económica y posición en la jerarquía política y religiosa. El grupo patrilineal mantiene el orden social a través de controles económicos y religiosos.

Para trabajar entre los mossis, se debe entender su sistema de parentesco. No es posible una estrategia eficaz de evangelismo y fundación de iglesias sin una comprensión del linaje paterno de los mossis. Por ejemplo, uno no debiera intentar evangelizar a los mossis a través de un trabajo con jóvenes. El lugar donde comenzar sería entre los hombres más ancianos del linaje paterno.

Los isleños de las islas Trobriand del noroeste de Melanesia nos dan un ejemplo de sociedad matrilineal (Malinowski 1955). En su sistema social se reconoce el parentesco solo a través de la madre. Se traspasan la sucesión y herencia pasando por la línea femenina. Esto significa que el hijo de una mujer, varón o mujer, pertenece a la familia, clan y comunidad de ella. El niño varón no alcanza las dignidades y posición social de su padre, sino la de su tío materno, el hermano de su madre. Es también de ese tío materno que el niño varón hereda sus posesiones.

El matrimonio entre los nativos de las islas Trobriand es por lo habitual monógamo. Aunque la descendencia es matrilineal, la residencia es patrilocal. Cuando una pareja se casa, la esposa se muda a la aldea de su esposo. La aldea del esposo es la aldea de su madre, no la aldea de su padre donde fue criado. Aunque un hombre trobriandés es criado en la aldea de su padre, su herencia está en la aldea de su madre y es ahí donde él se establece como adulto.

Tradicionalmente, los isleños de las Trobriand no consideran que el padre tenga alguna función biológica en la procreación. Aun estando conscientes que la relación sexual está relacionada con la concepción, no consideran que el padre haga una contribución biológica al niño. Ellos creen que las nuevas vidas son puestas en la matriz por una pariente fallecida. Debido a que consideran los niños biológicamente relacionados con sus madres, se reconoce el parentesco a través de la línea femenina. Aun cuando llegan a entender la genética, todavía mantienen su sistema de parentesco tradicional, que funciona.

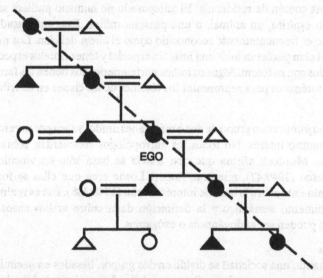

Ilustración 9-6. MODELO DE LINAJE MATRILINEAL. Los miembros del linaje materno están sombreados. Como con el linaje paterno el linaje materno se basa en vínculos consanguíneos, no en vínculos de afinidad.

El hermano de la madre es el varón con la autoridad eficaz sobre los hijos. De él heredarán los niños. Cuando un niño alcanza la madurez, se va a vivir a la aldea de su tío materno donde tiene su herencia. Es el tío el que enseña al muchacho los modales de adulto. Cuando el muchacho se casa, lleva su esposa a la aldea de su tío materno.

Si fueran misioneros a comenzar una obra entre los isleños de las Trobriand sin entender el sistema de parentesco trobriandés, pudieran tener problemas para hacer el evangelio comprensible. ¿Cómo reaccionarían los trobriandeses a los misioneros presentando a Jesucristo como el hijo de Dios, o como del linaje de David? ¿Qué acerca del concepto de Dios el Padre?

Grupos de parentesco

Tres tipos principales de grupos de parentesco sirven como la base para la estructura social de muchas sociedades.

Clan

Un *clan* es un grupo relacionado de manera consanguínea, patrilineal o matrilineal. Sostiene la creencia que ha descendido de un antepasado común no humano. Los miembros de un clan por lo habitual comparten una zona común de residencia. El antepasado no humano pudiera ser un dios, un espíritu, un animal, o una persona mítica. Este antepasado no humano es frecuentemente reconocido como el *tótem* del clan. Los miembros del clan pudieran lucir una insignia especial y tener rituales especiales asociados con su tótem. Algunos indios norteamericanos tienen los famosos postes totémicos para representar los tótemes de los clanes en su tribu.

Fratría

Una *fratría* es un grupo de dos o más clanes unidos ya sea por parentesco o por mutuo interés. No todos los antropólogos concuerdan sobre esta materia. Murdock afirma que una fratría se basa sólo en vínculos de parentesco (1949:47), mientras Robert Lowie cree que ellas se forman habitualmente sobre la base de interés común (1948:338). Ese es realmente un argumento semántico y la definición dada cubre ambos casos. Las fratrías pueden ser endogámicas o exógamas.

Moietía

Cuando una sociedad se divide en dos grupos, basados en nacimiento, estos dos grupos, o mitades, se llaman *moietías*. Los moietías habitualmente tienen nombres, símbolos y rituales asociados son ellos. Estos son mecanismos para ayudar a fortalecer la solidaridad del grupo. La mayoría de los moietías son exógamos. Cuando los moietías son endogámicos, hay menos vínculos entre ellos y más rivalidad. El conocer los grupos de parentesco puede ser una clave para comprender la estructura social de una sociedad.

Tipos de sistemas de parentesco

Ninguna sociedad tiene un término específico para cada tipo de parentesco posible. Toda sociedad junta algunos tipos de parentesco, genealógicamente diferentes, bajo un término. Un ejemplo en español sería *tía*. Este término se usa para cuatro tipos distintos de parentesco: MZ, FZ, MBW y FBW. Entre los sudaneses hay un término diferente para cada uno de estos tipos de parentesco, y el término para cada tipo de parentesco difiere cuando lo usa un varón o una mujer. Un niño sudanés llamaría a FZ con un término, mientras que una niña sudanesa llamaría a FZ con otro término. Los sistemas de parentesco están clasificados por la forma en que se asocian, o clasifican, los diferentes tipos de parentesco.

Hay tres tipos fundamentales de sistemas de parentesco. El primero, conocido como el sistema de parentesco *Hawaiano*, es un sistema generacional. Todos aquellos parientes del mismo sexo y generación son llamados por el mismo término de parentesco. Por ejemplo, M, MZ y FZ son todos llamados "madre". F, FB y MB son todos llamados "padre". Para denominar a primos, primos paralelos y hermanos se usa el término "hermano" o "hermana". Note que este es un sistema bilateral. Por *bilateral* se quiere decir que a parientes de ambos lados de la familia se les llama de la misma forma.

Los dos sistemas siguientes de parentesco son lineales. Ellos se preocupan por distinguir aquellos parientes que están directamente en la línea de descendencia, de los que son colaterales. Bajo un sistema lineal M es diferenciada de MZ, quien es colateral. El sistema de parentesco lineal bilateral, conocido como el sistema de parentesco *esquimal*, distingue parientes colaterales de aquellos relacionados directamente con la línea de descendencia, pero no distingue entre colaterales patrilineales y matrilineales. M es diferenciada de MZ y FZ; pero MZ y FZ no son diferenciadas entre sí. El parentesco angloamericano es un sistema de parentesco esquimal. Una de las diferencias entre el sistema esquimal y la mayoría de los otros sistemas es que en el sistema esquimal no se usan los términos de la familia nuclear para llamar a otros parientes. Esto pudiera ser porque las sociedades con un sistema de parentesco esquimal enfatizan la familia nuclear antes que la familia extendida.

El sistema de parentesco lineal unilateral, conocido como sistema de parentesco *iroqués*, distingue entre colaterales matrilineales, colaterales patrilineales, y aquellos relacionados directamente con la línea de descendencia.

Aunque esos son los tres tipos fundamentales de sistemas de parentesco, hay muchos subtipos y variaciones. Hay sistemas en los cuales se llama a los hermanos mayores con un término y a los hermanos menores con otro. En algunos sistemas de parentesco todos los tipos de parentesco, masculinos o femeninos menores que el ego, se agrupan empleando sólo un término, mientras que los tipos de parentesco mayores que el ego se distinguen usando términos individuales. La variedad de tipos es casi igual a la variedad de sociedades.

Una comprensión del sistema de parentesco del grupo con el cual los misioneros están trabajando pudiera ayudarles a desarrollar una estrategia eficaz para presentar el evangelio al grupo. Los misioneros tienen que comenzar donde el pueblo está. La antropología cultural da a los misioneros las herramientas para aprender acerca de la gente y su sistema de parentesco.

Como analizar un sistema de parentesco

En muchas sociedades la mayoría de la conducta está regulada por parentesco. Para entender una sociedad, al grado que se pueda vivir y ministrar entre ese pueblo, una persona necesita entender el sistema de parentesco. La forma de comenzar el análisis de un sistema de parentesco es recolectar términos de parentesco de un informador y ubicarlos en un diagrama de parentesco.

Es importante recordar que los términos de parentesco deben recolectarse tanto como de varones como de mujeres. En algunas sociedades el término usado por ambos sexos será el mismo. En otros, la terminología usada por las mujeres será diferente de la usada por los hombres. Es también importante recolectar términos de informadores jóvenes e informadores ancianos.

El investigador debiera hablar con tantos informadores como sea posible. La mayoría de los informadores carecerán de ciertos parientes. Un informador pudiera no tener un FB. Cuanto más informadores entreviste el investigador, tanto más lagunas podrá llenar. Esta es una buena forma de establecer sistemas de parentesco. Además, a la mayoría de la gente le gusta hablar acerca de sus parientes y habitualmente le contará historias que son pistas para la apropiada conducta de pariente. El investigador comenzará a descubrir los patrones de conducta apropiados entre dos tipos de parientes. El investigador debe estar alerta para descubrir qué tipos de pariente el ego considera parientes y cuáles no. El investigador debiera también determinar la categoría de miembro del clan de cada individuo en la sociedad.

Un buen método de practicar esta técnica en casa es pedir a estudiantes extranjeros que le ayuden como informadores. Trate de analizar su sistema de parentesco y luego corríjalo con ellos.[1]

Funciones de los sistemas de parentesco

Como ya hemos visto, los sistemas de parentesco son parte importante de la estructura social en muchas sociedades. El sistema de parentesco desempeña muchas funciones necesarias en estas sociedades. Lea otra vez el soliloquio del indio al comienzo de este capítulo y observe las diferentes funciones que el anciano indio atribuía a la familia.

Socialización

Aunque se señaló en un capítulo anterior que la familia nuclear comúnmente tiene la responsabilidad principal por la socialización de los jóvenes, la familia extendida tiene también una importante función en el proceso. Entre los isleños de las Trobriand, un niño aprende del hermano de su madre y no de su padre, el comercio, los rituales de clan y otras cosas importantes para una vida útil. El sistema de parentesco completo provee un modelo de conducta. Además, ciertos miembros del sistema de parentesco tienen funciones específicas en ciertos aspectos de la socialización de un niño.

Seguridad y ayuda

La mayoría de las sociedades no tienen un sistema de seguridad social para cuidar de los ancianos o los que no pueden trabajar. No tienen hogares para personas ancianas, ni tienen orfanatos. No tienen fuerzas policíacas para proteger la propiedad y la vida. Entonces, ¿Quién se hace cargo de los ancianos, las viudas, los huérfanos? ¿Quién protege la propiedad y la vida?

El sistema de parentesco se hace cargo de los ancianos, los jóvenes y los huérfanos. Acude en defensa de cualquiera de sus miembros amenazado y cobra venganza por el mal que se ha hecho a uno de sus miembros. Soluciona disputas. En suma, el sistema de parentesco en muchas sociedades, desempeña las funciones que hemos entregado a nuestro gobierno. Así como una persona no podría desempeñarse en nuestra sociedad sin una comprensión de las funciones del gobierno, tampoco un individuo podría realmente desempeñarse en muchas sociedades sin entender las funciones del sistema de parentesco.

---

1 Para una explicación e ilustración más completa sobre cómo analizar sistemas de parentesco, véase W. H. R. Rivers, 1910, "The Genealogical Method", *Sociological Review*, 3:1-11, reimpreso en Graburn (1971:52-59).

Control social

En sociedades más simples, y aun en algunas más complejas, la cadena de parentesco ocupa las funciones gubernamentales de control social. El sistema de parentesco castiga a los delincuentes, establece reglas y mantiene el orden social. Veremos con más detalles esa función del sistema de parentesco en el Capítulo 11.

Sistema de parentesco hebreo en el Antiguo Testamento

Así como una comprensión del sistema de parentesco actual de una sociedad es necesario para una comprensión de esa sociedad, también es importante entender el sistema de parentesco de los hebreos para una mejor comprensión tanto de ellos como del mensaje del Antiguo Testamento.

Los sistemas de parentesco no son estructuras estáticas sino que cambian a través del tiempo. Esto se ve también en el sistema de parentesco hebreo del Antiguo Testamento. Escogeremos cierto período de la historia del Antiguo Testamento para examinar el sistema de parentesco hebreo.

Durante el período de los patriarcas (Abraham, Isaac y Jacob), el sistema de parentesco hebreo fue patrilineal en descendencia, patrilocal en residencia y clan-endogámico en matrimonio. Los arreglos matrimoniales preferidos durante el período de los patriarcas fue matrimonio de primo paralelo. La pareja ideal para un hombre fue la hija del hermano de su padre, o la hija del hijo del padre de su padre (véase Ilustración 9-7). En Números 36:11-12 encontramos un ejemplo de matrimonio de primo paralelo y endogamia de clan:

Y así Maala, Tirsa, Hogla, Milca y Noa, hijas de Zelofehad,
se casaron con hijos de sus tíos paternos. Se casaron en la familia
de los hijos de Manasés, hijos de José, y la heredad de ellas
quedó en la tribu de la familia de su padre.

El mismo tipo de sistema patrilineal, patrilocal y clan-endogámico, con matrimonio de primo paralelo se practica hoy en las sociedades árabes tradicionales. Un hombre árabe tiene el primer derecho a su FBD. Debido a que tanto judíos como árabes descienden de Abraham, ellos tienen sistemas de parentesco similares. Como los árabes han permanecido en el Oriente Medio, ha ocurrido poca aculturación, y el sistema de parentesco no ha cambiado tanto en muchas regiones árabes.

No se puede ministrar eficazmente a un pueblo mientras no se le entienda. Una clave para la comprensión de muchas sociedades es la comprensión de su sistema de parentesco. Esto es cierto, no sólo entre sociedades primitivas, sino también entre sociedades avanzadas no occidentales.

En Japón, muchas fábricas no operan con una estructura organizativa sino con una estructura de parentesco ficticio. Los obreros son adoptados por su capataz, un grupo de capataces por su supervisor, y así, hasta el tope de la estructura. Lo que usted encuentra en la fábrica es un sistema de parentesco ficticio, con todos los patrones de conducta y responsabilidades de uno verdadero.

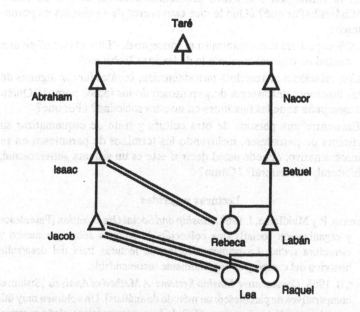

Ilustración 9-7. MATRIMONIO PATRILATERAL DE PRIMO PARALELO. Este arreglo se acostumbraba entre los pastores hebreos del Antiguo Testamento. Esta ilustración presenta el linaje paterno de Taré, mostrando los matrimonios prescritos de Isaac con su prima patrilateral Rebeca y de su hijo Jacob con sus primas paralelas Lea y Raquel. (Este diagrama está limitado al linaje masculino a través del cual evolucionó la línea de descendencia.) (Hoebel 1972:407).

Para traer hombres, mujeres y niños a la familia de Dios, necesitamos entenderlos y relacionarlos con su sistema familiar. En la Biblia Dios emplea las relaciones familiares para ilustrar nuestra relación con él. A medida que entendemos mejor el sistema de parentesco de una sociedad podremos presentar mejor el evangelio. Si la familia es la estructura fundamental de la sociedad, entonces una comprensión del parentesco es fundamental para la comprensión de esta.

Preguntas para debate

1. En la Ilustración 9-4, ¿qué tipo de matrimonio es el de ego y su esposa?
2. Dé el término de parentesco en español para cada tipo de parentesco en la Ilustración 9-4. ¿Tuvo problemas nombrando uno de ellos? ¿Cuáles? ¿Por qué? ¿Qué le dice esto acerca de su sistema de parentesco?
3. ¿Cómo pudiera usted transmitir el concepto de "Dios el Padre" en una sociedad matrilineal tal como la de las islas Trobriand?
4. Con relación a la anécdota introductoriaa, ¿cuáles fueron algunas de las funciones del sistema de parentesco de los indios pomo? ¿Quién desempeña aquellas funciones en nuestra sociedad? ¿Por qué?
5. Encuentre una persona de otra cultura y trate de esquematizar su sistema de parentesco, incluyendo los términos de parentesco en su idioma nativo. ¿Puede usted decir si este es un sistema generacional, bilateral, o unilateral? ¿Cómo?

Lecturas sugeridas

Bohannan, P. y Middleton, J. 1968. *Kinship and Social Organization* [Parentesco y organización social]. Una colección de lecturas sobre parentesco y estructura social. La primera sección de lecturas trata del desarrollo histórico del campo y es especialmente recomendable.

Farber, B. 1968. *Comparative Kinship Systems: A Method of Analysis* [Sistemas comparativos de parentesco: un método de análisis]. Un volumen muy útil e inteligente. Esta obra no es fácil de leer, pero contiene algún material útil para el estudiante serio. Tiene un interesante capítulo sobre sistemas de parentesco en los Estados Unidos.

Graburn, N. 1971. *Readings in Kinship and Social Structure* [Lecturas en parentesco y estructura social]. Un libro de lecturas sobre parentesco y organización social. Incluye algunos clásicos en el campo. Este es un comienzo para un estudiante novicio.

Merrifield, W. 1981. *Proto Otomanguen Kinship* [Parentesco proto otomaya] Escrito por un antropólogo cultural misionero, este estudio enfoca los términos de parentesco usados por una sociedad indígena en el sur de

México. Se presenta un método innovador de analizar y esquematizar relaciones de parentesco.

Murdock, G. P. 1949. *Social Structure* [Estructura social]. Una obra clásica en el campo de parentesco. Obras posteriores se basaron sobre esta obra fundamental. La obra completa es altamente recomendable.

Schusky, E. L. 1965. *Manual for Kinship Analisis* [Manual para análisis de parentesco] 2ª ed. Una introducción esencial, sencilla, aunque cuidadosa, al campo. Este es un excelente lugar para comenzar para una persona que está introduciéndose recién al campo del análisis de parentesco. Los diagramas y el glosario son muy útiles.

10

Grupos y comunidades

La señorita Woodrum, una viuda de cincuenta y cinco años, se suicidó una mañana temprano arrojándose desde su apartamento en el piso doce, en el lado norte de Chicago. Justo antes de saltar, vio al empleado de la limpieza trabajando en el balcón a través del patio en la siguiente ala del edificio. La señorita Woodrum lo saludó y sonrió. Él también le devolvió la sonrisa y el saludo. Cuando él le dio la espalda, ella saltó.

En su ordenado escritorio, la señorita Woodrum dejó esta nota: "No puedo soportar un día más esta soledad. Nadie me llama por teléfono. No hay cartas en mi buzón. No tengo ninguna amiga." La señora Jenkins, otra viuda que vivía en el mismo piso del edificio de apartamentos de esa gran ciudad, dijo a los reporteros: "Quisiera haber sabido que ella estaba sola; la pudiera haber llamado. Pudiéramos haber sido amigas."

Hemos definido cultura como conducta compartida y aprendida. Por esta sola definición, la cultura es un producto de grupo. Para entender mejor la cultura, necesitamos entender la estructura y proceso de grupo.

Goldschmidt (1971:286) ha sugerido tres razones del por qué los seres humanos viven en grupos. La primera es el largo período de maduración física y social requerida por los seres humanos. La segunda es la necesidad psicológica de compañía. Esta es tan fuerte que el aislamiento o confinamiento solitario se usa como castigo. La tercera es la relativa debilidad física de los seres humanos. Ellos están propensos a la enfermedad al no contar con ayudas físicas tales como garras, colmillos y pezuñas. A través de la cooperación los seres humanos controlan animales más fuertes, más rápidos y más peligrosos que ellos, y dominan muchos aspectos del ambiente.

Grupos

Se define un *grupo* como una unidad que posee las siguientes cinco propiedades: (1) está compuesto de dos o más personas; (2) hay interacción o comunicación entre las personas; (3) hay uno o más objetos simbólicos presentes; (4) cada persona tiene algún tipo de relación u orientación con las demás personas y con uno o más de los objetos simbólicos; y (5) hay una "conciencia de unidad" (Taylor 1970:1-2).

Un grupo no sólo debe contener más de una persona, sino estas personas deben también relacionarse entre sí. La interacción incluye la comunicación de información dentro de un marco social, permitiendo la interacción o asociación de acción. Uno actúa con relación al acto del otro. El acto implica conducta verbal o no verbal observable. Tal conducta cobra importancia en relación con objetos establecidos, con significado real o posible, dentro del marco social. Estos objetos tienen valor simbólico dentro de la sociedad y toman varias formas. Ellos incluyen objetos culturales (tales como normas, funciones, creencias y valores) u objetos no culturales (tales como temas de discusión, asuntos políticos y actos de personas).

Por lo tanto una persona dentro de un marco social está orientada a alguna persona u objeto dentro del marco. Esta orientación pudiera ser de persona a persona, como en una relación matrimonial, o de persona a objeto, en que la persona toma una posición frente a un asunto social, tal como aborto o integración.

Se puede distinguir un grupo de una agregación por las cinco propiedades antes mencionadas. Una *agregación* es una colección de personas que pudieran tener uno o más de estas propiedades, pero no todas ellas. Tome, por ejemplo, una aglomeración de personas esperando un autobús en la esquina de una calle, en una ciudad grande. Hay más que dos de ellos. Pudiera haber comunicación cuando una persona pregunta a la otra cuando pasa el bus. Hay objetos simbólicos: la parada del bus, la tarifa del bus, el bus, y la norma de aguardar en la parada. Sin embargo, no hay relación entre la gente, y ellos no tienen conciencia de unidad.

Los sociólogos distinguen entre dos tipos de grupos: primarios y secundarios. Esta distinción es también útil para los antropólogos. El *grupo primario* se refiere a un grupo que es pequeño, estrecho e informal. La familia es un excelente ejemplo de un grupo primario.

Cada niño debe aprender un sistema particular de reglas culturales y lingüísticas en el contexto de una familia específica y una comunidad local. Esto significa que su lealtad social y emocional primordial está dirigida necesariamente a un grupo pequeño y sus tradiciones provinciales. Estas lealtades locales se pueden debilitar en algún grado y, posteriormente en la vida, ser reemplazadas por lealtades más amplias; pero nunca se disuelven completamente y, consciente o inconscientemente, siguen modelando nuestra conducta (Bock 1969:267).

El *grupo secundario* se refiere a grupos que son utilitarios, formales, e impersonales. Clases escolares, cuerpos estudiantiles, sindicatos y Asociaciones de Padres y Maestros son ejemplos de grupos secundarios. Las relaciones con su grupo primario son normalmente más importantes para una persona que sus relaciones con grupos secundarios.

Se denomina *organización social* a la regularización de relaciones personales. Todas las sociedades tienen organización social aunque su forma varía de sociedad en sociedad. La organización social depende del tamaño de la sociedad, su nivel de tecnología, su tipo de sistema de parentesco y muchas otras variables.

Todas las sociedades se componen de diversos grupos que pudieran estar relacionados entre sí en varias formas. Pudiéramos distinguir entre *grupos mutuamente exclusivos* y grupos superpuestos. Los grupos mutuamente exclusivos son grupos en los cuales la asociación con un grupo excluye la asociación con otro o más grupos. Por ejemplo, si un aborigen australiano es miembro del clan del Zorro, él no puede ser miembro del clan del Conejo. Un hindú de la casta Kshatriyas no puede ser miembro de la casta de los Vaisyas al mismo tiempo. En una universidad un miembro de la clase de último año no puede ser miembro de la clase de primer año.

Los *grupos superpuestos* se refiere a grupos en los cuales la asociación con un grupo no impide la asociación con otro o más grupos.

Hay dos tipos de grupos superpuestos: inclusivo y no inclusivo. En los *grupos inclusivos* la asociación con un grupo significa inclusión en otro grupo. Por ejemplo, para ser un miembro de la clase de último año, en una escuela dada, usted debe ser un miembro del cuerpo estudiantil de la escuela. Un estudiante de último año no puede declararse a sí mismo excluido del cuerpo estudiantil total. Los *grupos no inclusivos* son grupos donde la asociación no se obliga ni se exige. Un miembro del equipo de fútbol del colegio pudiera o no ser miembro del equipo de béisbol del colegio.

La mayoría de los clubes y asociaciones en los Estados Unidos son superpuestas, no inclusivas. Uno de los autores de este libro fue miembro, al mismo tiempo, de la Asociación Americana Antropológica, la Sociedad de Antropología Aplicada, la Asociación Americana Sociológica y la Asociación de Sociología de la Religión. Ninguna de estas organizaciones requirió asociación con cualquiera de las otras ni impedía tal asociación.

El *grupo pequeño* es una entidad o colectividad que reúne todos los criterios para el grupo, pero cuenta además con lo siguiente: cada participante del grupo debe recibir una impresión o percepción *de los demás* suficientemente distinta para que pueda, en cualquier momento, entregar alguna reacción u opinión individual, aunque sea mínima, a cualquiera de los otros. El grupo debe ser lo bastante reducido para que cada persona pueda recordar una o más impresiones o percepciones de cada una de las otras personas del grupo.

El culto de'adoración tradicional en casi todas las iglesias reúne el criterio fundamental para grupo, pero no para grupo pequeño. Probablemente ningún participante en la adoración pudiera recordar una o más cosas acerca de cada uno de los otros participantes que asistieron. Sin embargo, la típica clase de Escuela Dominical pudiera ser un grupo pequeño. El criterio para distinguir un grupo pequeño de uno grande se basa en el grado potencial de percepción de las demás personas, y no estrictamente en un criterio de tamaño. En términos de números reales, sin embargo, habitualmente se considera pequeño un grupo si consta de dos a veinte personas (Taylor 1970:3). Grupos pequeños típicos son familias, fraternidades, equipos de construcción, grupos de juego, brigadas de bomberos, clubes de bridge, equipos deportivos, cuerpo de directores, grupos de terapia, grupos de estudio de una clase, jurados, seminarios, partidas de caza y grupos de debate.

El grupo de estudio y comunión, que aparece a veces en la iglesia contemporánea, es un tipo de grupo pequeño que se forma en diversos lugares, por razones específicas, y por un período de tiempo específico. Estos grupos comúnmente no se planean para ser permanentes, y sirven para una variedad de funciones. Es significativo e interesante notar que doce discípulos siguieron a Jesús. Él se juntó con esos doce en una interacción participativa que les separó en términos de preparación pero no en términos de condición social. En tres cortos años, a través de un proceso de aprendizaje activo, preparó a once de ellos para hacerse cargo de su ministerio y fundar la iglesia.

Un grupo así formado es un agrupamiento natural, basado en interés o asociación. Cuanto más coinciden las características de un agrupamiento natural con los intereses o asociaciones compartidas, tanto más eficaz será. El interés compartido o asociación provee un grado de compatibilidad u homogeneidad que sostendrá las metas o procesos del grupo. Cuando se introducen heterogeneidad y diversidad, los procesos del grupo pequeño no funcionan eficazmente. Por ejemplo, si un miembro de un grupo de estudio bíblico quiere profundidad y el grupo tiene una configuración de participación, esa persona tiende a ser una influencia perjudicial en el grupo, buscando llevar el grupo hacia una configuración de profundidad. Las presiones pudieran ser indirectas con comentarios como "¿Cuál es el sentido de toda esta conversación?" o pudiera ser directa con comentarios como "¡Esto no es un estudio bíblico!" Un grupo pudiera tener tanto miembros cristianos como no cristianos y ser homogéneo mientras se comparta un interés común; el deseo de aprender lo que la Biblia tiene que decirles.

No es necesario que se planeen los grupos pequeños con una organización permanente. En realidad, es prudente determinar de antemano una fecha de término, para evaluación y reorganización, y así mantener la vitalidad e interés del grupo. Un grupo grande puede mantenerse a través del tiempo, pero un grupo pequeño necesita evaluación y reestructuración continua.

Un plan que exige evaluación cada ocho o doce meses puede mantener interés en el grupo. De esta forma las personas saben que si las cosas no marchan, tienen la facultad de retirarse después de un período de tiempo establecido. Tres años es probablemente la extensión máxima de tiempo que un grupo pequeño debiera reunirse con la misma gente. Más allá de ese punto, el interés comienza a disminuir y aún la movilidad geográfica quebranta la estructura del grupo. Si un grupo no planea reorganizarse, lo más posible es que muera cuando la movilidad geográfica repercuta.

Es interesante que Jesús y sus discípulos estuvieron juntos por tres años. Aún durante este tiempo hubo desgaste (la deserción de Judas) y actos de deslealtad tales como la negación de Pedro. Cuando Jesús fue crucificado el grupo comenzó a desintegrarse. Después de la resurrección y ascensión de Jesús se comenzaron a formar nuevos grupos en torno a líderes tales como Santiago y Pedro. Después de su conversión Pablo pasó un tiempo difícil antes de ser aceptado por el grupo. En realidad, parece que él nunca fue plenamente aceptado por el grupo de Jerusalén. Sin embargo, la iglesia fue cambiando de un grupo pequeño a uno grande, y Pablo fue aceptado por el grupo más grande. Un estudio de la Biblia desde la perspectiva de una dinámica de grupo puede arrojar algunas percepciones nuevas en nuestra comprensión de la Biblia.

Los grupos pequeños tienen una variedad de funciones. Ellos pueden llevar a cabo tareas específicas, por ejemplo, evangelismo de un vecindario; reunirse para trabajar con problemas emocionales; o aún formarse para influir en un grupo grande. Ellos pueden hacer notar su influencia al dar apoyo a cierto individuo interaccionando dentro del grupo mayor, o pueden hacer sentir la presión del grupo sobre el grupo mayor. El tipo de proceso grupal analizado aquí es la tarea socioemocional del grupo, en la cual los miembros adoptan una función sostenedora y alentadora.

El grupo puede participar en una variedad de experiencias, tanto planeadas como espontáneas. El grupo está en *equilibrio* fundamental al comenzar, los miembros están deseosos de hacerlo marchar y tener una buena experiencia dentro del grupo. Ellos están listos para sublimar deseos personales por amor al grupo y a los miembros del grupo. Es posible que finalmente este equilibrio sea destruido por alguna incomprensión o exageración; por ejemplo, chismes acerca de un miembro del grupo o un desacuerdo que se vuelve serio. Por lo tanto, resulta un *conflicto*. El conflicto pudiera ser cubierto o parcialmente resuelto, o aún replanteado en una fecha posterior a través del "juego de función" para ver como comenzó el desacuerdo, como siguió, como pudiera haber seguido, y cómo pudiera haber sido resuelto para el fortalecimiento del grupo.

La alternación de interacción pudiera así resultar en una nueva relación dentro del grupo, con cada persona desempeñando su propia función o la función del otro. Un medio de efectuar tal alternación es a través de *teoría de juego* utilizando el juego de función, el juego de función invertida, las simulaciones, los juegos educativos y las actividades de confianza. Finalmente, el grupo puede volver a las cualidades que buscan en la interacción grupal, y a través del *proceso generativo* (proyección lógica de conducta y actividades desde un núcleo de conceptos o ideas) desarrollar planes alternativos que el grupo puede seguir para una interacción más eficaz.

No importa que intereses y asociaciones unan a un grupo pequeño, las diferencias subculturales tales como perspectiva, pensamiento, creencia y prácticas son proclives a interponerse en los procesos del grupo. Estas diferencias pueden resultar en irritaciones y distracciones que pueden impedirle cumplir sus propósitos. La persona trabajando con grupos pequeños, especialmente en marcos interculturales, necesita estar consciente de la dinámica de interacción del grupo pequeño.

Comunidades

La India contiene alrededor de quinientos mil pueblos. En esos pueblos viven aproximadamente siete de cada diez ciudadanos hindúes, alrededor de uno de cada siete seres humanos en el mundo. Los pobladores hindúes son ingeniosos y conservadores, altos y bajos, amigables y belicosos, buenos mozos y feos, sabios y necios, radicales y reaccionarios. No hay hindúes rurales típicos; no hay pueblos hindúes típicos. Hay sólo seres humanos viviendo en alguna relación con el complejo patrón de fuerzas e ideas que constituye la civilización india. El entender un solo pueblo y la gente que habita en él es comenzar a entender la India, pero es sólo un comienzo.

La comunidad es un cuerpo colectivo compartiendo una identidad sociopolítica. Las personas escogen vivir juntas dentro de un cierto ambiente, que les permite sustentar la vida y mantener la conveniencia de control social. Tienen una base económica, un sistema de autoridad, la seguridad de protección social y ambiental, y la confianza de que pueden criar a sus familias para que los sucedan.

Las comunidades se desarrollan voluntaria o involuntariamente. La dinámica interna de las comunidades exige una relación ecuánime, un equilibrio. Mientras la comunidad simule o alcance este equilibrio, la comunidad está en paz. Cuando este equilibrio se interrumpe por alguna razón, la comunidad entra en un período de tensión que pudiera, por último, conducirla a su destrucción, o a la aparición de algo nuevo y socialmente más factible para ese período. Cualquier sociedad, voluntaria o involuntariamente, pudiera ser aprovechada por algún miembro o grupo. Ideas preconcebidas o prejuicios, interés egoísta y manipulación de fuerzas sociales, todas estas pudieran forzar a una sociedad fundada en la ecuanimidad a una desigualdad fundamental.

El hogar

El hogar es un tipo de comunidad nuclear y pudiera, en una sociedad dada, servir como una comunidad en sí. El hogar norteamericano consta de un padre, una madre e hijos. Esta es la familia nuclear y es improbable que sirva como una comunidad, sino más bien como parte de una comunidad.

Entre los hopi de Arizona, el núcleo de cada hogar es un grupo de hermanas, junto con sus hijas (solteras y casadas) y los hijos de sus hijas. El esposo parece más un invitado y realmente se siente "en casa" sólo en el hogar de su hermana.

Entre los tanala de Madagascar, por otro lado, el hogar típico está compuesto de un hombre con sus hijos solteros y casados, y sus esposas y prole. Tales hogares, que tenían tres o más generaciones de varones no eran escasos en zonas rurales de los Estados Unidos durante el siglo XIX.

Un hogar pocomchí se compone del padre, la madre y los hijos solteros; pero un hijo casado pudiera también vivir en el hogar por alrededor de tres años.

Entre los ashantis de Gana, África Occidental, el hogar típico está compuesto de una anciana, sus hijos e hijas, y los hijos de sus hijas. Aquí el vínculo de parentesco consanguíneo domina el vínculo de afinidad. Entre los tallensi de Gana el núcleo del hogar es un grupo de hombres; pero se dispone de edificios separados para las esposas y los niños jóvenes de los hijos de un hombre casado. Frecuentemente se dispone de un dormitorio para los niños adolescentes. En cualquiera de estos últimos casos, el hogar funciona como la comunidad.

Vecindario como comunidad

Las comunidades se pueden clasificar de acuerdo con su tamaño y función. En sociedades agrícolas, sobre todo en las que se practica la horticultura por turno, las *granjas* o zonas de granja pudieran estar dispersas. Las aldeas van desde un puñado de tales granjas a una veintena de ellas. Los pueblos pudieran contener de cientos a miles de personas y estar estructurados con granjas o aldeas. Las ciudades son entidades sociopolíticas que comprende vigilancia de pueblos, aldeas y granjas. La ciudad pudiera ser un pueblo que ha crecido o pudiera ser el centro de prestigio de una zona.

El pueblo Trobriandés ilustra estos conceptos. La entidad de organización básica de esa sociedad es el subclan matrilineal. Estos subclanes están asociados con un territorio que se traspasa de generación en generación, y están tradicionalmente relacionados con el subclan. Aunque la sociedad trobriandesa es matrilineal, es patrilocal, por lo que son los miembros masculinos del subclan y sus esposas los que se asientan en el pueblo que sirve como "sede" al subclan. Los miembros femeninos del subclan residen dondequiera con sus esposos.

El pueblo es el centro de la comunidad económica, la cual gira en torno a la horticultura. Los huertos son propiedad colectiva del subclan; no hay un concepto de tierra privada. El líder del subclan controla la organización del cultivo.

La ciudad pocomchí es simplemente un pueblo que tiene un sistema de reglas hispano. Originalmente una zona fértil estaba salpicada de granjas y aldeas. Cuando el hispano entró en la zona, se construyó una iglesia en el centro del plano fértil en la confluencia de los principales senderos que cruzaban el plano.

Los hispanos trazaron una red de calles en forma rectangular, con la iglesia como el centro. Los principales senderos pudieran haber permanecido intactos y ampliados al ancho de la calle, produciendo una modificación del patrón de la red.

Con el tiempo, la parte central del pueblo se pobló con personas de origen hispano y otros extranjeros (por ejemplo, chinos), que tuvieron éxito como hombres de negocio. Establecieron negocios tales como restaurantes, hoteles y tiendas. A medida que el pueblo creció, también crecieron los negocios. De modo que el pueblo indio vivió en las afueras de la ciudad o en las colinas, usando la ciudad sólo como centro de mercado. En las zonas más ricas, tales como San Cristóbal y Alta Verapaz, Guatemala, los indios viven en las montañas, pero mantienen un hogar familiar dentro de los límites del pueblo. Así el pueblo parece estar habitado sólo en día de mercado.

Semejante a una naranja mondada, que muestra secciones separadas, la ciudad de origen hispano tiene secciones llamadas *barrios*. La comunidad está dividida en dos o más divisiones. Cada barrio tiene un jefe responsable ante el alcalde de la ciudad o el consejo municipal. Cada jefe tiene un grado de autonomía para dirigir sus propios asuntos y para supervisar la conducta social del barrio. La jurisdicción comunitaria mayor interviene sólo si aparecen problemas, o un crimen local alcanza una notoriedad que trasciende lo local e inmediato.

Una de tales comunidades, San Cristóbal, Guatemala, tiene una división económica básica dual: la mitad de la comunidad hace cuerdas de la planta maguey y la otra mitad hace bolsas de estas cuerdas. La comunidad está dividida en cinco barrios, semejante a la forma que se divide un pastel, desde el centro hacia fuera. A medida que crece la ciudad, crece el barrio o se forma un nuevo barrio.

La ciudad llega a ser simplemente un pueblo grande con barrios llamados ahora *zonas*. Ciudad de Guatemala, Guatemala, tiene dieciséis zonas oficiales y establece otras nuevas a medida que la necesidad se presenta. Las zonas ya no tienen la misma autonomía que tenían los barrios. Más bien están actualizadas en una estructura política más amplia y perfeccionada de alcalde y concejales. Las zonas en sí mismas alcanzan un grado de prestigio. Se consideran algunas zonas como de condición social más alta, otras como de condición media, e incluso otras como de condición baja.

Los miembros de la sociedad que se mudan a la ciudad buscan una zona donde se sientan cómodos. De otra forma se aplicará una belicosidad diseñada para removerlos: ellos serán reducidos al nivel de condición social de la zona, o la zona entrará en una lucha de condición social con las zonas adyacentes.

El vecindario estadounidense es un conjunto de personas que se mudan a viviendas adyacentes. Pudiera comprender una manzana de la ciudad o sólo una porción de una manzana. Pudiera vincular varias calles cruzadas si los miembros de la comunidad sienten una lealtad a la comunidad, o a los miembros de la comunidad. Pudiera ser una subdivisión o urbanización, o alguna parte de una urbanización.

Sin embargo, llega a ser un vecindario sólo si la gente lo identifica como tal. Una urbanización o subdivisión pudiera que nunca llegue a ser un vecindario en este sentido, porque la gente extiende sus lealtades fuera de la comunidad antes que entrelazarlas dentro de la comunidad. Dentro de la zona de Forest Park, Baltimore, Maryland, las calles de Granada y Rollins llegaron a ser un vecindario. Hubo una percepción de comunidad local basada en expresiones de lealtad. Belle Avenue por el norte nunca llegó a ser parte del vecindario. Los tipos de casa y propietarios (en lugar de arrendatarios) la separaron. Los miembros de la comunidad se relacionaban fuera del centro antes que con otros en el vecindario inmediato.

Dannybrook es una urbanización, principalmente el trabajo de un hombre, en el sudoeste de Dallas. Las calles reciben el nombre de sus hijos. Las casas están construidas en forma de lazo entre dos arroyos Se construyeron alrededor de cincuenta casas como parte de la urbanización. La mayoría de los propietarios dejaron otras partes de Dallas, donde se había producido una invasión étnica. Los miembros de la comunidad mantuvieron así sus relaciones fuera del barrio, y no se alcanzó ningún vínculo de vecindario ni identidad.

La ciudad como comunidad

La ciudad es almacenes, teatros, luces brillantes y vida nocturna. Es un centro cultural y un centro para comercio y negocios. Tiene alto crecimiento y alto índice de criminalidad. Es tránsito y ruido, multitudes de personas, y suciedad ilimitada. La ciudad es el hogar de casi un tercio de la población del mundo.

Cuando se habla de una ciudad, uno está habitualmente hablando acerca de una zona *metropolitana*, es decir, la ciudad y sus suburbios circundantes, los cuales están en realidad adjuntos a la ciudad. El Departamento de Censos de los Estados Unidos define una zona metropolitana como "un condado que tiene un centro urbano de más de cincuenta mil personas y todos los condados contiguos que muestran tener estrechas relaciones con el condado que tiene el centro urbano" (Hawley 1971:150).

Hay más de 230 zonas metropolitanas en los Estados Unidos. Un ejemplo de una zona metropolitana es la zona más grande de Chicago, a menudo llamada localmente "Chicagoland". Aunque la ciudad de Chicago tiene una población de sólo unos tres millones, la población de "Chicagoland" supera los siete millones.

Se define una zona urbana como "la ciudad central más toda zona contigua que tenga aproximadamente quinientas casas por milla cuadrada, o una densidad de población de alrededor de dos mil personas (o más) por milla cuadrada" (Hawley 1971:151).

Antes de la era de la historia escrita, la arqueología (prehistoria) muestra que los seres humanos vivían en ciudades. Poblados de varios centenares de personas, habitualmente granjeros, fueron las primeras comunidades estables. En algunas regiones, particularmente en la "fértil medialuna" del valle de Mesopotamia, algunos de estos poblados agrícolas crecieron en gran manera. Sin embargo, ellos no calificaron de ciudades porque todos los habitantes eran granjeros a tiempo completo.

Las primeras ciudades no fueron sólo zonas de subsistencia para granjeros sino que estaban un poco apartados de la agricultura. Fueron necesarios dos factores para el comienzo de verdaderas ciudades: excedente de alimentos y una densidad de población, con algunas personas no dedicadas a la producción de alimentos para dedicarse a la manufactura y al comercio. Las ciudades nacieron debido a un cambio en el orden social. A su vez las ciudades alentaron y precipitaron ese cambio. Es interesante comparar la experiencia de la fundación de una ciudad por Caín, como está registrada en el Capítulo 4 de Génesis, con la narración científica de la fundación de ciudades. Fue sólo después de la fundación de su ciudad que se registró el desarrollo subsecuente de instrumentos musicales y los procesos de fundición productores de bronce.

Los cambios en el orden social que provocaron el desarrollo de las ciudades primitivas incluye lo siguiente:

1. Aumento de la especialización ocupacional. En lugar de que cada familia proveyese todas sus necesidades, se especializó y produjo un excedente en ciertas zonas.

2. Un mercado para el canje de artículo y el desarrollo de una economía de trueque.

3. El surgimiento del liderazgo político y una estructura gubernamental.

4. Una administración de labor y ubicación de recursos.

5. Diferentes recompensas por diferentes tareas que conducen a un sistema de condición social y estratificación.

Aunque los cinco factores mencionados figuran en el desarrollo de ciudades, hubo tres factores adicionales que fomentaron el continuo crecimiento de ciudades como vimos en el Capítulo 6. El primero de esos factores fue el desarrollo del dinero. Con el desarrollo de fichas de valor fijo, que llamamos dinero, las economías pudieron avanzar de su economía basada en trueque; se hizo posible la mano de obra pagada. En lugar de que un hombre hiciera el zapato completo, por ejemplo, para que tuviera algo para intercambiar o comerciar, varios zapateros pudieron trabajar para un fabricante: uno haciendo tacos, otro haciendo suelas, otro haciendo cubiertas y aún otro ensamblando el zapato. El dueño del negocio pudo vender los zapatos por dinero en efectivo y pagar a sus obreros en salarios en efectivo, que los obreros pudieron usar para suplir sus necesidades personales.

Un segundo factor responsable del crecimiento de las ciudades fue el desarrollo del alfabeto. Cuando los seres humanos pudieron leer y escribir, se logró más progreso industrial. No había que dar los mensajes personalmente sino que podían escribirse para que los dieran otros. Eso facilitó el aumento del comercio e hizo posible que los gobernantes operaran con mayor eficiencia. El desarrollo de la escritura y la lectura también condujo al desarrollo de los servicios postales.

Aun con el desarrollo del dinero y el alfabeto, el crecimiento de las ciudades hubiera sido limitado todavía si no fuera por el tercer factor: tecnología. A medida que la tecnología avanzó se desarrollaron implementos agrícolas más eficaces, que permitieron que cada granjero produjera más alimentos, y de ese modo liberaron a los obreros de la tierra. A su vez esas personas emigraron a las ciudades y entraron en el mercado de trabajo asalariado. A medida que aumentó la tecnología, aumentó la necesidad de obreros asalariados. Se abrieron nuevas fábricas, y la necesidad de artesanos hábiles, tales como herreros, disminuyó, mientras que la necesidad de obreros aumentó.

Sexo, edad y función social de los grupos

Los grupos de parentesco se basan en vínculos consanguíneos. Debido a que cada persona pudiera estar genealógicamente emparentada con centenares de otras, casi todas las culturas disponen de *reglas de descendencia*. Son una serie de relaciones ordenadas que limita la incorporación en los diversos grupos de parentesco que componen una sociedad. Las reglas de descendencia generalmente se dividen en *bilaterales*, afiliación trazada a través de ambos padres y parientes de cualquier sexo, y *unilateral*, afiliación trazada a través de uno de los padres o parientes de sólo un sexo, extendiéndose hasta el fundador de la línea.

Los grupos de descendencia bilaterales pudieran *partir de ego* y ser trazados por cada persona a los límites colaterales, o *no partir de ego* y ser trazados desde algún individuo destacado en cada generación. Los grupos no bilaterales pudieran ser unilineales y trazados a través de una relación solamente, tal como una línea patrilineal o varonil, una línea matrilineal o femenina, a través de la doble descendencia permitiendo trazar a través de ambos igualmente, o por descendencia paralela en la cual los varones se afilian con el grupo del padre y las mujeres con el grupo de la madre. Los grupos no bilaterales pudieran también se multilineales y ser trazados a través de varias afiliaciones.

Los grupos de descendencia pudieran incluir *moietías* o divisiones duales básicas en la sociedad. Estos pudieran estar divididos en fratrias, que son asociaciones de clanes que cooperan unidos. Los clanes están divididos en linajes, que están generalmente asociados con algún fundador o fuente específica, y continúan relacionándose con ese fundador o fuente. Los linajes están a su vez divididos en familias extendidas, y estas se dividen en familias nucleares.

Los clanes son comúnmente grupos de descendencia unilineales que trazan su descendencia desde un antepasado remoto y frecuentemente mítico. Practican la exogamia, haciendo que el hijo en edad de matrimonio se case fuera del clan. Las sociedades de casta, generalmente asociadas con la India, tienen castas en lugar de clanes. Estas son en primer lugar endogámicas, forzando el casarse dentro de la casta. Ellas están además asociadas con ocupaciones tradicionales. Aunque son interdependientes debido a la estricta especialización ocupacional practicada dentro de una división compleja de trabajo, las castas, clasificadas basándose en la relación que tienen entre sí, obligan a un aislamiento y separación de las castas que no se da en otras estructuras sociales en el mundo.

El sistema social hebreo durante el período anterior al reino consistía en *familias extendidas,* un patriarca varón y todos aquellos por quienes él era responsable. Estos podían incluir otros parientes, sus esposas, los hijos de sus esposas y sus siervos. A medida que la familia extendida creció, se formaron linajes. Esos linajes se agruparon finalmente en doce tribus, y cada una adoptó el nombre de un hijo o nieto de Jacob.

Cuando la sociedad cambió a un reino bajo el liderazgo de Saúl y con el expreso permiso de Dios, las características de organización social cambiaron de un patriarca (varón primogénito) responsable de un agrupamiento en tribus relacionado con parentesco, a un rey responsable del todo de la sociedad. La sociedad estaba todavía orientada hacia el hombre, pero aún esta práctica experimentó cambio por los tiempos del Nuevo Testamento, cuando las mujeres pudieron ser nombradas como cabezas de familias.

Ilustrando la edad como un principio de organización en la formación de grupo, los *grupos por edad tiriki* están organizados en torno a siete niveles de edad o agrupaciones: Kabalach, Golongolo, Jiminigayî, Nyonje, Mayina, Juma y Sawe. Cada uno comprende una extensión de quince años de edad aproximadamente. Cada grupo pasa sucesivamente a través de cuatro grados diferentes de edad: guerreros, guerreros ancianos, ancianos jueces y ancianos encargados de los rituales. El sistema es cíclico, cada grupo por edad se restablece con nuevos iniciados aproximadamente cada ciento cinco años.

Cuando un nuevo grupo por edad se cierra, los iniciados llegan a ser guerreros, los guerreros avanzan al grado de guerreros ancianos, los ex guerreros ancianos llegan a ser guerreros jueces y, los ex guerreros jueces llegan a ser ancianos encargados de los rituales. La iniciación abarca un período de seis meses. En la iniciación un niño recibe una lanza de su padre o tío y llega a ser un guerrero. Al mismo tiempo se le da un buey y así llega a ser un ganadero.

Se les da formalmente a los guerreros la responsabilidad de vigilar la tierra. Los guerreros ancianos gradualmente asumen una parte creciente de actividades de tipo administrativas. En las reuniones públicas después de un funeral, sostenidas para establecer reclamos de propiedad, a un guerrero anciano se le nombra moderador. Su tarea es mantener el orden, ver que se escuchen todos los reclamos y contrareclamos, e iniciar concesiones. Sin embargo, él siempre procura posponer para el juicio de los ancianos materias que son equívocas o constituyen una desviación de la tradición. Los miembros de este grado de edad sirven también como correo, y se les envía cuando se necesita transmitir noticias importantes entre los ancianos de diferentes subtribus.

Los guerreros del grado anciano juez cumplen la mayoría de las tareas relacionadas con el arbitraje y solución de disputas locales. Los ancianos gobernantes presiden las funciones sacerdotales en las observancias ancestrales del altar familiar, en reuniones de subclanes tocantes a la herencia y a cosas semejantes, en súplicas comunitarias semestrales, y en los ritos de iniciación. Ellos también están acreditados para tener acceso a poderes mágicos. Son el grupo que expulsa o asesina brujas, e invoca la muerte, a través de hechicería, de alguien maldecido por la comunidad por violar los secretos de iniciación, o por cometer algún otro crimen atroz.

Una sociedad de aldea por edad, tal como los Nyakyusa de África, lleva la organización por grados de edad al extremo de formar una aldea en torno a los miembros de un grupo de edad. Los ancianos donan tierra a sus hijos para que el proceso pueda continuar. Entre las edades de cinco y doce años, los niños duermen en el hogar de sus padres y cuidan el ganado de la familia. Alrededor de los doce años los niños dejan el ganado al cuidado de sus hermanos menores y comienzan a trabajar la tierra en los campos de su padre. A esa edad dejan sus hogares y viven en una aldea propia. Sólo vuelven a su propio hogar en busca de comida. Gradualmente los hermanos más jóvenes maduran y se les unen hasta que la aldea se completa.

Al alcanzar la edad de más o menos veinticinco años los hombres jóvenes se casan, trayendo sus esposas a la aldea y estableciendo sus propios hogares. Cada hombre recibe sus propios campos de su padre y comienza a comer alimentos preparados por su esposa. Después que se establecen varias aldeas en un territorio, se les da plena supervisión política a los hijos y los padres se hacen a un lado.

Ilustrando los grupos de función social, las *cofradías* de América Central son asociaciones sociorreligiosas voluntarias, asignadas para santos específicos del santoral católico. Se clasifican los santos según su importancia y por lo tanto también se clasifican a quienes asisten a las *cofradías*. Cada *cofradía* tiene de ocho a quince líderes masculinos o *mayordomos*, y varias mujeres en una *cofradía* de mujeres separadas pero relacionadas. Cada *mayordomo* es elegido, por pleno acuerdo de la miembros de la *cofradía*, para un período de servicio de dos años. Después de este tiempo él debe descansar como mínimo un año, durante el cual acumula la reserva de dinero necesaria para entrar a la *cofradía* y cumplir sus responsabilidades dentro de ella. Cuando está listo para reingresar es elegido para un rango más alto. Él paga cuotas para permanecer en su nuevo rango dentro de una *cofradía* dada. El *mayordomo* de más baja clasificación de la *cofradía* de menos prestigio posiblemente pagará cuotas de alrededor de cincuenta centavos de dólar por año. El *mayordomo* de mayor clasificación de la *cofradía* de mayor prestigio, por ejemplo, la del santo del pueblo, pudiera pagar hasta quinientos dólares por año.

Sin importar el rango, sin embargo, cada *mayordomo* desempeña las mismas tareas como cualquier otro *mayordomo*. Cuando un hombre llega a la edad de cuarenta años y se ha movido a través de los rangos, de acuerdo con el plan de servicio y descanso, puede atender cualquier responsabilidad que se le asigne en la sociedad. Su rango, sin embargo, no le da derecho a ordenar o mandar a alguien, ya que cada pocomchí se ve como igual que los otros pocomchíes, por lo tanto, las decisiones se toman colectivamente, y una decisión dada se dilata hasta que todos están de acuerdo.

El *mayordomo* activo planea y ejecuta la festividad asignada para su organización en virtud del santo patrono que ellos patrocinan. Ellos honran al santo cuidando las imágenes que lo representan. Aunque las mujeres lavan la ropa de la imagen, los hombres decoran el altar de su santo en el hogar del *mayordomo* de más alto rango. Los miembros recogen cuotas y recaudan dinero para sus respectivas actividades, hasta el punto de sacrificar una vaca o vestirse con ropas femeninas y desfilar alrededor del pueblo pidiendo dinero en cada casa. Los miembros de la *cofradía* de mujeres preparan la comida para los hombres cuando ellos se reúnen para servir a su santo.

Asociaciones de mujeres y voluntarias

Las diferencias biológicas han obligado diferencias sociales en los seres humanos en la sociedad. El hecho de que las mujeres críen los hijos que el hombre y la mujer han concebido, presionan la sociedad a la necesidad de distinguir sus respectivas funciones. Desde el momento que una mujer entra al parto hasta que ella puede moverse libremente de nuevo, ella no puede hacer su parte, y otro debe encargarse. Si hay otras diferencias biológicas, tales como fuerza o habilidad, no ha sido plenamente resuelto, pero al menos no hay duda acerca de esta diferencia.

En algunas sociedades se le permite a la mujer trabajar hasta su internamiento para alumbrar. Este es el plan norteamericano. Aunque la mujer pudiera dejar su trabajo, se le permite todavía cuidar de la casa hasta el momento en que ella va al hospital. En otras sociedades la mujer es internada más temprano pero se levanta tan pronto como ha dado a luz. Entre los negros de Honduras, Belice y Guatemala, la práctica de *couvade* como se dijo previamente, provoca que el hombre se vaya a la cama por varios días, luego del nacimiento del niño, y la mujer se levante. La mujer estadounidense, por otro lado, permanece bajo cuidado médico por un período de tiempo y se supone que llegará a hacerse cargo de las tareas del hogar sólo después de una recuperación satisfactoria. Ella volverá a su trabajo sólo cuando haya recuperado totalmente su fuerza.

Entre los aborígenes australianos las mujeres están excluidas de las esferas religiosas de rituales y sociedades secretas. Entre los pocomchíes, una *cofradía* sólo de varones, o hermandad, domina la escena religiosa, hasta el punto de decorar el altar con arreglos florales. La mujeres tienen su propia *cofradía* y su jerarquía dentro de ella. (Es una organización "sombra", limitada en función de autoridad, y sólo existente por la voluntad de la organización masculina.) Ellas nunca deciden algo, ni aprueban cualquier acción, sin el consentimiento de la organización masculina. Entre los indios americanos de los Grandes Lagos, sin embargo, el varón y la mujer chamanes participan sin distinción en la logia de hechiceros. Entre los isnew, paganos del norte de Filipinas, los asuntos religiosos y mágicos son principalmente manejados por sacerdotisas o videntes femeninas.

Los hopi de Arizona tienen una asociación de mujeres en la cual se inician todos los jóvenes. Cuando los niños tienen de siete a diez años de edad, los padres seleccionan un buen padre ceremonial para ellos. Por ese tiempo consideran la *kachina* una visitante sobrenatural. En el momento de la iniciación se les informa que la que está tras la máscara es alguien a quien conocen pero se transforma en un dios cuando se pone una máscara.

Durante la iniciación, al niño se le pone sobre una pintura de arena dentro de una cámara ceremonial y es azotado por las *kachinas*. Después de eso las kachinas se azotan entre sí. Luego se advierte al iniciado del horrible castigo que sufrirá al revelar los secretos que acaba de aprender. Los padres ceremoniales llevan al niño a casa para una fiesta.

Grupos y ministerio

Las sociedades funcionan para unir a la gente que necesita estar junta y separar a los que necesitan estar separados. A veces el sistema funciona mal y une a los que debieran llegar a ser enemigos, pero más frecuentemente separa a personas que necesitan a alguien de un grupo diferente. Así que cada miembro de la sociedad necesita ser instruido en relaciones personales eficaces. Idealmente esto se logra a través del proceso de maduración en un contexto social. Una de las funciones del grupo primario, llamado la familia, es preparar al niño para la vida en el mundo más allá de la familia. Eso se hace dando práctica al niño dentro de la familia, en un grupo donde se pasan por alto con amor los errores y las singularidades.

El proceso de socialización no siempre logra eficazmente sus propósitos, y frecuentemente uno aprende medios inadecuados de relacionarse con los demás, o simplemente no usa lo que ha aprendido. A veces una persona puede ignorar a otra completamente, debido a actividades y responsabilidades definidas dentro del contexto cultural. Eso puede darse al punto que una persona dada estará en efecto perdida, al menos para una persona, dentro del contexto cultural. La sociedad, por lo tanto, provee la red de comunicación mediante la cual se puede hacer contacto; aunque un miembro de esa sociedad puede fallar en hacer el uso máximo de la red, y encontrarse en problemas emocionales o mentales, como se ilustró en la anécdota introductoria de este capítulo.

Pero el solo hecho que alguien se esté relacionando con otro no significa que esa persona tenga habilidades eficaces de interacción. Cuanto más aprende una persona de la eficacia en la comunicación intercultural e personal, tanto más se da cuenta de que necesita seguir aprendiendo. El seguir simplemente una teoría dada de comunicación personal no garantiza eficacia en la comunicación. Para ser eficaz, las habilidades de comunicación deben considerar a cada comunicador como una persona integral, viable y vital dentro del contexto cultural de cada uno, capaz de ayudar a otro dentro del contexto del otro.

Las relaciones personales no son en realidad diferentes de las relaciones interculturales. En realidad, todo contacto con otros es intercultural y demanda habilidades personales, que son al mismo tiempo interculturales. Aún los mellizos, tal como notamos previamente viajando en su cochecito de paseo, ven cosas diferentes. Esta contemplación de diferentes cosas es el fundamento para producir diferenciación en el desarrollo cultural.

Jesucristo fue un comunicador eficaz, expresándose, verbal y no verbalmente, en formas que desarrollaban relaciones personales para ministrar. Jesús formó un pequeño grupo de discípulos y ministró con y a través de ellos. Ellos llegaron a ser el núcleo de la iglesia.

Hay varias formas de analizar el proceso de desarrollo de relaciones y la dinámica de grupo pequeño de Jesús. Uno de aquellos modelos es la Pirámide Personal. (Véase Ilustración 10-1.)

Satisfacción de necesidad

La satisfacción de necesidad es el fundamento de las relaciones personales. Ya hemos examinado las necesidades básicas de Malinowski, y hemos visto como se satisfacen a través de sistemas culturales. La oportunidad de tener satisfechas las necesidades inmediatas es una fuerza primordial para motivar a la gente a desarrollar nuevas relaciones. Por lo tanto, necesidades palpables insatisfechas son los puntos iniciales para tomar contacto con nuestros prójimos.

Junto a la inversión inicial de satisfacción que hacemos en otra persona, está el beneficio que recibimos al satisfacer el otro recíprocamente nuestras propias necesidades. Sin embargo, esto no implica una fría relación económica. Es simplemente señalar que esto comprende tanto costos como recompensas.

Ilustración 10-1. PIRÁMIDE DE RELACIONES ENTRE PERSONAS.
Cada nivel más alto de la pirámide representa los pasos sucesivos que normalmente se encuentran a medida que una relación se desarrolla a través del tiempo; tanto en el micro nivel de minutos como en el macro nivel de años. El cumplimiento relativo de cualquier nivel provee una libertad de impulso para subir y desarrollar la relación al mismo grado en el próximo nivel.

Debiera también considerarse que las necesidades frecuentemente se revelan en forma no intencional, a través de la conducta no verbal y verbal. Eso permite desarrollar una relación a nivel de necesidad palpable. Por supuesto, a medida que una relación se desarrolla cíclicamente a nivel de confianza más alto, la eficacia en la satisfacción también debiera aumentar. El aumento de confianza liberará al otro para mostrar intencionalmente sus necesidades y aceptar ayuda. Este es el principio utilizado en un encuentro de grupo pequeño para establecer una relación dentro del programa de la iglesia.

Jesús vio a los seres humanos con todas sus necesidades — biofisiológicas, socioculturales y espirituales — como partes de un todo. Su estilo de vida personal se orientó a satisfacer las necesidades de la persona completa. No obstante, él comenzó con la necesidad más urgente de una persona.

Esto está hermosamente ilustrado en su trato con la mujer en el pozo. La respuesta de ella al ministerio de Jesús no fue: "Vengan y vean a un hombre que me dijo lo que necesitaba saber", sino fue: "Vengan, vean a un hombre que me dijo todo lo que he hecho" (Juan 4:29). Para ella significó que Jesús la conocía. Al ver la vida desde el punto de vista de otros, él fue capaz de rascar a un hombre donde le picaba, y a su vez, liberarle para crecer y prestar atención a la vida a niveles más altos.

Jesús estuvo también dispuesto a ser receptor así como dador. Por su disposición de permitir a otros satisfacer sus necesidades, él preservó la responsabilidad y dignidad individual de ellos. Ser como Jesús es satisfacer las necesidades integrales inmediatas de la otra persona, al grado que somos capaces de hacerlo y permitimos que la otra persona recíprocamente nos satisfaga.

Confianza

A menos que ambos individuos puedan confiar y ser confiables, no pueden pasar muchas cosas positivas entre ellos. Aumenta la confianza a medida que las personas recíproca y apropiadamente satisfacen sus necesidades palpables. La confianza, a su vez, también permite una satisfacción de necesidad aun más profunda. Pero a veces el ciclo de confianza es difícil de desarrollar y demasiado fácil de revertir. Si las necesidades son satisfechas inapropiada o insensiblemente, la confianza será minada antes que engendrada.

Jesús concentró mucha de su atención en mantener la confianza. Él modeló no verbalmente una actitud de confianza en sus discípulos. Al final, les confió reproducir su semejanza al enviarlos a través del mundo.

Además, la confianza tiene una dimensión intercultural. Todas las relaciones se basan en la confianza, pero lo que edifica la confianza se define culturalmente. En la sociedad estadounidense, si alguien deja de hablar, se socava la confianza, ya que se supone que lo peor es correcto. En las Filipinas, el que un sirviente mantenga silencio cuando le habla su superior es una señal de buena instrucción. El norteamericano que recibe el "tratamiento de silencio" en las Filipinas se molesta, como ocurre con el filipino cuando un subordinado le responde.

Revelación

La *revelación de sí mismo* se refiere al proceso de darse a conocer intencionalmente a otra persona importante para uno. Ese nivel es esencial, ya que podemos conocernos a nosotros mismos plenamente sólo mediante el proceso de revelarnos a otro, y el otro puede conocernos plenamente sólo hasta el punto que nos revelamos a él. Es esa función que el grupo primario de la familia cumple tan natural y automáticamente. Nadie puede vivir en tal estrecha yuxtaposición sin conocer algo de lo que el otro procura mantener oculto del mundo exterior.

Con relación a los niveles más bajos de la pirámide, la revelación está libre para surgir al grado que una confianza previa ya ha sido establecida. La revelación, a su vez, también aumenta la confianza personal, y provee una mayor profundidad a nuestro conocimiento y satisfacción de las necesidades del otro.

La gente que se revela a otros siempre toma un riesgo. El ciclo negativo de rechazo y herida coexiste con el ciclo positivo de aceptación y crecimiento. Debido a que el riesgo de daño personal es real, la revelación de sí mismo no debiera ser practicada indecorosamente. Es apropiada al momento en que la relación ya se ha desarrollado a nivel de mutua confianza en la pirámide personal.

También debemos ocuparnos de apoyar la revelación de sí mismo de otros de una manera confiable. Socavaremos el proceso de revelación si

1. no respondemos a la revelación del otro con aceptación.
2. no respondemos con una revelación recíproca de nosotros mismos.
3. "descubrimos demasiado" mucho más allá del nivel de confianza mutua establecido, y por lo tanto saboteamos la relación.

La apertura es necesaria en todas las relaciones. Sin embargo, la cultura define los niveles de apertura que son apropiados para una situación dada. Es tan fácil cometer el error de ser demasiado abiertos en una situación, como cometer el error de no ser lo bastante abiertos. Los norteamericanos tienden a ser más abiertos en relaciones superficiales que la mayoría de los asiáticos. En intercambios culturales los norteamericanos frecuentemente encuentran a los asiáticos "reservados", mientras que los asiáticos encuentran a los norteamericanos intrusos.

Aceptación

La aceptación es necesaria luego de la revelación de sí mismo. Necesita aplicarse a uno mismo así como al otro. A medida que los individuos ganan una nueva conciencia de la propia identidad como resultado de la revelación de sí mismos, ellos pueden reaccionar a este nuevo conocimiento de sí mismos ya sea aceptándose o rechazándose. Frecuentemente el camino más fácil es el rechazo de sí mismo. El rechazo, o negación, de lo que soy al presente, y lo que soy potencialmente, es una forma de absolver el yo de responsabilidad. Sin embargo, ya que Jesús nos ha aceptado tal como somos, la única respuesta válida es aceptarse a sí mismo. Jesús no dijo: "Ama a tu prójimo y ódiate a ti mismo." Él dijo: "Ama a tu prójimo como a ti mismo" (Mateo 19:19).

Además, a medida que un individuo obtiene un nuevo conocimiento de otra persona, como resultado del compartir mutuo, él puede responder ya sea con aceptación o rechazo y reacción. Sin embargo, si Jesús es nuestro modelo reconocido, no nos atreveremos a rechazar a un prójimo. Jesús no dijo: "No juzguen a otro injustamente." Él simplemente dijo: "No juzguéis" (Mateo 7:1).

Las personas que se aceptan a sí mismas generalmente encuentran más fácil aceptar a otros. Los individuos que más se rechazan a sí mismos también encuentran más difícil aceptar a otros. El aceptarse a sí mismo es una clave para aceptar a otros. La aceptación de sí mismo nos ayuda a practicar la revelación de uno mismo y responder positivamente a la revelación de sí mismo de los demás.

La sana aceptación de sí mismo también hace a una persona más abierta al cambio personal. El cambio producido al adoptar la aceptación que Jesús mostró, tiende a estar en armonía tanto con el yo peculiar de una persona como con llegar a ser todo lo que Dios ideó para ella.

El estilo de vida de Jesús fue uno de continua aceptación. Él se aceptó a sí mismo, aceptó a otros, y aceptó al Padre. Aunque él siempre rechazó el pecado individual, él nunca rechazó al individuo.

Todos los pueblos del mundo deben aprender a aceptarse unos a otros, y dejar que esta forma de aceptación establezca un fundamento sólido para sus relaciones personales. Cada cultura define cómo esta aceptación será comunicada, así como la manera en que será establecida.[1] Los norteamericanos estrechan la mano del que ellos respetan y aceptan. El filipino sostiene las manos del que aceptan (aún si es un varón).

---

1   Véase Eugene Nida, *Message and Mission*, 215-21.

210 *Antropología cultural*

El sistema de maestro y aprendiz

La relación entre maestro y aprendiz forma la cumbre de la pirámide de las relaciones entre las personas. La palabra griega del Nuevo Testamento *mathetes* es habitualmente traducida "discípulo", cuyo significado es alguien que es un estudiante o aprendiz. T. W. Manson ha sugerido que en arameo, el idioma que Jesús hablaba, la palabra más precisa significaría "aprendiz". Él declaró que "Jesús fue su Maestro, no tanto en el sentido de un profesor de buena doctrina sino como el maestro artesano al cuál ellos iban a seguir y a imitar. El discipulado no consistió en matricularse en un colegio rabínico sino en aprendizaje para la obra del reino" (*The Teaching of Jesus* [La enseñanza de Jesús], 240).

Independientemente de la palabra que uno prefiera, cuando nuestras relaciones personales han adquirido las características de ser satisfactorias, confiables, reveladoras y aceptables, deseamos desarrollar relaciones de aprendizaje. La motivación para tener aprendices es la necesidad altruista y el deseo afectivo de alentar a otro a crecer. Se le llamó el modelo de instrucción en un capítulo anterior. Es el deseo paciente de ayudar a otro a traer su posibilidad personal a la realidad.

El recibir aprendices significa que aceptamos dos responsabilidades principales:

1. Serviremos como un modelo para con quien hemos alcanzado una aceptación mutua profunda. Le permitiremos identificarse con nosotros e imitarnos, así como Pablo sugirió: "Sed imitadores de mí."

2. Alentaremos a nuestro aprendiz a desarrollar su propio aprendizaje. Le ayudaremos a servir de modelo para otros, que a su vez pueden luego ayudar al desarrollo de su propio aprendiz.

La congregación El Mamey de la iglesia Choco en Panamá fue desgarrada con disensión sobre la escuela apoyada por el gobierno y su profesor polémico. Chismes, disensiones y las amenazas de violencia habían creado severas tensiones entre las familias. Los problemas principales de la escuela se debieron a problemas personales de cosechas dañadas por animales de los vecinos, préstamos y salarios no pagados, infidelidades maritales (o al menos acusaciones de intentos de seducción), y acusaciones de brujería. Cuando un abierto conflicto y daño permanente a la unidad de la comunidad parecía inminente, el pastor Aureliano llamó a la iglesia a una reunión congregacional. Cuando las personas llegaron, se encontraron que se habían puesto los bancos de la capilla en círculo alrededor del perímetro de la capilla, y no en filas como era usual para el culto de adoración. La gente vino en pequeños grupos y entró a la capilla con obvia incomodidad. Hubo extrañeza en el aire, pero el pastor les dio la bienvenida a todos. Comenzó la reunión con algunas canciones, y luego dijo al grupo congregado que había llegado el tiempo de confesar las ofensas, para perdonarse unos a otros, y establecer paz en la iglesia y en la comunidad. En esa parte del culto les pidió a todos que se arrodillaran en sus bancos, enfrentando el muro exterior del edificio. De modo que, mostrando el ejemplo, confesó su ira contra el profesor pendenciero de la escuela y admitió que él también había difamado a varios hombres de la comunidad. Después de haber pedido disculpas individualmente a las personas ofendidas, y a la gente en general, pidió el perdón de Dios en oración. Esta exposición catalizadora de sí mismo precipitó una extensa sesión de confesión y clarificación de dificultades, y condujo al perdón mutuo y al restablecimiento de la confraternidad. La joven iglesia había superado una crisis que había amenazado su existencia misma.

El caso mencionado ilustra la aplicación de la pirámide personal en el nivel de grupo pequeño. Los niveles de la pirámide no deben considerarse rígidos. Cada paso tiene una relación fluida con los niveles de más arriba y más abajo. Un efecto fortalecedor ocurre atrás y adelante entre los niveles. El lograr relacionarse bien a un nivel más bajo hace apropiado y deseable el desarrollar, al mismo grado, la relación en el siguiente nivel. El desarrollo en el nivel más alto, a su vez, confirma y fortalece los niveles más bajos, lo cual además crea a su vez la posibilidad de un mayor nivel de desarrollo. Desde luego que también puede ocurrir lo opuesto. Las relaciones no se establecen de una vez por todas. Se desarrollan gradualmente y deben mantenerse de forma constante. Conductas inapropiadas en cualquier nivel pueden estorbar un mayor desarrollo personal, hace el mantenimiento de los niveles pasados difíciles, y aún crea un proceso contrario en el cual las relaciones decaen.

Preguntas para debate

1. ¿Cuáles son algunos grupos primarios de los que usted es miembro? ¿Algunos grupos secundarios?
2. ¿De qué formas es el instituto una comunidad? ¿Qué tipo de comunidad es?
3. ¿Es su iglesia un grupo primario o un grupo secundario? ¿Cuál de ellos debiera ser? ¿Por qué?
4. ¿A que nivel de la "pirámide personal" debiera trabajar el misionero? ¿Por qué?

Lecturas sugeridas

Caplow, T. 1968. *Two Against One* [Dos contra uno]. Esta obra desarrolla la idea de que toda relación social es básicamente triádica en naturaleza porque incluso la conducta de una pareja está sujeta a la influencia de un público.

212 *Antropología cultural*

El tercer participante interpreta la acción de acuerdo con las normas culturales. Este libro presenta un enfoque único a la interacción social personal.

Castell, J. L. 1968. *The Creative Role of Personal Groups in the Church* [La función creadora de los grupos personales en la iglesia]. Una obra interesante e informativa que trata de la función de los grupos pequeños en la iglesia.

Davis, J. H. 1969. *Group Performance* [Desempeño de grupo]. Un enfoque social y psicológico a la dinámica de grupos. El enfoque es esencialmente monocultural, pero da una introducción básica a los procesos de grupo.

Redfield, R. 1960. *The Little Community and Peasant Society and Culture* [La comunidad pequeña y la sociedad campesina y cultura]. Dos ensayos en un libro. El ensayo sobre la comunidad pequeña es aplicable a este capítulo. El autor explora los diversos medios por los cuales los investigadores tratan de entender las comunidades humanas.

Snarey, J. 1976. *Jesus-like Relationships* [Relaciones como las de Jesús]. Un curso de grupo sobre como desarrollar habilidad personal cristiana. Presenta un modelo de desarrollo por etapa basado en el estilo de vida de Jesucristo y los hallazgos de la investigación de la ciencia de la conducta. Estudios bíblicos, juegos de conciencia y lecturas se usan para permitir a los participantes descubrir y experimentar cada etapa: satisfacer, confiar, descubrir, aceptar y fluir.

Wilson, M. 1962. *Good Company: A Study of Nyakysa Age Villages* [Buena Compañía: Un estudio de las aldeas por edad de Nyakysa]. Un interesante estudio sobre grupos por edad en una sociedad tribal.

11

Control social y gobierno

Un día mientras Lobo Echado, un indio cheyenne, estaba fuera de su tienda, un amigo de otro campamento llegó a la tienda de Lobo echado y tomó uno de sus caballos y cabalgó a la guerra. Cuando Lobo Echado volvió a su tienda, echó de menos uno de sus caballos. También encontró el arco y flecha de su amigo en su tienda. Su amigo había dejado el arco y la flecha como evidencia para que Lobo Echado supiera quién había tomado prestado su caballo.

Después de pasar un año desde que le llevaran el caballo, Lobo Echado pidió a los jefes de su sociedad, los Soldados del Alce, que fueran a su tienda. Les mostró el arco y la flecha que su amigo había dejado y les pidió consejo y ayuda para recuperar su caballo. Les pidió a los jefes que intercedieran por él ante su amigo.

Aunque el amigo que había tomado prestado el caballo de Lobo Echado estaba lejos, fuera del campamento, los jefes aceptaron interceder. Un mensajero fue enviado al campamento lejano para traer al amigo.

Después de un tiempo, el mensajero volvió con el amigo que estaba cabalgando el caballo que había tomado prestado y traía otros dos caballos. Cuando el amigo llegó, pidió ver a los jefes Soldados del Alce. Cuando se reunió con los jefes, estos le dijeron lo que Lobo Echado les había dicho.

El amigo estuvo de acuerdo con la versión dada por Lobo Echado. Siguió explicando que él se había ido por más tiempo

de lo que esperaba y cuando volvió encontró que su campamento se había movido lejos de Lobo Echado. El caballo le trajo
suerte añadió, y señaló que había cuidado muy bien el caballo.
Siguió explicando que él había estado esperando que los dos
campamentos se acercaran para devolver el caballo. Además de
devolver el caballo que había tomado prestado, el amigo ofreció
a Lobo Echado uno de los otros caballos que había traído
consigo y dijo que Lobo Echado podía conservar el arco y flecha.

Lobo Echado, quien había estado también presente, replicó
que el tomaría uno de los caballos y conservaría el arco y flecha,
pero que su amigo podía conservar el caballo que había tomado
prestado. Luego Lobo Echado confirmó su amistad con su
amigo.

Los jefes Soldados del Alce aprobaron el acuerdo y confir-
maron la amistad de su sociedad con la del amigo. Luego los
jefes anunciaron una nueva regla. Ellos declararon que desde
entonces nadie debiera tomar prestado algo sin pedir permiso
primero. Si alguien tomaba prestada cualquier cosa sin permiso
del dueño, los jefes recuperarían la propiedad tomada y man-
darían azotar al que la tomó prestada (Llewellyn y Hoebel
1941).

Toda sociedad tiene alguna forma de sistema gubernamental. Cada una
tiene mecanismos sociales de control social. La sociedad no podría existir
sin algún tipo de control social. *Gobierno* es el término que aplicamos a los
mecanismos y estructuras que una sociedad tiene para el mantenimiento
de ese control y la toma de decisiones colectivas.

Walter Goldschmidt distingue entre dos niveles de mecanismos sociales
para mantener el control social:

> Debemos distinguir entre gobernación y gobierno . . . Gober-
> nación significa ese patrón de conducta en una sociedad que
> consta de una serie de derechos atribuidos a ciertas personas,
> bajo ciertas circunstancias, que imponen su voluntad sobre la
> acción de otros, ya sea sancionado por ancianidad, parentesco,
> riqueza o cualquier otra cosa. Por contraste, el gobierno se
> refiere a una serie especial de instituciones mediante las cuales
> se toman tales decisiones; hay oficinas, funciones oficiales y
> sanciones para su apoyo. Pudiera definirse un gobierno como
> esa agencia que tiene monopolio sobre el uso legítimo de la
> fuerza. Muchas sociedades desempeñan las funciones de gober-
> nación sin tal maquinaria especial institucional (1971:420).

Meyer Fortes y E. E. Evans-Pritchard (1940) también ven el gobierno como un sistema más altamente organizado y concuerdan con Goldschmidt que no todas las sociedades tienen gobierno. Por otro lado, Schapera (1956) dice que todas las sociedades tienen gobierno, porque cada sociedad reconoce que algunos de sus miembros tienen la autoridad para tomar decisiones colectivas.

Debido a que cada sociedad tiene mecanismos para tomar decisiones colectivas y mantener control social, concordamos con Schapera que cada sociedad tiene gobierno. Sin embargo, también vemos la validez de la distinción de Goldschmidt entre niveles de complejidad de gobierno. Para distinguir entre estos niveles usaremos los términos *gobierno informal* y *gobierno formal*.

El *gobierno informal* es un sistema para tomar decisiones colectivas y mantener el control social basado ya sea en un sistema de parentesco, económico, de ancianidad, o algún otro, en contraste con la utilización de un sistema separado, establecido para estos propósitos. El *gobierno formal* es un sistema independiente establecido con el propósito de tomar decisiones colectivas y mantener el control social. Está institucionalizado al tener oficinas y funciones. Un gobierno formal tiene monopolio sobre el uso legítimo de fuerzas.

Origen del gobierno

Debido a que cada sociedad tiene alguna forma de gobierno, los científicos sociales han especulado sobre el origen del gobierno. Los antropólogos culturales se interesan más en el presente que en el pasado. Ellos están interesados en las funciones del gobierno en las sociedades de hoy. Sin embargo, una comprensión del desarrollo de un sistema frecuentemente ayuda a entender sus funciones presentes.

En el siglo XVII Hobbes y Locke sugirieron la "teoría de contrato" para explicar el origen del gobierno. Ellos postularon que, en la prehistoria, los seres humanos vieron la necesidad de cooperar con otros para sobrevivir. Para mantener una sociedad cooperativa necesitaron ceder algunos de sus derechos individuales a los derechos de la sociedad como un todo. Se estableció un "contrato" según el cual los miembros de la sociedad cedían ciertos derechos individuales al grupo, en canje por ciertos beneficios del grupo. El gobierno es el producto de este "contrato". Impone el contrato y lleva a cabo sus condiciones.

Algunos antropólogos especulan que el gobierno se desarrolló producto de la necesidad de la familia por controlar el sexo, la propiedad y los hijos. Como hemos visto, la familia es la entidad esencial de la sociedad. Para que la familia funcione, tiene que haber un proceso de toma de decisiones y un sistema de control social. A medida que grupos de familias comenzaron a vivir juntos, adaptaron los mecanismos usados en las familias individuales para su aplicación en el grupo más numeroso.

Muchos antropólogos ven al gobierno como un producto natural del vivir en grupo. Cuanto más grande y más complejo llega a ser un grupo, tanto mayor es la necesidad de controles sociales. Toda sociedad, desde la más primitiva a la más avanzada, necesitan tomar decisiones colectivas, resolver disputas y proteger derechos y propiedad. La función del gobierno es fomentar el bienestar general del grupo como un todo.

Control social

Debido a que la cultura consiste en actitudes, valores y conducta aprendida y compartida, esperamos que los miembros de una cultura se comporten de forma similar. Los miembros de una cultura aprenden la conducta apropiada en una situación dada. No sólo se adhieren a ese patrón de conducta, sino que esperan que también los demás se adhieran al patrón de conducta. Por ejemplo, nosotros no sólo conducimos por el lado derecho, sino que esperamos también que los demás conduzcan por el lado derecho. Esos patrones de conducta regulares y esperados se llaman *normas*.

Pudieran haber cuatro factores que producen conducta normativa (Gergen 1969). El primero es *llevar al máximo la satisfacción*. Cuando un patrón de conducta conduce a la satisfacción máxima de la mayoría de las personas, llega a ser normativo. Cuando una sociedad encuentra un patrón de conducta que satisface las necesidades de la mayoría de sus miembros, tenderá a imponer ese patrón. En nuestra sociedad hemos descubierto que el canje de dinero por artículos y servicios satisface las necesidades de la mayoría de nuestros miembros, por lo cual imponemos ese patrón.

El segundo factor que produce conducta normativa es el *valor de la previsión*. La previsión tiene gran valor en el mantenimiento de la sociedad. Una persona es capaz de funcionar mejor cuando puede prever la conducta de los demás. Es mucho más fácil conducir un automóvil cuando puedo prever los otros conductores permanecerán a la derecha, se detendrán ante luces rojas y seguirán las otras normas o reglas del tránsito. Debido a que la previsión es tan valiosa en esta situación, multamos a los violadores de esas normas.

El tercer factor es *restricción de poder*. Gergen explica:

> Si el más fuerte ejerce plenamente su poder pudiera ser forzado a la actividad indeseable de controlar la conducta del menos poderoso. Es posible que el menos poderoso por otro lado, experimente resultados más pobres (menos satisfacción). Debiera usarse un poder para prescribir todas sus acciones. Las

normas, por lo tanto, llegan a ser una forma de aislar a ambos miembros de la relación de usar poder desenfrenado (1969:74).

Este factor está ilustrado por la relación entre patrón y cliente como se practicó en Benabarre, España (Barrett 1974). Varios antropólogos han analizado la importancia de la relación de patrón y cliente al vincular las clases altas con las clases bajas en la sociedad española (Pitt-Rivers 1961 y Kenny 1960). En Benabarre antes de la guerra, esta relación era una característica principal del orden social. Una de las principales características de las relaciones entre patrón y cliente es que esa relación se funda sobre la aceptación de la desigualdad. Las personas poderosas y socialmente superiores toman la función de benefactores y protectores de las personas que son sus inferiores socialmente. Su superioridad viene de su habilidad para ser benefactores y protectores. El patrón llega a ser una figura paternal para los clientes y no los trata como adultos. Los patrones reconocen su obligación de ser generosos con los pobres y humildes. El patrón tiene un sentido de *nobleza obligada*. Los clientes en respuesta trabajan para el patrón, o en varias formas sirven los intereses del patrón. La relación patrón cliente comprende obligaciones por ambos lados.

Una ilustración de la restricción de poder en la sociedad estadounidense son los hallazgos recientes respecto a los obreros de líneas de montaje, gerencia y productividad. La gerencia puede verse como más poderosa y los obreros en líneas de montaje como menos poderosos. Investigación reciente indica que cuando a los obreros en líneas de montaje se les permite participar en el proceso de toma de decisiones, la productividad aumenta. Ya que si los obreros de líneas de montaje participan en el proceso de toma de decisiones, requiere entonces que la gerencia practique restricción de poder. Esta restricción de poder llega a ser beneficiosa para ambas partes; así este patrón de conducta llega a ser normativo.

El cuarto factor que produce conducta normativa es *ganancias secundarias*. Muchas veces un patrón de conducta llega a ser recompensado en sí. A menudo un estudiante leerá cierto tipo de literatura porque es un requisito. Sin embargo, el estudiante pudiera encontrar que disfruta de esa literatura y sigue leyéndola, aun cuando la clase ha terminado. Las normas que pueden haber sido una vez funcionales, pudieran ya no serlo más, pero se preservan como rituales porque son satisfactorias en sí mismas. La mayoría de nuestros hogares tienen calefacción central y no tenemos necesidad de una chimenea, pero añadimos chimeneas porque las disfrutamos por lo que son, no necesariamente como productoras de calor.

Toda sociedad tiene normas por las cuales se espera que sus miembros vivan. Pero en ninguna sociedad todos siguen siempre las normas. Por lo tanto, todas las sociedades tienen mecanismos de control social. Estos mecanismos operan en diferentes niveles.

El nivel más bajo de mecanismos de control social son las costumbres. Las *costumbres* son los modales o maneras de una cultura, la forma cortés de hacer las cosas. Ellas no se imponen por ley y el fracaso en cumplirlas no se considera un acto de inmoralidad. Una costumbre americana es la costumbre de estrecharse las manos cuando se presenta a una persona. Si una persona no estrecha la mano, no será arrestada ni será acusada de inmoral; pero bien pudiera ser que se le llame patán o esnob y, tal vez, se le evite socialmente en el futuro.

Las costumbres habitualmente abarcan esferas como modales, vestimenta, saludos y otras actividades semejantes. Se imponen gracias al ridículo, los comentarios negativos y otros mecanismos similares. Son por lo general impuestas por los pares. Las costumbres son comúnmente el producto de tradiciones culturales. En los Estados Unidos conducimos por el lado derecho de la calle. Hemos llevado eso a nuestros hábitos de caminar, de modo que habitualmente caminamos por la derecha en un corredor, o al subir una escalera. En los Estados Unidos no se arresta ni se llama inmoral a quien camina por un pasillo o sube una escalera por el lado izquierdo. Sin embargo, se le presionará, mediante miradas o comentarios, a caminar por la derecha. La observancia de las costumbres crea interacciones fluidas en la sociedad.

A un nivel más poderoso de control social están las tradiciones. Las *tradiciones* son reglas sociales y regulaciones de una naturaleza moral. En los Estados Unidos, mentirle a otra persona no es ilegal salvo en los tribunales de justicia o en documentos legales, pero se considera inmoral el mentir en la mayoría de los círculos. Aunque el matrimonio entre personas de diferente credo no es ilegal en los Estados Unidos, muchas subculturas tienen tradiciones contra el casarse con alguien que no comparta la misma fe. Aunque en casi todas las naciones africanas el matrimonio entre tribus no es ilegal, va en contra de las tradiciones de muchas tribus africanas.

Robert Lowie describe como algunos indios americanos usan la burla y el ridículo para imponer tradiciones:

> Cuando se le enseñaba a un niño indio fox en Illinois a no robar y nunca maltratar a su esposa, el anciano no le amenazaba ningún castigo tangible aquí o en el más allá, ni le hablaba de alguna regla abstracta de moralidad. El argumento decisivo era: "La gente dirá muchas cosas sobre ti, aunque pudieras no saberlo."
> A veces el chisme adoptaba formas especiales de ridiculizar. Un joven de Alaska informó así su experiencia: "Si no te casas

dentro de tu pueblo, se burlan de ti; se burlan tanto que lo hacen desagradable. " Los indios cuervos cantan canciones burlándose de un avaro, un abusador, o un hombre que debiera tomar de nuevo una esposa divorciada; la cumbre de la desgracia. Ciertos parientes tenían el privilegio de criticar públicamente a un hombre por violaciones de etiqueta y ética, y no había nada que él temiera más que ser puesto en ridículo así. El sistema fue desarrollado por los indios pies negros junto con líneas ligeramente diferentes. "Por mala conducta leve y persistente, se practica a veces un método de disciplina formal. Cuando el ofensor no ha aceptado insinuaciones y sugerencias, los jefes pudieran tomar nota de manera formal y decidir recurrir a la disciplina. Algún atardecer cuando todos están en sus tipis, un jefe llamará a un vecino preguntando si él ha observado la conducta de fulano. Esto inicia una conversación general entre los muchos tipis en la cual todas las características grotescas y atroces de los actos de fulano se toman para el ridículo general, en medio de carcajadas; la burla continúa hasta entrada la noche. La mortificación de la víctima es extrema y habitualmente lo conduce a un exilio temporal, o, como en otro tiempo, a la guerra para cometer actos desesperados."

Un hombre primitivo sacrifica la mitad de su propiedad para que no lo consideren un avaro; entrega su esposa favorita si los celos van contra del código; arriesga su propia vida, si esa es la forma de conseguir el honor de un elogio público. Por eso los salvajes de la misma tribu no pasan degollándose unos de otros o violando cualquier mujer disponible, aunque no tengan una constitución escrita, cárceles, una fuerza de policía ni una religión revelada (1929:159-68.)

El nivel más alto de controles sociales es el de las leyes. Las *leyes* son reglas y regulaciones impuestas por el estado. El estado pudiera legítimamente usar la fuerza en su imposición. Por lo general las leyes provienen de tradiciones y costumbres. Las leyes federales que impusieron la integración racial en las escuelas norteamericanas fueron en contra de las tradiciones y costumbres de muchos sureños. Otras veces las leyes decretadas armonizan con las tradiciones predominantes. Con el tiempo las tradiciones cambian pero la ley perdura, creando así un conflicto. Las leyes de reclutamiento en los Estados Unidos fueron decretadas en una época en que el patriotismo incuestionable era una tradición. Durante la guerra de Vietnam las tradiciones cambiaron, pero la ley permaneció, creando una situación de conflicto para muchos estadounidenses. Otro ejemplo es el límite de velocidad de 88 kilómetros por hora pasado durante la crisis del petróleo a principios de la década de los años setenta. A mediados de los ochenta hubo un exceso de petróleo y los precios habían bajado drásticamente. Muchos comenzaron a cuestionar la validez del limite de velocidad y comenzaron a violarlo. No vieron el quebrantamiento de la ley como un problema moral. Se ha cambiado la ley en muchos estados desde entonces.

Muchas personas piensan que solamente las sociedades avanzadas con cuerpos legislativos, códigos escritos, y un sistema judicial tienen leyes. Ven los tribunales de justicia, la policía, las instituciones correccionales y al personal judicial como algo necesario para que una sociedad tenga ley. Sin embargo, en este siglo los antropólogos han reconocido que todas las sociedades, por muy primitivas que sean, tienen un sistema jurídico y leyes, ya sea formal o informal.

En el caso presentado al comienzo de este capítulo acerca del caballo de Lobo Echado, vemos una ley informal en funcionamiento. Los jefes actuaron como una corte cuando oyeron el reclamo de Lobo Echado. Luego los jefes funcionaron como la policía al mandar a buscar al amigo que había tomado prestado el caballo. Cuando el amigo llegó, los jefes de nuevo funcionaron como una corte. Cuando el asunto fue solucionado, los jefes actuaron como un cuerpo legislativo y decretaron una nueva ley para prevenir futuros incidentes de este tipo. Los jefes entonces funcionaron de nuevo como policía y dijeron cómo ellos aplicarían la nueva ley entre los miembros de la tribu cheyenne.

Hasta ahora hemos concentrado nuestro análisis en los aspectos positivos de las normas, pero hay también costos asociados con las normas. Los beneficios tienen un costo (Gergen 1969). El primer costo está relacionado con la necesidad de innovación. La investigación ha indicado que los seres humanos tienen una necesidad innata de innovación (Berlyne 1960). En casi todas las sociedades los miembros creativos se desvían de las normas en algunas zonas. En realidad, la idea de hacer algo fuera de lo ordinario está comprendido en el concepto de creatividad. Las normas pueden sofocar la creatividad.

El segundo costo de las normas es que no son funcionales para todos los miembros de la sociedad. Lo que es lo mejor para la mayoría de las personas en una sociedad no es lo mejor para todos los miembros de la sociedad. Por ejemplo, nuestro sistema de escuelas públicas está diseñado para niños normales y sus necesidades. Se ponen a un lado a niños por debajo del nivel promedio, que necesitan aún más atención que los niños normales. Por otro lado, se obliga a los niños por sobre el promedio a avanzar al paso del niño promedio. Ellos pudieran aburrirse y frecuentemente ser rotulados como problemáticos.[1]

El tercer costo de las normas es que perpetúan injusticias. En todas las sociedades algunos grupos tienen ciertas ventajas sobre otros grupos. Estas injusticias se perpetúan por las normas que desarrollan. Un ejemplo de eso es el sistema de castas en la India. Las normas asociadas con la casta perpetúan las injusticias entre castas. En nuestra sociedad las injusticias raciales se perpetúan por nuestras normas.

El cuarto costo de las normas es el resultado de cambiar el ambiente. Una norma que funciona en un momento o en un lugar se vuelve pertinaz e inflexible. Cuando los tiempos y lugares cambian, la norma puede perder su funcionalidad, pero es incapaz de cambiar. Podemos ver esto en muchas instituciones cristianas. Las reglas fueron hechas en una época en que cumplieron una función. Sin embargo, los tiempos cambian, y las actividades prohibidas ya no son consideradas "pecaminosas", pero las reglas continúan.

Las normas de una sociedad están representadas en sus costumbres, tradiciones y leyes. En sociedades modernas y complejas hay muchas series de normas. Nadie está atado a todas estas series, pero la mayoría de las personas están atadas a una o más. Sin embargo, en estas sociedades hay algunas personas que no están atadas a ninguna serie de normas. Ellas están en la condición de anormalidad comúnmente conocida como *anomía* (Durkheim, 1897). La anomía es muy rara en sociedades simples, pero muy común en sociedades más complejas. En sociedades simples hay sólo algunas series de normas, y la persona fácilmente encaja en ellas. En sociedades complejas hay muchas series de normas y es fácil para una persona escabullirse entre series y no estar atada a ninguna.[1] Los resultados de la anomía son habitualmente conducta delictiva, enfermedad mental, o ambas. Muchas víctimas de suicidio sufren de anomía.

Desviación

Aunque el estudio de la desviación ha tenido un lugar destacado en la sociología por algún tiempo, no se le ha dado mucha atención en antropología. Sin embargo, recientemente, varios antropólogos han tratado la desviación (por ejemplo, Swartz 1972; Edgerton 1972; Langness 1972; Plog and Bates 1976; Howard 1986). Una comprensión de la desviación puede

---

4 Véase Jules Henry, *Culture Against Man* (Nueva York: Random, 1965) para muchas
   ilustraciones de esto.
1 Véase "The Absence of Group Affiliations" por Harvey Zarbough en Walter
   Goldschmidt *Exploring the Ways of Mankind* (Nueva York: Holt, 1971) para una
   excelente ilustración de anomía.

ser de incalculable valor para un misionero. En algunas sociedades, el acto de llegar a ser un cristiano pudiera verse por otros miembros de esa sociedad como una conducta desviada.

¿Qué es desviación? Es "una conducta que viola reglas normativas" (Cohen 1966:12). Desviación es la violación de tradiciones, costumbres y leyes. Ya que las costumbres, tradiciones y leyes difieren de cultura en cultura, la conducta que se considera desviada varía de cultura en cultura. El que un hombre tuviera más de una esposa se consideraría una conducta desviada en los Estados Unidos, pero no se consideraría conducta desviada entre los nuer de África. En la sociedad hopi el que una mujer teja mantas se consideraría una conducta desviada, mientras que entre los navajos se consideraría desviado que un hombre tejiera mantas. Es importante estar consciente de la naturaleza culturalmente relativa de la desviación. Ningún acto es desviado en sí mismo, sino es desviado sólo si está definido así por la cultura.[1]

Merton (1957) ha propuesto tres conceptos que estuvieron implícitos en el libro de Durkheim *Suicide* [Suicidio]:

1. Metas culturales: hay deseos y aspiraciones culturalmente enseñados.

2. Normas: éstas son los medios que pudieran usarse legítimamente en la búsqueda de las metas culturales.

3. Medios institucionalizados: estos son las estructuras establecidas por la sociedad para el logro de las metas de la cultura en una forma normativa.

Merton define tensión social como un sentido de frustración, desesperación, o injusticia. Él vio levantarse tensión por disyunciones entre los tres conceptos presentados anteriormente. Por ejemplo, las metas culturales en una sociedad pudieran cambiar sin normas y medios apropiados para alcanzar estas nuevas metas. Por otro lado, la estructura social pudiera cambiar, frustrando así la búsqueda de las metas culturales. Merton, tomando el concepto de anomía de Durkheim, ve levantarse anomía cuando hay una disyunción, producto de la tensión entre las metas culturales y los medios culturales de obtener esas metas. Esta tensión conduce a un debilitamiento del compromiso de las personas con las metas culturalmente prescritas, o con los medios culturales de conseguirlas.

---

1 Esto no significa que la cultura determina la moralidad en un sentido absoluto. Una cultura pudiera considerar una conducta como normativa antes que desviada, aunque la Biblia pueda condenar esa conducta. Una conducta condenada por la Biblia es pecado ya sea que la cultura la considere o no como desviada.

Merton (1957) explica las formas lógicamente posibles por las que una persona pueda adaptarse a la disyunción y tensión:

1. La persona pudiera aceptar o rechazar las metas culturales.
2. La persona pudiera aceptar o rechazar los medios culturales para el logro de meta.
3. La persona pudiera reemplazar las metas y los medios culturales.

Empleando varias combinaciones de las alternativas anteriores, Merton presenta cinco modos de adaptación (véase Ilustración 11.1). El primer modo es la *conformidad*, el modo no desviado. La persona lucha por las metas culturales en las formas culturalmente aprobadas. Merton considera los cuatro modos restantes como desviados.

El segundo modo es la *innovación*. Una persona acepta las metas de la cultura aunque rechaza los medios culturales. Por ejemplo, un estudiante pudiera aceptar la meta cultural de conseguir buenas notas, pero pudiera rechazar los medios culturales de estudio e intenta obtener la meta a través de trampas, una conducta desviada. Los ladrones profesionales y los delincuentes de oficina son también ejemplos de ese modo.

El tercer modo es el *ritualismo*. Se refiere a personas que se conforman a los medios culturales sin preocuparse por las metas culturales. Los medios llegan a ser el fin en lugar de las metas. Un ejemplo bíblico de ritualismo es el caso de los fariseos en su reacción a la sanidad de Jesús en sábado (Mateo 12:9-14). Para los fariseos los medios habían llegado a ser un fin. Un ejemplo moderno es el burócrata que sigue las reglas servilmente aun cuando ellas son contraproducentes.

El cuarto modo es la *retirada*. La persona rechaza las metas culturales y los medios culturales. Ejemplos de ese modo son los vagabundos, los alcohólicos, los drogadictos y ciertos indios americanos del sudoeste que han recurrido al uso del mezcal, una planta alucinógena.

El quinto modo es la *rebelión*. La persona rechaza las metas y los medios culturales, y los reemplaza con nuevas metas y medios. La base de rechazo y reemplazo pudiera ser moral o funcional. Ejemplos de ese modo son los revolucionarios políticos y los miembros de grupos religiosos fanáticos. Es es un modo en el cual misioneros y cristianos nacionales pudieran encontrarse en alguna sociedad. Si las metas y los medios culturales están en directa violación de las Escrituras, los convertidos nacionales pudieran tener que establecer nuevas metas y medios.

Por ejemplo, en algunas islas del Pacífico Sur se fomenta el sexo prematrimonial. Nadie pensaría en casarse con una muchacha a menos que estuviera embarazada. Ya que la meta cultural, de casarse con una muchacha embarazada, y el medio cultural, sexo prematrimonial, violan principios bíblicos respecto a la conducta sexual y al matrimonio, los cristianos nacionales en esas sociedades tendrían que usar el modo de adaptación de rebelión de Merton, y reemplazar las metas y medios culturales con metas y medios nuevos, en armonía con los principios bíblicos (no con la cultura del misionero).

MODOS DE ADAPTACION	METAS CULTURALES	MEDIOS CULTURALES
Conformidad	acepta	acepta
Innovación	acepta	rechaza
Ritualismo	rechaza	acepta
Retirada	rechaza	rechaza
Rebelión	reemplaza	reemplaza

Ilustración 11-1. MODOS DE ADAPTACION DE MERTON

Merton argumenta que la cultura estadounidense es anómica por dos razones. En primer lugar, esta sociedad enfatiza excesivamente las metas culturales de éxito y materialismo, mientras enfatiza débilmente los medios de logro. El énfasis excesivo en las metas y un menor énfasis en los medios resulta en disyunción, y lleva a una conducta desviada en la búsqueda de las metas. Watergate y los sucesos que lo rodearon son un típico ejemplo de eso. Un ejemplo reciente es la venta secreta de armas a Irán y el envío de las ganancias a los rebeldes nicaragüenses por miembros de la administración Reagan. En segundo lugar, Merton dice que los estadounidenses mantienen las mismas metas culturales para todos los miembros de su sociedad, pero no proveen igual oportunidad para aquellos miembros, y es en ese segmento de la población que encontramos, proporcionalmente, mayor conducta desviada.

Hay tres formas en que la desviación puede ser destructiva o disfuncional para una sociedad u organización (Cohen 1966). En primer lugar, la desviación puede tener el mismo efecto que la avería de una parte sobre la máquina. No toda la conducta desviada es igualmente destructiva, así como la avería de diferentes partes de un auto no son igualmente destructivas. Si la radio de un auto se avería, el conductor puede todavía operar el auto con seguridad. Si se pincha un neumático, ya no lo puede hacer. Pero aún aquí hay una diferencia entre un reventón y una pérdida lenta de aire. Algunos tipos de conducta desviada son más perturbadores que otros.

La segunda disfunción de conducta desviada es que socava la moral. Si la desviación llega a ser demasiado frecuente, sobre todo si no es sancionada, la gente comienza a preguntarse acerca del valor de "seguir las reglas del juego". Cuando la conducta desviada resulta en una recompensa proporcionalmente mayor que la conducta normativa, se socava la moral.

La tercera disfunción de la conducta desviada es que socava la confianza. Cuando una persona "sigue las reglas del juego" en una sociedad o una organización, ha hecho una "inversión". Si no creyera que obtendrá un "ingreso" de su "inversión", pudiera "retirarse del juego". Incluso, la actividad delictiva se basa en la confianza. Un corredor de apuestas ilegal permanece en su negocio porque sus clientes confían en él. Él paga los triunfos. Si los jugadores no confiaran en el corredor de apuestas, no apostarían con él y se quedaría fuera del negocio. Todas las relaciones sociales están fundamentadas en la confianza. Cuando se socava la confianza, también se socavan las relaciones sociales.

Cohen sigue señalando que la desviación en una sociedad u organización no es siempre perturbadora; en algunos casos pudiera ser una contribución positiva. Él sugiere siete funciones (o resultados benéficos) de la desviación. Una función que la desviación pudiera desempeñar es cortar la tramitación. Cuando se establecen reglas en sociedades o en organizaciones, no se puede prever toda eventualidad posible. En algunos casos las reglas pudieran ser contraproducentes, y una desviación de las reglas pudiera ir en beneficio de la sociedad u organización. En muchas organizaciones complejas, si todos siguieran cada regla al pie de la letra, la organización dejaría de funcionar.

Una segunda función que la desviación pudiera desempeñar es actuar como una "válvula de seguridad". Permite que las personas liberen tensiones antes que haya una acumulación excesiva de descontento. Bromas prácticas, travesuras, peleas con almohadas, escrituras en los baños, y otras formas de actividades relativamente inofensivas han servido para esa función en los campus universitarios por años. Otra forma de esta conducta es el acceso ilegal a un sistema de computación o la modificación de programas. Algunas formas de esa práctica pueden tener fines delictivos, pero muchos participan en eso únicamente como una travesura.

Una tercera función de la desviación es clarificar reglas. Cuando las reglas se establecen por primera vez, son frecuentemente borrosas en los límites. La experimentación sobre estos límites, hasta que alguien es considerado desviado, ayuda a clarificar las reglas. Por ejemplo, un establecimiento comercial pudiera requerir que sus empleados se vistan "modestamente". ¿Qué es modesto? Cuando algunas personas se visten en ciertas formas que son consideradas "no modestas", ayuda a clarificar los que es "modesto".

Una cuarta función que la desviación pudiera desempeñar es unir al grupo contra el desviado. Es bien sabido que "nada une a un grupo como el enfrentarse a un enemigo común". El desviado dentro de una sociedad u organización llega a ser un "enemigo" dentro de ella.

En Jueces 20 hay un ejemplo de esa función de la desviación. En el capítulo 8 de este libro analizamos el relato del levita de Efraín que fue a Belén a buscar a su concubina. De vuelta a Efraín, pasó la noche en Gabaa de Benjamín. Allí su concubina fue violada y asesinada. El levita informó a las otras tribus de Israel acerca del rapto y asesinato. Todas las demás tribus se unieron para castigar a Benjamín por ese acto de la desviación.

En quinto lugar, el desviado pudiera de nuevo unir a la sociedad u organización, pero esta vez de su lado. Los miembros de una buena familia se apoyan cuando uno de ellos ha hecho algo malo. En realidad, un acto desviado por uno de los miembros de la familia pudiera unir a la familia en torno a esa persona.

Hay también una ilustración de esta quinta función de la desviación en el relato del levita que permitió que su concubina fuera violada y asesinada. En Jueces 20:12 y 13 las otras tribus de Israel vinieron a la tribu de Benjamín y le pidieron entregar a los hombres responsables de este acto. Sin embargo, el pueblo de Benjamín rechazó la demanda de las otras tribus, y se unió en torno a los hombres de Gabaa. En este caso, los benjamitas se unieron en torno a los desviados y trataron de defenderlos.

Una sexta función que la desviación pudiera desempeñar es la de proporcionar un contraste. La "buena" conducta siempre permanece mejor cuando se contrasta con la "mala" conducta. Los desviados proveen un contraste que hace sentirse bien a los conformistas. La censura del desviado es un refuerzo indirecto de la conducta del conformista.

La séptima función de la desviación es una señal de advertencia. Frecuentemente una aparición de conducta desviada es una indicación de que algo no está bien en alguna parte. Jesucristo se desvió de las normas religiosas de su día, y esta desviación fue una advertencia de que había un problema con estas normas (Mateo 12:1-14). Jesús usó el modo de adaptación que Merton llama rebelión, donde las antiguas metas y medios son rechazados y reemplazados con unos nuevos. Las metas del sistema religioso fariseo eran mundanas, centradas en torno al reconocimiento y honor, pero las metas del sistema de Jesús eran espirituales: servicio y verdadera adoración. Los cristianos tienden a defender el statu quo y describen la desviación como mala. Necesitamos ser sensibles, discernir y estar conscientes cuando la desviación nos está advirtiendo que se necesita un cambio.

El misionero necesita estar consciente de que en muchos países se considera conducta desviada para un nacional el hacerse cristiano. Eso es especialmente cierto en países islámicos donde las sanciones por ese tipo de desviación pudieran ser severas. Una comprensión de la desviación y sus funciones así como de sus disfunciones pueden ayudar al misionero a desarrollar una estrategia eficaz de evangelismo y fundación de iglesias.

Bases de gobierno

Muchos antropólogos reconocen dos bases sobre las que se organiza el gobierno: (1) parentesco y (2) territorialidad.

Parentesco

La mayoría de las sociedades primitivas tienen un sistema de gobierno basado en el parentesco. La entidad de organización pudiera ser la familia extendida, el clan, el linaje, el moietía. El liderazgo pudiera ser patriarcal o colectivo. En muchos sistemas basados en parentesco el liderazgo es una colectividad de los jefes de las varias familias o clanes.

Los bosquimanos del desierto de Kalahari de Botswana tienen un sistema gubernamental basado en parentesco. Ellos son cazadores y recolectores, y habitualmente se organizan en bandas de veinticinco a cincuenta personas. Frecuentemente consisten en miembros de una sola familia extendida. El líder es por lo general el jefe de la familia extendida dominante. Sus funciones consisten en primer lugar en dirigir los movimientos de la banda, presidir en funciones ceremoniales, y conducir la banda en la guerra. La autoridad del líder no es absoluta sino descansa en la tradición, su personalidad y habilidad para dirigir.

No sólo grupos pequeños o sociedades tienen gobiernos basados en parentesco. Los nuer de Sudán en África, aproximadamente un total de doscientos mil, es una de las tribus más grandes en esa región de África. Según Evans-Pritchard (1940), no tienen gobierno general sobre toda la tribu. Su gobierno se basa en su sistema de parentesco. Cada clan se cuida y gobierna a sí mismo. En tiempos de guerra los clanes se unen para la defensa mutua, pero en otras circunstancias cada clan es independiente. Ya que no hay un gobierno general sobre la tribu, las disputas entre los clanes son habitualmente resueltas por contiendas.

Territorialidad

El segundo principio de organización sobre el que se basa el gobierno es la territorialidad. En la práctica, la mayoría de los gobiernos basados en parentesco son también territoriales. Sin embargo, sus bases de organización es parentesco antes que territorio. La mayoría de los estados modernos se basan en territorio. Todas las personas que residen en un territorio dado están bajo el gobierno de ese territorio, sin tener en cuenta el parentesco. Un niño nacido dentro del territorio de los Estados Unidos llega a ser un ciudadano estadounidense sin que importe cuál sea la ciudadanía de los padres. Sin embargo, aún los gobiernos basados en territorialidad reconocen el parentesco como una base de gobierno en algunas circunstancias. Por ejemplo, si una pareja casada estadounidense da a luz un hijo fuera del territorio de los Estados Unidos, ese niño sigue siendo ciudadano estadounidense.

Tipos de gobierno

Hemos hablado acerca de gobierno formal e informal. En realidad, los sistemas gubernamentales no caen ordenadamente en una o dos categorías, sino que encuentran su lugar en alguna parte en una línea continua de sistemas, desde sistemas basados en familia hasta los estados modernos.

Clan

En un sistema gubernamental basado en un clan, la entidad gubernamental más grande es el clan. El gobierno se basa en parentesco y es muy informal. La estructura de parentesco y la estructura gubernamental son la misma.

Los arunta de Australia proveen un ejemplo de este tipo de sistema. Ellos viven en bandas cazadoras y recolectoras, que consisten habitualmente en pequeñas familias migratorias. Sin embargo, estas familias se ven a sí mismas como parte de un clan más grande. Este grupo es exógamo y patrilocal. Su sistema de control social está instituido en torno a costumbres. La imposición es por ridículo y amenaza de exilio, aunque la amenaza rara vez se lleva a cabo.

Multiclan

La entidad gubernamental en un sistema de gobierno multiclan es un grupo de clanes. Los hottentots de Sudáfrica tienen tal sistema. Ellos son primordialmente un pueblo pastoril que cría ganado y oveja. Organizados en grupos multiclanes de alrededor de quinientos a veinticinco mil personas, cada grupo multiclan es completamente autónomo de otros grupos multiclanes de hottentots.

En cada grupo, un clan es considerado principal sobre los otros. El jefe del grupo multiclan viene de este clan principal. El puesto de jefe es hereditario, pasando de padre a hijo. Las cabezas de los otros clanes en el grupo constituyen un consejo de gobierno. Aunque el poder del jefe es grande, su autoridad está sujeta en última instancia al consejo de gobierno.

Tribal

Aunque un grupo multiclan pudiera ser una tribu, una tribu no tiene que basarse en parentesco. Pudiera componerse de grupos totalmente no relacionados. Por lo tanto, definiremos una tribu como un grupo de individuos quienes comparten idioma, cultura y territorio y se ven a sí mismos como una unidad autónoma.

Los gobiernos tribales son habitualmente gobernados por jefes. Aunque pudiera parecer que los jefes tienen poder ilimitado, siguen obligados a responder ante un consejo tribal, un grupo de parientes, o por último a los dioses. En algunas sociedades un jefe pudiera ser objeto de magia si abusa de su poder. Tal fue el caso entre los temne de Sierra Leona en África. Un hombre pudo usar "brujería de maldición" contra el jefe, al sentirse perjudicado por éste. Por tal medio intentó dañar al jefe por abusar de su poder.

Estado

De acuerdo con Hoebel (1972: 523), el estado es una entidad gubernamental basada en tres elementos: (1) territorialidad, (2) organización cultural, y (3) gobierno centralizado con fuertes poderes impositivos. El estado se distingue por características tales como una burocracia, especialización política, impuestos, y una fuerza militar.

Sistema de gobierno hebreo en el Antiguo Testamento

En el Antiguo Testamento podemos trazar la transición de un pueblo de un clan a un estado. Bajo Abraham, Isaac y Jacob, los hebreos fueron un clan pastoril y nómada con una forma patriarcal de gobierno. Desde el tiempo que Jacob y sus doce hijos entraron a Egipto hasta el Éxodo, los hebreos experimentaron la transición desde un clan a un grupo multiclan. Cuando los hijos de Israel dejaron Egipto, lo dejaron' como un grupo multiclan.

Cuando los hebreos llegaron a Palestina, se les asignaron territorios por clanes. Bajo Josué, los hebreos continuaron como un grupo multiclan. Con la muerte de Josué, cada clan se desarrolló en una tribu. Durante el período de los Jueces, cada tribu funcionó en forma autónoma. Cuando hubo amenaza de ataque del exterior, algunas de las tribus lucharon juntas.

Durante el tiempo de Samuel, Israel comenzó su transición desde un gobierno tribal a un estado con el ungimiento de Saúl como rey. Sin embargo, no lo fue hasta que Saúl afirmó su autoridad y amenazó con la fuerza a los que no entendían que los últimos vestigios de tribalismo había acabado, y que se había alcanzado un verdadero estado (1 Samuel 11:6-11).

Gobierno y misiones

Una comprensión del gobierno de la sociedad anfitriona del misionero es muy importante. Cuando los misioneros entran en otra sociedad, ellos trabajan dentro de un sistema cultural nuevo y diferente. Es tan importante para los misioneros conocer bien las costumbres y tradiciones de la nueva cultura, como lo es el llegar a conocer bien las leyes de la nueva sociedad. Ellos debieran ser sensibles a las indicaciones culturales de los nacionales. Habitualmente los nacionales no dirán a los misioneros que ellos han hecho algo descortés, grosero, o mucho más ofensivo. Los misioneros deben estar conscientes de las costumbres y tradiciones, y ser sensibles a las indicaciones o reacciones que reciben de los nacionales. Los misioneros necesitan aprender a observar y, si es apropiado, hacer preguntas.

Una comprensión del sistema de gobierno es una valiosa ventaja en un ministerio fundador de iglesias en una nueva sociedad. La sociedad norteamericana tiene un sistema de gobierno democrático. La mayoría de las iglesias refleja ese sistema. Se vota para llamar un pastor, para elegir los oficiales de la iglesia, y para decidir asuntos importantes que enfrenta la iglesia. Los norteamericanos, en realidad, llevan esa forma de gobierno, tanto en sus iglesias como en su país. En realidad, dan por sentado que la democracia — y únicamente la democracia — es la forma cristiana.

La Biblia no establece un patrón claro de política eclesiástica. Tenemos sólo algunos indicios del gobierno de la Iglesia primitiva que no rebelan necesariamente un proceso democrático. En Hechos 14:23 Pablo y Bernabé establecieron ancianos para las iglesias. En Hechos 15 un concilio de la iglesia decidió un asunto de fe y práctica.

Cuando misioneros plantan una iglesia en otra cultura, debe tomarse una decisión acerca del tipo de política eclesiástica que será establecida. Si los misioneros deciden, probablemente establecerán un sistema democrático similar al de su propia iglesia. Si los nacionales van a decidir, ellos establecerán un sistema autóctono, el cual lo más posible es que no será democrático, ya que la democracia no es practicada extensamente fuera de occidente. Si los misioneros imponen un sistema democrático sobre el pueblo, descubrirán que los nacionales eligen al más anciano, a la persona más rica, sólo personas de un cierto clan, o toda persona que habría asumido el liderazgo si hubieran establecido el sistema, siguiendo su propio modelo cultural. Además, si el misionero introduce un sistema de política eclesiástica que es ajeno a la cultura, la iglesia pudiera muy posiblemente llegar a ser impotente en su gobierno y débil en su testimonio, ya que los miembros de la iglesia no tendrían un precedente por el cual operar.

En cualquier cultura, la política eclesiástica debiera ser una con la cual los nacionales se sienten cómodos y puede funcionar mejor. Cualquier sistema funcional que no viole principios bíblicos, o costumbres y tradiciones culturales, debiera ser aceptable. El misionero debiera evitar el peligro de tratar de establecer un sistema democrático de política eclesiástica en una cultura que no tiene antecedentes de gobierno democrático. Si la gente no tiene experiencia con la democracia probablemente no funcionará.

Preguntas para debate

1. ¿Qué tipo de mecanismos de control social eran practicados en su hogar? ¿Qué tipo de gobierno tuvo su familia?

2. ¿Cuáles son algunos ejemplos de costumbres y tradiciones en su cultura? ¿Cómo son impuestas?

3. Se dieron algunos ejemplos de conflictos entre tradiciones y leyes. ¿Puede usted pensar en otros? ¿Cómo se desarrollaron?

4. ¿Qué tipo de política eclesiástica se practica en su propia iglesia? ¿Cuál es la base para este sistema? ¿Qué suposiciones subyacen en ella?

5. ¿De qué formas pudiera la desviación ser funcional? De algunos ejemplos de situaciones con las cuales usted está familiarizado.

Lecturas sugeridas

Fortes, M., and Evans-Pritchard, E. E. 1955. *African Political Systems* [Sistemas políticos africanos]. Una colección de ensayos que describen los sistemas políticos de varias sociedades africanas. Varios capítulos dan claridad sobre los cambios de sistemas políticos africanos bajo el colonialismo.

Hoeble, E. A. 1954. *The Law of Primitive Man* [La ley del hombre primitivo]. Ilustra las funciones de la ley en las sociedades primitivas.

Mair, L. 1962. *Primitive Government* [Gobierno primitivo]. Un buen estudio sobre el gobierno en sociedades subdesarrolladas. Este libro contiene una buena sección sobre gobierno sin un estado. La introducción tiene un excelente análisis sobre el empleo antropológico de la palabra *primitivo*.

Nadar, L. 1969. *Law in Culture and Society* [Ley en cultura y sociedad]. Trata de la relación entre ley y cultura, la función de la ley, y su función en la sociedad.

Schapera, I. 1963. *Government and Politics in Tribal Societies* [Gobierno y política en sociedades tribales]. Trata de gobierno y política en sociedades tribales. Esta obra es recomendable para quienes tienen planes de ministrar en una sociedad tribal.

Swartz, M. 1966. *Political Anthropology* [Antropología política]. Una colección de lecturas sobre antropología política. Las lecturas tratan acerca de las dimensiones de conflictos en la acción política, autoridad y códigos de autoridad, política y rituales, y campos políticos y sus límites. Las últimas secciones contienen algunas selecciones especialmente interesantes.

12

Religión

El Gran Jefe es el que cuida de mi oveja; No quiero poseer nada.
El Gran Jefe quiere que descanse en el campo.
Él quiere que vaya al lago.
Él hace volver mi buen espíritu.
Aunque camine a través de lo que el misionero llama el valle de
sombra de muerte, no me preocupo.
Tú estás conmigo.
Tú usas una vara y un callado para hacerme sentirme cómodo.
Tú haces un mueble delante de mis ojos mientras mis enemigos
observan.
Tú pones grasa de auto en mi cabeza.
Mi copa tiene demasiada agua en ella y por lo tanto rebosa.
Bien y bondad caminarán en fila tras de mí toda mi vida.
Y viviré en la choza del Gran Jefe hasta que muera y sea
olvidado por mi tribu.[1]

Como hemos visto en los capítulos anteriores, hay varias instituciones
sociales universales en todas las culturas. Otra institución social que hay en
todas las culturas es la religión. Toda sociedad conocida practica alguna
forma de religión. ¿Qué queremos decir por religión? Como hemos visto,

---

1 El Salmo 23 como aparecería traducido literalmente para la tribu khmu de Laos. Esta
   traducción apareció en el *Wichita Eagle* (7 de Enero de 1960) como parte de una
   entrevista con el misionero antropólogo Dr. William Smalley.

el uso antropológico de las palabras frecuentemente difiere de su uso popular. Para los antropólogos el término *religión* se refiere a las creencias y prácticas compartidas de una sociedad. Estas creencias y prácticas forman las doctrinas y rituales de la religión.

Las creencias de una sociedad están habitualmente codificadas, ya sea en forma oral o escrita. Estas creencias codificadas componen la *doctrina* de la religión. La forma de creencia elemental es el mito. El término *mito*, cuando los antropólogos la emplean como concepto técnico, difiere de su uso popular. *Mito*, como lo usan los antropólogos, es un término desprovisto de valor, sin que denote falsedad o verdad. Los mitos son distintos del folklore y las leyendas. Los mitos tratan de lo sobrenatural y están interesados primordialmente en los orígenes del hombre y el universo material. James Down comparte con nosotros el mito de origen navajo:

> *Dine,* el término navajo que ellos emplean para referirse a sí mismos, significa literalmente "pueblo de la superficie de la tierra". El mito de origen navajo describe el ascenso de los antepasados del pueblo de la superficie de la tierra hacia la superficie, y las aventuras y milagrosos sucesos que condujeron al establecimiento de la vida tradicional navaja. Pudiera considerársele una alegoría que describe el peregrinaje de los pueblos que hablan athapaskan, y su eventual arribo al sudoeste. Incorpora elementos de mitología que son casi universales en el Nuevo Mundo. Algunos temas incluso parecen tener relación con elementos míticos comunes en Asia. Ciertos aspectos de mito y ritual reflejan asociación con otros pueblos del sudoeste, especialmente los hopi y otras tribus pueblo. Aunque otras cosas son únicas de los navajos o al menos de los athapaskanos del sudoeste.
>
> Antes que existiera el pueblo de la superficie de la tierra, existió — y aún existe —, el pueblo santo que una vez vivió en el más profundo de doce mundos bajo la presente superficie de la tierra. El pueblo santo es santo porque es fuerte, no porque sea perfecto. Fue cada muestra de algún acto de maldad o malicia lo que forzó al pueblo santo a moverse a un mundo más alto. Comúnmente alguien entre ellos había practicado brujería contra los otros y forzó el movimiento. En cada mundo hubo aventuras y eventos que aún tienen efecto sobre el pueblo actual. Se establecieron prácticas, se creó conocimiento e incluso aparecieron tipos especiales de personas. Por ejemplo, en el tercer o cuarto mundo (hay desacuerdo en las diferentes versiones del mito) aparecieron hermafroditas o travestíes, hombres

que vestían y actuaban como mujeres. Tales personas tanto hoy como en el pasado son algo veneradas por los navajos y se considera que tienen poder sobrenatural posible. En el penúltimo mundo, hombres y mujeres discutieron amargamente y decidieron vivir separados, cada sexo en el lado opuesto del río. Los hombres, de acuerdo con el mito, vivieron muy armoniosamente, aprendiendo las habilidades de mujeres y aún inventando algunos importantes implementos y técnicas hogareñas. Las mujeres, por otro lado, después de tener un buen comienzo, no fueron capaces de suprimir sus impulsos sexuales. Los detalles varían, pero al parecer participaron en relaciones lesbianas y también tuvieron relaciones con monstruos. De esas relaciones brotaron una completa serie de monstruos que iban a invadir a los navajos por un largo tiempo, algunos de ellos hasta hoy. Con el tiempo los sexos alcanzaron un acuerdo y se reunieron otra vez entre sí para vivir en armonía tradicional. Pero pronto un gran diluvio comenzó a llenar el onceavo mundo, y el pueblo santo fue obligado a trepar a través del orificio de una caña a la superficie de la tierra.

En la tierra, se formaron los objetos naturales, el paisaje se formó ya sea por poderes del universo o por el pueblo santo mismo. Apareció por primera vez la muerte.

Importantes entre el pueblo santo, fueron el primer hombre y la primera mujer, quienes fueron creados de dos mazorcas de maíz y que, algunos creen, crearon el universo (o al menos se les dio el honor al primer hombre). Pero su función importante es el de padre y madre de la Mujer Cambiante, la figura más importante en la mitología navaja. Su concepción y nacimiento fueron asuntos milagrosos, pero la pareja original la crió e instruyó, y permitió que se casase con el sol y con él agua. Este casamiento, o casamientos (es difícil saber), produjo dos hijos, mellizos, quienes crecieron para ir en busca de su padre, el sol, y recibir de él armas y conocimientos que les permitieron matar los monstruos que plagaban la tierra y al pueblo. Los registros de sus victorias están escrito en el paisaje del país navajo. Montañas prominentes, fluidos de lava y otros rasgos naturales son identificados con las osamentas de los monstruos muertos (1972:96-97).

Ya que los mitos tratan de los orígenes, son fundamentales en el sistema de creencia de una sociedad. Libros sagrados contienen habitualmente los mitos de la religión así como otras creencias codificadas.

Además de las creencias de una religión, hay también prácticas adjuntas que componen los rituales de la religión. Los antropólogos dividen los rituales religiosos en dos tipos: ritos de transición y ritos de fortalecimiento.

Los *ritos de transición* marcan la transición de una persona de una etapa en el ciclo de la vida a la próxima. El rito hace conocer tanto a la sociedad como al individuo que éste ha avanzado desde una etapa a la próxima. Ciertas etapas en el ciclo de la vida están marcadas por ritos religiosos en casi todas las sociedades. Esos incluyen el nacimiento, la pubertad, el matrimonio y la muerte. En el cristianismo el nacimiento se marca por el bautismo o por la dedicación del bebé; la pubertad se marca por la confirmación o su equivalente. El matrimonio implica una ceremonia religiosa que marca el pasaje a la madurez responsable, y la muerte se marca por un funeral.

Los *ritos de fortalecimiento* son rituales que reúnen a la comunidad, acentuando la solidaridad del grupo y reforzando el compromiso con las creencias del grupo. La Santa Cena es un ejemplo de un rito de vigorización en el cristianismo. Algunos ritos funcionan en ambos sentidos como ritos de transición y como ritos de fortalecimiento, tal como el sacramento del bautismo en el cristianismo.

Funciones de la religión

La religión se encuentra en todas las sociedades porque satisface necesidades universales (sociales y psicológicas). Hay, tal vez, seis funciones culturales esenciales de la religión (O'Dea 1966). La primera es *psicológica*. La religión provee apoyo, consolación y reconciliación. Los seres humanos son relativamente impotentes en el control de su destino. A pesar de su cuidadosa planificación, enfermedades, desastres naturales y otras circunstancias más allá de su control hacen el futuro muy incierto, como indica el párrafo siguiente:

La vida es un gran enigma. Dedicas todo el esfuerzo a la caza y fallas mientras un holgazán, un inútil, lleva a su casa mucho alimento. Mueren tus compañeros en una patrulla, pero *tú* escapas. El vecino fulano se veía sano y fuerte cuando de pronto cayó muerto. ¿Por qué su esposa tuvo mellizos? ¿Cuál es el significado de ese búho ululando cerca de la casa noche tras noche? Todo eso es extraño, algo inexplicable. Hay un poder sobrenatural que flota en derredor. Por las buenas o por las malas, más vale que obtengas algo si quieres vivir con seguridad, ganar posición social, ganar en las apuestas o evitar que *tu* esposa tenga mellizos. Tienes que resolver una ecuación con un número infinito de cantidades desconocidas, y lamentablemente, tu felicidad, tu vida y muerte dependen del encontrar las respuestas correctas. Por lo tanto, anda con cuidado en el universo. Si sigues los senderos trazados por los sabios de antaño, ellos te conducirán a la felicidad, a menos que la Fuerza Número 1.678.872 no afecte sus cálculos (Lowie 1929:215).

La religión provee apoyo emocional para enfrentar el futuro incierto y frecuentemente hostil. Cuando un jagga de África Oriental va de viaje, o tiene que tomar una decisión importante, ofrece un sacrificio al espíritu de un antepasado. Los baganda de África Oriental estudian la entrañas de un pájaro antes de tomar una decisión. Los indios mapuches de Chile ofrecen oraciones y sacrificios a los antepasados y a *ñenechen*, el ser supremo.

Cuando el futuro trae fracaso y desilusión la religión provee consolación. Por ejemplo, en Tepoztlán, México, cuando un niño muere la religión provee consolación (Lewis 1960). El funeral de un niño es diferente del de una persona anciana. El pueblo de esa zona cree que el alma del niño va directamente al cielo, y por lo tanto se supone que el funeral es una ocasión feliz. Esta felicidad se simboliza con música alegre. Si el difunto es un niño se le viste como San José y, si es una niña, como la Virgen de Guadalupe. Los pies son sujetos con calcetines y sandalias forradas con papel dorado. Se le cubre el rostro con un velo, y se le pone una corona de flores de papel sobre la cabeza. Cuando se amortaja el cuerpo, se atan las manos y pies del niño con cintas. Las cintas se desatan en la tumba. Una pequeña calabaza pintada, llena de agua, se pone junto al cuerpo, para proveer agua para el alma en su viaje al cielo. Niños de la misma edad que el que ha muerto llevan la litera. A medida que se saca el cuerpo de la casa, se hace tañer la campana de la capilla del barrio.

Cuando un hombre se aleja de su sociedad, la religión provee un medio de reconciliación. En nuestra cultura, los delincuentes están comúnmente alejados de la sociedad. Si esa persona se vuelve "religiosa", a menudo se le acepta más rápidamente de vuelta en la sociedad. Algunas de estas personas pueden haber tenido conversiones genuinas, pero el punto es que también hubo resultados sociológicos.

La segunda función de la religión es *trascendental*; provee seguridad y dirección. El mundo está cambiando constantemente. La historia trae muchos cambios en la condición humana. En un mundo cambiante las personas buscan un punto de referencia desde el cual puedan orientarse en el flujo y reflujo de la historia. La religión provee un punto de referencia absoluto desde el cual la gente puede enfrentar un mundo cambiante.

Los yoruba de Nigeria ven a Odua como el creador de la tierra. Se le considera el progenitor de todos los yoruba. Los reyes yoruba se consideran a sí mismos descendientes directos de Odua y reciben su condición social y autoridad de él.

La tercera función de la religión es *sacralización*; legitima normas y valores. Cada sociedad tiene su propia forma de hacer las cosas y sus propias metas de grupo. Cada sociedad enfrenta el problema de lograr que los individuos subordinen sus metas personales a las del grupo. La religión legitima las metas del grupo y los medios de alcanzarlas.

Por ejemplo, los yoruba usan la idea de recompensa y castigo eterno, en la vida de ultratumba, como un incentivo para una conducta correcta o socialmente aprobada. Los yoruba creen que tienen tres almas, y cuando una persona muere, las tres almas viajan al cielo (Bascom 1969).

En el cielo el vigilante ancestral del alma da cuenta de todas las obras buenas y malas hechas en la tierra por la persona. *Olorun*, el juez en el cielo, juzga las obras de una persona de la misma forma que estas obras son juzgadas en un tribunal en la tierra. Si la gente ha sido bondadosa y buena, y se ha comportado correctamente en la tierra, entonces sus almas son enviadas al *orun rere*, el "buen cielo". Si la gente no se ha comportado correctamente en la tierra, ha participado en magia mala, ha sido cruel o malvada, asesina o ladrona, o ha golpeado o envenenado a otros, sus almas son condenadas a *orun buburo*, el "cielo malo", donde son castigadas. Ambos cielos se ubican en la misma parte del universo. Las obras malas se castigan allí y se corrige cualquier equivocación hecha en la tierra.

La palabra yoruba *orun* se refiere tanto al cielo religioso como al firmamento. Aunque los yoruba creen que el mundo del más allá está cerca de *Olorun*, el dios del cielo, también creen que el muerto viaja hasta allí caminando. Creen que el muerto debe atravesar ríos, subir montañas y comprar alimento para el camino. El dinero para el alimento viene del dinero que sus parientes gastan en el funeral. Creen que los malos encontrarán animales peligrosos en el camino, encontrarán ríos torrentosos, y serán forzados a trepar montañas tan resbalosas que les tomará años franquearlas. Creen también que el malvado gastará todo su dinero en comida antes de llegar y tendrá hambre en el viaje.

La cuarta función de la religión es *profética*; critica normas y valores. Esa función de la religión es análoga a la sacralización. Aunque la religión legitima aquellas normas y valores que armonizan con las creencias de una sociedad, también condena aquellas normas y valores que no lo son. Los profetas hebreos son uno de los ejemplos más claros de esa función de la religión, y esa función deriva su nombre de ellos.

En la religión tradicional navajo, toda la naturaleza se ve como si estuviera en equilibrio. Los problemas resultan de perturbar ese equilibrio. Los navajos ven el universo como un todo o de una pieza. Todo es naturaleza o natural, y parte del universo, incluyendo al hombre. Ya que el hombre es parte del universo natural, debe adherirse a las leyes del universo. Estas leyes son bien conocidas para el navajo, si no en completo detalle, al menos en una forma general. Él sabe cómo actuar en diferentes momentos y en diferentes situaciones para mantener el orden y equilibrio del universo. Por ejemplo, si un navajo se pone su zapato en el pie equivocado pudiera provocar su muerte. Esto no es porque el acto sea visto como un pecado, sino porque él ha perturbado, por un instante, el orden del universo. Muchos de los navajos más viejos creen que la falta de lluvia en los años recientes resultó de que los hombres más jóvenes se cortaron el cabello al estilo de los hombres jóvenes blancos. Ellos creen que el cabello largo alienta la lluvia, porque ese es el orden natural de las cosas. Ellos ven los resultados de varias acciones tanto comprensibles como inevitables.

Este relato ilustra la función profética de la religión. Cuando los navajos se apartan del camino navajo, son condenados y advertidos de los castigos sobrenaturales que se tendrán que pagar.

En casi todos los países latinoamericanos se acostumbran tres tipos de matrimonios. El primer tipo es un matrimonio católico romano llevado a cabo en la iglesia por un sacerdote. El segundo es un matrimonio civil, llevado a cabo por un oficial del gobierno. El tercero es matrimonio consensual, una unión consensual entre un hombre y una mujer. El matrimonio consensual es muy frecuente en América Latina. Aunque el matrimonio consensual sea la norma en muchas regiones de América Latina, es condenado por una iglesia que reconoce solo el matrimonio por la iglesia.

La quinta función de la religión es *identificación*. Nos dice quienes somos. "La religión da al individuo un sentido de identidad con el pasado distante y con el futuro ilimitado. Expande su ego al hacer su espíritu significativo para el universo y el universo significativo para él. En estas formas la religión contribuye a la integración de la personalidad" (Davis 1948:531-33).

Cuanto más rápido es el cambio en una sociedad, tanto más importante llega a ser la identificación.

Esa función opera entre los indios mapuches de Chile. La naturaleza jerárquica de la divinidad y el proceso de progresar de hombre a deidad, que son primordiales en la cosmovisión mapuche, se ilustran en la función conectiva de los jefes ancestrales. Ellos creen que los espíritus de los jefes caminan con los hijos de los dioses. Los mapuches se ven a sí mismos conectados directamente con los dioses (Faron 1968).

Los indios mapuches se ven a sí mismos como descendientes de sus antepasados, que aún existen como espíritus. Cuando un indio muere, se reúne con su antepasado como un espíritu. Los hindúes de la India creen en la reencarnación. Creen que vinieron de Dios y progresan en una serie de reencarnaciones. Su meta es reunirse con Dios. El concepto hindú de Dios es impersonal y panteísta.

La sexta función de la religión es *maduración*; marca el pasaje del individuo, a través de la vida, para él y su sociedad. Ya que la vida es sagrada y relacionada con lo sobrenatural, esa función marca etapas en la vida. Esto se representa en la forma de ritos de transición.

Cuando nace un niño entre los yoruba de Nigeria, se le rocía con agua para hacerlo llorar. Nadie presente en el momento dice una palabra hasta que el bebé llora. Ellos creen que esto pudiera causar al niño impotencia o esterilidad. Una mujer entierra la placenta en el patio. En este lugar se lava el bebé con una esponja de luffa y se le frota con aceite de palma. Luego se sostiene al niño por los pies y se sacude tres veces para que sea valiente y fuerte. Con su cabeza se toca suavemente el suelo para que el niño no se hiera en caso de que cayera posteriormente en la vida (Bascom 1969).

En muchas sociedades se marca la pubertad con ritos de transición. Entre los indios kalapalo de Brasil, el ritual se marca con un período de reclusión de tres a cinco años. Entre los kaguru de África Oriental, la circuncisión es parte de los ritos de la pubertad para los varones. En muchas sociedades católico romanas, la pubertad se marca con la confirmación. El pueblo judío marca la pubertad de los varones con un Bar Mitzvah.

En casi todas las sociedades, el ritual del matrimonio marca la entrada de una persona en la edad adulta responsable como lo ilustra la ceremonia de captura de esposa entre los barabaig de África Oriental (Klima 1970). En la mañana, antes del amanecer, el novio debe capturar su novia, un grupo de amigos van con él al hogar de la novia. Se han hecho arreglos de antemano, comúnmente con el hermano de la novia o su madre, para sacar los arbustos espinosos usados para guardar la puerta del redil. A la estrategia empleada en la captura de esposa se le llama *lugod*, que es el mismo término para una incursión o maniobra de guerra. El objeto de esas maniobras es poner alrededor del cuello de la novia un collar de cuentas azules y rojas que tienen un significado mágico-religioso. Después que la novia ha sido capturada, ya no se asocia más con las muchachas jóvenes, y se cortan todos los vínculos con el grupo de jóvenes con las que se asociaba anteriormente. Ahora su lugar es con las mujeres casadas y sus grupos.

Animismo

Tal como la religión es universal así hay también una creencia universal en seres espirituales. El antropólogo inglés del siglo XIX, Sir Edward Tylor, en su estudio de culturas iletradas, acuñó el término *animismo* para describir la religión de estos pueblos. El término viene de la palabra latina *anima*, que significa aliento o alma. Tylor observó que las religiones practicadas por las sociedades iletradas tienen ciertas características en común. Estos pueblos generalmente creen que ellos están constituidos por dos elementos: (1) el cuerpo, o carne, y (2) el alma. El concepto de alma es clave para entender el animismo. Esos pueblos iletrados creen que no sólo los individuos tienen almas sino también los animales y las plantas. Los seres humanos, los animales y las plantas siguen existiendo después que el ser físico deja de existir.

Junto a las almas de los seres naturales, los pueblos iletrados también creen en fuerzas sobrenaturales. R. R. Marett, otro antropólogo temprano que estudió la religión, tomó prestada la palabra melanesiana *mana* para referirse a esas fuerzas sobrenaturales. *Mana*, en la que pueden habitar seres humanos, animales, plantas y objetos inanimados, es una fuerza impersonal que puede ser buena o mala. Hazañas extraordinarias se explican habitualmente en términos de *mana*. Grandes proezas en la lucha, una caza abundante, la habilidad de sanar personas y otros logros sobresalientes se atribuyen habitualmente al *mana* que se posee.

Otro rasgo de muchas de estas religiones es el totemismo. El *tótem* es una palabra ojibwa empleada por los antropólogos para referirse a la unidad espiritual entre un animal o una planta y un grupo social, a menudo un clan u otro grupo de parentesco. La gente cree que está espiritualmente relacionada con su tótem. Esta relación no es evolucionista, como si hubieran evolucionado del tótem, sino más bien una relación espiritual donde ven su fuente de vida del mismo origen que la del tótem.

Se practica totemismo entre los aborígenes de Australia, quienes creen en la preexistencia de espíritus. El espíritu de una persona reside con el tótem hasta que llega el tiempo para su nacimiento. Si una mujer da a luz a un segundo hijo antes que el hijo anterior haya sido destetado, ella deja a su segundo hijo en los arbustos para morir. Para el aborigen, el espíritu del segundo hijo llegó demasiado pronto. Este ahora volverá al tótem y vendrá otra vez como niño en el tiempo apropiado.

Otro concepto encontrado en muchas de estas religiones, así como en religiones modernas, es el tabú. *Tabú* es una palabra polinésica para mandatos sobrenaturales contra cierta conducta. El quebrantamiento de un tabú pudiera ser una ofensa sólo contra lo sobrenatural, o pudiera ser tanto contra lo sobrenatural como contra la sociedad. Los tabúes son comúnmente impuestos por lo sobrenatural pero pudiera ser impuesto por la sociedad. Los tabúes cumplen al menos tres funciones. En primer lugar, ellos mantienen al fiel en línea. Por ejemplo, la iglesia mormona excomulgó a una mujer por apoyar públicamente la Enmienda de igualdad de derechos, a la cual la iglesia se oponía. En segundo lugar, ellos establecen líneas de separación para señalar el grupo y aumentar la solidaridad grupal. Frecuentemente vemos esto en grupos fundamentalistas extremos quienes ven a todos los otros cristianos, incluyendo evangélicos conservadores, como apóstatas y separados de ellos. En tercer lugar, los tabúes se usan para ayudar a mantener controles sociales, como por ejemplo, el tabú del incesto analizado en el capítulo 8.

Religión y magia

Debiera hacerse una distinción entre religión, magia y ciencia (Malinowski 1954). Toda sociedad, por primitiva que sea, tiene una ciencia o tecnología. La magia comienza donde la ciencia o tecnología cesa. Los isleños de las Trobriand, por ejemplo, usan magia al plantar batatas.

El isleño sabe que debe cavar el suelo para plantar sus batatas. Sabe la profundidad y cuán lejos una de otra debe plantarlas. Sabe que debe desmalezar su surco de batatas. Sabe como hacer todas estas cosas. Ellas son parte de su tecnología. Sin embargo, hay aspectos del cultivo de batata que no puede controlar, tales como la lluvia, los insectos y el clima. Debido a que su tecnología no puede controlar estos factores, el isleño trobriandés acude a la magia en un intento de controlarlos.

Parece claro que hay una distinción entre religión y magia (Frazer 1941). Ambas comienzan con una creencia en lo sobrenatural, pero ellas difieren en su orientación a lo sobrenatural. En la religión, el hombre reconoce la superioridad de lo sobrenatural. La actitud hacia lo sobrenatural es una de sumisión, reverencia y adoración. En la religión, el hombre sirve a lo sobrenatural.

En la magia el hombre busca controlar lo sobrenatural. Él cree que si emplea las fórmulas apropiadas, puede conseguir que lo sobrenatural cumpla sus órdenes. Mientras que la religión es la adoración de lo sobrenatural, la magia es la manipulación de lo sobrenatural.

Frazer (1953) distingue dos tipos de magia: imitativa y contagiosa. La *magia imitativa* implica procedimientos en los cuales el fin deseado se representa o actúa, tales como cazadores arrojando flechas a un modelo de su presa antes de salir a cazar. En la *magia contagiosa* alguien primero obtiene algún fragmento de una persona, tal como un trozo de uña o una sustancia asociada con una persona, tal como un artículo de vestir. Este material es luego sujeto a un procedimiento que se cree afecta a la persona en una forma particular, tal como provocar su muerte, que se sane, o se enamore. En casi todas las sociedades, se relacionan estrechamente las técnicas espirituales y no espirituales. Cada vez que la incertidumbre y la ansiedad invaden la vida humana, florecen técnicas espirituales.

La magia funciona lo bastante frecuente como para convencer a quienes la practican de que es real. Hay tres formas posibles de explicar la ocurrencia de la magia. En primer lugar, pudiera ser simplemente coincidencia o casualidad. Casi cualquier cosa funcionará un porcentaje de tiempo. Cuanto más tiempo se permite, tanto mayor probabilidad hay de que funcione.

La segunda explicación es psicológica. Si una persona cree que un evento ocurrirá, la persona actuará de acuerdo con su creencia. Esa acción pudiera ayudar a asegurar la ocurrencia del acontecimiento. A eso se le llama *profecía que acarrea su propio cumplimiento*. Si se practica magia mala contra otra persona, y si esa persona cree en la magia, la persona será dominada por el temor y se enfermará o morirá. Los psicólogos se refieren a ese fenómeno como *acatamiento somático*.

El tercer fenómeno para la eficacia de la magia es demoniaco. La Biblia claramente habla de un mundo espiritual. Satanás y sus demonios tienen poder sobrenatural. No son más poderosos que Dios, pero sus poderes superan los poderes humanos. Sin embargo, debemos darnos cuenta de que, aunque pudiera parecer que quienes practican la magia están controlando lo sobrenatural, es más probable que a ellos los estén controlando los demonios. Por supuesto que esa explicación no es aceptada por los que no creen en lo sobrenatural.

La magia que se usa para propósitos antisociales y agresivos se llama hechicería. Se usa la *hechicería* para dañar a las personas física, social, económica o espiritualmente. Ese parece haber sido el caso en la "muerte por embrujo" informada en el hospital de la ciudad de Baltimore en 1967:

> Una partera informó a las madres de tres niñas nacidas cerca de los pantanos de Florida que se había hecho una hechicería sobre sus hijas que morirían todas jóvenes. La primera, antes de cumplir dieciséis años, la segunda antes de los veintiuno y la tercera antes de los veintitrés. Los años pasaron. La tercera joven fue ingresada en un hospital con aparente ataque cardiaco congestivo. Ella estaba en un estado de pánico y resollaba. Interrogada por un médico varios días después, se quebrantó y relató el resultado de su embrujo. La primera muchacha murió en un accidente automovilístico a los quince años. La segunda estaba celebrando el fin de su embrujo la noche en que cumplió veintiún años, cuando se produjo una pelea y se hicieron varios disparos, uno de los cuales rebotó en un mueble y la mató. La tercera muchacha murió dos días después de cumplir veintitrés años, presumiblemente de ataque cardiaco congestivo. (Wintrob 1972).

Cristianismo, religión y misiones

¿Es el cristianismo único o es sólo una religión más entre las religiones? Desde el punto de vista antropológico, es esto último. Se supone que los antropólogos practican una ciencia libre de valores. No se supone que hagan juicios de valor. Ellos están para describir, clasificar, y, si es posible, hacer generalizaciones; pero no están para evaluar. Para el antropólogo cada religión es igualmente válida, y cada religión desempeña básicamente las mismas funciones en toda sociedad. Pero los cristianos consideran su religión no sólo única sino también exclusiva (Juan 14:6; 1 Timoteo 2:5-6).

Un estudio antropológico de religiones comparadas muestra que todas las religiones desempeñan las mismas funciones culturales. ¿Cómo se puede explicar eso a la luz de nuestra creencia en la unicidad del cristianismo? En primer lugar, necesitamos recordar que la raza humana es el resultado de un acto creador especial de Dios. Dios creó a los seres humanos como seres biológicos, psicológicos, sociológicos y espirituales con necesidades en los cuatro aspectos. Debido a que todas las personas tienen necesidades comunes, los sistemas culturales que ellas desarrollan para satisfacer estas necesidades tendrán funciones comunes. Esto incluye sus religiones.

Dios creó a los seres humanos con una serie de necesidades psicológicas y espirituales que pueden encontrar su plena satisfacción sólo en Él. El cristianismo bíblico, a diferencia de cualquier forma cultural de cristianismo, es el único sistema que satisfará completamente esa necesidad. Otras religiones son falsificaciones de lo real. Como el dinero falsificado, ellas funcionan por un tiempo, pero al final fracasan en pasar la prueba de autenticidad.

Aunque nos referimos al cristianismo como cristianismo bíblico, debemos darnos cuenta de que éste nunca se encuentra separado de una cultura; es siempre una parte de una cultura. El cristianismo del Nuevo Testamento fue una parte de la cultura del mundo grecorromano del primer siglo. Hoy encontramos cristianismo estadounidense, cristianismo colombiano y cristianismo nigeriano. No hay tal cosa como un cristianismo ajeno a cualquier contexto humano. El cristianismo siempre se expresa a través de una cultura. Es único en el sentido que puede expresarse igualmente bien en cualquier cultura. Es la única religión que puede satisfacer las necesidades de la gente en cualquier sociedad.

Cuando los misioneros llevan el cristianismo a otras culturas, deben tener en cuenta dos conceptos antropológicos. En primer lugar, el pueblo al cual están llevando el evangelio ya tiene una religión que satisface sus necesidades culturales. Es una parte integral de su cultura. La religión les da identidad y dirección en su cultura. En segundo lugar, los misioneros traen con ellos el cristianismo de su propia cultura. Es una forma de cristianismo que funciona en la cultura del misionero. Los misioneros han aprendido su religión en el contexto de su cultura. Si los misioneros van a introducir el cristianismo en otras culturas eficazmente, necesitan seguir una estrategia de tres pasos. Tendrán que estudiar la religión de la cultura en la cual están sirviendo. Eso implica más que entender los fundamentos filosóficos de la religión, sus conceptos teológicos, y sus escritos sagrados, aunque estos son muy importantes. Los misioneros deben también entender las funciones culturales de la religión en esa sociedad. Un punto de partida para analizar las funciones culturales de una religión son las seis funciones culturales de la religión de O'Dea. Entender las funciones culturales de una religión dentro de una sociedad es el primer paso para introducir el cristianismo a esas personas.

El segundo paso es que los misioneros comprendan las funciones culturales del cristianismo dentro de su propia cultura. Los misioneros debieran ver como el cristianismo reúne las seis funciones de O'Dea en su sociedad. Esto les ayudará a desculturizar su cristianismo.

Esto conduce al tercer paso: refundir el cristianismo en formas culturales para satisfacer las necesidades en la otra cultura. Eso implica mucho más que sencillamente reemplazar un sistema de creencias, culturalmente orientado, con un nuevo sistema cultural de creencias. El cristianismo es una experiencia real y vital con el Dios vivo. El producto final de una estrategia misionera no es la conversión sino la fundación de una iglesia dinámica con creyentes maduros que se reproduzcan. La obra del Espíritu Santo debe continuar en la vida de una persona después de su conversión. Sin embargo, la gente no vive en una burbuja. Son parte de una cultura. Si el cristianismo es verdaderamente la religión universal, satisfará las necesidades de las personas en toda cultura.

Preguntas para debate

1. Anote todos los rituales practicados por su iglesia. ¿Cuáles de ellos son ritos de transición y cuáles son ritos de fortalecimiento?
2. En su cultura, ¿cómo satisface el cristianismo cada una de las seis funciones culturales presentadas en este capítulo?
3. ¿Hay algunos tabúes en el cristianismo? ¿Cuáles son?
4. Se dieron tres explicaciones para la magia. ¿Cuál de estas razones explica mejor cada una de las tres muertes en el caso de estudio acerca de las tres jóvenes que fueron "hechizadas"?
5. ¿Hay tal cosa como una cultura cristiana? ¿Puede haber cristianismo separado de la cultura?

Lecturas sugeridas

Durkheim, E. 1954. *The Elementary Forms of Religion* [Las formas elementales de la religión]. Este libro examina el animismo, el naturismo, el totemismo, el mito y el ritual en las sociedades primitivas. Durkheim ve la religión como un fenómeno social.

Goode, W. J. 1951. *Religion Among the Primitives* [Religión entre los primitivos]. Goode ha escrito una buena introducción básica a esa esfera de estudio. Se recomienda el capítulo sobre religión como objeto de estudio científico.

Lessa, W. A. y Vogt, E. Z. 1965. *Reader en Comparative Religion* [Antología en religión comparada]. Una colección de artículos que tratan acerca de religión y cultura.

Levi-Strauss, C. 1962. *Totemism* [Totemismo]. Una perspectiva funcionalista de totemismo. Este libro también ve al totemismo desde la perspectiva del practicante. Pudiera ser un poco técnico para el estudiante que se inicia pero es revelador para el estudiante serio.

Mair, L. *Witchcraft* [Brujería]. Un tratamiento básico de brujería. Mair utiliza un enfoque funcionalista en su análisis sobre la brujería. El libro trata de las ideas y prácticas de aquellos pueblos que creen en la brujería.

Malinowski, B. 1948. *Magic, Science, and Religion and Other Essays* [Magia, ciencia y religión y otros ensayos]. Una colección de escritos de Malinowski sobre religión. El ensayo principal trata de magia, ciencia y religión. El libro también incluye un ensayo sobre mito en la psicología primitiva y uno sobre espíritus.

Evans-Pritchard, E. E. 1956. *Nuer Religion* [Religión nuer]. Una buena descripción de la religión nuer. La religión de ellos es similar a la de muchas otras sociedades tribales y hace un interesante ejemplo.

13

Investigación antropológica

Mary se sienta bajo una palmera inclinada sobre la playa, frente al Océano Pacífico, mientras éste baña con su oleaje una isla malaya. Cerca de ella se sienta una joven madre que alimenta a su bebé mientras habla con Mary sobre algunas tradiciones de su pueblo.

Harold se sienta en una mesa bajo el sol abrazador fuera de una choza en Kenia, África. Equipado con una hoja de papel y lápiz, le pide a un joven africano que le haga un dibujo de una persona.

Carl se sienta al borde de un claro en una selva tropical observando una ceremonia de casamiento india. Se fija cuidadosamente en dónde se sienta cada cual y quién le habla a quién.

Linda escribe en una computadora portátil términos de parentesco y relaciones que reunió entre los indios pueblo el verano anterior y que luego puso en un programa que la ayudará a analizar los datos.

¿Qué tienen en común Mary, Harold, Carl y Linda? Todos ellos se dedican a la investigación antropológica.

El método científico

El método científico es una forma de estudiar el mundo de una manera objetiva y sistemática. Es fundamental en el método científico el proceso de hacer observaciones acerca de las regularidades en propiedades o conductas, y luego formar una hipótesis en torno a los procesos implicados o los patrones revelados. Si la hipótesis sigue bajo mayor estudio, se comienza a llegar a un conocimiento funcional del proceso o conducta. A una hipótesis que parece resolver adecuadamente fenómenos observados se le llama *hipótesis de trabajo*.

La hipótesis de trabajo es muy puntillosa cuando se trata de objetos inanimados, sus propiedades y procesos, como en química o física. Sin embargo, cuando trata de la conducta de animales u hombres, el investigador científico debe contentarse con hipótesis que explican un gran porcentaje de los fenómenos, aunque tal vez no cada aspecto.

Los procesos de observación, formación de hipótesis, y su verificación está ilustrado en el siguiente relato. Uno de los autores viajó a las Filipinas y se mudó al hogar de una pareja filipina. Él observó la edad y condición del hogar y notó que ellos tenían un automóvil — un viejo modelo compacto — y empleaban tres doncellas a medio tiempo. Basándose en observaciones de las posesiones y estilos de vida de otras familias, especuló que pertenecían al extremo más bajo de los miembros más ricos de la sociedad.

Sin embargo, esas observaciones hicieron al autor consciente sólo de la relativa riqueza de la familia. Él aún necesitaba determinar si la sociedad estaba organizada en torno a un sistema de clases o a un sistema de condición de estratificación social. Era importante saber esto si es que iba a analizar la interacción social. En un sistema de clases las personas se relacionarán con cualquiera que ellas perciben como que pertenecen a la misma clase, e ignorarán variantes menores en riqueza real. Sin embargo, en un sistema de condición social una persona debe saber con precisión la riqueza y posición social de otras para saber como relacionarse con ellas. Si una está por encima de otra en la condición social, esa persona podrá influir en la otra. Pero si una persona está bajo la otra en condición social, necesitará la ayuda de otras para influir en ésta. Por lo tanto, el autor necesitaba desarrollar una hipótesis respecto a la riqueza relativa.

Él fue invitado a vivir en un hogar filipino. Esa invitación solamente pudo ser parte de la conducta compleja de hospitalidad en un sistema de clases o un sistema de condición social. El hecho de que fue invitado para permanecer uno o dos meses sugiere la conducta de la condición social. Otro sistema pudiera haber necesitado que él fuese un pariente, amigo de la familia, o pensionista.

Otras pistas para un sistema de condición social se dieron en la conducta de los visitantes en la casa. Los padres del anfitrión iban por cualquier parte dentro de la casa, pero otros parientes permanecían en la sala de estar y no se les admitía en los dormitorios. Algunas personas que vinieron no pasaron más allá de la puerta del frente y nunca fueron invitados a entrar. Otros permanecieron en la verja durante toda la conversación con la familia.

Aún el método de presentar este autor a los amigos y conocidos sugirió que este era un sistema de condición social antes que un sistema de clases. Su introducción a amigos y conocidos fue selectiva. Él sería presentado sólo a individuos selectos.

Trabajando con la hipótesis que la sociedad era un sistema de condición social, el autor buscó determinar su propia relación con la familia. Siendo percibido por ellos como mayor en condición social, ¿cómo iba él a mantener esa condición? Una forma fue viajando sólo en transporte público de "primera clase". Además, ¿cómo podría influir en ellos sin manipularlos injustamente mediante el sistema social? Eso se pudo lograr al otorgarles favores disimuladamente, por los que pudieron recibir mérito, reforzando su propia condición social con relación a la condición de los demás.

La hipótesis de riqueza relativa dentro de un sistema de estratificación de condiciones sociales se pudo probar en cualquier momento. Por ejemplo, el invitado admitió viajar en un autobús de tercera clase y disfrutar de la experiencia. La actitud de apertura, percibida por la familia, cambió rápidamente a una situación de frialdad hacia el invitado. Esto mejoró sólo cuando él prometió viajar en locomoción colectiva de primera clase en el futuro. Tal conducta no sería característica de un sistema de clases, donde la disciplina está en conservar una conducta socioeconómica apropiada antes que una conducta apropiada estratificada.

Investigación antropológica

Mientras que la investigación psicológica trata en primer lugar de diseño experimental e investigación sociológica con sondeos, cuestionarios, y validación estadística, la investigación antropológica está primordialmente interesada en la observación como un participante en la cultura. Los investigadores de campo trabajan dentro del contexto del ambiente de investigación. Ellos son parte esencial del ambiente. Registran sus hallazgos en relación con su participación en el ambiente bajo observación. Este enfoque se llama *observación participante*; es decir, los investigadores participan en el ambiente. Los hallazgos que resultan de la investigación no son controlados tan rígidamente como en los experimentos psicológicos, ni son de la misma validez estadística que estos últimos. Sin embargo, sí reflejan el todo y la relación de cada parte con el todo, y por lo tanto constituyen un buen fundamento para otras metodologías de investigación más rigurosas y precisas. Las técnicas de experimentación y validez estadística dan una imagen precisa de la parte estudiada, pero rara vez dan la relación de la parte con el todo o una comprensión del todo. Los investigadores antropológicos no pueden arriesgarse a considerar sólo una parte de la cultura, no sea que sus hallazgos distorsionen la cultura total que están estudiando.

No es por casualidad, por lo tanto, que a este enfoque de investigación se le llame trabajo de campo. Los investigadores deben vivir en medio de su campo para entender cómo las partes de la cultura encajan en el total. Por ejemplo, un lingüista puede comenzar aprendiendo un idioma lejos de la región donde se habla porque puede, al menos al principio, aprenderse en aislamiento. La cultura no verbal, sin embargo, es tan compleja que si alguien no está entre la gente que está expresándose no verbalmente, así como verbalmente, no percibe el significado completo y frecuentemente se confunde.

Los investigadores de campo tienen buen conocimiento de una cultura: la propia. Sus esfuerzos al investigar otra cultura en primer lugar consiste en compararla con su propia cultura. Si los investigadores están funcionando como verdaderos científicos de la conducta serán comúnmente objetivos al comparar las dos culturas. Tal objetividad les permite evaluar y respetar cada cultura por sus propias estructuras y patrones de interacción. Los investigadores que otorgan alto valor a ciertos aspectos de su propia cultura tienden a descuidar aquellos aspectos en la cultura anfitriona y a imponer un sentimiento sutil de superioridad. Otros investigadores pudieran ver aquellos aspectos de la otra cultura como superiores, y al hacerlo crear otros problemas.

Los científicos de la conducta, gracias a su educación y preparación en la investigación, han descubierto la estructura y los patrones de interacción de su propia cultura y eso les permite ser conscientes, en forma progresiva, de las estructuras y patrones de interacción de otras culturas. Cuanto más sociedades han experimentado y estudiado los investigadores, tanto mejor preparados están para probar y descubrir estructuras y patrones de interacción.

Por ejemplo, los estadounidenses que llegan a la sociedad filipina se dan cuenta de las influencias orientales y las influencias estadounidenses muy rápidamente. Sin embargo, a menos que hayan vivido en una cultura hispana y la hayan estudiado, pudieran pasar por alto muy fácilmente la sutil, pero poderosa influencia hispana sobre la cultura, especialmente en las relaciones personales.

Aunque la escuela británica de antropología social ha tendido a ignorar el lugar de la historia al investigar una sociedad, los antropólogos culturales tienden a usar tanto la historia como la observación al buscar una comprensión total de un pueblo. Por ejemplo, cuando uno de los autores hizo trabajo de campo en Filipinas, estudió la historia de las islas. Él descubrió que los exploradores hispanos, trayendo la cultura hispana, vinieron a las Américas, y desde México viajaron a las Filipinas. Ellos fueron seguidos por sacerdotes hispanos quienes usaron a Manila como centro para enviar sacerdotes al resto de Asia. Los españoles gobernaron las Filipinas hasta la Guerra Hispanoamericana, cuando quedó bajo el dominio estadounidense. Sin embargo, los siglos bajo gobierno español dejaron su marca sobre la cultura. Hay muchas similitudes entre la cultura hispana y la cultura de las Filipinas. Ambas sociedades tienen sistemas de estratificación de condición social, por ejemplo.

Un estudio sincrónico — el estudio de un período de tiempo, especialmente el presente — se puede emprender con un mínimo de referencias a la historia. En este enfoque el investigador busca entender la dinámica y los patrones de las relaciones personales, así como las instituciones religiosas, económicas, políticas, y gubernamentales en un momento particular en el tiempo.

Por otro lado, los estudios diacrónicos — por ejemplo, los que siguen una perspectiva histórica — intentan descubrir desarrollo y cambio a través del tiempo, antecedentes históricos de estructuras y conductas, y tendencias y manías en regiones sociogeográficas en períodos de tiempo diferentes. Estos estudios se interesan en preguntas sobre origen y fuente de procesos, comparaciones temporales o regionales, y en desarrollos hipotéticos futuros.

Anteriormente hablamos sobre la metodología estadística de la sociología. Tendencias recientes tanto en sociología como en geografía han visto una fertilización cruzada de metodología de investigación. En sociología, hombres tales como Howard Beeker y Ervin Goffman han usado observación participante. Un campo completamente nuevo basado en la observación participante se ha desarrollado en sociología. Se conoce como etnometodología. Mientras tanto, la antropología está adaptando la metodología estadística de la sociología. Walter Goldshmidt ha utilizado enfoques sociológicos en antropología.

Como señalamos en el capítulo dos, una de las diferencias principales entre antropología y las otras ciencias de la conducta es el enfoque comparativo de la antropología. A medida que se recolectan más datos antropológicos las técnicas estadísticas están demostrando ser herramientas valiosas en la evaluación de estos datos. Con los métodos estadísticos de la sociología aplicados a los estudios interculturales, los antropólogos de la vieja línea han acusado a los que usan estos métodos estadísticos de ser poco más que sociólogos comparativos. Sin embargo, el análisis estadístico en antropología está ahora bien establecido en la disciplina. Estos métodos estadísticos están demostrando ser muy fructíferos, y hoy la mayoría de los departamentos de posgrado de antropología requieren que sus especialidades tomen un curso en estadística.

Además de la estadística, otra herramienta que se está introduciendo en la antropología es la computadora. Aunque hace tiempo que las computadoras se han usado para calcular datos estadísticos, se están desarrollando usos nuevos. Uno de ellos se da en la esfera de la lingüística. Las computadoras se están utilizando para analizar idiomas y en algunos casos se están aún usando en trabajo de traducción. Los Traductores de la Biblia Wycliffe están entre los pioneros en esas nuevas técnicas de computación. Las computadoras también se están usando para simulación y teoría de juego. Eso le permite al antropólogo simular varios fenómenos sociales y observar los resultados hipotéticos.

Diseño de investigación

Una vez que se han investigado los asuntos principales de toda la cultura y se han evaluado adecuadamente, las partes pueden manejarse mediante cualquier metodología de investigación al alcance del científico de la conducta.

El *diseño experimental* es una metodología usada para controlar varios factores en una situación experimental. El diseño experimental implica dos o más grupos. Todos los factores, menos uno, se mantienen constantes en cada grupo. El factor variable se llama la *variable independiente*. Otro factor se observa para ver como varía con la variable independiente. El factor observado se llama la *variable dependiente*. En un diseño experimental sólo la variable independiente cambia o varía. Todas las otras cosas se mantienen constantes; así si la variable dependiente cambia o varía, entonces debe ser un resultado de la variación en la variable independiente.

Estudios de grupos pequeños han mostrado que un grupo de personas reunidas para una tarea formarán algún tipo de liderazgo entre ellos.

Supongamos que queremos saber si el sexo de los miembros del grupo afecta el tipo de liderazgo resultante. Pudiéramos diseñar un experimento para averiguarlo.

Se pueden hacer cinco parejas de hombres y mujeres de acuerdo con la edad, raza, educación y cualquier otro factor importante. Todos los factores serían constantes. Los varones serían puestos en una habitación, las mujeres en una habitación idéntica, y a cada grupo se le daría una tarea idéntica. El tipo de sexo sería el único factor variable. Si hubo variación en el tipo de liderazgo que se desarrolló (la variable dependiente), entonces, siendo todas las cosas iguales, la composición sexual del grupo debe haber afectado el tipo de liderazgo que se formó.

Por supuesto, el único lugar donde pueden controlarse todos los factores es en un laboratorio. Los psicólogos tienen la ventaja de poder conducir mucha de su investigación en el laboratorio, pero los antropólogos deben conducir la mayoría de su investigación en el campo, donde no tienen control de todos los factores. Sin embargo, los antropólogos pueden utilizar lo que se llama un diseño cuasi-experimental. Un *diseño cuasi-experimental* es una metodología similar a un diseño experimental salvo que los investigadores no pueden controlar todos lo factores, aunque ellos tratan de mantener el mayor control posible.

Supongamos que los antropólogos quieren saber lo que facilitaría un mejor aprendizaje: las clases de alfabetización mixtas, o las clases separadas por sexo en pueblos rurales mexicanos. Ellos pudieran tratar de encontrar dos pueblos lo más parecidos posible en población, riqueza, recursos educativos y cualquier otra característica relevante. Luego establecerían un programa educativo mixto en un pueblo y un programa separado por sexo en el otro, supervisando los resultados. Eso sería un diseño cuasi-experimental porque no habría forma de comparar cada factor perfectamente; pero cuanto más estrecha la comparación, tanto más válidos son los resultados.

"Hachas de acero para australianos de la Edad de Piedra" es un típico ejemplo de diseño cuasi-experimental fracasado (Sharp 1952). El experimento no fue armado por un investigador, sino fortuitamente por unos misioneros.

En un grupo aborigen australiano, los misioneros introdujeron hachas de acero para que los aborígenes pudieran ser más eficientes en su vida. En lugar de esto, se destruyó toda su sociedad, incluso la cultura física y material. En lugar de volverse más eficientes, los aborígenes tenían más tiempo para dormir y holgazanear. Las hachas originalmente eran sólo posesiones de los varones, pero los misioneros se las dieron a las mujeres y a los niños. Esto resultó en el deterioro de la estructura de autoridad. Otros grupos de aborígenes sirvieron como grupo de control, y mostraron que una sociedad en la que el hacha de acero no fue introducida no se desintegró al mismo grado.

Tales experimentos operan mejor a nivel individual o de grupo pequeño, donde se pueden observar los resultados más cuidadosamente y se pueden controlar los efectos adversos. Cuando los experimentos se llevan a cabo en la sociedad íntegra, pudieran manifestarse fuerzas que con el tiempo pudieran destruir la sociedad y causar que se pierda su unicidad.

El *diseño de encuesta* comprende el estudio de una zona sociogeográfica para ciertos intereses específicos, tales como características de un idioma y prácticas funerarias. En este estudio el investigador administra un cuestionario de encuesta, y los datos recolectados se estudian estadísticamente por correlación entre regiones o zonas. Las encuestas se pueden usar para reunir información sobre casi cualquier tema; religión, familia, ocupación, residencia, crianza de hijos y otros.

Una encuesta lingüística comprende el uso de una lista de palabras; un cuestionario cultural específico, incluyendo una amplia variedad de preguntas no idiomáticas para estudiar prácticas culturales, y correlacionar los hallazgos con el uso del idioma; llevar a cabo entrevistas informales buscando respuesta a preguntas enfocadas (por ejemplo, ¿Cómo se gana la vida?); e historias de la vida de informadores claves.

El *diseño clínico* comprende la aplicación de buenos principios antropológicos a algún ambiente en una sociedad necesitada de cambio. El proyecto vicos fue dispuesto por un antropólogo de la Universidad Cornell. Se compró y dividió una granja entre indios campesinos sin tierra. Ellos urbanizaron la tierra y llegaron a ser los propietarios. Aunque ciertos aspectos del proyecto fueron manejados deficientemente y algunas intenciones fallaron, el programa reveló que los indios podían dirigir sus propios asuntos y urbanizar la tierra si se les daba una oportunidad.

Herramientas y mecanismos de investigación

Archivar sigue siendo la herramienta de investigación más extensamente usada en el estudio de la cultura. Se hace uso de cualquier depósito de evidencia, información, cuerpo organizado, o registros. Una biblioteca y su depósito de libros y archivos son las fuentes más accesibles. Otras fuentes además de bibliotecas incluyen papeles privados, cartas, registros oficiales, y registros permanentes de escuelas, iglesias y organizaciones. Uno busca entre libros, revistas, índices, ficheros, periódicos, enciclopedias, ficheros de expediciones, y registros de experimentos y estudios, para encontrar fuentes que traten sobre el tema de interés. Sin un buen estudio de los archivos y los materiales disponibles de investigación, los estudios de campo pudieran quedar cortos de expectativas y contribuir poco al material publicado sobre el campo.

Una de las mejores fuentes de material antropológico son los ficheros de la esfera de las relaciones humanas de la Universidad Yale en Connecticut. Muchas universidades famosas están conectadas en el fichero por computadora. Aunque tiene utilidad posible, los investigadores misioneros no han hecho un uso óptimo del fichero.[1]

---

1 Para mayor información sobre los ficheros, véanse las obras por Ford, Moore y Murdock anotadas en "Lecturas sugeridas" al final del capítulo.

La observación participante es la herramienta principal de investigación de los antropólogos. En parte esto es porque los antropólogos están comúnmente estudiando pueblos que nunca antes se estudiaron y a los que se observó superficialmente. Las personas son probablemente analfabetas o poco alfabetizadas, por lo que son inútiles los cuestionarios formales. Se ha escrito poco sobre ellos, y lo que se ha escrito está probablemente sólo en forma de notas de viaje, que no son muy útiles al estudiar la forma de vida y organización social de la sociedad.

La observación no participante es la vista externa. Los investigadores permanecen fuera de la sociedad, son simplemente viajeros o visitantes. Ellos ven lo que está pasando en términos de lo que pueden ver y en términos de lo que es conocido, probablemente desde fuera del sistema de la sociedad. Desde este punto ventajoso pueden ver algunos aspectos de la sociedad objetivamente, pero es posible que comparen todo lo que ven con su propia cultura, perdiendo así un grado de objetividad. Se pudiera hacer un juicio valioso en ciertos puntos, impidiendo que se vea y entienda el todo.

La observación participante, por otro lado, otorga a los observadores una vista interna, mientras tengan un modelo que les permitirá tomar lo que ven e integrarlo en un cuadro de la cultura total. Kenneth L. Pike se refiere a esto como vista *émica*, la vista de la sociedad desde dentro, la forma en que la gente ve su universo y lo organiza.

Sin embargo, los investigadores de observación participante corren el riesgo de llegar a estar demasiado identificados con el pueblo que estudian y pudieran perder la perspectiva. Lo que sí ganan, sin embargo, es una perspectiva que les permite apreciar tanto la forma en que el pueblo vive como el pueblo en sí. Es esa perspectiva la que se debe tener al trabajar con la gente en cualquier programa de cambio social o religioso. Muchos proyectos de traducción bíblica fallan porque el traductor no trabajó con el idioma dentro del contexto cultural en el cual el idioma se habla. Como resultado, la traducción llega a ser artificial y falla en comunicarse con la gente.

Los investigadores deben procurar asociarse asociar con una función social en la sociedad y establecer en ese contexto una posición desde la cual puedan observar la sociedad. Entonces ellos pueden observar como participantes antes que como forasteros y es menos probable parecer un intruso.

Como se mencionó anteriormente en este capítulo, cuando uno de los autores estuvo dirigiendo un estudio en las Filipinas, vivió en el hogar de un filipino de alta condición social. Desde esa posición pudo observar cada estrato social a través de la comunidad. Él hubiera podido vivir en un hogar de más baja condición social, pero no habría podido hacer la investigación, porque las condiciones de vida de las clases sociales más altas no habrían sido entonces asequibles para él. La selección de una posición de observación afectará los resultados de un estudio, porque afecta la perspectiva de la observación.

El entrevistar es investigación cara a cara llevada a cabo mediante el uso de cuestionarios de preguntas formales o informales hechas a un informador. Las entrevistas dirigidas implican hacerles preguntas a los entrevistados. Estas preguntas les guían en una serie de respuestas perceptivas, partiendo desde un punto escogido por el investigador, y procediendo en una dirección determinada también por éste.

La entrevista no directiva, por otro lado, simplemente deja que el entrevistado hable y permite que la conversación se desarrolle naturalmente. Es bien posible que la entrevista no directiva intercepte pensamientos y sentimientos antes que ideas y proyecciones. El material obtenido es valioso para descubrir la estructura mental de la persona dentro de la sociedad.

Los mecanismos específicos de entrevista abarca técnicas tales como preguntas de sondeo, genealogías, conversaciones, historia de la vida y la clasificación de personas, ideas y artefactos.

Los antropólogos usan también técnicas proyectivas. Una técnica proyectiva es un instrumento psicológico que mide aspectos de conducta subconscientes. Su valor reside en la habilidad de permitir y alentar en un sujeto un amplio rango de respuestas. Muchas veces entrega datos sobre muchas dimensiones o aspectos de conducta subconsciente, y arroja datos muy útiles del sujeto sin revelar el propósito de una prueba específica.

La prueba Rorschach probablemente ha sido usada más que cualquier otra técnica proyectiva en la investigación intercultural (Barnouw 1963) Esta prueba fue desarrollada en 1929 por un psiquiatra suizo llamado Hermann Rorschach. Rorschach experimentó con miles de diferentes manchas de tinta y finalmente produjo las diez cartas que son usadas hasta hoy. Las diez cartas son una serie de manchas de tinta bilateralmente simétricas. La mitad de las manchas de tinta son en blanco y negro y la otra mitad usan algún color. Las diez cartas se usan siempre en el mismo orden cuando se administra la prueba. El análisis Rorschach examina la respuesta de la persona que está siendo probada para encontrar pistas de la estructura de su personalidad. El proceso de analizar la respuesta Rorschach es muy complejo y requiere preparación especial.

Otra técnica proyectiva ampliamente usada es *Thematic Apperception Test* (TAT) [Prueba de Percepción Temática]. Al administrar el TAT, el investigador muestra una serie de dibujos a la persona bajo prueba. Se le pide a la persona que componga una historia acerca de cada dibujo. La historia debe incluir lo que condujo a la escena en el dibujo, lo que las personas en el dibujo está sintiendo ahora, y cómo terminará la historia.

Otra técnica proyectiva usada ampliamente es la prueba *Draw a Person* (DAP) [Dibuja una persona]. A las personas bajo prueba se les da un lápiz con una goma y una hoja en blanco de papel tamaño carta. Se les instruye entonces a dibujar una persona. Las instrucciones son a propósito vagas de tal manera que el sexo y la edad de la persona en el dibujo sea determinado por los que están siendo probados. Después que los sujetos han dibujado una persona, se les da otro pedazo de papel en blanco, y se les pide que dibujen una persona del sexo opuesto a la persona dibujada primero. El análisis de los dibujos comprende observar la edad, sexo, tamaño y otras características importantes de la persona dibujada, para obtener pistas acerca de la personalidad de la persona que hizo el dibujo.[1]

La disponibilidad de ayudas técnicas ha aumentado en las últimas décadas por lo que ahora los antropólogos disponen de un conjunto impresionante de ultramodernas herramientas de investigación que fueron impensables a principios de siglo. Se pueden conseguir grabadoras y equipos de video portátiles, de alta fidelidad, a baterías, pequeños y livianos. Con lentes telescópicas y micrófonos direccionales, alguien puede grabar actividades a muchos metros de distancia sin parecer entremeterse en la situación. Hay también computadoras personales portátiles con la capacidad de procesar y guardar todos los datos del investigador.

El transporte mejorado, particularmente aviones pequeños, permite a los investigadores llegar a sus lugares de estudio en cuestión de horas y no en días o semanas. Los modernos sistemas de comunicación pueden conectar a los investigadores con cualquier parte del mundo en cuestión de minutos. Las computadoras personales y los programas de computación han progresado, al punto que los análisis estadísticos más complejos de datos pueden completarse en cuestión de minutos, allí mismo en el campo.

No hay duda que las oportunidades presentes en la investigación incluyen actitudes abiertas, oportunidades de campo apropiadas por la mayor parte, posibilidad de respuesta notable para hallazgos significativos, metodologías adecuadas y equipo notable para completar la tarea de investigación de campo. El mundo actual es un paraíso para el investigador.

Antes que la investigación pueda comenzar, los investigadores necesitan decidir lo que están buscando y que métodos usar. En este paso ellos preguntarán, ¿Cómo debieran reunirse los datos? ¿Qué métodos y modelos de investigación se usarán? Los investigadores desearán probar los métodos

1 Para un tratamiento más completo del uso de técnicas proyectivas en la investigación intercultural véase G. Lindzey 1961, *Projective Techniques and Cross-Cultural Research* (Nueva York: Irvington.)

de investigación que ellos han escogido, así estarán seguros que los métodos producirán los datos deseados. Muchos proyectos de investigación han estado ya en marcha en el campo antes que los investigadores descubrieran que estaban usando los métodos incorrectos para obtener los datos deseados.

Por ejemplo, un investigador, que procuraba determinar el grupo social en cuyo idioma iba a hacer la traducción bíblica, inspeccionó los tres centros principales de idioma, pero pasó por alto una pequeña comunidad con un dialecto prestigioso en la esfera del idioma. La traducción fue sólo de uso limitado porque no estaba en ese importante dialecto. El investigador había usado una técnica panorámica superficial antes que una amplia en profundidad y extensión. Perdió mucho tiempo intentando producir una traducción al alcance de todas las personas a las que quería llegar.

Por último, para hacer un análisis de los datos y extraer conclusiones, el investigador pregunta, ¿Qué encontré? ¿Cómo codificaré y tabularé los datos? ¿Cómo puedo analizar las relaciones entre las variables? ¿Cuáles son las implicaciones que se pueden deducir de los datos? Los investigadores prudentes presentan sus datos en forma simple y precisa. Usarán gráficos, diagramas, tablas o cualquier otro medio para hacer que sus resultados resulten fáciles de leer y de entender.

Pasos en la investigación

Paso uno: Concentrarse en el problema o asunto

Al comenzar a investigar es prudente preguntarse: ¿Qué intento hacer? ¿De qué se trata? Es apropiada una breve declaración resumida de la razón para investigar. No sólo llega a ser una declaración útil al informar acerca de los hallazgos de la investigación, sino que se puede remitir a ella una y otra vez durante la investigación, para estar seguro de que el trabajo es relevante al propósito. Esta declaración no será el resumen final, sino sólo un punto de vista preliminar.

Un proyecto de investigación que se llevó a cabo en las Filipinas tuvo el siguiente resumen preliminar:

1. Buscar influencias de la cultura hispana que estén posiblemente reflejadas, tanto en la estructura social como en el registro de artefactos.
2. Examinar la dinámica social que opera para reunir a la gente en grupos y separar un grupo de otro. Si hay influencia hispana aquí, se mostrará en organizaciones familiares extendidas. Los grupos se formarán en torno a parientes y se separarán en puntos de división familiar.
3. Tratar de descubrir lo que está impidiendo el crecimiento de la iglesia, dejando iglesias pequeñas (veinte a cuarenta adultos) y limitando la interacción iglesia con iglesia.

Poco se sabía acerca del campo al principio del proyecto, pero esto fue suficiente para guiar actividades de investigación y mantener el proyecto "marchando".

Paso dos: Repaso de material publicado

Una vez que se tenga preparado un resumen de interés e intención, es prudente observar el material publicado. El investigador necesita considerar preguntas tales como las siguientes:

1. ¿Quién más ha investigado en este campo?
2. ¿Qué han encontrado?
3. ¿Qué debo evitar al establecer un nuevo proyecto?
4. ¿Qué puedo considerar para mi propio programa?

Tales estimaciones del material publicado pueden ahorrar tiempo valioso en el campo y hacer el proyecto total de mucho más valor.

En este proyecto de investigación filipino, el investigador usó materiales de biblioteca con las siguientes pautas:

1. Buscar, en obras de referencia, todos los hechos disponibles acerca del campo de investigación.
2. Comenzar leyendo obras analíticas descriptivas sobre el campo por profesionales reconocidos. Respételos, pero no espere precisión completa.
3. Limite la lectura de tratados históricos y teóricos; algo de esto es útil pero en demasía desarrolla prejuicios que son difíciles de superar.
4. Guarde materiales para una lectura cuidadosa posterior una vez que el trabajo de campo ha comenzado.

El compañero del investigador estaba ubicado en las Filipinas y ya había desarrollado una excelente bibliografía. Una vez en el campo, estas obras fueron leídas y releídas para encontrar ideas de investigación. Se ganaron muchas percepciones de enfoques de investigación frescos. Se repasó toda la bibliografía a medida que se escribía el informe final de la investigación.

Paso tres: Hipótesis/Propósito

Las preguntas apropiadas en este paso son las siguientes:

1. ¿Qué estoy intentando probar?
2. ¿Qué estoy intentado verificar o demostrar?
3. ¿Qué preveo descubriré?

Este es el momento para hacer hipótesis preliminares. Estas debieran hacerse en términos observables y contables. Si no se hace así, las hipótesis no se pueden probar. Dependiendo del diseño de investigación, algunas hipótesis preliminares pudieran ser menos receptivas a la prueba, tal como estudiar aspectos de "carácter nacional", o pudieran demandar una prueba altamente controlada, tal comó analizar asuntos específicos de un sistema de parentesco. Debido a que el proyecto filipino implicaba un estudio cultural más grande de carácter nacional y estructura social, las hipótesis necesitaban ser refinadas a medida que se ganaba experiencia y se recolectaba información. Una de las hipótesis desarrolladas de ese proyecto fue la siguiente:

Hipótesis: El sistema de estratificación social que opera es uno de condición social, no de clases socioeconómicas, o algún sistema relacionado con la edad (la condición social se asigna a la función, no a la persona; véase capítulo 7).

Prueba: Cualquier entrevistado al que se le pregunte podrá anotar diez de sus asociados en orden de importancia y prestigio. Ellos lograrán esta tarea con un mínimo de demora. También podrán ubicarse en la lista con su rango percibido, con relación a los otros en la lista. Pueden hacer esto con un mínimo de vergüenza percibida. (Nota: esto no sería cierto en un sistema de clases. Un miembro necesitaría una categoría específica tal como "políticos" antes que pudiera clasificar líderes políticos de importancia. Por supuesto, esto no sería así en un sistema graduado por edad, ya que allí el orden de rango de importancia sería por edad. La lista sería una lista por prestigio de edad, no una lista de condición social.)

Se recolectaron veinte de tales listas. Cada una se comparó con la otra, y todas se compararon con la lista de control preparada por el investigador de campo. Las listas coincidieron en un grado de 90 % de precisión.

Este procedimiento de clasificación fue uno de los muchos utilizados para probar la hipótesis de estratificación por condición social.

Paso cuatro: La muestra

En este paso el investigador participa con la población bajo estudio. Las preguntas relevantes en esta etapa son: ¿Quién o qué debiera estudiar? ¿Cómo puedo obtener una muestra representativa? ¿Sobre qué porcentaje de la población necesito concentrarme? Es importante que se den las características de la población, la muestra y la situación. Este paso se lleva a cabo por lo general simultáneamente con el paso tres.

Paso cinco: Análisis y conclusiones

En el estudio filipino la organización misionera que pidió el estudio tenía aproximadamente veinte iglesias. De estas, se estudiaron cuatro para determinar patrones de relación entre grupos. En todas las iglesias estudiadas estaban representadas no más de dos familias extendidas. Una familia estaba relacionada por matrimonio con la primera y simplemente asumía una función subordinada. Basándose en el resultado de ese estudio, la misión pudo modificar su estrategia para encajar en la cultura.

Procedimientos de investigación para el principiante

Los estudiantes principiantes de antropología pudieran no tener la preparación para llevar a cabo investigación compleja, que comprenda validez estadística derivada de enfoques de investigación cuidadosamente controlados, pero es posible que utilicen inmediatamente el enfoque de observación participante y comiencen haciendo anotaciones de campo, que pudieran con el tiempo permitir la descripción de la cultura.

Los siguientes son algunos de los procedimientos de investigación preliminar:

1. *Qué se viste.* Registre ropaje visto y no visto. Busque determinar cómo las personas reaccionan ante lo que cae en la categoría de ropaje. (Lo que algunos consideran ropaje, y lo que otros no.) Dése cuenta de patrones o combinaciones de patrones en estilo de ropa, así como combinaciones de colores que usan diferentes personas. Fíjese como las personas perciben lo que es apropiado vestir en un evento social, y trate de descubrir las respuestas emocionales individuales a su propia ropa. Ellas tendrán algún sentimiento sobre si ellos están bien vestidos o pobremente vestidos. Haga esto con cada persona que se encuentre, estando consciente de diferencias en edad y generación.

2. *Irritaciones y sorpresas.* Conserve una lista de cada encuentro que lo irrite en lo más mínimo junto con cada respuesta que lo sorprendió. Después de algunas semanas de escuchar, examine cada detalle para descubrir pistas de diferencias culturales. Es acertado compilar la lista cada día, y especialmente importante registrar irritaciones y sorpresas después de cada encuentro en la comunidad bajo estudio.

3. *Haga una cartografía de cada localidad.* Camine o muévase a través del lugar sociogeográfico, recordando detalles de hitos, calles, arquitectura y otros aspectos del ambiente. En muchas regiones del mundo, hasta que usted no sea conocido en la comunidad, es prudente dibujar el mapa en su lugar de residencia. En una región donde usted es conocido puede dibujarlo a medida que sale. Haga más excursiones para confirmar detalles del mapa.

4. *Muestra biológica y sociológica de la comunidad.* Preste atención a la función de cada estructura que hay en la comunidad. Relacione cada estructura con las necesidades biológicas que la sociedad intenta satisfacer. (Véase las siete necesidades básicas de Malinowski en el capítulo 2).

5. *Muestra de recursos naturales*. De la misma forma, muestre los recursos naturales de la zona con relación a su uso para satisfacer las necesidades biológicas mencionadas.

6. *Sociograma*. Mantenga registro de lo siguiente:

   a. ¿Quién está con quién, en qué ocasión o lugar? Por ejemplo, A pudiera estar con B, pero no con C.

   b. ¿Dónde conoció usted aquellos a los cuales fue presentado, y dónde conoció al conocido casual? Uno pudiera encontrarse con A sólo en la sala de estar de la casa, mientras pudiera encontrar que B tiene acceso a cualquier habitación de la casa.

   c. ¿Quién saluda a quién y cómo? En algunas regiones del mundo es correcto que un hombre salude a una anciana, pero no a una joven.

7. *Mapa de parentesco*. Comience sonsacando nombres propios dentro de la comunidad. Pregunte cómo cada uno se refiere a otro y cómo se dirige al otro. Una vez que determine la cadena de parentesco, indague la conducta esperada y correcta, incluso las responsabilidades y oportunidades. Pudiera ser correcto que un hombre sea visto en la calle con la madre de su esposa, pero no con la hermana de su esposa. (Véase capítulo 9 para mayor detalle sobre la diagramación de parentesco.)

8. *Lista de artefactos*. Mantenga una lista maestra de objetos observados en la comunidad. Registre una descripción de la apariencia y el uso de cada objeto. ¿Cuáles son sus funciones?

9. *Fuentes de información*. Trace líneas de contacto y comunicación dentro del lugar. Mantenga un registro preciso de donde usted obtiene diferentes tipos de mensajes y de quién los recibe ¿Quién habla con quién?

10. *Investigación cognoscitiva*. Comience con la pregunta: "¿Es esto un(a) . . . ?" cuando muestra a un nativo un artefacto, una situación o cualquier cosa que pueda mencionarse. Esa pregunta es seguida por la siguiente pregunta: "¿Es esto un(a) . . . ?" Mientras muestra un artículo similar. Este proceso ayuda a determinar las categorías de pensamiento de las personas bajo estudio.

11. *Diario o bitácora*. Un diario es útil para registrar respuestas emocionales a experiencias. Una bitácora o diario de viaje es útil para registrar detalles de horarios personales y comunitarios de eventos y actividades.

Investigación antropológica y misiones

Los profesores Engel y Norton, en su libro *What's Gone Wrong With the Harvest* [¿Qué ha ido mal con la cosecha?] (1975), señalan que una de las mayores fallas al comunicar el evangelio, en cualquier cultura, es una falta de comprensión del público. Para comunicar nuestro mensaje a otras personas eficazmente necesitamos entenderles a ellas y entender sus necesidades. El profesor Engel ha continuado su obra con un libro sobre investigación en comunicación, *How Can I Get Them to Listen?* [Cómo puedo lograr que escuchen] (1977).

El etnocentrismo nos lleva a creer que otros pueblos tienen las mismas necesidades, deseos y anhelos culturales que nosotros tenemos. Tendemos a ver su cultura en términos de nuestra propia cultura. Frecuentemente, no entendemos realmente el pueblo al cual estamos tratando de ministrar. La investigación antropológica puede ayudarnos a entender mejor aquellos pueblos entre los cuales estaremos ministrando.

Aunque muchas de las técnicas analizadas en este capítulo van más allá del alcance del misionero que no tiene instrucción especializada avanzada en investigación social, al menos tres de las técnicas analizadas pueden emplearlas todos los misioneros. La primera es la investigación del material publicado. Casi toda sociedad en la que un misionero se encuentre ha sido objeto de investigación social. Un misionero debiera conocer bien el material publicado acerca del pueblo entre el cual estará ministrando. Se debe hacer una advertencia sobre la investigación del material publicado. Todas las culturas cambian, y en países desarrollados ese cambio puede ser rápido. Eso significa que algunos materiales publicados pudieran estar obsoletos muy rápidamente. Sin embargo, pudiera aún ser útil para comprender el pasado del pueblo, y a menudo el pasado es la clave para entender el presente.

La próxima técnica de investigación que un misionero pudiera encontrar útil es la entrevista. Varias técnicas para entrevistar se analizaron antes en este capítulo. El estudiante encontrará más ayuda en varias obras de la lista al final de este capítulo.

La tercera técnica de investigación es una en la que el misionero debiera estar constantemente comprometido: observación participante. *Field Research* [Investigación de campo] (1973) de Schatzman y Strauss es un excelente volumen pequeño en ese campo.

A través de toda su carrera, el misionero debiera estar involucrado en investigación para conocer y entender mejor al pueblo entre el cual está trabajando. A medida que llegamos a conocer mejor un pueblo, podremos ver que el evangelio resulta pertinente para sus necesidades y los veremos ir a la nueva vida en Cristo y crecer en esa nueva vida.

Preguntas para debate

1. ¿Qué técnicas de investigación serían más útiles para el misionero que entra en una nueva cultura? ¿Por qué?

2. ¿Cuál es la diferencia entre observación participante y observación no participante? Dé una ilustración de cada una en el instituto al que usted está asistiendo.

3. ¿Cómo utilizaría un estudiante los principios de investigación de observación participante para alcanzar la nota más alta en un curso?

4. Si usted está asistiendo a un instituto o iglesia por primera vez y quiere entender el sistema de liderazgo, ¿cuál sería su estrategia de investigación?

5. ¿Cómo pudiera un pastor utilizar investigación antropológica en formas productivas para su iglesia en las zonas de crecimiento de la iglesia, educación, evangelismo y adoración?

Lecturas sugeridas

Babbie, E. R. 1986. *The Practice of Social Research* [La práctica de la investigación social] (4ª ed.). Una útil introducción a los métodos de investigación social. Este libro contiene varios capítulos sobre diversos modos de observación y analiza los datos.

Blalock, H. M.1970. *An Introduction to Social Research* [Una introducción a la investigación social]. Una buena introducción básica a la investigación social. El capítulo sobre estudios exploratorios y descriptivos debiera ser más útil para los que participan en la actividad misionera.

_____. 1972. *Social Statistics* [Estadística social]. Un buen texto básico en estadística social. Este libro toma un enfoque de "libro de cocina" antes que un enfoque matemático, pero se incluyen explicaciones matemáticas para quienes están interesados. La mayoría de la estadística puede calcularse con sólo un conocimiento simple de álgebra y una calculadora. Las ilustraciones hacen las explicaciones claras y prácticas.

Brislin, R. W.; Lonner, W. J.; y Thorndikek, R. M. 1973. *Crosscultural Research Methods* [Métodos de investigación interculturales]. Un panorama limitado del cambio de la investigación intercultural. Esta obra contiene capítulos útiles sobre cuestionarios, y métodos de encuesta. También contiene una sección de técnicas estadísticas.

Engel. J. 1977. *How Can I Get Them to Listen?* [Cómo puedo lograr que escuchen]. Una obra por el profesor Engel de la Facultad de Posgrado Wheaton. Esta es una continuación de la obra que él escribió junto con Dean Norton *What's Gone Wrong With the Harvest?* [¿Qué ha ido mal con la cosecha?]. Este libro es una excelente introducción a la investigación básica de comunicación. Cubre técnicas de investigación, muestreos, instrumentos, análisis y cómo utilizar hallazgos de investigación.

Ford, C. 1967. *Cross-cultural Approaches: Reading in Comparative Research* [Enfoques interculturales: Lectura en investigación comparativa]. Una colección de lecturas que tratan acerca de investigación intercultural.

Hortvath, T. 1985. *Basic Statistics for Behavioral Sciences* [Estadística esencial para ciencias de la conducta]. Un texto introductorio que cubre las pruebas estadísticas básicas usadas por científicos de la conducta. Está orientado a la investigación.

Lindzey, G. 1961. *Projective Techniques and Cross-cultural Research* [Técnicas proyectivas e investigación intercultural]. Una buena referencia para aquellos interesados en el uso intercultural de técnicas proyectivas.

Madge, J. 1965. *Tools of the Social Sciences* [Herramientas de las ciencias sociales]. Lectura recomendada para aquellos interesados en investigación.

Moore F. W. 1966. *Reading in Cross-cultural Methodologies* [Lecturas en metodología interculturales]. Una colección de lecturas que tratan acerca de la investigación intercultural. El libro completo es altamente recomendable para cualquier persona interesada en estudiar seriamente otra cultura.

Murdock, G. P. 1966. *Outline of Cultural Materials;* [Compendio de materiales culturales] 1967. *Ethnographic Atlas* [Atlas etnográfico]. Estas dos obras, las cuales se basan en los Archivos del Área de Relaciones Humanas entrega datos etnográficos fundamentales sobre cerca de 850 sociedades diferentes. Una excelente fuente de investigación que ha sido frecuentemente pasada por algo por misiones.

Pelto, P. 1970. *Anthropological Research* [Investigación antropológica]. Una introducción básica a la investigación antropológica. El capítulo sobre los enfoques émicos y éticos a la observación es muy útil.

Schatzman, L., y Strauss. A. 1973. *Field Research* [Investigación de campo]. Una introducción excelente a la observación en el campo. Es un manual práctico.

14

Autoridad bíblica y relatividad cultural

Un matrimonio de misioneros fue a Colombia Británica para ministrar entre los indios kwakiutl. La obra no progresaba tan rápidamente como la pareja había esperado, y el jefe de la aldea no cooperaba. Cuando nació su primer hijo, un hermoso varón, ellos le pusieron el nombre del jefe, pensando que esto lo halagaría y ganarían su cooperación.

Para su sorpresa, cuando ellos anunciaron el nombre del bebé, los indios los acusaron de ladrones y les obligaron a abandonar la aldea. La pareja no supo, hasta que fue demasiado tarde, que los indios kwakiutl consideran el nombre de una persona como propiedad privada. Es una de sus posesiones más apreciadas. Nadie toma el nombre de otro a menos que se le conceda el permiso.

¿Puede una conducta ser correcta en una cultura e incorrecta en otra? Si es así, ¿hay algunas conductas absolutas? ¿No desafía el concepto de relatividad cultural la autoridad absoluta de las Escrituras? Muchos cristianos encuentran inquietante el concepto de relativismo cultural. Esto pasa porque lo confunden con los conceptos del relativismo ético o moral. En este capítulo observaremos la distinción entre relativismo cultural y relativismo ético o moral. También veremos como alguien puede sostener la autoridad bíblica y ser un relativista cultural. En realidad, creemos que sólo un relativista cultural puede afirmar verdaderamente la autoridad bíblica.

Un absolutista cultural convierte en autoridad su propia cultura. Comenzaremos por definir nuestros términos y desarrollaremos nuestro modelo de autoridad bíblica y relatividad cultural.

Relatividad cultural

William Graham Sumner, en su obra clásica *Folkways* [Costumbres], define etnocentrismo como la "cosmovisión en la cual el grupo al que una persona pertenece es el centro de todo, y todos los demás son evaluados y clasificados con referencia a éste" (1906: 13). Básicamente el etnocentrismo es la práctica de convertir la cultura a la que uno pertenece, con sus normas y valores, en la medida por la cual todas las otras culturas son juzgadas.

Sumner continuó definiendo el relativismo[1] cultural de la siguiente forma: "Todo en las tradiciones de un tiempo y lugar debe considerarse como admitido respecto a ese tiempo y lugar" (1906: 65). En otras palabras, el concepto de relatividad cultural sostiene que ideas, acciones y objetos debieran evaluarse conforme a las normas y los valores de la cultura en que se encuentran, antes que por las normas y valores de otra cultura. También debieran evaluarse las normas y los valores de cada cultura a la luz de la cultura a la que pertenecen. Como Sumner dice: " 'Buenas' costumbres son las que están bien adaptadas a la situación. 'Malas' costumbres son las que no están bien adaptadas" (1906: 65).

El concepto de relatividad cultural implica que "cualquier característica cultural es socialmente 'buena' si opera armoniosamente dentro de su marco cultural, para lograr las metas que la gente está buscando" (Horton y Hunt, 1976: 59). Mientras la mayoría de los antropólogos sostienen la posición de relatividad cultural, al menos como un enfoque metodológico, ha habido alguna crítica a la posición.

Una de las críticas a la relatividad cultural es que tiene poco valor para resolver los conflictos interculturales. Se dice que si dos culturas están en competencia o conflicto, el usar el término *bueno* para describir las acciones de ambas no hace nada para resolver el conflicto. En realidad, en cualquier conflicto los antropólogos deben sentarse y ver qué participante gana o domina al rival. En otras palabras, llevada a su extremo, la relatividad cultural parecería ser partidaria de que la fuerza hace el derecho, o que la doctrina de la supervivencia del más capaz es moralmente viable.

Una segunda crítica a la relatividad cultural es que el concepto en sí es etnocéntrico. El concepto es una idea occidental y refleja un prejuicio

---

1 Los términos *relativismo cultural* y *relatividad cultural* se usan en forma intercambiable en este capítulo.

occidental. Una cosa es buena si funciona o es eficaz; funcionalismo y eficiencia son valores occidentales. Relacionado con este concepto occidental está el problema de quién determina si algo está operando "armoniosamente dentro de su marco cultural para lograr las metas que la gente está buscando". El proceso completo puede rápidamente llegar a ser muy subjetivo con un prejuicio occidental.

Otra crítica es que, como algunos han argumentado, la relatividad cultural realmente se contradice a sí misma. La relatividad cultural implica que todos los valores son culturales y por lo tanto relativos. Aunque "el relativismo cultural en sí postula un valor fundamental: respeto por las diferencias culturales" (Broom y Selznick, 1977:73). Los relativistas culturales declaran que todas las culturas son igualmente buenas y deben respetarse por igual. Los relativistas culturales han hecho, en realidad, un juicio a priori de todas las culturas basados en un valor de su propia cultura: la igualdad.

Por último, pudiera reclamarse que la relatividad cultural conduce a la relatividad ética. Como Broom y Selznick señalan: "Se dice, a veces, que el relativismo cultural excluye la creencia que algunos valores son buenos para toda la humanidad" (1977: 73). Horton y Hunt declaran: "Los sociólogos son a veces acusados de socavar la moralidad con su concepto de relativismo cultural" (1976: 59). Usemos un ejemplo extremo para demostrar el dilema moral de la relatividad cultural. Supongamos que un antropólogo estudió la exterminación nazi de judíos durante la Segunda Guerra Mundial, y encontró que esta política operaba "armoniosamente" dentro de su marco cultural para lograr las metas que la gente estaba buscando"; entonces, de acuerdo con la definición de relatividad cultural, tendría que haberse llamado buena, aunque pocos antropólogos, si es que hay alguno, quisieran llamar bueno el exterminio nazi de judíos. La relatividad cultural parece dejarnos sin una base para la moralidad humana.

Autoridad bíblica

Aunque la relatividad cultural parece dejarnos sin una moralidad universal, los cristianos reclamamos una medida moral universal en la Palabra de Dios, la Biblia. Como la Asociación Nacional de Evangélicos lo declara: "Creemos que la Biblia es inspirada, la única infalible y autorizada Palabra de Dios."

Dios creó a los seres humanos como seres espirituales, biológicos, psicológicos y sociales. Los seres humanos han desarrollado culturas para satisfacer estas necesidades que nacen de su naturaleza. Aunque las culturas varían, la humanidad es una y es responsable ante Dios. Dios se ha revelado a la humanidad a través de la creación, a través de la palabra hablada (profetas y apóstoles), a través de la Palabra escrita (las Escrituras), y preeminentemente a través de la Palabra encarnada, Jesucristo. La Palabra escrita es el testimonio de la palabra hablada y de la Palabra viviente. Richard Quebedeaux señala que los evangélicos

> aceptan que la Biblia es *tanto* historia como revelación. Ellos consideran los eventos históricos redentores registrados allí como los poderosos actos de Dios, culminando en la vida, muerte y resurrección de Jesucristo. Pero para ellos la Biblia también representa la Palabra de Dios divinamente dada, como fue hablada por los profetas, y la cual interpreta el reino de Dios terrenal de Cristo (1974:74).

Las Escrituras son tanto divinas como humanas, y son, como dice Quebedeaux, "al mismo tiempo las palabras de Dios y las palabras de hombres registradas en un tiempo y contexto histórico [cultural] específico" (1974:75). Dios, por inspiración, obró a través de los autores humanos como productos de sus situaciones culturales. Como George Ladd lo dice: "El resultado no es un simple producto de la historia o la conciencia religiosa: es un registro normativo, autorizado, divinamente iniciado y supervisado, en el cual Dios se ha revelado, en cuanto a lo que él es y lo que ha hecho para la salvación del hombre" (1966:216). La importancia de la doctrina de inspiración es que atribuye autoridad a los principios y enseñanzas bíblicas.

Al hablar de la inspiración y autoridad de la Biblia, debemos recordar que la Biblia deriva su autoridad de Dios; es la Palabra de Dios. Como Edward J. Young señala:

> Por lo tanto, las Escrituras tienen su origen en Dios; son el producto mismo de su aliento creador. Es esto, entonces, lo que queremos decir cuando hablamos de la inspiración de la Biblia (1957:21).

Autoridad bíblica y relatividad cultural

Ya señalamos anteriormente varias críticas contra el concepto de relatividad cultural. Esta también parece estar diametralmente opuesta al concepto de autoridad bíblica. Uno pudiera preguntar, ¿Hay lugar para un concepto semejante, como relatividad cultural, en una cosmovisión cristiana? Varios científicos sociales evangélicos creen que sí lo hay.

Tanto Eugene Nida (1954) como Charles Kraft (1979) consideran el etnocentrismo y la relatividad cultural como dos extremos de una línea continua. Ellos afirman que si vamos al extremo etnocéntrico de la línea continua, declaramos absolutas a las instituciones humanas; y si vamos al extremo de la relatividad cultural en la línea continua, declaramos relativos a Dios y a la Biblia. Nida por lo tanto propone una posición, la cual Kraft adopta, de "relativismo relativo" y Nida lo describe como sigue:

> En contraste con la relatividad absoluta de algunos científicos sociales contemporáneos, la posición bíblica pudiera describirse como un "relativismo relativo", ya que la Biblia claramente reconoce que las diferencias culturales tienen diferentes disposiciones, y que esas diferencias son reconocidas por Dios como teniendo valores diferentes. El relativismo de la Biblia es relativo en cuanto a tres factores principales: (1) la dotación y oportunidades de la gente, (2) el grado de revelación, y (3) los patrones culturales de la sociedad en cuestión (1954:50).

Al explicar en detalle los tres factores principales de su "relativismo relativo", Nida va a las Escrituras por ilustraciones. Él señala que la Biblia enseña que las recompensas y los juicios son relativos a la dotación y oportunidades de la gente. Él cita la parábola de los talentos en Mateo 25:14-30, así como esta declaración de Lucas 12:48: "Porque a todo aquel a quien se haya dado mucho, mucho se le demandará."

Nida dice que la Biblia enseña que las personas son responsables ante Dios de acuerdo con el grado de revelación que ellas han recibido. Para apoyar este punto él cita la actualización de Jesús de las enseñanzas del Antiguo Testamento sobre retribución y divorcio en Mateo 5, así como Lucas 12:45-48, que dice: "Aquel siervo que conociendo la voluntad de su señor, no se preparó, ni hizo conforme a su voluntad, recibirá muchos azotes. Más el que sin conocerle hizo cosas dignas de azote, será azotado poco." Nida no está sugiriendo que la gente se pudiera salvar sin el evangelio o que quienes nunca han oído el evangelio no están perdidos.

Nida también considera la Biblia relativa respecto a diferentes culturas. Para apoyar ese punto él cita 1 Corintios 9:20-21:

> Me he hecho a los judíos como judío, para ganar a los judíos; a los que están sujetos a la ley (aunque yo no esté sujeto a la ley) como sujeto a la ley, para ganar a los que están sujetos a la ley; a los que están sin ley, como si yo estuviera sin ley (no estando yo sin ley de Dios, sino bajo la ley de Cristo), para ganar a los que están sin ley.

Al concluir su análisis sobre el "relativismo relativo", Nida defiende su posición diciendo que

> no es un asunto de inconsistencia, sino un reconocimiento de los diferentes factores culturales que influyen en los criterios y las acciones. Aunque el Corán intenta fijar la conducta de los

musulmanes para todo tiempo, la Biblia claramente establece el principio de relativismo relativo, que permite crecimiento, adaptación y libertad bajo el señorío de Jesucristo. La Biblia presenta de forma realista los asuntos de cultura y el plan de Dios . . . La posición cristiana no es de conformidad estática a reglas muertas sino obediencia activa al Dios viviente (1954:52).

Marvin Mayers (1987, 2ª ed.) ha intentado también integrar autoridad bíblica y relatividad cultural. Él considera el etnocentrismo y la relatividad cultural como ideas antitéticas. Mayers ha desarrollado un paradigma que implica dos sistemas de conceptos opuestos. El primer sistema incluye absolutismo cultural (etnocentrismo) y relativismo cultural. El segundo sistema de conceptos incluye el relativismo bíblico (que las enseñanzas bíblicas son relativas) y el absolutismo bíblico, o autoridad bíblica (que las enseñanzas bíblicas son autorizadas). El paradigma de Mayers implica comparar cualquier concepto de un sistema con cualquier concepto del otro sistema, dando la posibilidad de cuatro combinaciones como sigue: (1) relativismo bíblico y absolutismo cultural; (2) relativismo bíblico y relativismo cultural; (3) absolutismo bíblico y absolutismo cultural;(4) absolutismo bíblico y relativismo cultural.

Mayers ve que cada una de estas cuatro combinaciones resulta en cuatro posiciones distintas que se muestran en este diagrama:

		BIBLICO	
		RELATIVISMO	ABSOLUTISMO
	ABSOLUTISMO	Etica de la situación	Tradicionalismo
CULTURAL			
	RELATIVISMO	Antinomianismo	Respeto mutuo

Mayers califica a las personas que sostienen una posición de relativismo bíblico y absolutismo cultural como éticos de la situación. En esta posición, cuando la Biblia y la cultura se enfrentan, la cultura es absoluta y la Biblia es relativa; y por lo tanto la Biblia se rinde a la cultura. El principal propulsor de esta posición es Joseph Fletcher, que escribe:

> El situacionalista entra en cada situación, que implica una toma de decisión, plenamente armado con las máximas éticas de su comunidad y su herencia, y las trata con respeto como iluminadoras de sus problemas. De igual forma, él está preparado en cualquier situación para transarlas o ponerlas de lado, en la situación, si el hacerlo sirve mejor al amor (1966:26).
>
> Los factores relativos a la situación son tan primordiales que nosotros pudiéramos aún decir que "las circunstancias alteran las reglas y los principios" (1966:29).[1]

Mayers continua calificando al individuo que sostiene la posición de relativismo bíblico y relativismo cultural como antinómico. El individuo antinómico no se sujeta a las Escrituras ni a la cultura. El antinómico actúa sin principios. Este violará igualmente principios bíblicos y costumbres culturales cuando entorpece sus fines.[2]

La tercera combinación es absolutismo bíblico y absolutismo cultural, y Mayers llama a quien sostiene esta posición un tradicionalista. Los tradicionalistas aplican la Biblia a una situación en su propia cultura. Hacen absoluta la solución de una forma compatible con su propia cultura, y hacen de esa forma absoluta la medida para evaluar todas las demás formas culturales. Por ejemplo, un tradicionalista americano tomaría su forma subcultural de adoración y la haría la medida por la cual todas las otras formas subculturales de adoración serían evaluadas. El tradicionalista argüiría: yo sigo la Biblia y así es cómo lo hago; por lo tanto, la desviación

---

1 Fletcher argumentaría, sin duda, que él no está abandonando las Escrituras sino que está apelando al amor, el más alto principio de las Escrituras. Sin embargo, su posición considera la situación como absoluta, ya que permite que la situación determine lo que sirve al amor; él declara relativa la Biblia al ir en contra de su enseñanza, si eso sirve al amor en una situación. El asunto es, ¿qué nos informa mejor sobre lo que mejor sirve al principio del amor, la cultura en sí, o la cultura en obediencia a las Escrituras? Fletcher ha optado por la cultura en sí.

2 Aunque es sin duda correcto que una persona que sostiene esa opinión pudiera ser antinomiana, reconocemos que hay otras posibilidades. Una persona así pudiera también ser situacionalista. También, una persona así pudiera pasar por alto las Escrituras, sosteniendo relatividad cultural, y aún mantener un estilo de vida altamente moral y ético por los criterios de su cultura.

de "cómo lo hago" es desviación de la Biblia. El tradicionalista fácilmente llega a ser un legalista. La tendencia de un tradicionalista, una vez que ha declarado absoluta una forma cultural, es dar a aquella forma precedencia sobre la Palabra de Dios.

La cuarta combinación, la de absolutismo bíblico y relatividad cultural, de acuerdo con Mayers, conduce a una posición de respeto mutuo. El respeto mutuo permite que cada persona siga las Escrituras de una forma que es compatible con la cultura del individuo. Mayers argumenta que puede haber respeto mutuo entre las culturas sólo con absolutismo bíblico. Él escribe:

> El enfoque de absolutismo bíblico y relativismo cultural afirma que hay una injerencia sobrenatural. Esta comprende acto así como precepto. Precisamente, Cristo, mediante la encarnación, llegó a ser carne y habitó entre nosotros, y de igual modo el precepto o verdad llegó a expresarse en la cultura. Sin embargo, al igual que la Palabra al hacerse carne no perdió nada de su deidad, tampoco el precepto pierde autenticidad por su expresión mediante formas culturales humanas. Sigue siendo pleno y completo como verdad. A medida que la expresión sociocultural sea abordada interculturalmente puede también reconocerse como verdad. Si la verdad de momento está unida con una sola expresión cultural hay mucha posibilidad de "falsedad" en cualquier otra cultura. Más serio aun, ya que cualquier cultura dada está en proceso de cambio, hay mayor posibilidad de falsedad dentro de la cultura que encierra la verdad en una sola expresión (1974: 233).

Después de haber examinado dos diferentes modos de integrar los conceptos de autoridad bíblica y relatividad cultural, vemos que estos dos conceptos parecen más compatibles que lo que uno pudiera pensar al principio. Basado en el modelo de Mayers, alguien pudiera argumentar no sólo que la posición de autoridad bíblica y relatividad cultural puede integrar los conceptos, sino también que sólo una persona que sostiene la autoridad bíblica puede verdaderamente practicar relatividad cultural, y viceversa. La posición de autoridad bíblica y relatividad cultural puede responder a cada una de las críticas hechas a la relatividad cultural, expuestas anteriormente en este capítulo.

Una de las críticas a la relatividad cultural es que tiene poco valor para resolver conflictos interculturales. Eso es así porque las acciones de las personas de cada cultura en conflicto, de acuerdo con la relatividad cultural, tienen que ser evaluadas a la luz de su propia cultura. Por lo tanto, no hay un terreno común para evaluación y resolución. Sin embargo, en la posición de autoridad y relatividad cultural, está el terreno común de la Biblia. La Biblia como la Palabra de Dios se levanta por sobre ambas culturas, es decir, sus enseñanzas son supraculturales. Por lo tanto, ella llega a ser la base para evaluar las acciones de cada cultura, así como la base para resolver conflictos.

Otra crítica de la relatividad cultural es que esta es, en realidad, etnocéntrica. Ya que ninguna persona está culturalmente libre, los valores culturales de la persona influirán siempre en la determinación de lo que es bueno o armonioso en una cultura. Sin embargo, la posición de autoridad bíblica y relatividad cultural permite — al menos en teoría — la posibilidad de una relatividad cultural desprejuiciada (un ideal que probablemente nunca se logrará plenamente). Eso es así porque la base de lo que es bueno no viene de los valores de cualquier cultura sino de los principios supraculturales encontrados en la Palabra de Dios.

La tercera crítica de la relatividad cultural es que ésta se contradice. La relatividad cultural comienza con la suposición que todas las culturas son igualmente buenas, siendo la igualdad en sí un valor cultural. Por otra parte, la posición de autoridad bíblica y relatividad cultural vería todas las culturas como (1) adecuadas para satisfacer las necesidades de sus miembros,[1] (2) manifestando lo pecaminoso de los seres humanos, y (3) medios posibles para la interacción de Dios con la humanidad (Kraft, 1979:52). Los valores de esa posición se deducen de las Escrituras antes que de cualquier cultura específica.

La cuarta crítica es que la relatividad cultural conduce a la relatividad ética. La única base que la relatividad cultural tiene por sí misma, para hacer evaluaciones morales, es funcionalismo. Sin embargo, la posición de autoridad bíblica y relatividad cultural tiene una medida supracultural, la Palabra de Dios, por la cual se pueden hacer juicios morales en todas las culturas. La posición de autoridad bíblica y relatividad cultural demanda que los principios bíblicos sean aplicados directamente en cada cultura. Si los principios vienen a través de una segunda cultura, el modelo pudiera ser violado y resultar en etnocentrismo. Por eso la instrucción en antropología cultural y comunicación intercultural es tan valiosa para los misioneros.

Como una ilustración de este punto, véase de nuevo la anécdota introductoria sobre los misioneros en Colombia Británica. Las normas

---

1 Dios ha creado a los seres humanos con necesidades básicas que satisfacer. Una cultura que no satisfacía esas necesidades básicas desaparecería.

culturales para poner nombre a los hijos en los Estados Unidos difieren de aquellas entre los indios kwakuitl de Colombia Británica. En los Estados Unidos los nombres de pila se consideran de dominio público. Cualquiera pudiera nombrar un hijo como Robert, Mary, Frank, o Sue sin contar del hecho que cualquier otra persona tenga ese nombre. Entre los indios kwakiutl, los nombres son considerados propiedad privada, y nadie podría dar a un hijo el nombre de una persona viva. Al morir las personas, se les puede dar sus nombres a otros. Pudiéramos averiguar cómo una persona determina si el acto de poner a un hijo el nombre de una persona que todavía vive es correcto o incorrecto. Las siguientes preguntas, adaptadas de Mayers (1987, 2ª ed.: 255) pueden servir como una guía en el proceso de evaluación:

1. ¿Cuál es la norma cultural? (Esta es la expresión de relatividad cultural.)
2. ¿Está la norma en armonía con principios bíblicos? (Esta es la expresión de autoridad bíblica.)
3. ¿Está la acción en armonía con la norma? (Esta define la situación.)
4. ¿Viola la acción ya sea la norma o principios bíblicos? (Esta es la integración de autoridad bíblica y relatividad cultural.)

Vamos a ver cómo estas cuatro preguntas nos ayudan a pensar sobre la acción de poner a un hijo el nombre de una persona viva en cada una de las dos culturas.

1. ¿Cuál es la norma cultural? El primer nombre en los Estados Unidos son de dominio público y pueden usarse libremente. Entre los indios kwakiutl los nombres son propiedad privada, y un individuo no debe usar el nombre de otro.
2. ¿Está la norma en armonía con los principios bíblicos? Las Escrituras enseñan respeto por la propiedad de los demás (Éxodo 20:15, 17; Marcos 10:19; Romanos 2:21; Efesios 4:28) pero no señalan qué cosas deben o no deben considerarse propiedad privada. Eso se deja a cada cultura. Tanto la norma estadounidense como la norma de los indios kwakiutl no transgreden principios bíblicos.[1]

---

1 No todas las normas culturales están en armonía con los principios bíblicos. Así como los seres humanos son pecadores, así también lo son sus culturas. Por ejemplo, las normas para el divorcio en los Estados Unidos parecen estar en contradicción con el concepto bíblico de matrimonio. Cuando las normas culturales violan principios bíblicos, el cristiano tiene la responsabilidad de seguir los principios bíblicos.

3. ¿Está la acción en armonía con la norma? En los Estados Unidos, ponerle a un hijo el nombre de una persona viva está en armonía con la norma cultural. Entre los indios kwakiutl esto violaría la norma.
4. ¿Viola la acción ya sea la norma o principios bíblicos? En los Estados Unidos, poner a un hijo el nombre de una persona viva no viola principios bíblicos, pero entre los indios kwakiutl sí lo haría porque ellos consideran un nombre propiedad privada.

Esta ilustración demuestra que una acción pudiera ser correcta en una cultura e incorrecta en otra. Es importante notar que no fue la cultura la que determinó la rectitud o equivocación de la acción; antes, fueron los principios bíblicos. Cada cultura define la situación (relatividad cultural), pero fue sobre la base de los principios bíblicos (autoridad bíblica) que se evaluó la acción.

Vamos a aplicar este modelo de autoridad bíblica y relatividad cultural a otro caso. Una pareja joven de misioneros respaldados por una entidad misionera bien conocida acababan de finalizar su estudio de idioma. Ellos iban camino a un pequeño país centroamericano, a que habían sido asignados para un ministerio de fundación de iglesias.

Llegaron a un pueblecito rural en la frontera, su punto de cruce a su nuevo campo. Habían cumplido todas las leyes que cubrían importaciones y llevaban sólo aquellos artículos que eran legalmente permitidos. Habían llenado toda la tramitación, lo habían declarado todo y no tenían nada que esconder. Estaban preparados para pagar los impuestos requeridos.

Arribaron temprano en la mañana esperando reunirse con una pareja de misioneros que había estado en el país por varios años. Sin embargo, hubo un equívoco y los misioneros no estaban allí. Alrededor de las 10:30 de aquella mañana decidieron pasar por la aduana. Se aproximaron al oficial de aduana de turno y le consultaron acerca de sacar sus equipos de la aduana. Él les dijo a los jóvenes misioneros que estaba cerca la hora de almuerzo y que volvieran después de almuerzo. A media tarde el oficial volvió. Después de una pequeña charla, el oficial les dijo que era demasiado tarde ese día y que debieran volver a primera hora en la mañana. El siguiente día el oficial les dijo que hacía demasiado calor y que ellos debieran volver al otro día en que pudiera estar menos caluroso.

En este punto la joven pareja de misioneros estaba completamente frustrada. Ellos no sabían que hacer. El único norteamericano en el pueblo era un representante de una compañía americana de petróleo. Ellos fueron a verle. Aunque este no era un cristiano, fue muy útil a la joven pareja. Les dijo que el oficial estaba demorándoles con el pretexto de obtener un "soborno", y que si no pagaban demorarían semanas sacar sus equipos de la aduana. Les explicó que la tarifa normal era cerca de mil pesos (unos veinte dólares) ¿Qué iba hacer la pareja de misioneros? Para ayudar a esta pareja necesitamos responder nuestras cuatro preguntas.

1. ¿Cuál es la norma? En los Estados Unidos el dar dinero a un funcionario de gobierno bajo cualquier circunstancia es considerado un soborno. Sin embargo, en algunos países hispanoamericanos a los funcionarios de gobierno se les pagan salarios bajos porque se espera que ellos completen sus salarios con propinas. En aquellos países pagar a un funcionar para desempeñar tareas legales, se considera como dar una propina.[1]

2. ¿Está la norma en armonía con los principios bíblicos? En hebreo la palabra para *regalo* y *soborno* es la misma. Es el contexto el que determina si es un regalo o un soborno. El Antiguo Testamento deja muy en claro que un soborno es dinero dado a un oficial para hacer algo ilegal (1 Samuel 8:1-3; Proverbios 17:23; Isaías 33:15; Amós 5:12; Miqueas 7:3). Por lo tanto, el dinero dado a alguien para hacer lo que él debiera hacer se ve como un regalo o propina. En nuestra cultura damos propina a la gente por varios servicios desempeñados.

3. ¿Está la acción en armonía con la norma? Sí, en esa cultura es aceptable dar propina a los oficiales de gobierno. Aunque nosotros no damos propina a los oficiales de gobierno en nuestra cultura, sería etnocéntrico decir que ellos no debieran dar una propina en otras culturas.

4. ¿Viola la acción principios bíblicos? No, la Biblia enseña que "el impío toma soborno del seno para pervertir las sendas de la justicia" (Proverbios 17:23). Ya que la propina se daría abiertamente y no sería para pervertir la justicia, no violaría el principio bíblico.

Como hemos visto, el modelo de autoridad bíblica y relatividad cultural permite que una persona permanezca fiel a los principios bíblicos mientras está operando en otra cultura. En realidad, es sólo el relativista cultural quien puede permanecer verdaderamente fiel a los principios bíblicos. El absolutista cultural o persona etnocéntrica, aunque argumentando permanecer fiel a la Biblia, está realmente permaneciendo fiel sólo a su propia cultura. El hecho de que los principios bíblicos pueden encontrar su propia expresión en cada cultura es otra evidencia para la inspiración de la Biblia. El misionero eficiente siempre tendrá en cuenta que la Palabra de Dios es absoluta mientras que las culturas son relativas.

---

1 Es posible sobornar oficiales en estos países. Un soborno es dinero dado por hacer algo ilegal.

Preguntas para debate

1. ¿Por qué cree usted que la gente confunde relativismo cultural con relativismo ético y moral? ¿Cómo le explicaría usted la diferencia a otra persona?
2. ¿Qué problemas ve usted en el concepto de "relativismo relativo" de Nida y Kraft? ¿Cuáles son sus limitaciones?
3. ¿Puede usted dar ejemplos de su iglesia u otro lugar donde las personas eran tradicionalistas, practicando absolutismo cultural con absolutismo bíblico? ¿Cuál realmente tiene mayor autoridad en este criterio, la Biblia o la cultura? ¿Por qué?
4. En el Capítulo 1 preguntamos, ¿Determina la cultura si una acción dada es correcta o incorrecta? ¿Cómo respondería usted esa pregunta después de leer este capítulo? ¿Por qué?
4. Los autores argumentan que sólo un relativista cultural puede ser un verdadero absolutista bíblico. ¿Está de acuerdo o no? ¿Por qué?

Lecturas sugeridas

Hesselgrave, D. J. 1978. *Communicating Christ Cross-culturally* [Comunicando a Cristo interculturalmente]. Un ex misionero en el Japón y profesor del Seminario Trinity, el autor trata el asunto de relatividad cultural y autoridad bíblica. El capítulo 30 es particularmente instructivo.

Kraft, C. H. 1979. *Christianity in Culture* [El cristianismo en la cultura]. Un argumento para la posición de relativismo relativo. Este libro contiene una excelente sección sobre Dios y cultura.

Mayers, M. K. 1987 (2ª ed.). *Christianity Confronts Culture* [El cristianismo confronta la cultura]. Una presentación del modelo de autoridad bíblica y relativismo cultural. El libro contiene varios ejemplos que le permitirán al estudiante aplicar el modelo.

15

Antropología y teología

Cuando un fabricante de automóviles produce un nuevo automóvil, también prepara un manual para el dueño. El fabricante ha diseñado y construido el automóvil; por lo tanto, sabe qué tipo de combustible y lubricante son mejores para este. Sabe la presión de neumático que da el mejor rendimiento. Él sabe cómo usar correctamente la caja de cambios. En suma, el fabricante sabe mejor que nadie cómo manejar el auto. Ha escrito el manual del dueño, no para impedir que los demás disfruten del auto, sino para ayudarles a obtener lo mejor del auto. Dios diseñó el universo y creó a los seres humanos para que vivieran en él. Como Dios diseñó el universo y creó a las personas, sabe mejor que nadie lo que necesitan para funcionar. El "manual" que Dios ha provisto para la raza humana es la Biblia. Fue dada, no para impedirnos disfrutar de la vida, sino para ayudarnos a obtener lo mejor de la vida.

La Biblia es uno de los libros más notables. Tiene más de veinte siglos de existencia, y a través de estos siglos millones de personas han sido conducidas a Dios por su mensaje de fe. Los rituales hebreos del período del Antiguo Testamento señalaban a Cristo, y el Nuevo Testamento enseñó una fe personal en Jesucristo. La Biblia ha sido también usada como un libro de teología y doctrina a través de estos siglos. Se han formulado teologías y declaraciones doctrinales, y éstas han sido presentadas a miembros del cuerpo de Cristo como la verdad final. En el proceso, la gente ha pasado por alto el mensaje bíblico que trata de como relacionarse eficazmente con otras personas. Para muchos, a menudo ha sido suficiente sólo tratar de resolver las declaraciones de doctrina, y sencillamente "conocer" la verdad. Lo que los teólogos frecuentemente han pasado por alto es que la religión se vive en un nivel sociológico antes que en un nivel teológico. La antropología añade una nueva perspectiva para los teólogos que escudriñan la Palabra de Dios para recibir dirección sobre cómo desarrollar una relación con Dios y con otras personas.

Antropología en la Biblia

La Biblia contiene asuntos que se relacionan con zoología, geología, astronomía, historia y datos sobre muchas otras disciplinas, incluyendo teología. Sin embargo, la Biblia se ocupa de todas estas disciplinas porque se relacionan con los seres humanos. Aunque Dios es la persona principal de la Biblia, la revelación sobre Él está relacionada con las necesidades de los seres humanos.

Si la teología es la reina de las ciencias, entonces la antropología es la princesa heredera. Ya que los seres humanos son la culminación de la creación de Dios, al estudiarlos podemos aprender de Dios. Se puede conocer al creador por su creación. La Biblia nos enseña que los seres humanos fueron hechos a imagen de Dios (Génesis 1:27.) Sabemos que esto no se refiere a una imagen física, porque la Biblia nos dice que Dios es espíritu (Juan 4:24), ni se refiere al hecho que un humano es un "alma viviente" (Génesis 2:7). La palabra hebrea para alma es *nefesh* y se usa 756 veces en el Antiguo Testamento. Comúnmente *nefesh* no se refiere a la parte espiritual del humano sino más bien a la física. Se emplea en referencia a la creación de animales (Génesis 1:20, 21, 24 y 30), y los animales no fueron creados a la imagen de Dios. ¿Qué significa, entonces, "la imagen de Dios"?

Génesis 9:6 dice: "El que derramare sangre de hombre, por el hombre su sangre será derramada; porque a imagen de Dios es hecho el hombre." De acuerdo con el Antiguo Testamento, no había que matar a un animal que mataba a otro animal (Éxodo 21:35-36). Un animal no es responsable de sus acciones pero una persona sí lo es. Esto nos da una pista para el significado de la "imagen de Dios". Las personas son seres sociales racionales y responsables. Esto es lo que se quiere decir con ser creado a la imagen de Dios. Dios los creó para tener confraternidad con ellos (Génesis 1:26, 27; 2:18-23; 3:8).

Al estudiar los seres humanos como seres sociales, así como seres espirituales, aprendemos más sobre Dios, porque las personas fueron creadas a la imagen de Dios. En realidad, en la Biblia Dios nos muestra lo que Él es, usando ilustraciones de diversas relaciones sociales. Él usa la relación social de la familia y se compara a sí mismo con un padre (Mateo

5:45) y una madre (Isaías 66:13). Usa las relaciones sociales en el sistema legal y se compara a sí mismo con un juez (Apocalipsis 18:8) y un abogado (1 Juan 2:1). Dios usa el sistema económico y se compara a sí mismo con el dueño de una viña que salió lejos y contrató obreros (Mateo 20:1-16). Como podemos ver, Dios usa las relaciones sociales humanas para revelarse a nosotros. Al estudiar las relaciones sociales humanas, podemos entender mejor a Dios. Los seres humanos son criaturas sociales así como criaturas espirituales creadas a la imagen de Dios; por lo tanto, al estudiar la humanidad (antropología) aprendemos más acerca de Dios.

La antropología es el estudio de los seres humanos y cualquier estudio de ellos debiera comenzar con su origen y propósito. Solo cuando entendemos correctamente el origen y propósito de la humanidad podemos entender correctamente a los seres humanos. En el capítulo 2 presentamos nuestra posición de creacionismo funcional, una perspectiva que considera la creación de Dios como funcional. Cada parte cumple un propósito; la creación es un todo integrado. El funcionalismo es una perspectiva que también está presente en mucho de la antropología cultural. La antropología considera los diversos aspectos de la sociedad como funcionales y la sociedad misma como un todo integrado.

El creacionismo funcional también considera la Biblia y sus proscripciones como funcionales. Las reglas de Dios para vivir no son caprichosas sino funcionales (véase la anécdota introductoria). Por ejemplo, no es por motivos arbitrarios que Dios limita la actividad sexual al ambiente familiar, entre esposo y esposa. Sus reglas en cuanto a la actividad sexual humana son funcionales. Como señalamos en el capítulo 8, los comunistas en Rusia descubrieron, a través de la experiencia, la naturaleza funcional de esta proscripción.

Aunque el creacionismo funcional está más interesado en las funciones de la creación que en intentar fechar la creación, esta es una pregunta de gran interés y sobre la cual la antropología pudiera arrojar alguna luz.

En el siglo diecisiete, James Ussher, el arzobispo de Irlanda, calculó la fecha de la creación del hombre en 4004 a.C. Esa fecha se encuentra en algunas versiones, entre ellas en la popular Biblia de Referencia Scofield (edición original). ¿Cómo llegó el Arzobispo Ussher a esta fecha? Él fechó el tiempo en que Abraham vivió como un poco después de 2000 a.C. La mayoría de los eruditos modernos estarían de acuerdo con esta fecha para Abraham (Harris 1871:68; Archer 1964:203-204; Unger 1954:105-118). Él usó la genealogía de Génesis 5 para calcular el tiempo desde Adán a Noé, y la genealogía de Génesis 11 para calcular el tiempo desde Noé a Abraham. Los cálculos de Ussher se basan en la suposición que los registros de Génesis 5 y 11 son genealogías cronológicas completas. Una lectura superficial de estos pasajes pudiera conducir a alguien a creer que este es el caso. Después de todo, los pasajes parecen decir que A vivió tanto años y engendró a B, y B vivió tantos años y engendró a C, etc. Parece completo sin lagunas aparentes.

Los cristianos evangélicos habitualmente toman la Biblia literalmente. La hermenéutica es la ciencia de interpretar la Biblia. Una de las reglas fundamentales de la hermenéutica protestante evangélica es el principio de interpretar un pasaje a la luz de la cultura en la cual se escribió: ¿Qué significaba literalmente aquellos para quienes se escribió (Ramm 1956; Berkhof 1950; 113-32; Mickelsen 1963;159-77)? ¿Cómo entendió la gente de los días de Moisés las genealogías de Génesis 5 y 11?

Observaremos tres líneas de evidencia que parecen indicar que estas genealogías no pretendieron ser genealogías cronológicas completas, ni fueron entendidas como tales. Antes, tenían el objetivo de servir para trazar antepasados y línea familiar. La primera línea de evidencia se encuentra en los pasajes mismos. Esta es la evidencia interna. La segunda línea de evidencia se halla en otras partes de la Biblia. Esta es la evidencia bíblica. La tercera línea de evidencia será la información fuera de la Biblia que arroja luz sobre la cultura de ese período, y nos ayuda a entender estos pasajes. Ésta es la evidencia externa.

Es aparente que el propósito de estos pasajes no es de cronología. Génesis 5:32 dice: "Y siendo Noé de quinientos años, engendró a Sem, a Cam y a Jafet." Génesis 11:26 dice: "Taré vivió setenta años y engendró a Abram, Nacor y a Harán."

Si nosotros tomamos estos dos versículos literalmente, Sem, Cam y Jafet fueron trillizos y también lo fueron Abram, Nacor y Harán. Sin embargo, sabemos que Abram nació muchos años después que su padre cumpliera setenta años. Génesis 11:32 dice que Taré tenía doscientos cinco años cuando murió. Hechos 7:4 declara que Abram dejó Harán después de la muerte de su padre y Génesis 12:4 registra que Abram tenía setenta y cinco años de edad cuando dejó Harán. Eso significa que Abram no pudo haber nacido hasta que Taré tuviera al menos ciento treinta años de edad.

Lo que Génesis 5:32 y 11:26 están más posiblemente indicando es que a esa edad estos hombres comenzaron a tener sus familias (Harris 1971:69). En realidad, Génesis 11: 27-32 parece indicar que Abram fue el menor de los tres hermanos porque sobrevivió a los otros dos. Por lo tanto, la evidencia interna parece señalar que el propósito de las genealogías no fue establecer cronología, sino más bien linajes.

Volviendo al resto de la Biblia, encontramos algunas pistas para el propósito de las genealogías en la cultura judía, y como la gente de esa cultura las entendían. En 1 Crónicas 7:20-27 se presentan al menos once generaciones en la genealogía de Efraín a Josué, pero 1 Crónicas 6:1-3 presenta sólo cuatro generaciones en la genealogía de Leví, tío de Efraín, hasta Moisés, contemporáneo de Josué. Deben haber habido más de cuatro generaciones entre Leví y Moisés. Los descendientes de Leví se contaban en veintidós mil en los días de Moisés (Números 3:39). Era frecuente en el antiguo Israel la práctica de trazar genealogías sólo a través de las personas más importantes en la línea (Harris 1971:69). El propósito de las genealogías era establecer linaje, no registrar toda persona y año en la línea.

Al seguir observando la evidencia bíblica, vemos que este proceder se practicaba todavía en la cultura judía en la época de Cristo. En Mateo 1:2-16, donde se presenta la genealogía de Cristo, se dejan fuera cuatro reyes malvados (Ocozías, Joás, Amasías y Joacaz). Debido a que se mencionan tanto en 2 Reyes como en 2 de Crónicas, Mateo habría estado bien consciente de ellos. De hecho, en Mateo 1:1 él dice que David es el hijo de Abraham y Jesús es el hijo de David. Además, vemos que el propósito de la genealogía no era el registrar a cada persona en el linaje sino establecer el linaje.

Parece que la palabra *engendró* o la frase *llegó a ser el padre de* en hebreo no siempre se usa para indicar una conexión biológica literal (Archer 1964:187). En varios casos se dice de los abuelos que *engendraron* un nieto. Por ejemplo, Mateo 1:8 dice que Joram *engendró* a Uzías, pero sabemos por 2 Crónicas que Joram engendró a Joás quien engendró a Amasías quien engendró a Uzías. En 1 Crónicas 7:13, los nietos de Bilha se presentan como sus hijos, como si ella los hubiera engendrado.

Nuestra tercera línea de evidencia viene de fuera de la Biblia. Moisés, el escritor de Génesis, fue criado y educado en Egipto, cuya cultura tuvo gran influencia en él. El término *padre* frecuentemente se usaba para indicar linaje y sucesión antes que procreación, como lo revela la literatura egipcia:

> En la historia egipcia "El rey Keops y los magos" (preservado en los Papiros Westcar del período de los hicsos), el príncipe Kefrén dice al rey Khufu (Keops): "Relataré a su majestad una maravilla que aconteció en el tiempo de tu padre, el rey Neb-ka." Realmente Neb-ka perteneció a la Tercera Dinastía, un siglo completo antes del tiempo de Khufu en la Cuarta Dinastía (Archer 1964:371).

Parece que el relato del Génesis no indica la fecha de la creación. Cualquier intento de fechar la creación debe venir de evidencia extra bíblica. Algo de esta evidencia muestra que la Creación ocurrió mucho antes del 4004 a.C., la fecha sugerida por Ussher:

Evidencia confirmada . . . dada por el hecho de que tenemos un registro prácticamente continuo del antiguo Egipto y Mesopotamia hacia 3000 a.C., que es . . . mucho antes de la fecha de Ussher para el diluvio. También hay ejemplos de muchas ciudades que muestran habitantes a través de largos períodos antes de ese, alrededor de 7000 a.C. en el caso de Jericó. Hecha de barro y ladrillo, y asentada como está en el valle del Jordán, Jericó habría sido arrastrada, o al menos seriamente afectada por el diluvio. Pero no hay problemas si el diluvio se fija en alguna fecha de hace unos diez mil años . . . Esa es una fecha decisiva en la historia del mundo y los restos de todo asentamiento habitable humano viene después de ella (Harris 1971:70).

Hay una diversidad de opinión entre los eruditos seculares sobre cuándo los seres humanos aparecieron por primera vez en la tierra. Hay una igualmente amplia diversidad de opinión entre eruditos evangélicos sobre cuándo ocurrió la creación. Antes que añadir a las muchas fechas ya sugeridas para la creación, nosotros preferiríamos hacer un llamado a una apertura de mente y tolerancia sobre este asunto. Los evangélicos no necesitan estar divididos en este asunto, y no debieran estarlo. Todos reconocemos la Biblia como la Palabra de Dios inspirada y autorizada. Todos vemos a Dios como el creador del universo y la humanidad. Como declaramos en el capítulo 2, nosotros no creemos que el propósito del relato de Génesis sea decirnos cuándo o cómo, sino más bien quién y por qué. Nuestra misión como cristianos es hacer conocido al creador y su plan de salvación, por medio de Jesucristo, a toda la creación humana. Seamos tolerantes sobre este asunto de la fecha de la creación y unidos en la misión del creador.

Antropología y hermenéutica

Como hemos dicho, uno de los principios fundamentales de la hermenéutica protestante evangélica es interpretar un pasaje a la luz de la cultura en la cual se escribió. La antropología cultural da al estudiante de la Biblia las herramientas conceptuales para entender las culturas en que se escribió la Biblia y, por lo tanto, entender mejor el mensaje bíblico.

Las siguientes ilustraciones demuestran cómo una comprensión de la situación cultural que rodea un pasaje bíblico arroja luz sobre el significado del pasaje. Comenzaremos con una ilustración que tiene aplicación sobre muchos campos misioneros. En primer lugar, Timoteo 3:2, 12 y Tito 1:6 dice que los diáconos y ancianos debieran "ser marido de una sola mujer". Los misioneros que ministran en sociedades políginas a veces han utilizado mal este versículo en dos formas.[1]

En primer lugar, ellos a menudo han tratado de aplicar estos versículos a todos los cristianos, cuando los pasajes están hablando claramente de ancianos y diáconos. El segundo mal uso de estos versículos es aún más serio. En estos pasajes es probable que Pablo no esté tratando siquiera el asunto de poliginia, sino más bien la naturaleza de la relación matrimonial, y posiblemente el asunto de divorcio y nuevo casamiento. ¿Cómo podemos saber si Pablo está o no está refiriéndose a esto en tales pasajes? La situación cultural en la cual Pablo escribió puede arrojar alguna luz aquí. Para todos los propósitos prácticos, la poliginia no era practicada por los judíos, los griegos, o los romanos en la época de Pablo.[2] Ya que la poliginia no era un asunto importante en la época de Pablo, no hay razón para creer que se estaba refiriendo a la poliginia. En el contexto de estos pasajes lo que se enfatiza es la calidad del matrimonio y la vida familiar. Es interesante que el Antiguo Testamento nunca condenó la práctica de poliginia, sino que solamente la reguló (Éxodo 21:1-11; Levítico 18:17-18; Deuteronomio 21:15-17). En realidad, la ley de matrimonio levirato pudiera aun haber requerido poliginia en algunos casos, aunque esto no es seguro (Deuteronomio 25:5-10). Nuestro propósito no es defender ni condenar la poliginia, sino demostrar cómo la antropología puede ayudar en la interpretación y aplicación de las Escrituras.[3]

¿Por qué Abraham trató de hacer pasar a Sara como su hermana (Génesis 12:10-20; 20:1-18) y por qué Isaac hizo lo mismo con Rebeca (Génesis 26:7-11)? Una comprensión de la cultura ayuda a explicar esta extraña conducta.

Muchas de las sociedades contemporáneas fueron matrilineales. En una sociedad matrilineal, la esposa de un hombre no es del mismo linaje que él, pero su hermana sí. La propiedad y riqueza en las sociedades matrilineales son traspasadas a la línea de descendencia de la mujer pero son controladas generalmente por los hombres. Debido a que los hombres controlan la propiedad y riquezas, pero las mujeres establecen la línea de herencia, la relación entre hermano y hermana es más importante que la relación entre esposo y esposa. En la antigua Nuzi, los hombres de alta

---

1 Como se señaló en el capítulo 8, la poliginia se practica en muchas sociedades alrededor del mundo.

2 Aunque se mencionan muchas familias y matrimonios (judíos, griegos y romanos) en el Nuevo Testamento, ninguno de ellos fue polígino. En Juan 4, el pecado de la mujer samaritana no fue poliginia, sino adulterio a través de divorcio y nuevo casamiento.

3 Creemos que el ideal de Dios es un hombre y una mujer.

condición social a veces adoptaban a sus esposas como hermanas para propósitos legales. De esa forma la mujer llegaba a ser parte del linaje y tenía los derechos y la condición de nobleza. Tal vez Abraham e Isaac estaban aprovechando ese mecanismo social para protegerse y proteger a sus esposas (Harris 1971:11).

En Jueces 3:24 dice que los siervos de Eglón pensaban que él estaba en su aposento alto "cubriendo sus pies". 1 Samuel 24:3 cuenta que Saúl fue a una cueva para "cubrir sus pies". ¿Qué significa la expresión "cubrir sus pies"? ¿Cómo interpretamos esos pasajes? Además, encontramos la respuesta al observar su cultura. En esa cultura los hombres vestían túnica. Para evacuar bajaban sus túnicas con las cuales "cubrían sus pies".

En Génesis 31 Raquel escondió los ídolos familiares de su padre. ¿Por qué lo hizo? ¿Por qué estaba Labán tan ansioso por recuperarlos? La cultura Nuzi arroja luz sobre ese incidente. De acuerdo con la ley Nuzi la posesión de los ídolos familiares indicaba el derecho de herencia. Raquel quería los ídolos familiares para que Jacob y sus hijos recibieran la herencia. Labán los quería recuperar para preservar la herencia para sus hijos.

El comprender la cultura de una zona a menudo puede ayudarnos a entender un pasaje escrito acerca de esa zona. Este es el caso al entender Apocalipsis 3:14-18. Laodicea estaba alrededor de ciento veinte kilómetros al interior de Efeso y alrededor de sesenta kilómetros al sureste de Filadelfia. Recibió ese nombre de Laodice, la esposa de Antioco II.

En el primer siglo después de Cristo, Laodicea fue un centro bancario importante. Fue también un gran centro de ropa, famoso por sus túnicas de lana. Laodicea era también un centro médico y pudiera ser el lugar donde Lucas recibió su instrucción médica. Además de ser un centro médico, Laodicea era un centro farmacéutico especializado en la fabricación de un ungüento para ojos.

La ciudad no tenía provisión interna de agua. Recibía agua por un viaducto de las termas en Hierápolis, un poco al norte. También obtenía agua de vertientes frías en el sur. Para cuando el agua caliente del norte alcanzaba la ciudad, se había entibiado, así como también el agua fría del sur.

Esta información cultural nos ayuda a entender Apocalipsis 3:14-18. Cuando el Señor dijo que los cristianos de Laodicea no eran fríos ni calientes sino tibios (ver. 16), él pudiera haber estado comparándolos con la provisión de agua de la ciudad. Caliente y frío en este caso no se están contrastando, sino más bien son ilustraciones paralelas. El agua caliente es útil y refrescante. El agua fría es útil y refrescante. Pero el agua tibia no es ni útil ni refrescante. El Señor les estaba diciendo que habían perdido su utilidad. Ellos, como la provisión de agua de la ciudad, eran insatisfactorios.

Cuando el Señor dijo que ellos eran pobres, ciegos y desnudos (ver. 17), pudiera haberse referido a las industrias de Laodicea. Los cristianos de Laodicea estaban confiando en su riqueza material antes que en el Señor. Aunque físicamente ellos pudieran haber poseído oro, ungüento para ojos, y vestiduras, espiritualmente eran pobres, ciegos y desnudos. El Señor les dijo que compraran oro de Él, para venir a Él con ropas blancas, y obtener ungüento para ojos de Él, para que pudieran ver las cosas espirituales (ver. 18). El Señor usó la cultura de Laodicea para comunicarse con los laodicenses.

Contribuciones de la antropología a la teología

La antropología tiene numerosas contribuciones que hacer a los estudios teológicos. En primer lugar, a través de la perspectiva intercultural, ella nos permite observar otros pueblos y grupos sociales como "válidos". Al menos dos estilos de vida están siempre en consideración, antes que sólo el del erudito. El erudito pone de lado su propia forma de vida para entrar en el sistema social que operó en las culturas bíblicas. Es decir, el erudito trata de entender las Escrituras y sus enseñanzas a la luz de las culturas relevantes. El erudito entonces vuelve a su propio estilo de vida en relación y comparación con las culturas bíblicas. El erudito busca los principios divinos detrás de las formas en la cultura bíblica, para que aquellos principios divinos puedan aplicarse en la cultura del erudito. Por último, el erudito debe llegar a conocer bien el idioma y la cultura de su público para que los principios bíblicos puedan aplicarse en la cultura anfitriona.

La segunda contribución de la antropología viene del concepto de funcionalismo, particularmente aplicado a la creación, como en la teoría de creacionismo funcional. Otras disciplinas recalcan el origen y fuente de personas y cosas, de ahí del universo. A través del enfoque estructura-función de la antropología cultural, la función del sistema completo, o la función de cualquier parte componente del sistema, podría ser examinada desde una perspectiva funcional. Así el asunto de los primeros capítulos de Génesis ya no es visto sólo como uno de origen y secuencia de tiempo, sino también de función. Ahora podemos comenzar a ver la función que cada parte del universo tiene en relación con el todo — o cualquier parte del cuerpo en relación con el todo — o cualquier parte de la sociedad en relación con el todo.

En el sistema ecológico la luz provee la energía para el crecimiento. Las plantas verdes suministran oxígeno y purifican el aire, y los seres humanos son responsables del mantenimiento del sistema. Los seres humanos son los únicos seres creados con la inteligencia suficiente para mantener el equilibrio eficaz en el sistema, ya que ellos fueron hechos a la imagen del creador, y se les dio el mandamiento de "dominar sobre" todo lo que Dios había hecho.

En tercer lugar, solamente la antropología, además de la Biblia, ofrece claridad sobre el origen de los seres humanos como distintos de los animales. La forma y expresión del *homo sapiens* es distinta de las de cualquier simio o mamífero, o cualquier otro primate no sapiens que haya existido. Es esta distinción que hace sobresalir a los seres humanos del resto de la creación. El hombre de Cro-Magnon, y los que lo siguieron, tienen toda la posibilidad mental, social, emocional y espiritual de que se habla en los primeros capítulos de Génesis. Hay evidencia de arte, trabajo de metales y expresión musical en los restos de artefactos de esta forma de *homo sapiens*.

Los sapiens están separados de otras criaturas por su extensa habilidad para simbolizar a través del idioma, y desarrollar estructuras sociales y organización social. Esto conduce a la habilidad de utilizar cultura no verbal y a percepciones espirituales abstractas. Estas habilidades les permite conocer a Dios así como a sus compañeros humanos. Esto es lo que se refiere tan clara y sucintamente en la Biblia como la "imagen de Dios".

En cuarto lugar, la antropología nos permite ver la gran posibilidad de las revoluciones industriales y urbanas. Sólo una vislumbre de esa posibilidad se nos da en la experiencia de Caín, quien fundó la primera ciudad. Dentro de algunas generaciones hubo desarrollo de ganadería... la provisión de alimento de la comunidad movible, el desarrollo de instrumentos musicales, y el uso del metal. De modo que en esos registros tempranos vemos la promesa de máxima expresión de las habilidades dadas por Dios al hombre. Los seres humanos no necesitaban pasar toda su vida buscando alimento como lo hacen otros animales. Ellos podían ser artesanos, músicos, o cualquier cosa que ellos deseaban. Porque algunas personas podían proveer alimentos para muchos, liberando a los demás para desarrollar otras habilidades y artesanías. Esto tuvo considerable importancia en el movimiento moderno de misiones. La era de especialización ha liberado a algunas personas para dedicarse, a tiempo completo, a la tarea de evangelización.

En quinto lugar, la antropología nos ayuda a ser relativistas culturales mientras permanecemos absolutistas bíblicos. Ya hemos analizado la validez de sociedades distintas, así como la perspectiva sociocultural que nace de este concepto. Por ejemplo, Jesús vivió en una sociedad orientada por evento; aun así Él puede tener una influencia importantísima en una sociedad orientada por el tiempo. Él entra en el corazón. Él no procura cambiar la cultura, salvo al cambiarla mediante la regeneración del corazón y de la vida de sus miembros. Nosotros podemos así llegar a una comprensión de las culturas bíblicas y nuestra propia cultura, y saber cómo cada una se compara y se relaciona con la otra. Además, podemos saber, en nuestra propia cultura, que el Espíritu influirá en nuestra vida para conservar las verdades eternas y propósitos de la Biblia. La antropología cultural nos ayuda a entrar en otras culturas, y darnos cuenta de que las verdades eternas e intenciones de la Biblia, bajo la guía del Espíritu Santo, pudieran tomar formas diferentes de las de nuestra propia cultura, o de las culturas bíblicas.

Por último, la antropología puede proveer percepciones valiosas para el desarrollo de una teología evangélica que sea verdaderamente intercul-·tural. ¿Por qué hay una necesidad de una teología evangélica intercultural? Porque la Iglesia de Jesucristo es multicultural, necesitamos desarrollar una teología que sea intercultural, una teología para la Iglesia completa.

Kraft, en su artículo "¿Puede el aporte antropológico ayudar a la teoría evangélica?" (1977), ha sugerido cuatro esferas específicas en que una perspectiva antropológica puede ayudar en el desarrollo de una teología intercultural.

La primera sugerencia es que un erudito debe distinguir entre los datos con los que trabaja y la interpretación de esos datos. Los antropólogos, así como otros científicos, son cuidadosos en distinguir entre los datos y el modelo teórico con el cual abordan los datos. También distinguen entre los datos y la interpretación de los datos. Es también importante para los teólogos distinguir entre los datos y los modelos teóricos e interpretaciones.[1] Debido a que los teólogos frecuentemente trabajan con datos sagrados (documentos bíblicos), es fácil para ellos comenzar a ver sus modelos teóricos e interpretaciones como también sagradas.

El teólogo debe darse cuenta de que, aunque los datos bíblicos son sagrados e infalibles, los modelos teóricos e interpretaciones son humanas y falibles. Los modelos e interpretaciones del teólogo no sólo son humanas sino también están atadas a la cultura. Sin darse cuenta, la mayoría de los teólogos están usando modelos filosóficos occidentales (habitualmente griegos) para interpretar los datos bíblicos. Ellos necesitan darse cuenta de que hay otros modelos válidos para interpretar las Escrituras. Por ejemplo, modelos filosóficos africanos y de Oriente Medio pueden entregar percepciones valiosas para la comprensión del Antiguo Testamento, y muchas partes del Nuevo Testamento. Debido a que las culturas africanas y de Oriente Medio están más cerca de la cultura hebrea de los períodos bíblicos que las culturas occidentales, las percepciones provistas por sus modelos filosóficos debieran incorporarse a nuestros procesos teológicos.

---

1 Eso incluye misioneros y pastores así como profesores de seminario.

La segunda esfera sugerida, en que el conocimiento antropológico puede ayudar a los teólogos, es la de relevancia. En general, los teólogos se interesan en problemas y asuntos a un nivel filosófico, mientras que la gente vive en un nivel de conducta. La mayoría de la teología se estructura en el idioma y concepto de filosofía metafísica. Los teólogos necesitan comenzar a abordar sus problemas y declarar sus condiciones en términos de conducta. Los teólogos necesitan usar el idioma del científico de la conducta así como el del filósofo.

La tercera esfera sugerida, en la cual el aporte antropológico puede ayudar a los teólogos, es el distinguir entre forma y significado. Esto, creemos, es la contribución clave de la antropología al proceso teológico. Es el corazón mismo del enfoque que combina absolutismo bíblico y relatividad cultural. La distinción entre formas culturales y su significado es importante para el desarrollo de una teología intercultural. El teólogo necesita darse cuenta de que las formas culturales son importantes debido a su significado para un pueblo en particular, y no en sí mismas. Las formas culturales derivan sus significados de su contexto cultural y sólo puede entenderse plenamente en ese contexto. Una forma cultural retiene su significado sólo en su propia cultura; una vez que es transferido a otra cultura, toma otro significado.

Las formas culturales en la Biblia deben entenderse en el contexto de su propia cultura. Las formas culturales que hay en las Escrituras no son sagradas; son sus significados los que son sagrados. En realidad, todas las culturas son relativas, incluyendo las culturas bíblicas. El teólogo, al desarrollar una teología intercultural, debe descubrir el significado (el cual es absoluto y autorizado) que descansa detrás de una forma cultural dada en la Biblia. Entonces un teólogo en cualquier cultura dada puede buscar la forma cultural, en su cultura, que significa lo mismo. El aporte antropológico puede ayudar al teólogo a distinguir entre las culturas de la Biblia y las enseñanzas de la Biblia.

En cuarto lugar, el aporte cultural puede ayudar al teólogo a comprender las necesidades de la gente, para dirigirse a estas necesidades antes que sólo a las necesidades de otros teólogos. Esta sugerencia está relacionada con la segunda sugerencia pero es distinta de esta. La segunda sugerencia fue que los teólogos comiencen a ocuparse de los problemas a nivel de conducta así como a nivel filosófico. Esta sugerencia es que los teólogos utilicen métodos de investigación antropológicos para proponer las preguntas apropiadas, y encontrar cuáles son los problemas de la gente.

Uno de los autores de este libro trabajó con una iglesia local para desarrollar un cuestionario que se administró a la congregación. El cuestionario fue diseñado para descubrir las necesidades que la gente siente, y cuán bien o cuán mal, los programas de la iglesia llenan estas necesidades. El pastor usó los resultados para desarrollar un ministerio que se dirigiría a las necesidades de la congregación.

Conocemos a un profesor en un instituto bíblico quien cada semestre da a sus clases un cuestionario para saber cuál es su pensamiento y su nivel de conocimiento. Así puede hacer su clase pertinente a las necesidades de sus estudiantes, y al mismo tiempo cubrir los materiales asignados. En nuestra enseñanza hemos usado tanto cuestionarios como entrevistas personales para este mismo propósito.

Los teólogos pueden emplear todos los métodos de investigación analizados en el capítulo 13. Además de hacer su propia investigación, los teólogos pueden aprovecharse de la investigación hecha por otros. Por ejemplo, hace varios años Zuck y Getz (1968) hicieron un proyecto de investigación sobre las creencias, actitudes y conductas de adolescentes en las iglesias evangélicas. Estos hallazgos tienen mucho que decir a los teólogos, aunque hubo poca reacción teológica a su hallazgos. Las encuestas Harris, Roper y otras encuestas norteamericanas frecuentemente hacen preguntas de moral, ética, e interés religioso. El Centro de Investigación de Opinión Nacional de la Universidad de Michigan anualmente hace una encuesta nacional. Estos cuestionarios casi siempre incluyen preguntas religiosas.

Si vamos a alcanzar el mundo para Jesucristo, debemos hacer el evangelio importante para la gente del mundo. Con esto no queremos decir que cambiemos el mensaje. Tenemos sólo un mensaje (1 Corintios 15:3-4). Pero necesitamos descubrir las necesidades de la gente y ser capaces de demostrar cómo el evangelio se relaciona con sus necesidades en su ambiente cultural.

Conclusión

La antropología nunca debe llegar a ser la tarea de la iglesia ni de las misiones. Debe siempre permanecer como una herramienta. Como una herramienta, la antropología puede ser un instrumento valioso en la misión de la Iglesia. La antropología puede contribuir a una mejor comprensión de nosotros mismos y otros, así como de Dios y su Palabra. Al entendernos mejor a nosotros mismos y a la Palabra de Dios, podemos aplicar con mayor eficiencia la enseñanza bíblica a nuestra vida. Al entender mejor a otros, podemos aplicar con mayor eficiencia las enseñanzas bíblicas a sus necesidades.

Es nuestra oración que un conocimiento funcional de la antropología contribuirá a hacer de cada uno de nosotros un vaso preparado para que el Espíritu Santo lo use.

Preguntas para debate

1. ¿Cómo puede la antropología ayudar a una persona a entender mejor la Biblia?
2. ¿Cuál es la relación entre antropología y teología? En su opinión, ¿necesita un teólogo un conocimiento en ciencia de la conducta? ¿Por qué?
3. ¿Cuánto conocimiento de las culturas bíblicas se necesita para entender la Biblia? ¿Qué implicaciones tiene eso para las misiones?
4. Ahora que usted ha estudiado antropología cultural, ¿cuán importante cree usted que es un curso de esta índole para futuros misioneros? ¿Por qué?
5. ¿De qué formas su estudio de antropología cultural ha afectado la relación entre su fe y su cultura?

Lecturas sugeridas

Archer, G. L. 1964. *A Survey of Old Testament Introduction* [Una reseña de la introducción al Antiguo Testamento]. Una introducción a los tiempos y culturas del Antiguo Testamento. El doctor Archer utiliza los últimos hallazgos arqueológicos. Este libro da una buena comprensión de la formación cultural del Antiguo Testamento.

Harris, R. L. 1971. *Man: God's Eternal Creation* [El hombre: La creación eterna de Dios]. Son excelentes los capítulos sobre la naturaleza de los seres humanos, sus orígenes, la creación y la cultura del Antiguo Testamento. Se recomienda todo el libro.

Mayers, M. K. 1987 (2ª ed.) *Christianity Confronts Culture* [El cristianismo confronta la cultura]. Una aplicación de conceptos antropológicos y principios bíblicos a la tarea de evangelización intercultural. El libro de Mayers ofrece un buen ejemplo práctico de antropología y Biblia, y es un excelente complemento a este volumen.

Ramm, B. 1954. *The Christian View of Science and the Scripture* [El punto de vista cristiano de la ciencia y la Biblia]. Aunque algo antiguo, sigue siendo una excelente fuente. Se recomiendan los capítulos sobre biología y antropología. Este libro presenta un enfoque intelectual desde una perspectiva evangélica.

Tenney, M. C. 1965. *New Testamento Times* [Tiempos del Nuevo Testamento]. Da un buen conocimiento del ambiente cultural, político y geográfico del Nuevo Testamento.

Unger. M. F. 1954. *Archaeology and the Old Testament* [Arqueología y el Antiguo Testamento]. Una obra antigua pero no caduca que todavía provee una buena información general sobre el Antiguo Testamento y su cultura. Demuestra cómo la arqueología puede ayudarnos a entender culturas pasadas.

Glosario

Aculturación: el proceso por el que los individuos adquieren el conocimiento y habilidades que les permiten funcionar hasta cierto grado en una segunda cultura

Adjudicación: el proceso que involucra el delegar decisiones a otros

Agregación: una colección de personas que no tienen las propiedades de un grupo

Animismo: religión de pueblos primitivos basada en una creencia en un mundo de espíritus

Antropología: el estudio del hombre como un ser biológico, psicológico, sociológico y engendrador de cultura

Antropología cognoscitiva: el estudio de los principios organizadores subyacentes en la conducta

Antropología cultural: la rama de la antropología que se ocupa del estudio de las culturas humanas existentes

Antropología educativa: el estudio comparativo de los procesos de socialización y enculturación

Antropología médica: la aplicación de criterios culturales a la práctica de la medicina, y respuesta a prácticas médicas, clínicas y educativas

Antropología urbana: el estudio intercultural de la urbanización

Artefacto: cualquier porción del ambiente material usado o modificado deliberadamente para el uso del hombre

Asimilación: la total adaptación a una nueva cultura

Caza: la captura y muerte de animales salvajes para alimento

Choque cultural: la reacción experimentada por un individuo que viene a vivir en una cultura nueva y diferente

Ciencias de la conducta: aquellas ciencias que estudian la conducta humana, incluyendo la antropología, psicología y sociología

Clan: un grupo relacionado de forma consanguínea, patrilineal o matrilineal, que cree en un descendiente común

Clase social: las personas en una escala social que se ven a sí mismas como iguales, y son vistas como iguales por otros en la misma escala

Compartimentación: un proceso psicológico por el que una persona separa cosas conflictivas entre sí

Complejo cultural: un grupo de rasgos culturales relacionados vistos como una sola unidad

Comunicación kinésica: la transmisión de mensajes por movimientos del cuerpo

Comunicación no verbal: el proceso por el que un mensaje es enviado y recibido a través de uno o más medios sensoriales, sin usar el idioma hablado

Comunicación proxémica: transmisión de mensajes que utiliza el espacio

Comunidad: un cuerpo colectivo que comparte una identidad sociopolítica y una zona geográfica

Condición social: una posición o lugar en un sistema social con sus respectivos derechos y deberes

Condición social atribuida: una condición social que la sociedad asigna a un individuo, habitualmente basado en características de nacimiento tales como raza y sexo

Condición social horizontal: una condición social en el mismo nivel o que tiene el mismo grado que otro

Condición social lograda: una condición social obtenida mediante la elección y el logro

Condición social vertical: el ordenamiento jerárquico de la condición social

Conflicto de función: conflicto entre las exigencias de una sola función o entre funciones

Contextualización: el desarrollo de una teología desde dentro de una cultura

Convertidor: una herramienta que cambia un tipo o forma de materia o energía en otra

Costumbres: normas de bajo nivel tales como hábitos y maneras

Cultura: las actitudes, los valores y las formas de comportamiento que aprenden y comparten los miembros de determinado pueblo; también los artefactos del pueblo

Descendencia bilateral: descendencia trazada a través de ambos padres

Descendencia matrilineal: descendencia trazada a través de la línea de la madre

Descendencia patrilineal: descendencia trazada a través de la línea del padre

Descendencia unilateral: descendencia trazada solo a través de un padre

Destreza: la habilidad adquirida para aplicar una técnica dada eficaz y fácilmente

Desviación: conducta que viola las reglas normativas

Determinismo cultural: el enfoque a la conducta humana que ve la cultura como el factor determinante de la conducta

Dialecto: una variación de un idioma

Discurso: el proceso de estructurar frases, cláusulas y declaraciones en unidades significativas

Diseño clínico: la aplicación de la antropología a un problema social

Diseño cuasi experimental: una metodología similar a aquella que usa un diseño experimental, pero en la que el investigador no puede controlar todos los factores

Diseño experimental: una metodología usada para controlar diversos factores en un estudio experimental

Economía: la producción, distribución, compra y consumo de productos y servicios

Economías campesinas: subsociedades de una sociedad estratificada mayor, que es ya sea preindustrial o semi industrial

Encuesta: una técnica de investigación que consiste en la recolección de datos por la entrega de un cuestionario a los individuos

Enculturación: el proceso por el cual los individuos adquieren el conocimiento, habilidades, actitudes y valores que les permiten llegar a ser miembros más o menos funcionales de su sociedad

Endogamia: una regla sociológica que requiere que una persona escoja un cónyuge desde dentro de un grupo culturalmente definido del que ambos son miembros

Equivalente funcional: algo en una cultura que desempeña la misma función que otra cosa en otra cultura

Estado: una entidad gubernamental basada en territorialidad, organización cultural y gobierno formal

Estratificación: una jerarquía de condición social

Etnocentrismo: la práctica de interpretar y evaluar la conducta y objetos, usando como referencia los criterios de la propia cultura, antes que usando aquellos de la cultura a la cual pertenecen

Etnociencia: un enfoque lingüístico del estudio de la cultura no verbal

Etnografía: el estudio descriptivo de sociedades humanas

Etnohistoria: la historia cultural de un pueblo

Etnología: etnografía comparativa

Etnoteología: una disciplina interesada en la desculturización y contextualización de la teología

Exogamia: una regla sociológica que requiere que el posible cónyuge provenga de grupos diferentes culturalmente definidos

Familia de orientación: la familia en la que alguien nace

Familia de procreación: la familia que alguien forma al casarse

Familia extendida: un arreglo para vivir en el que comparten un hogar dos o más familias nucleares relacionadas

Familia nuclear: un esposo y esposa, y sus hijos no adultos

Fonemas: sonidos distintos usados en un idioma

Fonología: el estudio de los sonidos de un idioma

Forraje: adquisición de alimento al recolectar productos alimenticios que crecen de forma silvestre

Fratría: un grupo de uno o más clanes unidos ya sea por parentesco o por interés mutuo

Función: la conducta, las actitudes y los valores asociados con una condición social determinada

Gobierno: mecanismo y estructuras de una sociedad para el mantenimiento del orden y toma de decisiones colectivas

Gobierno formal: un sistema independiente o institución social establecida con el propósito de gobernar

Gobierno informal: un sistema de gobierno basado en un sistema ya existente, tal como el sistema de parentesco

Gramática: la estructura del idioma

Grupo: una entidad de dos o más personas que participan en la comunicación y la interrelación y que tienen "conciencia de unidad"

Grupo pequeño: generalmente un grupo de no más de quince individuos

Grupo primario: un grupo pequeño, estrecho, e informal

Grupos inclusivos: grupos en los cuales el pertenecer a un grupo significa inclusión en otro grupo

Grupos mutualmente exclusivos: grupos en los cuales el pertenecer a un grupo excluye el pertenecer a otro grupo

Grupos no inclusivos: grupos en los que el ser miembro no impide que la persona afectada sea miembro de otro grupo, y en los que tampoco se requiere que la persona sea miembro de otro grupo

Grupos secundarios: grupos utilitarios, formales, e impersonales

Grupos superpuestos: grupos en los cuales el ser miembro en un grupo no excluye ser miembro de otro grupo o grupos

Herramientas: artefactos para transmitir, transformar, o almacenar energía

Hipótesis: una declaración para ser probada por una metodología científica

Horticultura: tipos intensivos de agricultura que consisten en eliminar cierto tipo de plantas, y plantar otro tipo de plantas con mayor valor alimenticio

Idiolecto: un uso individual de un idioma

Idioma: comunicación verbal, sistemática y simbólica

Interruptor: una válvula con un número finito de posiciones

Leyes: reglas y regulaciones que son impuestas por el estado

Mana: fuerzas sobrenaturales impersonales en religiones animistas

Matrimonio: un patrón de normas y costumbres que define y controla la relación entre un hombre y una mujer designándolos como legítimos compañeros sexuales

Matrimonio levirato: un arreglo por el cual si un hombre muere sin hijos su hermano se casa con la viuda

Matrimonio sororal: un arreglo por el cual si una mujer muere sin hijos, su hermana se casa con el viudo

Mecanismo: arreglos de medios de difusión diseñados para transmitir o modificar la aplicación de poder, fuerza, o movimiento

Medios de difusión: herramientas usadas para transmitir materia o energía a través del espacio mientras preserva sus cualidades esenciales

Moietía: la división de una tribu en dos grupos determinados por el nacimiento

Monogamia: un arreglo matrimonial en el cual cada individuo tiene solo un cónyuge

Morfemas: unidades significativas del sonido de un idioma

Morfología: la organización de los sonidos básicos de un idioma en unidades significativas

Norma: patrones de conducta regulares y aceptados

Observación participante: observación sistemática mientras se participa en una sociedad

Organización social: la regularización de relaciones personales

Parentesco: una cadena de relaciones familiares

Poliandria: un arreglo matrimonial en el cual una mujer tiene más de un esposo

Poliandria fraternal: un arreglo matrimonial en el que una mujer se casa con un hombre y sus hermanos

Poligamia: un arreglo matrimonial en el cual una persona tiene múltiples cónyuges

Poliginia: un arreglo matrimonial en el cual un hombre tiene más de una esposa

Poliginia sororal: un arreglo matrimonial por el cual un hombre se casa con una mujer y sus hermanas

Primo cruzado: el hijo del hermano de uno de los padres del sexo opuesto

Primo paralelo: el hijo del hermano de uno de los padres del mismo sexo

Primogenitura: un sistema de herencia en el cual la riqueza y posición de la familia es traspasada al hijo primogénito

Racionalización: un mecanismo de defensa por el cual un individuo redefine una situación difícil en una que es aceptable

Rasgo cultural: la unidad más pequeña de cultura; actos individuales característicamente hechos por miembros de una cultura

Recipiente: una herramienta usada para almacenar materia o energía por un tiempo mientras se le preserva de pérdida o contaminación

Reglas de descendencia: un sistema de relaciones ordenadas que limitan la incorporación en varios grupos de parentesco

Relativismo cultural: el enfoque a una interpretación y evaluación de la conducta y objetos, tomando como referencia los criterios normativos y los valores de la cultura a la cual dicha conducta u objetos pertenecen

Religión: las creencias compartidas y las prácticas de un pueblo. Estas pudieran o no pudieran ser sobrenaturales en carácter

Residencia avunculocal: un arreglo para vivir por el cual una pareja casada vive con el hermano de la madre de la esposa

Residencia matrilocal: un arreglo para vivir en el cual una pareja vive con la familia de la esposa

Residencia neolocal: un arreglo por el cual una pareja vive aparte de las familias de ambos padres y establece un nuevo hogar

Residencia patrilocal: un arreglo para vivir en el cual una pareja vive con la familia del esposo

Ritos de fortalecimiento: prácticas religiosas que aumentan la solidaridad y compromiso con el grupo

Ritos de transición: prácticas religiosas que marcan el pasaje de un individuo de un estado de vida a otro

Selector: una herramienta usada para discriminar entre varios datos recibidos

Serie de funciones: un grupo de funciones que se acumulan en una condición social determinada

Sintaxis: la forma en que un idioma combina las palabras para hacer una declaración significativa

Sistema de parentesco esquimal: un sistema de parentesco lineal bilateral

Sistema de parentesco hawaiano: un sistema de parentesco generacional bilateral

Sistema de parentesco iroqués: un sistema de parentesco lineal unilateral

Sistemas tecnológicos: aquellas partes de la cultura que posibilitan a los seres humanos para producir cambios objetivos en su ambiente físico y biológico

Sociedad: una organización social compuesta de un grupo de personas que comparten una zona geográfica y una cultura

Subcultura: un grupo de patrones de conducta relacionados con la conducta en general, y sin embargo distinguible de ella

Tabú del incesto: la prohibición de casarse con un pariente cercano

Técnica: un sistema de categorías y planes usados para lograr un fin dado

Tecnología: la suma total de todas las costumbres sociales por las que un pueblo manipula entidades y sustancias de todo tipo

Término de parentesco: un término específico en un idioma específico usado para referirse a un tipo de pariente

Términos de referencia: términos usados para hablar acerca de las personas

Términos de tratamiento: términos usados para dirigirse a las personas

Tipo de parentesco: un concepto abstracto de una relación que puede describirse en toda cultura

Tótem: un "progenitor" no humano de un clan

Tradiciones: normas sociales de una naturaleza moral

Trampa: una herramienta que es un selector combinado con un recipiente

Tribu: grupo de personas que comparten un idioma, una cultura y un territorio, y se ven a sí mismas como una entidad autónoma

Válvula: un dispositivo que pasa diferentes tipos o cantidades de material o información en diferentes momentos

Variable dependiente: el factor observado en un estudio experimental

Variable independiente: un factor que es variable en un estudio experimental

Vehículo: una herramienta usada para transmitir objetos almacenados, energía o información a través del espacio

Vínculos afines: relaciones de parentesco por matrimonio

Vínculos consanguíneos: relaciones de parentesco basadas en relaciones biológicas

Vínculos ficticios: relaciones de parentesco sociolegales

Bibliografía

Adeney, M. 1975. Do Your Own Thing: As Long as You Do It Our Way [Haz tu propia cosa: Siempre y cuando lo hagas a nuestra manera]. *Christianity Today* vol. 19, Nº 20: 11-14.

Aginsky, B. W. 1940. An Indian's Soliloquy [Soliloquio de un indio]. *American Journal of Sociology* 46:43-44.

Archer, G. L. 1964. *A Survey of Old Testament Introduction*. Chicago: Moody.

Babbie, E. R. 1986. *The Practice of Social Research* [La práctica de la investigación social] (4ª ed.). Belmont, Calif: Wadsworth.

Baliki, Asen. 1970. *The Netsilik Eskimo* [El esquimal netsilik]. Nueva York: Natural History.

Barnett, H. G. 1970. *Being a Palayan* [Ser un palayan]. Nueva York: HR & W.

Barnouw, V. 1963. *Culture and Personality* [Cultura y Personalidad]. Homewood, Illinois: Dorsey.

Barret, D. B. 1968. *Schism and Renewal in África* [Cisma y renovación en África]. Oxford: Oxford University Press.

Barret, R. A. 1974. *Benabarre: The Modernization of a Spanish Village* [Benabarre: La modernización de un pueblo español]. Nueva York: HR & W.

Bascom, W. 1969. *The Yoruba of Southeastern Nigeria* [Los yoruba del sudeste de Nigeria]. Nueva York: HR & W.

Basso, E. B. 1973. *The Kalapalo Indians of Central Brazil* [Los indios kalapalo del centro de Brasil]. Nueva York: HR & W.

Beals, A. R., G. Spindler y L. Spindler. 1967. *Culture in Process* [Cultura en proceso]. Nueva York: HR & W.

Beattie, J. H. 1965. *Understanding an African Kingdom: Bunyoro* [Comprendiendo un reino africano: Bunyoro]. Nueva York: HR & W.

Beidelman, T. O. 1971. *The Kaguru: A Matrilineal People of East África* [Los kaguru: Un pueblo matrilineal de África Oriental]. Nueva York: HR & W.

Bendix, R., y Lipset, S. M., eds. 1966. *Class, Status and Power* [Clase, condición social y poder]. Nueva York: Free Press.

Benedict, R. 1934. *Patterns of Culture* [Patrones de cultura]. Boston: Houghton.

Berelson, B. y Steiner, G. A. 1964. *Human Behavior* [Conducta humana]. Nueva York: HarBraceJ.

Berkhof, 1950. *Principles of Biblical Interpretation* [Principios de interpretación bíblica]. Grand Rapids: Baker.

Berlyne, D. E. 1960. *Conflict, Arousal, and Curiosity* [Conflicto, despertamiento y curiosidad]. Nueva York: McGraw.

Birdwhistell, R. L. 1970. *Kinesics and Context* [Kinesia y contexto]. Philadelfia: University of Pa Press

Blalock, H. M. Jr. 1970. *An Introduction to Social Reseach* [Una introducción a la investigación social]. Englewood Cliffs, N. J.: Prentice-Hall.

_____. 1972. *Social Statistics* [Estadística social]. Nueva York: McGraw.

Bock, P. K. 1969. *Modern Cultural Anthropology* [Antropología cultural moderna]. Nueva York: Knopf.

Bohannan, L. y Bohannan, P. 1968. *Tiv Economy* [Economía tiv]. Evanston, Illinois: Northwestern University Press

Bohanan, P., y Middleton, J. eds. 1968. *Kinship and Social Organization* [Parentesco y organización social]. Nueva York: Natural History.

_____. 1968. *Marriage, Family and Residence* [Matrimonio, familia y residencia]. Nueva York: Natural History.

Boling, E. T. 1975. Black and White Religion: A Comparison in the Lower Classes [Religión de negros y blancos: Una comparación de las clases bajas]. *Journal of Social Analysis* 31: 73-80.

Bottomore, T. B. 1966. *Classes in Modern Society* [Clases en la sociedad moderna]. Nueva York: Pantheon.

Brislin, R. W.; Lonner; y Thorndike. 1973. *Cross-cultural Research Methods* [Métodos de investigación intercultural]. Nueva York: Wiley.

Broom, L., y Selznick, P. 1977. *Sociology* [Sociología]. Nueva York: Harper.

Brown, R. W. 1965. *Social Psychology* [Psicología social]. Nueva York: Free Press.

Brunner, J. S. 1962. *Study of Thinking* [Estudio del pensar]. Nueva York: Wiley.

Buswell, J. O., III. 1975. Creationist Views on Human Origin [Puntos de vista creacionistas sobre el origen humano]. *Christianity Today*. vol. 19, Nº 22: 4-6.

_____. 1978. Contextualization: Theory, Tradition, and Method [Contextualización: Teoría, tradición y método] en*Theology and Mission* [Teología y misión] D. J. Hesselgrave. Ed., Grand Rapids: Baker.

Caplow, T. 1969. *Two Against One* [Dos contra uno]. Englewood Cliffs, N. J.: Prentice-Hall.

Casteel, John L. 1968. *The Creative Role of Personal Groups in the Church* [La función creadora de grupos personales en la iglesia]. Nueva York: Assoc Press.

Cavan, R. S. 1969. *Marriage and Family in the Modern World* [Matrimonio y familia en el mundo moderno]. Nueva York: TY Crowell.

Chapple, E. D. 1970. *Culture and Biological Man* [Cultura y el hombre biológico]. Nueva York: HR & W.

Clausen, J. A. 1968. *Socialization and Society* [Socialización y Sociedad]. Boston: Little.

Cohen, Y. A. 1968. *Man in Adaptation: The Cultural Present* [Hombre en adaptación: El presente cultural]. Chicago: Aldine.

Dalton, G. 1973. *Economic Systems and Society* [Sistemas económicos y sociedad]. Nueva York: Penguin.

Davis, J. A. 1971. *Elementary Survey Analysis* [Análisis elemental de encuestas]. Englewood Cliffs, N. J.: Prentice-Hall.

Davis, J. H. 1969. *Group Performance* [Desempeño de grupo]. Mass.: Addison Wesley.

Davis, K. 1948. *Human Society* [Sociedad humana]. Nueva York: MacMillan.

Deng, F. M. 1972. *The Dinka of the Sudan* [Los dinka de Sudán]. Nueva York: HR & W.

Downs, J. F. 1972. *The Navajo* [Los navajos]. Nueva York: HR & W.

Durkeim, E. 1897. *Suicide* [Suicidio]. Glencoe, Illinois: Free Press.

_____. 1954. *The Elementary Forms of Religion* [Las formas elementales de la religión]. Glencoe, Illinois: Free Press.

Edgerton, R. B. 1972. *Violence in East African Tribal Societies* [Violencia en las sociedades tribales africanas del este] en *Collective Violence* [Violencia colectiva], J. F. Short y M. E. Wolfgang. Chicago: Aldine.

Engel, J. F. 1977. *How Can I Get Them to Listen?* [¿Cómo puedo lograr que escuchen?]. Grand Rapids: Zondervan.

Engel, J. F., y Norton, W. W. 1975. *What's Gone Wrong With the Harvest?* [¿Qué ha ido mal con la cosecha?]. Grand Rapids: Zondervan.

Evans-Pritchard, E. E. 1951. *Kinship and Marriage Among the Nuer* [Parentesco y matrimonio entre los nuer]. Oxford: Oxford University Press.

_____. 1956. *Nuer Religion* [Religión nuer]. Oxford: Oxford University Press.

Farber. B 1918. *Comparative Kinship Systems: A Method of Analysis* [Sistemas de parentesco comparativos: Un método de análisis]. Nueva York: Wiley.

Faron, L. C. 1968. *The Mapuche Indians of Chile* [Los indios mapuches de Chile]. Nueva York: HR&W.

Fenton, W. N. 1957. *American Indian and White Relations to 1830: An Essay* [Relaciones entre indios americanos y blancos hasta 1830: Un ensayo]. Chapel Hill, N. C.: University of Nc Press. Reimpreso en 1971. Nueva York: Russell.

Firth, R. 1974. *Malay Fishermen: Their Peasant Economy* [Pescadores malayos: Su economía campesina]. Nueva York: Norton.

Fletcher., J. 1966. *Situation Ethics* [Etica de la situación]. Filadelfia: Westminster.

Ford, C. S., ed. 1967. *Cross-cultural Approaches: Reading in Comparative Research* [Enfoques interculturales: Lectura en investigación comparativa]. New Haven: Human Relations Area Files.

Fortes, M. 1962. *Marriage in Tribal Societies* [Matrimonio en sociedades tribales]. Cambridge: Cambridge University Press.

Fortes, M., y Evans-Pritchard, E. E., eds. 1940. *African Political Systems* [Sistemas políticos africanos]. Oxford: Oxford University Press.

Fox, R. 1967. *Kinship and Marriage: An Anthropological Perspective* [Parentesco y matrimonio: Una perspectiva antropológica]. Nueva York: Penguin.

Frazer, J. G. 1922. *The Golden Bough* [La rama dorada]. Nueva York: Macmillan.

Freilich, M., ed. 1970. *Marginal Natives, Anthropologists at Work* [Nativos marginales, antropólogos trabajando]. Nueva York: Harper.

Gergen, K. J. 1969. *The Psychology of Behavior Exchange* [La psicología del canje de conducta]. Reading, Mass.: Addison Wesley.

Ginsburg, C. D, 1970. *The Song of Songs and Cohelleth* [El Cantar de los Cantares y Cohélet]. Nueva York: KTAV.

Golde P. 1970. *Women in the Field* [Mujeres en el campo]. Chicago: Aldine.

Goldschmidt, W. 1971. *Exploring the Ways of Mankind* [Explorando las formas de humanidad]. Nueva York: HR & W.

Goode, W. J. 1951. *Religion Among the Primitives* [Religión entre los primitivos]. Nueva York: Free Press.

_____. 1961. Illegitimacy, Anomie, and Cultural Penetration [Ilegitimidad, anomia y penetración cultural]. *American Sociological Review* 26:910-25.

Goodenough, W.H. 1963. *Cooperation in Change* [Cooperación en el cambio]. Nueva York: Russell Sage.

Gough, K. 1952. Changing Kinship Usages in the Setting of Political and Economic Change among the Nyars [Usos de parentesco cambiantes en el ambiente del cambio político y económico entre los nyars]. *Journal of the Royal Anthropological Institute of Great Britain and Ireland* 82:71-87.

Graburn, N. 1971. *Readings in Kinship and Social Structure* [Lecturas en parentesco y estructura social]. Nueva York: Harper.

Grimers, J. E., y Hinton, T. B. 1969. "Huichol and the Cora" ["Huichol y el cora"]. En Ethnology. Vol. 8. Editado por E.Z. Vogt. *Handbook of Middle American Indians* [Manual de indios americanos centrales]. 16 vols. 1964. Edited by Robert Wauchope et. al Austin: University of Tex Press.

Grunlan, S. A. 1984. *Marriage and the Family: A Christian Perspective* [Matrimonio y la familia: Una perspectiva cristiana]. Grand Rapids: Zondevan.

_____. 1985. *Serving with Joy* [Sirviendo con gozo]. Camp Hill: Christian Publications.

Grunlan, S. A., y Lambrides. D. 1984. *Healing Relationships* [Relaciones sanadoras]. Camp Hill: Christian Publications.

Grunlan, S. A., y Reimer, M., eds. 1982. *Christian Perspectives on Sociology* [Perspectiva cristianas en sociología]. Grand Rapids: Zondervan.

Hall, Edward T. 1969. *The Hidden Dimension* [La dimensión escondida]. Nueva York: Doubleday.

Hammel, E. A., y Simmons, W. A. 1970. *Man Makes Sense* [El hombre tiene sentido]. Boston: Little.

Hammond, P. 1971. *An introduction to Cultural and Social Anthropology* [Una introducción a la antropología cultural y social]. Nueva York: Macmillan.

Harms, L. S. 1973. *Intercultural Comunication* [Comunicación intercultural]. Nueva York: Harper.

Harris, M. 1964. *The Nature of Cultural Things* [La naturaleza de las cosas culturales]. Nueva York: Random.

_____. 1968. *The Rise of Anthropological Theory* [La aparición de la teoría antropológica]. Nueva York: TY Crowell.

Harris, A. H. 1971. *Man: God's Eternal Creation* [El hombre: La creación eterna de Dios]. Chicago: Moody.

Hawley, A. H. 1971. *Urban Society: An Ecological Approach* [Sociedad urbana: Un enfoque ecológico]. Nueva York: Roland.

Hayakawa, S. I. 1941. *Language in Thought and Action* [Idioma en pensamiento y acción]. Nueva York: HarBraceJ.

Hegeman, E., y Kooperman, L. 1974. *Anthropology and Community Action* [Antropología y acción de comunidad]. Nueva York: Doubleday.

Henry, J. 1963. *Culture Against Man* [Cultura contra el hombre]. Nueva York: Random.

Hesselgrave, D. J. 1978. *Communicating Christ Cross-Culturally* [Comunicando a Cristo interculturalmente]. Grands Rapids: Zondervan.

Hill, Polly. 1970. *Studies in Rural Capitalism in West África* [Estudios en capitalismo rural en África Occidental]. Cambrigde: Cambridge University Press.

Himes, J. 1968. *The Study of Sociology* [El estudio de la Sociología] Glenview, III.: Scott.

Hobhouse, L. T.:Wheeler, G. C.; y Ginsberg. M. 1965. *The Material Culture and Social Institutions of Simpler People* [La cultura material y las instituciones sociales de la gente más sencilla]. Nueva York: Humanities.

Hoebel, E. A. 1954. *The Law and Primitive Man: A Study in Legal Dynamics* [La ley y el hombre primitivo: Un estudio en dinámica legal]. Cambridge, Mass: Harvard University Press.

_____. 1972. *Anthropology: The Study of Man* [Antropología: El estudio del hombre]. Nueva York: McGraw.

Homans, G. C. 1950. *The Human Group* [El grupo humano]. Nueva York: HarBraceJ.

Horton P. B., y Hunt, C. L. 1972. *Sociology* [Sociología] 3ª ed. Nueva York: McGraw.

_____. 1976. *Sociology* [Sociología] (4ª ed.) Nueva York: McGraw.

Horvath, T. 1985. *Basic Statistics for Behavioral Sciencies* [Estadística básica para ciencias de la conducta]. Boston: Little, Brown.

Hughes, C. C. 1972. *Make Men of Them* [Háganlos hombres]. Chicago: Rand.

Hymes, D., ed. 1964. *Language in Culture and Society: A Reader in Linguistics and Anthropology* [Idioma en cultura y sociedad: Una antología de lingüística y antropología]. Nueva York: Harper.

_____. 1974. *Foundations in Sociolinguistics* [Fundamentos en Sociolingüística]. Filadelfia: University of Pa Press

Jongmans, D. G., y Gutking, P. 1967. *Anthropologists in the Field* [Antropólogos en el campo]. Atlantic Highlands, N. J.: Humanidades.

Keesing, R. M. y Keesing, F. M. 1971. *New Perspectives in Cultural Anthropology* [Nuevas perspectivs en antropología cultural]. Nueva York: HR & W.

Kenny, M. 1960. Patterns of Patronage in Spain [Modelos patronales en España] *Antropological Quarterly* 33:14-23.

_____. 1961. *A Spanish Tapestry: Town and Country in Castile* [Un tapiz español: Pueblo y campo en Castilla]. Nueva York: Harper.

Klima, G. J. 1970. *The Barabaig: East African Cattle Herders* [Los Barabaig: Criadores de ganado de África Oriental]. Nueva York: HR & W.

Kluckholm, C. 1972. *Mirror for Man* [Espejo para el hombre]. Nueva York: Fawcett World.

Komarovsky, M. 1946. Cultural Contradictions and Sex Roles [Contradicciones culturales y funciones sexuales]. *American Journal of Sociology* 52: 185-86.

Kraft, C. 1977. Can Anthropological Insight Assist Evangelical Theory? [¿Puede el aporte antropológico ayudar a la teoría evangélica?] *Christian Scholar's Review* 7: 165-202.

_____. 1978. *Christianity in Culture* [El cristianismo en la cultura]. Maryknoll, N. Y.: Orbis.

Kroeber, A. L. 1944. *Configurations of Culture Growth* [Configuraciones de crecimiento cultural]. Berkeley: University of Cal Press.

Ladd, G. E. 1966. *The New Testament and Criticism.* Grand Rapids: Eerdmans.

Laird, C. y Gorrel, R. M. 1971. *Reading About Language* [Lectura acerca del idioma]. Nueva York: HarBraceJ.

Langness, L. L. 1972. Violence in the New Guinea Highlands [Violencia en las montañas de Nueva Guinea] en *Collective Violence* [Violencia colectiva], ed. J. F. y M. E. Wolfang. Chicago: Aldine.

Le Clair, E. y Schneider, H. K. eds. 1968. *Economic Anthropology* [Antropología económica]. Nueva York: HR & W.

Lessa, W. A. y Vogt, E. Z. eds. 1958. *Reader in Comparative Religion* [Antología de religión comparada]. Evanston, Illinois: Harper.

LeVine, R. A. 1974. *Culture and Personality* [Cultura y personalidad]. Chicago: Aldine.

Levi-Strauss, C. 1963. *Totemism.* [Totemismo]. Boston: Beacon.

Lewis, O. 1960. *Tepoztlan: Village in Mexico* [Tepoztlan: Pueblo de México]. Nueva York: HR & W.

Lindzey, G. 1961. *Projective Techniques and Crosscultural Research* [Técnicas proyectivas e investigación intercultural]. Nueva York: Appleton.

Lingenfelter, S., y Mayers, M. 1986. *Ministering Crossculturally* [Ministrando interculturalmente]. Grand Rapids: Baker.

Linton, R. 1936. *The Study of Man* [El estudio del hombre]. Nueva York: Appleton.

Llewellyn, K.N.,y Hoebel, E. A. 1941. *The Cheyenne Way. Conflict and Case Law in Primitive Jurisprudence* [La forma cheyene: Conflicto y precedentes en jurisprudencia primitiva]. Norman Oklahoma: University of Okla Press.

Lowie, R. H. 1929. *Are We Civilized?* [¿Somos civilizados?]. Nueva York: HarBraceJ.

_____. 1948. *Social Organization* [Organización social]. Nueva York: HR & W.

Luzbetak, L. J. 1963. *The Church and Cultures* [La iglesia y las culturas]. Techny, Ill.: Divine Word.

McCroskey, J. C. 1972. *Introduction to Rhetorical Communication* [Introducción a la comunicación retórica]. Englewood Cliffs, N. J.: Prentice-Hall.

Madge John. 1965. *The Tools of Social Science* [Las herramientas de las ciencias sociales]. Nueva York: Doubleday.

Mair, L. 1962. *Primitive Government* [Gobierno primitivo]. Nueva York: Penguin.

_____. 1969, *Witchcraft* [Brujería]. Nueva York: McGraw.

Malinowski, B. 1922. *Argonauts of the Western Pacific* [Argonautas del Pacífico Occidental]. London: Rouledge.

_____. 1927. *Sex and Repression in Savage Society.* [Sexo y represión en sociedades salvajes]. London: Routledge and Kegan. Reimpreso en 1955. Cleveland: Meridan.

_____. 1944. *A Scientific Theory of Culture and Other Essays* [Una teoría científica de la cultura y otros ensayos].Chapel Hill, N. C.: University of NC Press

_____. 1948. *Magic, Science, and Religion, and Other Essays* [Magia, ciencia y religión y otros ensayos]. Glencoe Ill.:Free Press

Manners, R. A., and Kaplan, D., eds. 1968. *Theory in Anthropology* [Teoría en antropología]. Chicago: Aldine.

Martin, G. 1976. *Marriage and the Family* [Matrimonio y la familia]. Scottsdale, Ariz.: Christian Academic Publications.

Matlick, J., et al. 1974. Mission = Message + Media + Men [Misión = Mensaje + medios de difusión + hombres]. *Central American Mission Bulletin* 447:6.

Mayer, K. B., y Buckley, W. 1970. *Class and Society* [Clase y sociedad]. Nueva York: Random.

Mayers, M. K. 1987 (2ª ed.). *Christianity Confronts Culture* [El cristianismo confronta la cultura]. Grand Rapids: Zondervan.

_____. 1976. *A Look at Latin American Lifestyles* [Una mirada a los estilos de vida latinoamericanos]. Dallas: Instituto Lingüístico de Verano.

_____. 1976. "The Behavioral Sciencies and Christian Mission." ["Las ciencias de la conducta y la misión cristiana"] Un ensayo presentado en la Asociación de Profesores Evangélicos de Misiones, Overland Park, Kansas.

_____. s/f. *A Look at Filipino Lifestyles* [Una mirada a los estilos de vida filipinos]. Dallas: Summer Institute of Linguistics.

Mayers, M. K.; Richards, L.; y Webber, R. 1972. *Reshaping Evangelical Higher Education* [Remodelando la educación teológica evangélica avanzada]. Grand Rapids: Zondervan.

Mead, M. 1949. *Male and Female* [Varón y mujer]. Nueva York: Dell.

_____. 1964. *Anthropology: A Human Science* [Antropología: Una ciencia humana]. Nueva York: Van Nostrand.

Merrifield, William. 1976. Does It Matter What They Wear? [¿Importa lo que visten?] *In Other Words* vol. 2, N° 2:6.

_____. 1976. When Is an Aunt? [¿Cuándo es una tía?] *In Other Words*. vol. 2, N° 2:8.

_____. 1981. *Proto Otomanguean kinship* [Parentesco protootomayo]. Dallas: Summer Institute of Linguistics.

Merton, R. K. 1957. *Social Theory and Social Structure* [Teoría social y estructura social]. Nueva York: Free Press

Mickelsen, A. B. 1963. *Interpreting the Bible* [Interpretando la Biblia]. Grand Rapids: Eerdmans.

Moore, R. W., ed. 1966. *Readings in Cross-Cultural Methodology* [Lecturas en metodología intercultural]. New Haven: Human Relations Area Files.

Morgan, C. T., and King, R. A. 1966. *Introduction to Psychology* [Introducción a la psicología]. Nueva York: Mcgraw.

Morgan, L. H. 1963. *Ancient Society* [Sociedad antigua]. ed. E. Leacock. Nueva York: World. Originalmente publicada en 1887.

Morris, H. M. 1974. *Scientific Creationism* [Creacionismo científico]. San Diego: Creation Life.

Murdock, G. P. 1949. *Social Structure* [Estructura social]. Nueva York: Macmillan.

308 *Antropología cultural*

_____. 1961. *Outline of Cultural Materials* [Resumen de materiales culturales]. New Haven: Human Relations Area Files.

_____. 1967. *Ethnographic Atlas* [Atlas etnográfico]. Pittsburgh: University of Pittsburgh Press

Nader, L., ed. 1969. *Law in Culture and Society* [Ley en cultura y sociedad]. Chicago: Aldine.

Nida, E. A. 1947. *A Translator's Commentary on Selected Passages* [Un comentario de traductor en pasaje selectos]. Dallas: Instituto Lingüístico de Verano.

_____. 1952. *God's Word in Man's Language* [Palabra de Dios en idioma humano]. Nueva York: Harper.

_____. 1954. *Customs and Cultures* [Costumbres y culturas]. Pasadena: Guillermo Carey.

_____. 1960. *Message and Mission* [Mensaje y misión]. Nueva York: Harper.

_____. 1961. *Bible Translating* [La traducción de la Biblia]. London: United Bible Societies.

_____. 1964. *Toward a Sciencie of Translating* [Hacia una ciencia de la traducción]. Netherlands:Brill.

_____. 1968. *Religion Across Culture* [Religión a través de la cultura]. Nueva York: Harper.

Nida, E. A., y Taber, C. 1969. *The Theory and Practice of Translation* [La teoría y práctica de la traducción]. Netherlands: Brill.

Norbeck, E. 1964. Peasant Society [Sociedad campesina] en *A Diccionary of the Social Sciences* [Un diccionario de las ciencias sociales], ed. J. Gould and W. J. Kolb. Nueva York: Free Press

Oberg, K. 1960. Cultural Shock: Adjustment to New Cultural Environments [Choque cultural: Ajuste a un nuevo ambiente cultural]. *Practical Anthropology.* vol. 7, Nº. 4:177-82.

O'Dea, T. F. 1966. *The Sociology of Religion* [La sociología de la religión]. Englewood Cliffs, N. J.: Prentice-Hall.

Parsons, T. 1949. *The Structure of Social Action* [La estructra de la acción social]. Nueva York: Free Press

_____. 1954. The Incest Taboo [El tabú del incesto]. *British Journal of Sociology* 5:102-15.

Peters, G. 1972. *A Biblical Theology of Missions* [Una teología bíblica de misiones]. Chicago: Moody.

Pitt-Rivers, J. 1961. *The People of the Sierra* [El pueblo de la sierra]. Chicago: University of Chicago Press

Plog, F., y Bates, D. G. 1976. *Cultural Anthropology* [Antropología Cultural]. Nueva York: Knopf.

Powdermaker, H. 1966. *Stranger and Friend: The Way of an Anthropologist* [Extranjero y amigo: el camino de un antropólogo]. Nueva York: Norton.

Prosser, M. 1973. *Intercommunication Among Nations and Peoples* [Comunicación entre naciones y pueblos]. Nueva York: Harper.

Quebedeaux, R. 1974. *The Young Evangelicals* [Los jóvenes evangélicos]. Nueva York: Harper.

Queen, S. A. y Hobbenstein, R. W. 1971. *The Family in Various Cultures* [La familia en varias culturas]. 3ª ed. Filadelfia: Lippincott.

Ramm, B. 1954. *The Christian View of Science and Scripture* [La visión cristiana de la ciencia y la Biblia]. Grand Rapids: Eerdmans.

_____. 1956. *Protestant Biblical Interpretation* [Interpretación Bíblica Protestante]. Boston: Wilde.

Redfield, R. 1947. The Folk Society [La sociedad campesina]. *American Journal of sociology* vol. 52, Nº 4:293-308.

_____. 1955. *The Little Community* [La comunidad pequeña]. Chicago: University of Chicago Press

Reyburn, W. D. 1959. Polygamy, Economy, and Christianity in the Eastern Cameroun [Poligamia, economía y cristianismo en el este de Camerún]. *Practical Anthropology* vol. 6, Nº 1:1-19.

Richardson, D. *Peace Child* [Hijo de paz]. Glendale, Calif: Regal.

Rivers, W. H. R. 1910. The Genealogical Method [El Método genealógico]. *Sociological Review* 3:1-11.

Rogers, E., y Shoemaker, F. 1965. *Communication of Innovations: A Cross-Cultural Approach* [Comunicación de innovaciones: Una enfoque intercultural]. Nueva York: Free Press.

Sahsins, M. D. 1958. *Social Stratification in Polynesia* [Estratificación social en Polinesia] Seattle: University of Wash Press.

_____. 1960. Political Power and the Economy in Primitive Society [Poder político y la economía en sociedad primitiva] en *Essays in the Science of Culture* [Ensayos en la ciencia de la cultura], ed. G. Dole y R. Carneiro. Nueva York: TY Crowell.

Sahlins, M. D., y Service, E., eds. 1960. *Evolution and Culture* [Evolución y cultura]. Ann Arbor: University of Mich Press

Schapera, I. 1956. *Government and Politics in Tribal Societies* [Gobierno y política en sociedades tribales]. London: Schocken.

Schusky, E. L. 1965. *Manual for Kinship Analysis* [Manual para el análisis de parentesco] 2ª. ed. Nueva York: HR & W.

Schwartz, L. 1972. Conflict Without Violence and Violence Without Conflict in a Mexican Mestizo Village [Conflicto sin violencia y violencia sin conflicto en una aldea mestiza mexicana]. In *Collective Violence* [Violencia colectiva], ed. J. F. Short and M. E. Wolfgang. Chicago: Aldine.

Sitaram, K. S., y Cogdell, R. T. 1976. *Fundations of Intercultural Communication* [Fundamentos de comunicación intercultural]. Columbus, Ohio: Merrill.

Smalley, W. A. 1967. *Readings in Missionary Anthropology* [Lecturas en antropología misionera]. Tarrytown, Nueva York: Practical Anthropology.

Snarey, John. 1976. *Jesus-Like Relationships* [Relaciones como las de Jesús]. Wheaton: Pioneer Girls.

Spindler, G. E., ed. 1970. *Being an Anthropologist: Fieldwork in Eleven Cultures* [Ser un antropólogo: Trabajo de campo en once culturas]. Nueva York: HR & W.

Spindler, G.E., et al. 1973. *Burgback: Urbanization and Identity in a German Village* [Burgback: Urbanización e identidad en un pueblo alemán]. Nueva York: HR & W.

Spradley, J. P., and McCurdy, D. W. 1972. *The Cultural Experience* [La experiencia cultural]. Chicago: Science Research.

Steward, J. H. 1955. *Theory of Culture Change: The Methodology of Multilinear Evolution* [Teoría del cambio cultural: La metodología de evolución multilinear]. Urbana, Illinois: University of Illinois.

Sumner, W. G. 1906. *Folkways* [Costumbres]. Boston: Ginn.

Swartz, M., ed. 1966. *Political Anthropology* [Antropología política]. Chicago: Aldine.

Tax, Sol. 1953. *Penny Capitalism.* [Capitalismo de centavo]. Nueva York: Octagon.

Taylor, H. F. 1970. *Balance in Small Groups* [Equilibrio en grupos pequeños]. Nueva York: Van Nostrand.

Terrance, H. S., et al. 1979. Can an Ape Create a Sentence? [¿Puede un simio crear una oración?]. *Science* 206:891-902.

Tyler, S. A., ed. 1969. *Cognitive Anthropology* [Antropología congnoscitiva]. Nueva York: HR & W.

Tylor, E. B. 1964. *Researches Into the Early History of Mankind and Development of Civilization* [Investigaciones en la historia temprana de la humanidad y el desarrollo de la civilización]. Chicago: University of Chicago Press.

_____. 1971. *Primitive Culture* [Cultura primitiva]. London: J. Murray.

Unger, M. F. 1954. *Archaeology and the Old Testament* [Arqueología y el Antiguo Testamento]. Grand Rapids: Zondervan.

Wagner, C. P. 1971. *Frontiers in Missionary Strategy* [Fronteras en estrategía misionera]. Chicago: Moody.

Wallace, A. F. C. 1966. *Religion: An Anthropological View* [Religión: Un punto de vista antropológico]. Nueva York: Random.

Washington Post 1970. Sept. 2: A-6.

Westermack, R. 1894. *The History of Human Marriage* [La historia del matrimonio humano]. Nueva York: Macmillan. Reimpreso en 1925. Nueva York: Johnson Reprint Corp.

White, L. A. 1949. *The Science of Culture* [La ciencia de la cultura]. Nueva York: HR & G.

Willowbank Report, The [El Informe Willowbank]. 1978. Wheaton: Lausanne Committeee for World Evangelization.

Wilson, M. 1951. *Good Company: A Study of Nyakyusa Age Villages* [Buena compañía: Un estudio de las aldeas por edad Nyakyusa]. Boston: Beacon.

Wintrob, R. 1972. Hexes, Roots [Embrujos, raices]. *Medical Opinion.* Vol. 1, Nº 1:55-61.

Young, E. J. 1957. *Thy Word Is Truth* [Tu palabra es verdad]. Grand Rapids: Eerdmans.

Zuck, R. B., y Getz, G. A. 1968. *Christian Youth: An In-depth Study* [Jóvenes cristianos: Un estudio en profundidad]. Chicago: Moody.

Índice de autores

Adeney, Miriam, 22
Aginsky, V. W., 170
Archer, Gleason, 283, 285
Arnold, Dean, 66
Babbie, E. R., 110
Bachofen, J. J., 58
Baliki, Asen, 125
Barnett, H. G., 43
Barnouw, V., 256
Barrett, R. A., 217
Bascom, William, 238, 240
Basso, E. B., 159
Bastian, Adolph, 58
Beidelman, T. O., 45
Benedict, Ruth, 57
Berelson, B., 31
Berkhof, D. E., 284
Berlyne, D. E., 220
Boas, Franz, 58, 61
Bock, P. K., 73, 122, 191
Bohannan, L. y P., 113
Boling, T. E., 145
Broom y Selznick, 269
Brown, R.W., 72, 94
Buswell, James, O., 23, 66
Chomsky, Noam, 71, 92
Cohen, Y. A., 108, 224
Coulanges, Fustel de, 58
Cox, Harvey, 65
Dalton, George, 115

Darwin, Charles, 33, 59, 60
Davis, K., 239
Deng, F. M., 43
Downs, James, 234
Drucker, Philip, 125
Durkheim, Emile, 63, 221
Edgerton, R. B., 221
Engel y Norton, 17, 262
Engel, James, 263
Evans-Pritchard, E. E., 171, 215
Faron, L. C., 239
Firth, Remond, 64
Fletcher, Joseph, 273
Ford, C. S., 254
Ford, Leighton, 25
Fortes, Meyer, 215
Frazer, James, 51, 60, 242
Gergen, K. J., 216, 220
Ginsburg, C. D., 165
Goldschmidt, Walter, 65,121, 251
Goode, William, J., 152
Gordon y Harvey, 40
Gough, K., 160
Graburn, Nelson, 170
Graebner, Fritz, 62
Grimes y Hinton, 116
Grunlan y Reimer, 7, 267
Hall, Edward, T, 99

Hammond, P., 142,144
Harris, R. L., 283, 284, 288
Hawley, A. H., 112, 198
Henry, Jules, 69
Hiebert, Paul, 66
Himes, J., 20
Hinton, Grimes y, 116
Hobhouse, L. T., 159
Hoebel, E. A., 72, 155, 229
Hoebel, Llewelyn, 72
Horton y Hunt, 268
Howard, M. C., 221
Hsu, Francis, 64
Hunt, Horton, 139, 268
Jesperson, Otto, 91
Kardiner, Abram, 64
Keesing y Keesing, 29, 62,161
Keller, Helen, 100
Kenny, M., 217
King, Morgan, 70
Klima, G. J., 240
Kraft, Charles, 54, 66, 270, 275, 291
Ladd, George, 270
Lafitau, Joseph-François, 57
Langness, L. L., 221
Larson, Donald, 66
LeClair, E., 113
Levi-Strauss, Claude, 64
Lewis, Oscar, 237

Lindzey, G., 257
Lingenfelter, Judith, 66
Lingenfelter, Sherwood, 66
Linton, Ralph, 61, 64, 133
Llewelyn y Hoebel, 214
Lowie, Robert, 61, 180, 218, 237
Luzbetak, Louis, 65
Maine, Henry, 58
Malinowski, Bronislaw, 37, 39, 48, 51, 63, 90, 119, 242, 261
Manson, T. W., 210
Marett, R. R., 241
Martin, Grant, 164
Mayers, Marvin K., 7, 10, 11, 26, 66, 83, 106, 272, 274, 276
McCrosky, J. C., 88
Mead, Margaret, 57, 61
Merrifield, William, 41, 42, 66
Merton, Robert K., 133, 222, 224
Mickelsen, A. B., 284
Moore, L. W., 254

Morgan y King, 70
Morgan, Lewis Henry, 60, 155
Murdock, George, 149, 160, 180, 254
Nida, Eugene, A., 8, 23, 65, 95, 270, 271
Norton, Engel, 17, 262
Oberg, Kalavero, 19
O'Dea, T. F., 236, 245
Parsons, Talcott, 72, 156
Perry, W. J., 62
Peters, George, 17
Piaget, Jean, 73
Pitt-Rivers, Julian, 217
Plog y Bates, 221
Quebedeaux, Richard, 270
Radcliffe-Brown, A. R., 61
Ramm, Bernard, 34, 284
Rayburn, Robert, 65, 81, 160
Redfield, Robert, 65
Rivers, W. H. R., 183
Robertson, William, 57
Rogers and Shoemaker, 70

Rorschach, Hermann, 256
Sapir, Edward, 61, 94
Schapera, I., 215
Schatzman and Strauss, 263
Schmidt, Wilhelm, 62
Selznick, Brown y, 269
Sharp, Lauriston, 253
Shoemaker, Rogers y, 70
Shusky, E. L., 172
Skinner, B. F., 32
Smalley, William, 23, 65
Smith, G. E., 62
Spier, Leslie, 61, 62
Spindler, G. E., 46, 47
Steiner, G. A., 31
Strauss, Schatzman y, 263
Summer, William G., 268
Swartz, M., 221
Taber, Charles, 66
Taylor, H. F., 190, 192
Taylor, Robert, 65, 121
Tax, Sol, 115
Terrance, H. S., 91

Índice temático

Aborígenes (Australia), 38, 60, 62, 76, 79, 157, 170, 191, 204, 241, 253

Absolutismo bíblico (autoridad), 23, 55-56, 267-278, 291

Aculturación, 81-85, 117, 184

Adulterio, 207

Agregación, 190

Agricultura, 38, 62, 111, 134, 196, 199, 202, 242

Ainos (Japón), 79

Alfabeto, 93, 112, 199

Alma, 237, 238, 240, 282

Ambiente, 73, 110, 121, 261-262

Amish (Pensilvania), 36-37

Ángeles del infierno (EE.UU.), 36

Animismo, 240-241

Anomía, 221

Antropología:
Cognoscitiva, 52-53; cultural, 15-25, 36, 52, 58, 286, 289, 290; definición de, 30-33; desarrollo de, 57-66; económica, 109-110; educativa, 54; física, 36, 54-55, 61; historia

de, 54, 57-59, 61; psicológica, 53, 64; social, 36; urbana, 54, 112

Árabe, 154, 184

Archivar, 254

Área cultural, 63-64

Arqueología, 36, 54, 59, 61, 198

Artefacto(s), 54, 122-123

Arunta (Australia), 124, 228

Asari (Nueva Guinea), 132

Ashanti (Gana), 80, 195

Asimilación, 82, 84

Asociación Americana Antropológica, 54

Asociaciones, 113, 190-203

Aztecas, 58

Baganda (África Oriental), 237

Bahima (África), 157

Bandas, 228

Bantú (Sudáfrica), 104-105, 132

Barabaig (África Oriental), 240

Bassa (Liberia), 96

Bautismo, 80, 111, 236

Biblia, 17, 22, 23, 24, 25-33, 34, 53, 72, 73, 74, 103, 106, 135,

136, 145, 153, 154, 156-157, 159, 162, 166, 184, 185, 193, 194, 201, 222, 229, 230, 243, 244, 267, 268, 281, 288, 289, 293

Bilateral. Ver Reglas de descendencia.

Bosquimanos (Sudáfrica), 38, 227

Búlgaros, 29

Campesinado, 114-116

Canadienses, 43, 136

Captura de esposa, 158

Casta, 135, 136, 137, 140, 191, 201

Caza y recolección, 110

Cheyenne (Norteamérica), 213-214

Chinos, 79, 127, 196, 220

Choco (Panamá), 210

Choque cultural, 19-23, 25, 82

Ciencia de la conducta, 16, 30-33, 36, 52, 70, 71, 250

Circuncisión, 240

Ciudad, ciudades. Ver Comunidades urbanas.

Clan. Ver Grupos de parentesco.

Clase social, 46, 72, 134, 141-144, 248, 260

Complejo cultural, 36, 62

Comunicación, 87-105, 205; intercultural, 84; kinésica, 98-99; no verbal, 88, 98-104, 205, 250; proxémica, 99

Comunidad, comunidades, 113, 114, 190-191, 194-203, 211

Comunidades urbanas, 196, 199

Condición social, 83, 131-147, 151, 248-249, 255; lograda, 136, 142; atribuida, 134-136, 142, 151; símbolos, 41, 132, 133, 248

Contextualización, 23-25

Continua campesina-urbana, 114-116

Contracultura, 36

Control social, 213-231

Costumbres, 218-219, 221, 222, 228, 229

Costumbres sociales, 19, 57, 110, 119, 121, 163, 218

Creación, 17, 33, 34-36, 48, 52, 107, 135, 269, 282-286, 289

Creacionismo, 34-36, 92; funcional, 36, 283

Creatividad, 80-81

Cultura, definición de, 36

Demonología, 243

Descendencia patrilineal. *Ver* Reglas de descendencia.

Desviación, 221-225

Dialecto, 20, 92, 96, 253-254

Difusión, 62-64

Dinero, 111, 115, 117, 129, 141, 199, 216, 244

Dinka (Sudán), 41, 43-44

Dios, 16, 22, 23, 33, 34, 35, 48, 52, 56, 73-74, 103, 107, 135, 145, 150, 156, 162-166, 180, 186, 201, 243, 244, 245, 268-271, 282-283

Discurso, 89

Diseño de investigación, 252-253; clínico, 254; cuasi-experimental, 253-254; encuesta, 253; experimental, 252

Divorcio, 153, 159, 166, 271, 287-288

Dobu (Sudán)

Doctrina, 24, 32, 54, 234, 247-265

Dote, 152

Economía, 30, 32, 38, 52, 76, 81, 109-129; campesina, 114-119; primitiva, 113

Ecosistema, 121

Educación, 32, 75-77, 81, 131, 136, 151, 169, 252-253

Egipto, 63, 73, 155

Ego, 73-74

Enculturación, 54, 72-74, 81, 83, 151, 152

Endogamia, 154

Entrevista, 253-254, 256; directiva, 256; no directiva, 256

Escrituras. *Ver* Biblia.

España, 43, 141, 216-217

Español, 89, 90, 92, 96, 122, 196, 250

Espíritu Santo, 15, 24, 25, 26, 85, 86, 107, 293

Esquimal (Norteamérica), 38

Estadísticas, 249, 251, 257, 260

Estado, 228-229

Estados Unidos, 162, 175, 191, 195, 198, 224, 278

Estadounidenses, 38, 41, 74, 92, 93, 94, 97, 98, 99, 113, 124, 132, 142, 149, 161, 172, 175, 181, 204, 205, 206, 217, 218, 219, 224, 277

Estratificación, 136-138, 140-142, 260; de religiones, 145-146

Estructuralismo, 61-62

Ética, 54

Étnico, 56, 131, 135

Etnobotánica, 55

Etnocentrismo, 20-22, 25, 57, 84, 263, 268, 271-272, 278

Etnociencia, 53, 95-97, 104

Etnoecología, 55

Etnografía, 53, 58, 61

Etnohistoria, 54

Etnología, 53
Etnometodología, 251
Etnomusicología, 55
Etnoteología, 55
Evangelio, 17, 23-25, 26, 41, 48, 55, 78, 293
Evangelismo, 16, 17, 22-24, 171, 178. *Ver también* Ministerios interculturales, Misiones.
Evolución, 33-35, 59, 60, 92; teísta, 34
Exogamia, 154, 178, 180; restricta, 154; simple, 154
Familia, familias, 44, 149-166, 169, 199, 205, 208, 215, 228, 253, 258, 259, 260; de orientación, 174; de procreación, 174; extendida, 76, 144-145, 161, 201; nuclear, 76, 161, 183
Filipino, 126
Filosofía, 55, 58, 291-292
Folklore, 245
Fonología, 89
Fox (Illinois), 218, 219
Francés, 38
Fratria. *Ver* Grupos de parentesco.
Fuga con un amante, 157
Función, 45, 76, 131-147, 152, 190, 255; conflicto de, 138-140; sistema de, 133
Gobierno, 116, 169, 183-184, 213-230; definición de, 214; formal, 215, 228;

informal, 215, 228; origen de, 215-216; tipos de, 228-229
Gramática, 53, 89, 92, 95
Grecia, 106
Grupos de parentesco, 180-181, 200; clanes, 180, 191, 200-201, 228, 229; fratria, 180; moietía, 180-181, 200; multiclan, 228, 229
Grupos, 189-194, 204-211, 216; inclusivos, 190; mutuamente exclusivos, 191; no inclusivos, 191; pequeños, 192-195, 205, 211, 252; primarios, 190-191; propiedades de, 190; secundarios, 191; traslapados, 191
Habituación, 75
Hanunoo, 95-96
Hawai, 155, 181
Hebreos, 73, 93, 100, 106, 135, 156, 157-158, 184-185, 226, 229, 238, 291
Hechicería, 243
Heredad, 76, 135
Hermenéutica, 284, 286-288
Herramientas, 254
Hindú, 239
Hipótesis, 248, 259
Hogar, 195
Holandés, 175
Hopi (Arizona), 134, 162, 195, 204, 222
Horticultura, 111

Hottentot (Sudáfrica), 228
Huichol (México), 116, 117
Hurón (Nueva York), 57
Idiolecto, 55, 92
Idioma, 90
Iglesia, 17-18, 23, 25-26, 56, 192, 210-211, 230-231, 245, 293; crecimiento, 258; fundación, 25-26, 129, 171, 180, 230-231
Inca, 155
India, 127, 135, 140, 149, 157, 158, 191, 194, 201
Inglaterra, 134
Instinto, 70-71, 151
Instituciones sociales, 90, 110, 144, 153, 162, 234
Instrucción infantil, 73-75
Investigación antropológica, 55, 61-62, 247, 265; pasos, 258-261, 291
Iroqueses (Norteamérica), 57, 61 ·
Islas Trobriand (Melanesia), 51, 76, 113-114, 119, 178-179, 183, 196-197, 242-243
Isnew (Filipinas), 204
Israel, 73
Jagga (África Oriental), 237
Japonés, 38, 184-185
Jefes, 213-214, 220, 229; ancestrales, 239

Jesucristo, 17, 22, 23, 24, 25, 48, 73, 78, 84, 157, 179, 193, 205, 206-210, 223, 226, 263, 269-270, 285, 290, 292

Kaguru (África Oriental), 45, 46

Kaka (Camerún), 160

Kalapalo (Brasil), 35-36, 43, 44, 46, 159, 240

Kalimantan (Indonesia), 15, 24

Kalinga (Filipinas), 38

Kapauqu Papuano (Nueva Guinea Occidental), 41-42

Karimojong (Uganda), 143

Kekchí (Guatemala), 153

Khmu (Laos), 233

Kibbutzim (Israel), 73

Kurnai (Australia), 158

Kwakiutl (Norteamérica), 119, 267, 276-277

Leyendas, 245

Leyes, 153, 163, 219-220, 221, 237

Lingüística, 52, 61, 64, 66, 91, 92, 94, 104, 249, 254

Magia, 58, 202, 204, 242-244

Mailu (Pacífico del Sur), 51

Malgache (Madagascar), 95

Mana, 240-241

Mapuche (Chile), 18, 237, 239

Matrilineal. *Ver* Reglas de descendencia.

Matrimonio, 25, 39, 44, 46, 78, 82, 136, 149-166, 190, 227, 236, 239, 261, 287-288; disolución de, 152, 159; en grupo, 160; levirato, 156; sororal, 157

Maya (América Central), 73-74, 75-76, 83, 94, 98, 99, 106, 120, 127

Mercado, 115-117, 119

Método científico, 31, 247-248

Mexicanos, 43, 92, 116, 135, 237, 253

Ministerios. *Ver* Ministerios interculturales, Misiones.

Ministerios interculturales, 18, 22-25, 56, 204-211. *Ver también* Evangelismo, Misiones.

Misiones, 15-27, 34, 55, 65, 128, 145, 182, 227, 230-231, 244-245, 253, 262-263, 276, 278, 286-287, 292. *Ver también* Ministerios interculturales, Evangelismo.

Mito, 234-235

Moietía. *Ver* Grupos de parentesco.

Monogamia, 159

Morfología, morfemas, 89

Mossi (África), 42, 136, 178-179

Movilidad social, 137-138

Nación, 229

Navajo (Norteamérica), 134, 162, 222, 234-235, 238-239

Nayar (India), 160

Negros caribeños (América Central), 73, 79, 204

Netsilik (Esquimales centrales), 125

Nootka (Colombia Británica), 125

Normas, 45, 73, 190, 216-225, 238, 268, 269, 278

Nuer (África), 138, 170, 171, 227

Nueva Guinea, 132

Nyakyusa (África), 202

Observación participante, 51, 248-249, 254, 261-263

Ojibwa (Norteamérica), 241

Organización social, 39, 81, 113-114, 191

Pahari (India), 159

Paluano (Pacífico sur), 38, 42

Parentesco, 39, 60, 169-186, 215, 227, 228, 260, 262; diagramación, 173, 182; vínculos afines, 171; vínculos convencionales, 172;

vínculos sanguíneos, 171, 200
Pastoral, pastoralismo, 110-111, 229
Patrones de comercio, 118-121
Pecado, 34, 136, 165, 221, 239
Pigmeos (África, Asia), 62
Pima (Estados Unidos), 118
Pirámide personal, 205-211
Pocomchí (Guatemala), 126, 196, 142
Poligamia, 32, 159, 160-161; matrimonio en grupo, 160; poliandria, 159; poliandria fraternal, 32, 159-160; poligamia en serie, 160; poligamia sororal, 159; poliginia, 32, 36, 159, 160-161, 286-287
Política, 54, 115, 127, 134, 135, 159, 170, 229
Pomo (California), 169
Precio de novia, 152
Prehistoria, 54
Primo cruzado, 154
Primo paralelo, 154, 184
Procreación, 39, 40, 79, 150, 165-166, 178, 204, 285
Psicolingüística, 53
Psicología, 30
Pubertad, 76
Pueblo (Norteamérica), 157

Pueblos, 194, 195, 198, 202
Quiché (Guatemala), 127
Racismo, 136
Rasgos culturales, 36, 62-63
Raza, 35, 134, 135, 141
Reglas de descendencia, 175, 200; bilateral, 175, 200; matrilineal, 179; patrilineal, 178; unilateral, 177, 200
Relaciones personales, 205-211
Relatividad cultural, 21, 22, 24, 26, 57, 62, 267-279, 290
Religión, 54, 60, 82, 116, 126, 145, 153, 202, 203, 233-245; funciones de, 236-240
Residencia, 161-162; avunculocal, 162; matrilocal, 162; neolocal, 161-162; patrilocal, 162, 177-180, 184, 195
Riqueza, 81, 137, 141, 248. *Ver también* Dinero.
Ritos, rituales, 15, 46, 78, 116, 119, 163, 236, 237, 240
Rusia, 127, 153
Samoa (Pacifico sur), 74
Sawi (Irian Java), 41
Semai (Malaya), 38, 40
Semang (Malasia), 38
Semántica, 53
Servicio de novia, 153
Sexo, 39, 72, 79, 131, 133, 134, 150, 152,

156, 159, 166, 178, 199, 204, 214, 237
Shona (Zimbabwe), 94, 96
Siane (Nueva Guinea), 162
Sintaxis, 89
Sistemas de parentesco, 45, 53, 181; análisis de, 181-182; esquimal, 181; funciones de, 183-184; hawaiano, 181; iroqués, 181
Sistemas sociales, 131, 141
Socialización, 55, 72, 183. *Ver también* Enculturación.
Sociedad, definición de, 37
Sociolingüística, 53
Sociología, 30, 31, 63-64, 72, 221, 251
Soga (Uganda), 138-139
Sri Lanka, 159
Subcultura, 36
Subsistencia, niveles de, 110, 112
Sudán (África Occidental), 133, 161, 181
Suicidio, 222
Surui (Brasil), 39
Swazi (África), 80
Tabú, 241
Tabú del incesto, 154
Tailandés, 98
Tallensi (Ghana), 195
Tanala (Madagascar), 195
Taos (Nuevo México), 95

318 *Antropología cultural*

Taxonomías campesinas, 122
Técnicas, 124-127
Técnicas proyectivas, 256-257
Tecnología, 38, 39, 59, 80, 91, 92, 110-128, 200, 242
Temne (Sierra Leona), 229
Teología. *Ver* Doctrina.
Términos de parentesco, 53, 174, 181, 182; de referencia, 175; de tratamiento, 175

Territorialidad, 227, 228, 229
Tibet, 159
Tikopea (Pacífico sur), 121
Tipo de parentesco, 175
Tiv (Nigeria), 113, 161
Tonga (Pacífico sur), 121
Tótem, totemismo, 180, 241
Tradiciones, *Ver* Costumbres.
Traducción, 53, 66, 103-105, 255, 258
Tribu, tribal, 229
Uganda, 139

Unilateral. *Ver* Reglas de descendencia.
Valores, 36, 45, 81, 94, 110, 131-132, 190, 216, 239, 268, 297
Variable, 252; dependiente, 252; independiente, 252
Yagua (Perú), 41, 42
Yir Yiront (Australia), 119
Yoruba (Nigeria), 38, 41, 237-238, 239-240
Zaire, 127
Zuñi (Nuevo México), 95

Índice de citas bíblicas

Génesis

1:1, 27, 28 ... 8, 150, 135
1:20, 21, 24, 30 282
2................. 129
2:18-25 164
2:24 .... 150, 163
3................. 129
3:8 282
5............ 283, 284
5:32 284
9:6 282
11........... 283, 284
11:26, 32 284
12:4 284
12:10-20 287
20:1-18 287
24:67 153
26:7-11 287
29:18-30 153
31............... 288

Éxodo

20:2-17 .... 165, 276
21:1-11 287
21:35-36 282

Levítico

18:1-30 165
18:6-16 156
18:18 .... 159, 285
20:9-21 165

Números

3:39 285
31:35 158
36:11-12 184

Deuteronomio

6:4-9 165
21:15-17 287
24:1............. 159
25:5............. 157
25:5-10 287

Jueces

3:24............. 288
19-21............ 158
20 226

1 Samuel

8:1-3 278
11:6-11 229
24:3............. 288

1 Reyes

3:1............. 161

1 Crónicas

6:1-23 285
7:13............. 285
7:20-27 284

Job

1:5.............. 166
2:9.............. 166

Salmos

23 233
127:3-5 166
128:3............ 166

Proverbios

3:1.............. 166
4:1.............. 166
5:18......... 150, 166
14:1............. 166

17:23 278
18:22 166
19:3 17
19:14 166
22:6 166
23.13............. 166
29:15 166
29:9, 19 166
31:10 166

Isaías

33:15 278
66:13 283

Amós

5:12 278

Miqueas

7:3 278

Mateo

1:1 285
1:8 285
5 271
5:45 282
7:1 209
12:1-14 .... 223, 226
15:3-9............ 166
19:1, 12 166
19:4-16........... 163
19:19 209
20:1-16 ...... 129, 283
22:23-33.......... 157
25:14-30.......... 271
28:19-20........... 18

Marcos
10:19 276

Lucas
6:47-49 125
12:47-48 271
13:32 83
15:4-7 125
19:11-27 125
20:20-25 129

Juan
1:16 105
4:24 282
4:29 207
14:6 . . . . 22, 244

Hechos
5:27-32 163
7:4 284
8:26-40 24
9:1 104
10:34 136
10:44-48 24
14:23 230
15 230
16:33 24

Romanos
2:21 276
8:4 105
12:2 17
13:1-4 163
14:7 104

1 Corintios
1:16 24
7 166
7:39 163
9:19-23 163
10:11 165
15:3-4 293

2 Corintios
6:14 163

Efesios
4:23 17
4:28 276
5:22-31 . . . . . . 150, 166

Colosenses
3:20 163

1 Timoteo
2:5-6 . . . . 22, 244

3:2.12 286

2 Timoteo
3:16 8

Tito
1:6 286

Hebreos
6:14 105
13:4 166

Santiago
2:8-10 136
3:5 88

1 Pedro
1:13 17
2.13-17 163
3:1-7 166

1 Juan
2:1 283

Apocalipsis
3:14-18 288
18:18 283